荆楚文化丛书
（胜迹系列）

丛书主编／丁凤英
本系列主编／徐士杰

荆楚古墓揭秘

Jingchu Gumu Jiemi

◎ 尹弘兵　黄　莹／编著

WUHAN
PUBLISHING HOUSE
武汉出版社

(鄂)新登字 08 号

图书在版编目(CIP)数据

荆楚古墓揭秘/尹弘兵,黄莹编著.—武汉:武汉出版社,2012.8
(荆楚文化丛书/丁凤英主编.胜迹系列)
ISBN 978－7－5430－6986－2

Ⅰ.①荆…　Ⅱ.①尹…②黄…　Ⅲ.①墓葬(考古)－介绍－湖北省
Ⅳ.①K868.8

中国版本图书馆 CIP 数据核字(2012)第 098748 号

编　　著:尹弘兵　黄　莹
责任编辑:李　俊
装帧设计:刘福珊
出　　版:武汉出版社
社　　址:武汉市江汉区新华下路 103 号　　邮　编:430015
电　　话:(027)85606403　85600625
http://www.whcbs.com　　E-mail:zbs@whcbs.com
印　　刷:武汉精一印刷有限公司　　经　销:新华书店
开　　本:720mm×1000mm　1/16
印　　张:16.25　　字　数:325 千字　　插　页:4
版　　次:2012 年 8 月第 1 版　　2012 年 8 月第 1 次印刷
定　　价:33.80 元

序

尹汉宁

荆楚文化源远流长、博大精深，在中国文化的版图上拥有重要位置。湖北是荆楚文化的发祥地，具有历史文化、红色文化、旅游文化、少数民族文化等多方面深厚的文化积淀，文化名人、文物古迹、文化遗产数不胜数，悠远厚重的历史底蕴为湖北文化建设乃至经济社会发展留下了独特而宝贵的文化资源和精神财富。

省委书记李鸿忠同志指出，深入贯彻落实党的十七届六中全会精神、推进湖北由文化大省向文化强省跨越，关键是要将湖北丰富的文化资源转化为文化力量、转化为文化产品、转化为文化事业和文化产业。这就需要我们深入挖掘、系统研究荆楚优秀传统文化，在文化认同中提升文化自信，在文化传承中增强文化自觉，为文化资源优势向文化软实力和文化生产力转化奠定坚实基础。

《荆楚文化丛书》由湖北省炎黄文化研究会组织省内五十余位专家学者，历时三年编撰而成。丛书分胜迹、史传、学术、艺文四个系列，每个系列由十卷组成，凡四十卷，约一千二百万字，首次对荆楚文化进行了全方位研究，堪称湖北历史文化研究与普及的鸿篇巨著。期望全省干部群众特别是广大文化工作者，通过阅读和学习《荆楚文化丛书》，从湖北丰富的文化资源中汲取智慧和力量，以更加强烈的文化自信和文化自觉，奋力投身建设文化强省的伟大实践！

是为序。

（作者为湖北省委常委、宣传部部长）

目　录

第一章　新石器至西周时期古墓

第一节　新石器时代古墓

　　湖北地区在远古的旧石器时代就有人类居住和生活,长江中游是全国发现古人类化石和旧石器时代文化遗存最为丰富的地区之一。到了新石器时代,湖北地区已有发达的人类社会,为世人所熟知的大溪文化、屈家岭文化和石家河文化,都是湖北地区著名的新石器时代考古学文化。从考古发掘资料来看,新石器时代的湖北地区已出现了墓葬。湖北地区的新石器时代文化谱系,目前考古学界内部有"一元论"和"二元论"之分,二者主要是在屈家岭文化的起源上有不同看法。"一元论"认为,屈家岭文化是从大溪文化发展而来的,"二元论"则否认屈家岭文化是从大溪文化发展而来,主张屈家岭文化是从汉东地区发展起来的,另有渊源。依"一元论"的观点,湖北地区的新石器时代文化大体上经历了城背溪文化、大溪文化、屈家岭文化和石家河文化几个发展阶段。依"二元论"的观点,鄂西地区经历过上述几个考古学文化的发展阶段,在汉东地区,则经历过边畈文化、油子岭文化、屈家岭文化和石家河文化的发展阶段。其中,边畈文化相当于大溪文化早期、油子岭文化(有学者称之为大溪文化油子岭类型)相当于大溪文化中晚期。到屈家岭文化和石家河文化时期,湖北地区的考古学文化实现了统一。另外,在湖北的边缘地区,还有其他体系的考古学文化,如鄂东地区分布有薛家岗文化,鄂北和鄂西北地区则分布有北方中原系统的仰韶文化。为便于表述,本书仍采用大溪文化、屈家岭文化、石家河文化的分期,将之视为湖北地区新石器时代的三个不同时期,需要说明的是,这并不表明本书采用"一元论"的观点。

一、大溪文化时期的古墓

大溪文化时期的人类社会已相当繁荣,远远超过此前的城背溪文化时期,陶器工艺进一步提高,彩陶器数量增加,器物种类变多,器形也趋于复杂化;玉、石、骨制的工具和工艺品已经相当精致,聚落的数量明显增多,规模也显著扩大,出现了颇具规模的公共墓地。与湖北紧邻的四川省巫山县(今属重庆市)大溪遗址曾发掘207座大溪文化时期的墓葬[①],并形成一些有特色的埋葬习俗和原始宗教习俗,如葬俗中的屈肢葬,墓地中的祭祀坑等。

大溪文化时期的墓葬,主要有土坑墓和瓮棺葬两类,成人一般使用土坑竖穴墓,儿童则使用瓮棺葬。

葬式方面,较多地使用仰身直肢葬,极少数为俯身直肢葬。屈肢葬则是大溪文化最有特色的葬式,下肢弯曲程度很大,不见于我国新石器时代的其他文化。大溪文化的屈肢葬分仰身屈肢、侧身屈肢和俯身屈肢三种,以仰身屈肢较为普遍,有的两脚并靠,弯向左边或右边,双手交叉置于腹部;有的是蹲踞式葬,膝盖一直弯到胸部,双手在臀部旁或抱住臀部;有的是跪坐式葬,双脚交叉被压在臀部下,双手伸直或放于腹部。这类各式下肢弯曲甚大的屈肢葬,应是将身体捆绑后埋葬的。屈肢葬可能是与新石器时代早中期的一种古老葬俗蹲葬有关。随着时间的推移,屈肢葬逐渐减少。

在葬人的数量上,大多数为单人葬,亦有多人合葬的,如松滋桂花树M1,有三个人头骨成"品"字形放置,有随葬品3件,是一座二次合葬墓。宜昌中堡岛M3则埋有7具人骨。

瓮棺葬多为圆形竖穴,瓮棺竖置,少数为浅坑横穴,瓮棺横置。葬具是夹炭或泥质的宽折沿圜底罐(釜)。有的瓮上倒置一件碗或圈足盘作盖。

大溪文化时期的墓葬一般都有随葬品。从随葬品变化,可以看出当时的社会状况。大溪文化早期,随葬品的数量还比较少,差别也不大,墓葬中的随葬品比较平均。如谭家岭墓地,随葬品的数量和质量还看不出有什么差异,表明在这

---

① 四川长江流域文物保护委员会文物考古队:《四川巫山大溪新石器时代遗址发掘纪略》,《文物》,1961年第11期;四川省博物馆:《巫山大溪遗址第三次发掘》,《考古学报》,1981年第4期。

个时期还没有出现明显的社会分化。到了大溪文化中晚期,随葬品增加,而且在不同的墓葬中,随葬品数量相差悬殊,反映出社会生产水平的进步。由于出现了较多的剩余产品,对剩余产品的占有就导致社会开始分化。如公安王家岗墓葬中,随葬品在 20 件以上的仅有 4 座,10 件以下的有 55 座,其中 4 座各 2 件。京山屈家岭第三期墓葬中,随葬品一般只有 2~12 件,但 M2 多达 70 件,M12 也有 50 余件。这种情形反映了当时的社会结构和社会分化程度。大溪文化墓葬的随葬品,主要有石器、骨器等生产工具,陶器等生活用器和装饰品。但在不同的地区有所差异,有的墓地随葬较多生产工具,有的墓地则以陶器为主,装饰品主要有玉器、蚌器、鱼骨等。

湖北地区的大溪文化时期古墓,下面按地区来介绍。

在汉水中游地区,钟祥边畈遗址发现有墓葬 61 座,年代相当于大溪文化早期,由于地下水位太高,墓坑的形状和层位都不清楚,也没有发现骨架,随葬品只有陶器,数量少,组合简单,主要是鼎,少数为鼎釜或鼎罐[1]。京山油子岭遗址下层发现有 4 座大溪文化时期的墓葬,但墓坑不清,葬式不明,随葬陶器 2~8 件,基本组合为豆、圈足罐[2]。天门龙嘴遗址 1987 年清理 8 座大溪文化时期的墓葬,随葬有陶器,器形主要有圈足盘、豆、罐、鼎、碗等,圈足盘带有一个烟斗形的鋬[3];2005 年又清理了 12 座土坑墓和 11 座瓮棺葬,简报发表了 M1 和 M9 两座土坑墓,均为长方形竖穴土坑,M1 保存有骨架,葬式为单人仰身直肢葬,随葬有 10 件陶器,置于骨架左侧,器形有鼎、簋、罐、豆、盘、碗、器盖等;M9 葬式不明,随葬陶器 22 件,置于人骨之上。二墓年代为油子岭文化油子岭类型早期[4]。天门谭家岭遗址曾发掘 23 座土坑墓,年代相当于大溪文化中期。这批墓葬分布密集,排列有序,分三排排列,排与排之间、墓与墓之间基本平行。均为土坑竖穴墓,墓坑清晰。有的墓内人骨架保存较好,骨架的头向均向西,随葬品均为陶器。另外,还发现有 8 座大溪文化时期的瓮棺葬。瓮棺有三种情形,一是单独的一件瓮,或是在平置的瓮上反扣一盆;较为特殊的是用两个

　　① 张绪球:《汉江东部地区新石器时代文化初论》,《考古与文物》,1987 年第 4 期;张绪球:《长江中游新石器时代文化概论》,湖北科学技术出版社 1992 年版,第 164~166 页。
　　② 湖北省荆州地区博物馆:《湖北京山油子岭新石器时代遗址的试掘》,《考古》,1994 年第 10 期。
　　③ 天门县博物馆:《天门龙嘴遗址调查》,《江汉考古》,1984 年第 2 期;张绪球:《长江中游新石器时代文化概论》,第 109、112 页。
　　④ 湖北省文物考古研究所:《湖北省天门市龙嘴遗址 2005 年发掘简报》,《江汉考古》,2008 年第 4 期。

大小相同的夹砂红陶釜扣合侧置,其中两座瓮棺随葬有薄胎彩陶碗,其余无随葬品[1]。京山屈家岭遗址第三次发掘时,清理了13座土坑竖穴墓,年代相当于大溪文化晚期。这批墓的墓口已被破坏,未见有葬具痕迹,但个别墓的墓底铺有木炭,人骨大多腐朽无存,有也仅限于部分残骸,葬式为仰身直肢。墓葬方向多为南北向,少数为东西向。随葬品一般2~12件,但M2多达70件,M12也有50余件。随葬器物一般放置在头部或一侧,唯有M3随葬器物的放置尤为规整,九鼎二簋先依墓坑顶端将其仰放一排,然后紧贴其下,在两端对称放置三鼎组成的两个倒三角形,第二、三排的鼎皆口下足上覆置。这些随葬品均为陶器,以小型明器为大宗,少数为实用大陶器,器类以鼎为主。M2随葬陶鼎达36件[2]。钟祥六合遗址有14座相当于大溪文化晚期的墓葬。这批墓葬由于扰乱严重,原来的排列密度已不了解,墓坑边缘也不清楚,可能为长方形浅穴。骨架保存不好,但朽质尚可。葬式皆仰身直肢葬,头向朝南。其中7座墓为一次葬,6座为二次葬,1座葬法不明。随葬品主要为陶器,生产工具较少,有2座墓随葬3副猪下腭骨。陶器有的放置于头前和脚端,有的放在身上或身旁,石器一般放在下腹或手旁。随葬品数量少者为2件,多者可达25件。随葬生产工具主要有石铲、斧、锛和陶纺轮,随葬陶器多为小型明器,主要器形有鼎、曲腹杯、豆、盆、罐、小罐、壶、盖等[3]。荆门龙王山有一处规模很大的新石器时代墓地,也是目前所见汉水中游地区同时期墓葬中规格最高的墓地,年代为大溪文化晚期到屈家岭文化时期。已发表的龙王山M11,年代约相当于大溪文化晚期,长方形竖穴石坑墓(图1-1),有随葬品159件,其中陶器154件,生产工具4件,猪下颌骨1件(11个),陶器多为明器,保存状况极差[4]。

在鄂东地区,如武昌放鹰台1965年发掘了60座新石器时代的墓葬。据发掘报告,这批墓葬可分三期,第一、二期墓葬约37座,属于油子岭文化,相当于大溪文化时期。这批墓葬集中分布在遗址中南部偏东一带,又可分为东南、西北、东北三个小区,以东北区为主,大部分新石器墓葬都集中在这里(图1-2)。墓葬多

　　① 石河考古队:《湖北省石河遗址群1987年发掘简报》,《文物》,1990年第8期。
　　② 屈家岭考古发掘队:《屈家岭遗址第三次发掘》,《考古学报》,1992年第1期。
　　③ 荆州地区博物馆、钟祥县博物馆:《钟祥六合遗址》,《江汉考古》,1987年第2期;张绪球:《长江中游新石器时代文化概论》,第121、123页。
　　④ 湖北省文物考古研究所、荆门市文物考古研究所:《湖北荆门龙王山新石器时代墓地发掘简报》,《江汉考古》,2008年第4期。

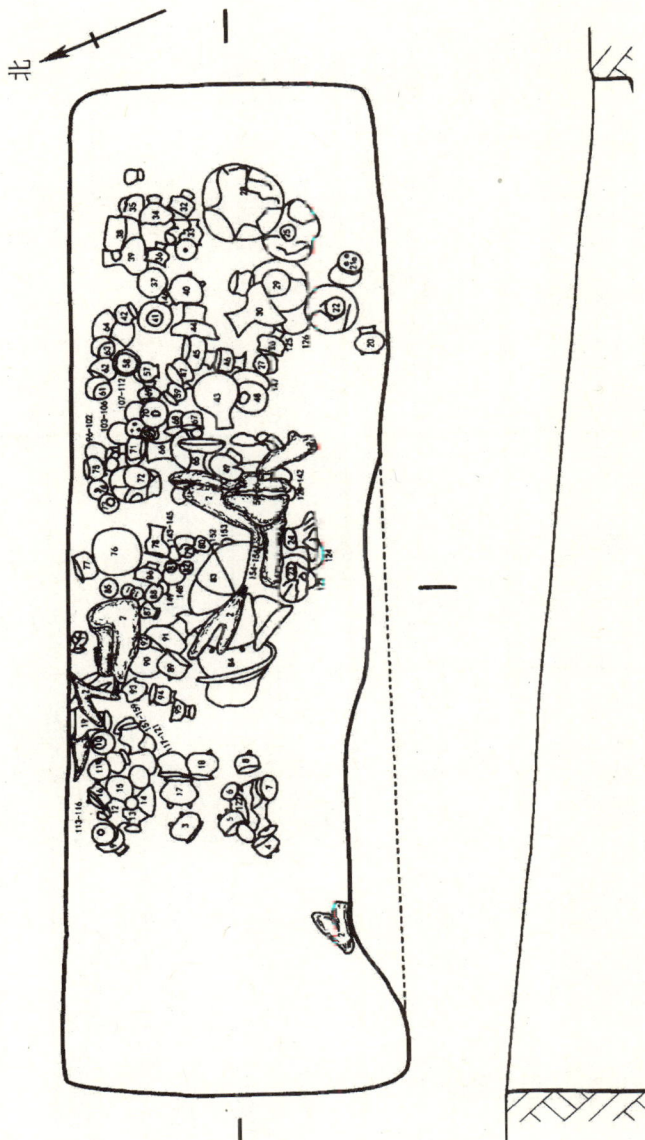

图 1-1　荆门龙王山 M11 平、剖面图

1. 罐　2. 猪下颌骨　3~7. 鼎　8~15. 豆　16-18. 鼎　19. 曲腹杯　20、21. 鼎　22、23. 豆　24. 曲腹杯　25. 鼎　26. 豆　27. 鼎　28. 罐　29、30. 豆　31. 曲腹杯　32~36. 豆　37. 鼎　38~39. 豆　40~42. 鼎　43. 细颈壶　44. 鼎　45~47. 鼎　48~53. 鼎　5458. 鼎　59~66. 豆　67~71. 罐　72~73. 豆　74~75. 罐　76~78. 杯　79~83. 罐　84. 鼎　85. 罐　86. 豆　87~89. 鼎　90. 鼎　91. 曲腹杯　92. 罐　93. 鼎　94. 豆　95. 鼎　96~102. 鼎　103. 106. 豆　107~112. 豆　13~120. 豆　121. 鼎　123~130. 豆　131~144. 罐　145~146. 豆　147. 鼎　148~149. 罐　150~151. 鼎　152. 细颈壶　153. 曲腹杯　154~156. 罐　157~159. 鼎

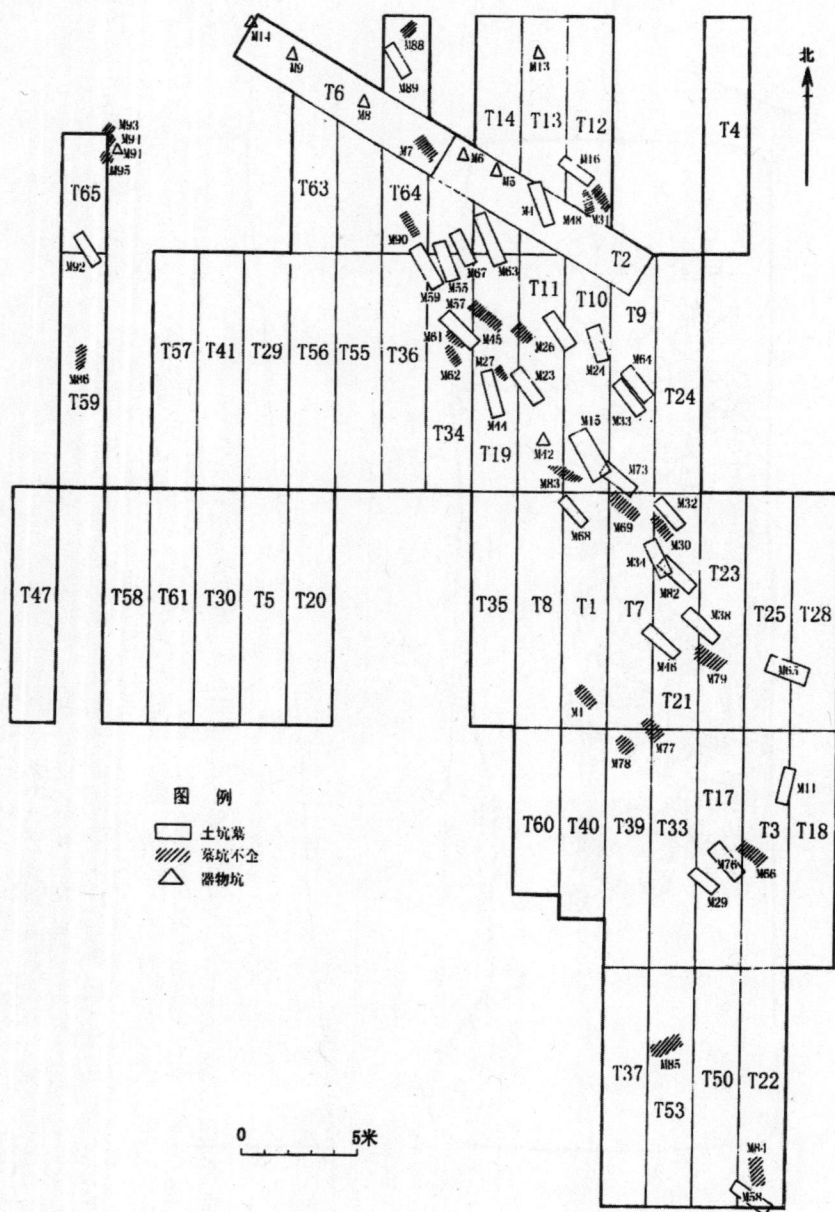

图 1-2　武昌放鹰台墓地

为西北—东南方向,墓坑一般为长方形土坑竖穴,较规整,骨架保存不好,皆单人葬,葬式不明,没有发现葬具。随葬品有生产工具、生活用具和装饰品三类:生产工具有石斧、石铲、石锛、石凿、陶纺轮等,生活用具为各类陶容器,有鼎、壶、杯、碗、豆、簋、盆、甑、钵、器盖等,装饰品用石、玉、骨等原料制作,有石环、玉环、玉璜和骨饰等①。1997 年放鹰台遗址又发掘了 33 座新石器时代墓葬,约有 26 座墓的时代相当于大溪文化晚期。这批墓葬有少数专门填充红烧土,葬式一般为单人仰身直肢葬,随葬品一般是几件至十几件的小型陶质明器,也随葬有一些实用陶器或纺轮、石锛、石钺等,个别墓葬随葬有十余个猪下颌骨②。第三期为屈家岭文化墓葬。武汉新洲县阳逻镇香炉山遗址曾发现有 11 座墓葬,其年代与屈家岭遗址第三次发掘的墓葬大体相当,大约相当于大溪文化晚期。这批墓葬皆为长方形土坑墓,一般长 2.1 米~2.9 米、宽 0.6 米~1.2 米。排列有序,由北向南排成三排,方向大体为南北向。墓中骨架已不存。从墓坑的结构和随葬品来看,既有单人葬,也有双人合葬的。随葬品多为陶质明器,陶器火候很低,数量从十多件到数十件不等,都集中放置在墓坑南部,器形有鼎、罐、甑、壶、曲腹杯、圈足盘、碗、盖等。有的双人墓中有石钺、石铲等。随葬品数量最多的一座双人墓,出土器物多达 60 余件。M8 是一座较典型的双人墓(图 1-3),墓坑底部有一道纵向土埂将墓坑分隔为东西两部分,随葬品也有两套③。麻城金罗家遗址发现有 74座大溪文化墓葬④。

另鄂东东部属于江汉体系新石器时代文化与苏皖体系新石器时代文化的交汇地区。在黄冈螺蛳山遗址 1957、1985 年两次发掘,共清理了 14 座墓葬。该遗址的文化面貌受长江中游东段薛家岗文化较强的影响,兼有多种文化因素,年代相当于大溪文化晚期。1957 年发掘的 4 座墓中,3 座有遗物出土,均为长方形浅坑。1985 年发掘的 10 座墓,排列较有规律,有 8 座墓头向西南,1 座头向西北。墓坑均为长方形浅坑。M6、M7、M8 三座墓坑的底部,人骨架上肢部位有零星红烧土块和草木灰,似经火烧过,能辨明葬式的九座墓均为单人仰身直肢葬,骨架保存完好的只有两座墓。随葬品有生产工具、生活用具和装饰品三类。此外,还有

① 湖北省文物考古研究所:《武昌放鹰台》,文物出版社 2003 年版。
② 武汉市博物馆:《洪山放鹰台遗址 97 年度发掘报告》,《江汉考古》,1998 年第 3 期。
③ 武汉大学历史系考古教研室、武汉市博物馆、新洲县文化馆:《湖北新洲香炉山遗址(南区)发掘简报》,《江汉考古》,1993 年第 1 期。
④ 魏峻:《鄂东北地区新石器时代文化初论》,《江汉考古》,1999 年第 1 期;《鄂东北地区大溪文化初论》,《青年考古学家》,第 10 期。又见何介钧:《长江中游新石器时代文化》,湖北教育出版社 2004 年版,第 241、242 页。

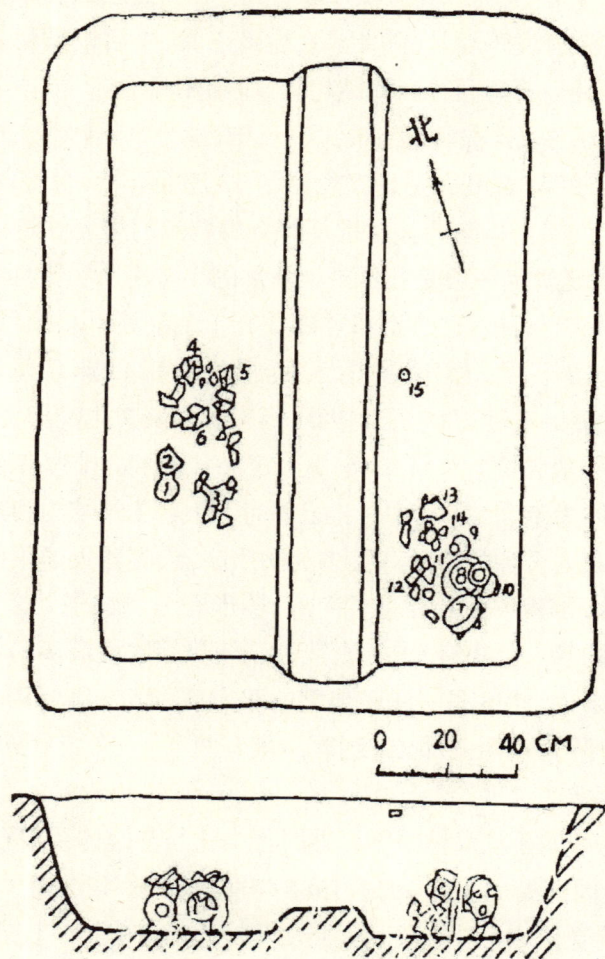

1.壶 2.甑 3.豆 4.杯 5.豆 6.陶器（不明）
7.鼎 8.器盖 9.缸 10.甑 11.曲腹杯 12.陶器
（不明）13.鼎 14.器盖 15.陶纺轮

图 1-3 阳逻香炉山 M8 平、剖面图

兽骨、人骨、鱼骨等，M9 头骨下放置石枕，M3、M4、M5、M7、M8 随葬有猪下颌
骨、猪牙床、鹿牙床、牛骨、鱼、龟、鳖背板等，一般放在足端或压在人骨架下，与陶
器分置。M8 较为特殊，用人下牙床随葬。出土的生产工具较少，有石刀、石钺、
石锛、石凿、骨锥、陶纺轮等。M2 出土的石刀置于墓主人骨盆之下，有使用痕迹，
两面有朱绘连弧或圆形纹，残存有三条竖向白色斑痕，似为捆缚物朽蚀后的残

留。墓葬出土的生活用器绝大多数为实用器,少数为明器①。湖北最东端的武穴鼓山墓地发现有238座新石器时代墓葬,是一处大型墓地,文化面貌属江淮地区的薛家岗文化,同时受到江汉地区油子岭文化和屈家岭文化的较强影响,年代大约相当于大溪文化晚期到屈家岭文化晚期,第一期1段至二期2段与油子岭文化中晚期同时代,大约相当于大溪文化晚期,共有74座墓葬。鼓山墓地的墓坑有长方形竖穴土坑和岩坑两种,绝大多数为土坑,只有少量为岩坑,由于土壤酸性较强,有机物难以保存,未发现葬具,只有一座墓发现疑似葬具腐烂后留下的痕迹,骨架也不能保存。墓葬多为南北方向,少数为东西向。从少数残留有骨架的墓葬来看,为仰身直肢葬。随葬品有陶器、石器等,数量一般在4~12件左右,大多数墓的随葬品放置在坑底南部②。

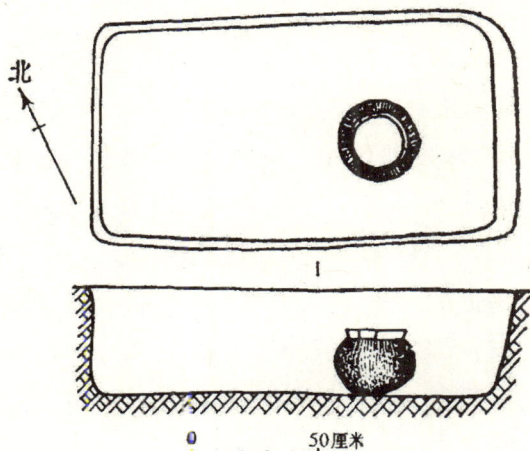

图 1-4　江陵朱家台 W6 平、剖面图

在鄂西地区,江陵朱家台遗址第一期遗存有3座瓮棺墓,墓坑有圆形小土坑,也有方形土坑,葬具为陶釜,有的在上面倒扣一件碗,未发现遗骸和其他遗物,年代大约相当于大溪文化早期。W6为长方形竖穴土坑(图1-4),东西向,陶釜置于坑的东部③。枝江关庙山遗址的大溪文化瓮棺葬数量极多,第一期遗存中

---

① 中国科学院考古研究所湖北发掘队《黄冈螺蛳山遗址的探掘》,《考古》,1962年第7期;湖北省黄冈地区博物馆:《湖北黄冈螺蛳山遗址墓葬》,《考古学报》,1987年第3期。
② 湖北省京九铁路考古队、湖北省文物考古研究所:《武穴鼓山》,科学出版社2001年版。
③ 湖北省文物考古研究所、武汉大学历史系考古教研室:《湖北江陵朱家台遗址1991年的发掘》,《考古学报》,1996年第4期。

有 8 座瓮棺,第二期遗存中有 5 座瓮棺,第三期遗存中有近百座瓮棺。墓坑多为圆形竖穴,瓮棺竖置,口向上;少数为浅盆形横穴,瓮棺横置,口向西。葬具一般是圜底罐,有的口部倒置一件碗或盘作盖。三期遗存中的瓮棺分布极为密集,有不少打破关系,大部分已被地层破坏,有的仅存瓮棺底部,保存较好的约占 2/7。这一批瓮棺一般都有盆、碗等器物作盖,陶罐质地很松,胎很薄,应为专门烧制的葬具。骨架多已朽,仅个别还可辨认出有小孩的骨骸①。松滋桂花树遗址发现有多座大溪文化墓葬,有两座保存底部,其中一座(M1)为仰身屈肢葬,另一座(M2)为多人合葬墓,三个头骨呈"品"字形排列,旁置几根肢骨,还有一头骨与随葬品放在一起②。宜昌清水滩遗址在 1979 年发掘时,发现了 4 座大溪文化墓葬,其中两座已被水冲毁,另两座亦无墓坑。发掘报告推测,可能是把尸体放在地上直接掩埋。M1 骨架两肩有一片密集的鱼骨③。宜昌中堡岛遗址发掘 2 座大溪文化时期的墓葬,其中一座(M4)已严重损毁,另一座(M3)内埋有 7 具人骨架,推测可能是肢解后弃埋④。宜昌三斗坪遗址发现有 8 座大溪文化墓葬。这 8 座墓分成两排,均为浅土坑墓,未发现葬具。葬式比较复杂,有蜷曲式、蹲坐式、仰身屈肢式等数种。基本未出完整的随葬器物,但在 M2 骨架附近有鱼骨粉末,可能存在着有用鱼殉葬的情况。M7 有一件小型打制黑色石片⑤。宜昌白狮湾遗址发掘了 13 座大溪文化晚期的墓葬,均为圆角长方形浅坑墓,分布十分密集。其中的 11 座墓猬集在一起,有多组打破关系。墓坑没有明显的分界线,墓坑壁不很规整,墓底的中部多略下凹,有的坑底头端较高脚端较低。墓向方面,有两座大致为南北向,其余大致呈东西向。墓坑内未见葬具痕迹。有七座墓骨架较完整,多数可辨葬式为仰身直肢葬,一座为侧身直肢葬,还有一座为俯身葬或侧身屈肢葬。M4 的墓主人左右手腕部各戴一石镯。M5 的墓主右肩、臂间套七个陶环,右手腕部套五个陶环,左手腕部套石镯一个。M13 的残上肢上套骨镯一个。有七座墓的墓坑中发现有长形自然石块,有的呈立状,多置于头端,也有在腰侧或

① 中国社会科学院考古研究所湖北工作队:《湖北枝江县关庙山新石器时代遗址发掘简报》,《考古》,1981 年第 4 期。
② 湖北省荆州地区博物馆:《湖北松滋县桂花树新石器时代遗址》,《考古》,1976 年第 3 期。
③ 湖北省宜昌地区博物馆、四川大学历史系考古专业:《宜昌县清水滩新石器时代遗址的发掘》,《考古与文物》,1983 年第 2 期。
④ 国家文物局三峡考古队:《湖北宜昌中堡岛遗址发掘简报》,《文物》,1989 年第 2 期。
⑤ 湖北省文物考古研究所:《1985～1986 三峡坝区三斗坪遗址发掘简报》,《江汉考古》,1999 年第 2 期。

脚端,这些石块系有意放置,应为墓葬的标记。随葬品有玉、石、骨、陶四类。石器有斧、锛、凿,一般置于墓主头部四周。玉器有璜、玦,置于墓主的胸部或上腹部。骨器主要为骨锥,置于腹侧。陶器有罐、钵、碗、簋、豆、杯、曲腹杯、圈足盘、器盖、筒形瓶、陶纺轮等。陶纺轮置于墓主肩、手侧,其他陶器置于胸部四周,有的置于脚端[①]。湖北宜都红花套遗址亦曾发现有属于大溪文化的瓮棺葬[②]。公安王家岗遗址则发现 74 座大溪文化晚期的古墓葬,分东西两区。东区清理了 21 座墓葬,南北向;西区清理了 53 座墓葬,东西向。王家岗的墓葬分布较密集,排列有序,但墓坑边缘不清。未见葬具痕迹,人骨已朽无存,葬式不明。随葬品有生产工具和生活用具。生产工具有石铲、石斧、石锛、石凿和陶纺轮,生活用具为陶器,多数为实用器,皆手制,器形有罐、曲腹杯、器盖、豆、鼎、壶、碗、瓶、器座、盘、钵等。王家岗墓葬在随葬品方面的差异不大,随葬 20 件以上的有 4 座,10~20 件的 15 座,其余在 10 件以下的有 4 座墓,随葬 2 件器物[③]。

在鄂北和鄂西北地区,屈家岭文化以前为仰韶文化分布范围,或受仰韶文化影响的地区,相当于大溪文化时期。宜城顾家坡遗址发现一处大型的新石器时代墓地,清理出从大溪文化晚期到石家河文化早期的墓葬 239 座、瓮棺 13 座[④],因资料未发表,大溪文化时期的墓葬具体情形不明。在顾家坡以北不远处的宜城曹家楼遗址,第一期遗存早于屈家岭文化,文化面貌受仰韶文化影响,曹家楼第一期发现有 8 座土坑墓、2 座瓮棺葬。土坑墓多数为东北—西南方向,少数为西北—东南方向,长方形浅穴土坑,葬式以仰身一次葬为主,也有少量的俯身葬和二次葬。多数无随葬品,有随葬品的只是几件生活用具,不见生产工具,随葬品一般置于脚端。土坑墓一般用于埋葬成人,但曹家楼 M7、M4 为儿童墓。M3 为一次葬,但左胫骨上移错位。M8 为俯身直肢一次葬,在头骨左侧有零散兽骨。两座瓮棺均竖置,内有腐朽的儿童骨骸,瓮棺的陶质很差,无法修复[⑤]。均县朱家台遗址发现有 3 座土坑墓、一座瓮棺,文化性质属于仰韶文化,相当于大溪文化

---

① 湖北省文物考古研究所:《长江三峡工程坝区白狮湾遗址发掘简报》,《江汉考古》,1999 年第 1 期。
② 林春:《长江西陵峡远古文化初探》,载《葛洲坝工程文物考古成果汇编》,武汉大学出版社 1990 年版。
③ 湖北省荆州地区博物馆:《湖北王家岗新石器时代遗址》,《考古学报》,1984 年第 2 期。
④ 贾汉清:《从顾家坡墓地的发掘看史前时代文化交叉地带的部落冲突》,《华夏考古》,2004 年第 4 期。
⑤ 武汉大学历史系考古教研室、襄樊市博物馆、宜城县博物馆:《湖北宜城曹家楼新石器时代遗址》,《考古学报》,1988 年第 1 期。

时期。三座土坑墓有两座已近全毁，仅 M1 保存稍好，墓圹不清，未发现葬具，葬式为单人仰身直肢葬，随葬有陶器三件，其中两件碗置于头部，一件罐置于脚部。M4 为瓮棺，葬具为夹砂灰陶罐，口上扣一泥质灰陶带流盆，罐内残存牙齿一枚①。郧县青龙泉遗址发现有 4 座仰韶文化墓葬，均为瓮棺，有三座保存较好，均横置，口向西或向北。瓮棺内的婴孩骨骸多已朽，仅 W49 保存较好，头向西，仰身，下肢已凌乱。郧县大寺遗址则发现有 10 座仰韶时期墓葬，分布较密集，其中单人葬 7 座，合葬墓 3 座。单人葬 M11 和合葬墓为二次葬，大寺的这批墓葬发现于仰韶文化层底部，人骨置于生土上，墓圹不清，均未发现葬具。M4 埋在一个圆形的红烧土浅坑内，推测可能是某种建筑废弃后，用作墓坑的。M7 埋葬有 8 具人骨，头皆向西北，人骨由东北向西南，并列相依。M14 葬有 12 具人骨，在 1 号人骨北侧 10 厘米处立有大石一块，可能用作界石②。在随枣走廊，枣阳雕龙碑遗址第一、二期遗存与大溪文化同时代。雕龙碑第一期遗存发现有 19 座土坑竖穴墓，集中分布在遗址中部，排列有序，应为氏族公共墓地。都为长方形竖穴土坑墓，呈西北—东南向，大约分成平行的三列，每列又呈西南—东北向分布。有 3 座墓为小孩墓，墓葬填土为夹杂大量红烧土颗粒的灰褐土，似有意为之。墓中无随葬品，也无葬具痕迹，流行单人一次仰身直肢葬。雕龙碑第二期遗存发现有 71 座土坑墓和 23 座瓮棺葬。土坑墓主要分布在遗址的中部和东部。中部的墓葬数量多而且排列有序，离居住区较近。东部的墓葬数量少，分布无规律，离居住区较远。71 座墓皆为长方形竖穴土坑墓，绝

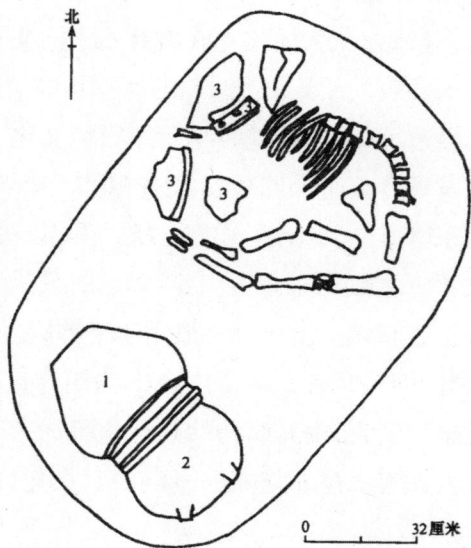

北

0　　　　　　　32 厘米

1. 罐　2. 鼎　3. 圆足盘

图 1-5　枣阳雕龙碑 W11 平面图

① 中国社会科学院考古所长江工作队：《湖北均县朱家台遗址》，《考古学报》，1989 年第 1 期。

② 中国社会科学院考古研究所：《青龙泉与大寺》，科学出版社 1991 年版。

大多数墓坑呈西北—东南向,少数为西南—东北向,中部公共墓地的墓葬成排分布,排向为西南—东北。有不少墓叠压或打破了第一期的墓葬,第三期的公共墓地几乎是重叠其上。墓主多为成年人,也有小孩,甚至是幼儿。葬式流行单人一次仰身直肢葬,个别为单人二次葬、侧身直肢葬、侧身屈肢葬、俯身葬和双人一次合葬。有三座墓可能是断肢葬习俗,M28 和 M52 相距只有 0.4 米,分别葬有同一死者的上半身和下半身,上半身臂骨前端可见较平的人工切割痕迹。M76 墓主的胫骨下端残断,脚骨置于右膝边。绝大多数墓也没有随葬品,只有少数墓有个别的随葬品,如残石璜、小陶盆、陶纺轮、骨环等。23 座瓮棺葬主要分布在遗址中部,一般散见于居址附近,有少数分布在公共墓地,间杂于成排的土坑墓中。这一类瓮棺墓坑不同于大多数瓮棺的圆形和椭圆形,而与土坑墓一致,为长方形竖穴土坑。瓮棺所葬死者皆为婴幼儿。一座瓮棺只葬一位死者,个体小的只有一件葬具,稍大的幼儿则用两件葬具。用单件陶器作葬具的种类有罐、鼎、缸等,放置的方式有竖置、倒置、横置三种;用两件陶器作葬具的种类有罐、盆、鼎、缸等,放置形式有两罐相扣横置、两鼎相扣横置、一罐一鼎相扣横置、一罐一缸相扣横置、一缸一缸底相扣横置、两盆相扣竖置等。不少葬具的中下腹部抹有一层黄泥,上面可见手指印,黄泥未经烧烤,有的已经脱落,应是陶器烧成后再抹上去的,似是葬具的特殊标志。只有四座瓮棺发现有随葬品,多为猪骨,个别为陶器。其中 W12 为两罐相扣横置,一罐内置婴儿尸骨,另一罐内则随葬猪头和猪腿。W7 和 W11(图 1-5)分别在墓坑内的葬具旁随葬半头和一头猪。W43 则在葬具旁随葬一件残陶壶。雕龙碑墓地的另一特点是有祭祀坑,雕龙碑一期墓地有八个祭祀坑,皆用猪埋葬,多数为一头整猪,少数为猪头或猪的其他部位;雕龙碑二期墓地有十三个祭礼坑,其中十一个用猪埋葬,多为整头猪,少数为半头猪。另两个为陶器坑。这些祭祀坑在墓葬周围,可能用来祭祀死者①。雕龙碑遗址的文化性质较为复杂,第一期属仰韶文化下王岗类型,第二期有仰韶文化和油子岭文化的因素,还有一些是自身的文化特征。

二、屈家岭文化时期的古墓

　　屈家岭文化是长江中游有代表性的一种新石器时代文化,得名于 1955 年发

---

① 中国社会科学院考古研究所:《枣阳雕龙碑》,科学出版社 2006 年版。

掘的京山屈家岭遗址①,其核心地区在江汉平原,是新石器时代江汉地区古代文化最繁盛的时期,其分布范围北到河南省西南部,南到湖南省北部,西到三峡,东到武汉市以东的黄冈和黄石一线,基本上涵盖了整个长江中游,今湖北省的绝大部分地区都在屈家岭文化覆盖之下。长江中游地区在屈家岭文化时期实现了空前的繁荣和统一。

屈家岭文化古墓大抵可分为土坑墓和瓮棺葬两种,土坑墓略多于瓮棺葬。土坑墓一般用于埋葬成人,瓮棺葬用于埋葬儿童。

(一)墓地

屈家岭文化是非常繁荣的考古学文化,其人口众多,势力强盛。如此繁荣的人类社会,必然会留下大量的墓葬。现在全国已正式发掘的屈家岭文化遗址不下数十处,屈家岭文化的古墓葬也有大量发现。据对天门肖家屋脊等十四处遗址所作的统计,全国已发掘的屈家岭文化墓葬约1000座②。实际数量则要大大超过此数。从墓葬在遗址中的分布情形来看,屈家岭文化古墓有大型集中墓地、小型集中墓地和零散墓地三类。

大型集中墓地主要有湖北宜城顾家坡墓地和荆门龙王山新石器墓地。这类墓地的特点是墓地规模大和墓葬分布密集。大型墓地的形成需要很长一段时期,这两处墓地的年代均为大溪文化晚期到屈家岭文化时期,时间跨度大。

宜城顾家坡墓地共发掘239座大溪文化晚期到屈家岭文化时期的墓葬,另有13座瓮棺。239座墓葬中,有237座集中分布在遗址的西南部。墓地呈长条形,南北宽约10米,东西长约90米。墓地的北东南三面都发现了建筑遗迹和与之相关的遗存,西部已到了遗址的边缘。东、南、西和西北还发现了柱洞和沟槽遗迹,推测是墓地边界的标志,因为所有墓葬都在这个范围内,只有一座例外。在这一狭小的范围内墓葬的分布十分密集,打破关系也非常多,直接和间接的打破关系多达51组,有一个组内串在一起的墓葬达17座。这些墓葬一般开口于第二层下,打破第三层(次生土)和生土层。有的部位因为被破坏,耕土层下就可见到墓葬开口。墓地之内没有发现生活遗迹,只有4座灰坑,但包含物甚少。其中2座形状大体相类似,分布于墓地东部,南北对称,推测可能是与祭祀有关的遗

① 中国科学院考古研究所:《京山屈家岭》,科学出版社1965年版。
② 张绪球:《屈家岭文化》,文物出版社2004年版,第175页。

存。墓葬皆为土坑竖穴墓,墓口形状多为长方形。顾家坡墓地的单人葬占绝大多数,合葬墓只有 36 座,占 15‰,多为同性合葬墓。按合葬的人骨数量,可分为二人合葬、三人合葬、四人合葬和五人合葬四种。按人骨在墓坑内的排列方式,又可以分为横向合葬、纵向合葬和杂乱合葬三种,后两种比较少见,且只见于二人合葬。横向合葬之中,又可以根据墓底小坑之有无分为并排合葬和并穴合葬两种,及以上二者的混合形式。并穴合葬墓的情形比较特殊。M70 是一座二人并穴合葬墓,墓底有二小坑,中间用一生土台相隔,坑内各葬一成年男性,皆二次葬,人骨(1)葬于西侧小坑内,随葬玉钺和石钺各一件,分别置于肩部的两侧;骨牌饰两件,一件位于右肘处,另一件位于左股骨上端附近;骨镞一枚,在左侧骨牌饰南边;陶红顶钵三件、陶罐两件和猪下颌骨八副,位于小坑南部。人骨(2)葬于东侧小坑内,随葬石钺一件,位于颈部;骨镞五枚,位于右膝附近;夹砂圈足罐一件,位于左足左侧;陶红顶钵两件和陶罐一件,与八副猪下颌骨一起位于小坑东南部。顾家坡墓地的头向多朝北,仅有两例头向南,位于墓地西南边缘。合葬墓中未见南向墓。大量二次葬是顾家坡墓地的一大特色,单人葬中一次葬仅有五例,合葬墓均为二次葬。随葬陶器多为明器,有大量的猪下颌骨用于随葬,有 131 座墓随葬猪下颌骨,最多的一座墓随葬猪下颌骨达四五十副。随葬品有明显的性别分工,男性墓一般随葬石钺、骨镞和实用陶器,女性墓一般随葬陶、骨纺轮或小明器。顾家坡 M27 是随葬品最多的墓葬之一,墓主可能是酋长类人物,长方形竖穴土坑,东西南三面有二层台,有明显的棺痕,二次葬,棺内随葬玉钺一件,石钺三件,骨端饰两件,骨器两件,骨镞十九枚,东侧二层台上随葬陶簋五件,另有大量的猪下颌骨,分作两堆,具体数目不清,约三十副。顾家坡墓地另一显著特点是随葬有大量的石钺。据统计,随葬石(玉)钺的墓葬多达 74 座。约 60% 的男性在下葬时均随葬有石钺,甚至有小男孩也随葬有小石钺。此外,顾家坡墓地还随葬有大量的骨镞,且往往与石钺共存。考古学者认为,顾家坡遗址地处屈家岭文化区与仰韶文化区的交叉地带,当时两大势力间可能爆发过激烈的冲突,顾家坡墓地正是史前部落冲突的证据①。

荆门龙王山发现有 203 座新石器时代的墓葬,年代初步推测为大溪文化晚期到屈家岭文化晚期,是目前汉水中游地区同时期墓葬中,等级规格最高的墓地。

---

① 贾汉清:《从顾家坡墓地的发掘看史前时代文化交叉地带的部落冲突》,《华夏考古》,2004 年第 4 期。

大墓的墓圹大，随葬品数量多。其中的 M132 出有遗物 260 件，为长江中游地区同时期单个墓葬中一次性出土器物最多的。墓葬分布集中，大墓主要在墓地的中部，以大墓为中心，周围分布有一些中小型墓，表明该墓地是按一定的规则分布的。墓葬方向基本一致，为西北—东南方向；头向一般向西北。墓葬开口均为长方形，墓葬形制有竖穴石坑、竖穴土坑和竖穴半土坑半石坑墓三种类型。墓葬填土根据不同墓坑形制分为三种：竖穴石坑墓填土为褐黄色花土；经夯实处理土质坚硬；内含少量小石块和碎陶片；竖穴土坑墓填土为黄色，较疏松，无包含物；竖穴半土坑半石坑墓，填土为黄褐色，土质较紧密，包含物有少量小石块。墓向均为西北—东南向，方向大多在 280°~310° 之间，头向西北。整个墓地人骨保存状况不好，仅有十分之一的墓发现有人骨。可辨葬式有仰身直肢单人葬和二次葬。绝大部分墓坑长 2 米以上，墓坑最长者达 4.3 米、最短者也有 0.91 米；墓坑最宽者达 1.8 米、最窄有 0.4 米。最大的 M132，长 3.7 米、宽 1.7 米、深 1.65 米；最小的 M6，长 1.27 米、宽 0.4 米、深 0.19 米。随葬品的放置亦有规律，绝大多数随葬品放置在墓坑中间。大多数随葬品为明器，十分之一的墓葬中随葬有玉器，主要器形有璜、环、璧、坠、管及其他玉饰件。少数墓中有猪下颌骨随葬。随葬陶器有鼎、罐、豆、缸、曲腹杯、细颈壶、纺轮等。陶器组合以鼎、罐、豆最为常见。有三分之一的墓随葬夹砂红陶缸，四分之一的墓随葬有陶纺轮。陶质绝大多数为泥质陶，少量夹砂陶，陶系以黑色为主，部分灰陶，极少红陶。大多数陶器火候不高，胎较薄，器形规整。在 203 座墓中，仅一座墓随葬有一件石斧①。

小型集中墓地数量最多。此类墓地一般离居住区较近，墓地内的墓葬一般排列有序。湖北天门石河镇肖家屋脊遗址墓地即是较典型的小型集中墓地，在遗址范围内共发现三处墓地，分别位于遗址的南部、东南部和西北部，三个墓地的年代均是从屈家岭文化二期到石家河文化早期。

肖家屋脊南部墓地分为东西两部分，共有墓葬 17 座。其中，屈家岭文化第二期墓葬有 6 座，石家河文化早期墓葬 11 座。屈家岭文化第二期墓葬位于西半部，这一墓地曾遭破坏，不完整。墓葬的分布相对来说较为分散，方向也不一致，墓地的使用是由西向东发展。

---

① 湖北省文物考古研究所、荆门市文物考古研究所：《湖北荆门龙王山新石器时代墓地发掘简报》，《江汉考古》，2008 年第 4 期。

　　肖家屋脊东南部墓地共有墓葬18座,其中属于屈家岭文化第二期的有18座。此墓地范围不大,南北长约9米,东西宽约8.3米。但墓葬分布相当密集,墓葬之间的叠压、打破关系也特别多。如在AT1216、AT1217两个探方中,就有墓葬15座,除两座外,其余墓葬均有叠压打破关系。

　　肖家屋脊西北部墓地共有墓葬18座,属于屈家岭文化第二期的墓葬有11座。这个墓地保存比较完整,东西长约17米、南北宽约13米。墓葬排列也比较有规律,大致可以分为东中西三个小部分。东边三座,除一座被扰乱、方向不明外,另两座均为东西向;西边共有八座,基本上为南北向。东西两部分十一座墓的年代均为屈家岭文化第二期,中部七座墓的年代则为石家河文化早期。

　　这三处墓地的使用时间,均是从屈家岭文化第二期到石家河文化早期;墓葬数量接近,墓地之间的距离也不远。结合整个遗址来考察,当是一个氏族内部的三个家族墓地①。

　　雕龙碑墓地的年代从大溪文化时期到屈家岭文化时期,大部分的墓葬分布在遗址中部,应是氏族公共墓地,使用时间很长。同期的墓无打破关系,但不同期的墓葬有叠压打破关系,三个时期的墓葬几乎是重叠分布。该处墓地排列很有规律,绝大多数墓坑呈西北—东南向,只有少数呈西南—东北向。墓葬成排分布,排向为西南—东北。墓地分布在居住区的东南方向,离居住区很近。

　　钟祥六合遗址的屈家岭文化晚期墓葬也是小型集中的,共发现6座,分布在遗址西侧的两个探方中,排列有序,分布密集,单人仰身直肢葬,头向南。随葬品2至5件,置于脚端,全为陶器。

　　零散墓葬亦较多,许多遗址中都存在分散埋葬的古墓葬。青龙泉遗址有6座屈家岭文化土坑墓,零星分布在三个发掘区里,其中Ⅰ区3座、Ⅱ区2座、Ⅲ区1座。有3座墓墓坑较清晰,为长方形浅穴,长1.7米~2.2米、宽0.6米~0.64米、深0.1米~0.3米,其余墓圹不清。未见葬具痕迹,人骨多已腐朽。均为单人葬,仰身直肢。头向不太一致,西或西北向的四座,面向上、向北或向南;东北向的两座,面向上或向西。M41人骨保存较好,头向东北,面向西,左手放置腹部,右手垂于身旁②。雕龙碑遗址亦有零散分布的墓葬,一般分布在离居住区较远的地

　　① 　石河考古队:《肖家屋脊》,文物出版社1999年版。
　　② 　中国社会科学院考古研究所编:《青龙县与大寺》,科学出版社1991年版,第36~37页。

方,分布无规律,与公共墓地明显有别。肖家屋脊也有4座零散的土坑墓。

(二)土坑墓

1.墓葬形制

一般为土坑竖穴墓,多数墓坑四壁较直,墓口一般长约2.1~2.7米,个别较大的墓超过3米,宽度一般在1米以内,个别可达1.5米。墓坑深度一般较浅,多数墓在0.2~0.3米之间。有很多墓的墓口不易寻找,有的墓需反复多次铲平才能发现。墓葬填土有的近于生土,有的则是在填土中夹杂大量红烧土颗粒。以前在屈家岭文化中未发现特大型墓葬,但新近披露的宜城顾家坡墓地和荆门龙王山墓地,都有较大型的墓葬。如龙王山M132,有随葬品260件。单就随葬品而言,为长江中游地区同期墓葬之最。绝大多数墓葬中未发现葬具,但部分墓葬是有葬具的。在肖家屋脊、走马岭等遗址,都曾发现有明显的葬具痕迹。青龙泉M45在人骨下面有圆形小腰坑(图1-6),内置细泥灰陶厚胎凸弦纹高领罐和红顶碗各一件,碗倒扣在罐口上。有的墓则有二层台,一般用于较大的墓,雕龙碑M65—M68,是用红烧土铺垫在底部,并在四周垒成二层台。这四座墓比其他的墓要大,随葬的猪下颌骨也较多。墓主头向东南(有别于大多数墓),集中分布在F15的前面或一角10~15米远的地方,与其他墓葬差别明显。肖家屋脊遗址屈家岭文化墓葬也有二层台的现象,有侧边二层台和足端二层台两种。二层台上一般放置随葬品。肖家屋脊有二层台的墓,其随葬品也较多。

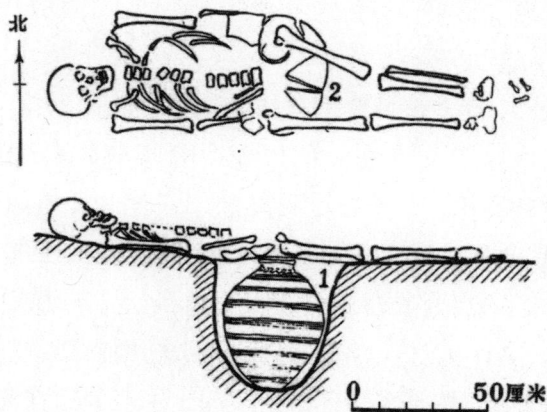

1.陶高领罐 2.陶碗

图1-6 郧县青龙泉M45平、剖图

2. 葬式

土坑墓的墓主主要是成年人,但也有部分未成年人使用土坑墓,甚至有婴儿墓,如雕龙碑 M64。一次葬的墓中,多数为单人仰身直肢葬。单人二次葬也较为普遍。有少量的合葬墓。较为特殊的是在仰身直肢葬中,面向有多种,既有向上的,也有倾向一侧的。在大溪文化时期较常见的屈肢葬,在屈家岭文化中仅有个别例子。大溪文化中较常见的多人合葬墓,在屈家岭文化中也较少见。雕龙碑遗址有一些较特殊的葬俗,M1 墓主无头,在头部覆盖一陶钵似作掩饰。M2一墓主的右肩上摆放着另一颗人头。M14 墓主为小孩,头部盖一残陶罐,似作瓮棺,整体却置于竖穴土坑墓中。M61 不见死者,可能是移葬。M34 可能为非正常埋葬,死者为 3~4 岁的小孩,手足紧并,不见手脚掌,侧身屈肢,似被捆缚填塞于狭小的墓坑中。M24 发现有口含的习俗,墓主口中含一颗椭圆形的河卵石。

3. 随葬品

土坑墓一般有随葬品,多数置于足端,少数置于头端。按用途,随葬品有生产工具和生活用具。生产工具一般为陶纺轮、石斧、石锛等,生活用具一般为陶容器或少量的装饰品。按质地,随葬品有陶器、玉器和石器。一般以陶器为主,少数墓葬中有玉石器,如制作精美的玉钺、石钺等。在雕龙碑和顾家坡墓地,有随葬大量猪下颌骨的习俗。雕龙碑三期墓地随葬猪下颌骨的情形非常普遍,无论小孩或成人,少者一副或几副,多者达十几副甚至几十副。最多的 M16 随葬猪下颌骨达七十二副,但陶器不多见。放置猪下颌骨的方式有两种,一是摆放后再填土掩埋,二是在掩埋过程中将其置于填土内。两种方式放置的猪下颌骨都很整齐,绝非乱摆乱放,但猪下颌骨在墓葬中一般无固定位置。

(三)瓮棺葬

瓮棺葬是江汉地区新石器时代文化中专门用来埋葬婴幼儿的一种埋葬方式,在大溪文化、屈家岭文化和石家河文化中都很常见。瓮棺一般每座只葬一位死者,但分布一般比较分散,多见于居住区内,有少数与土坑墓在一起。也有集中埋葬的现象,如枝江关庙山遗址,瓮棺的分布就非常集中。关庙山的一个探方T8,就发现有瓮棺 40 座,并有 8 例打破关系[①]。瓮棺葬的埋葬方法,一般是先挖

---

① 中国社会科学院考古研究所湖北工作队:《湖北枝江县关庙山新石器时代遗址发掘简报》,《考古》,1981 年第 4 期。

荆楚古墓揭秘—————————————————————————

一个圆形土坑,深 40 厘米~50 厘米,然后将瓮棺埋入。瓮棺的墓坑有椭圆形、圆形、长方形和不规则形四种。瓮棺的葬具多为两件,也有单件的。两件套的瓮棺分两种情形,一种是用一件大陶器作瓮棺,口部倒扣一件小型陶器;另一种情形是两件较大的陶器对扣。各地区的瓮棺所用葬具有差别。鄂西北的瓮棺主要用实用陶器作葬具,一般用作葬具的是夹砂罐,口上扣一件小型陶器。江汉平原用作瓮棺的陶器一般是釜,火候低、制作粗糙,难以复原,可能是专为埋葬制作。雕龙碑遗址的瓮棺在中下腹部抹有一层黄泥,上面有坑洼不平的手指印,黄泥未经烧烤,有的容易脱落,应是陶器烧成后再涂上去的,似是葬具的特殊标志。有些瓮棺在底部凿有圆洞,推测可能是为死者的灵魂出窍用的。瓮棺的放置方法一般也有两种,一为竖置,另一种是横置。横置的瓮棺一般是用两件陶器对扣而成。还有个别瓮棺为倒置。瓮棺一般没有随葬品,仅个别有一至两件小型器物,种类有猪骨和陶器。在雕龙碑遗址,以猪骨随葬的形式分两类,一是在葬具内放置零星的猪骨(多为猪下颌骨或肢骨)。如果用两件大型陶器作葬具,一般是一件放置婴儿、一件放置猪骨;另一类是在瓮棺外,在瓮棺旁设一祭祀坑,内葬整头猪或半头猪。顾家坡墓地有一座瓮棺则是在瓮棺底部随葬数十副小猪的下颌骨。六合 W46 则是一件较为特殊的瓮棺,埋葬较为讲究:先在坑底铺一层小卵石,再在上面横置两个相套的釜,随葬有碗、器盖和猪下腭骨各一件[①]。

(四)祭祀坑

有些遗址的墓地内设有祭祀坑,以雕龙碑遗址最为典型。雕龙碑一至三期墓地均有祭祀坑(图 1-7)。雕龙碑遗址的祭祀坑有椭圆形、圆形和长方形等数种,少数为不规则形。祭祀坑位于墓葬旁,可能是用来祭祀死者,坑内皆埋葬有猪,多数为一头整猪,少数为缺头和其他部位的猪,猪的头向几无规律。顾家坡墓地也发现有四座灰坑,其中两座位于东部,形态大体相似,南北对称,推测可能与祭祀有关。

三、石家河文化时期的古墓

石家河文化是江汉地区继屈家岭文化之后发展起来的一种考古学文化,与

---

① 中国社会科学院考古研究所湖北工作队:《湖北枝江县关庙山新石器时代遗址发掘简报》,《考古》,1981 年第 4 期。

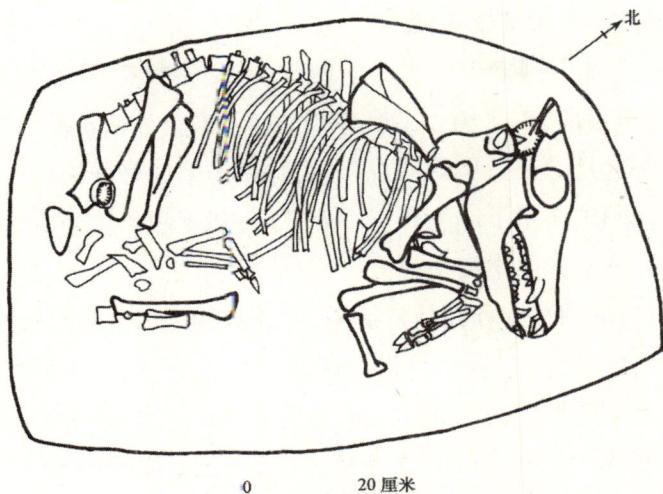

图 1-7 枣阳雕龙碑祭祀坑平面图

屈家岭文化有很大的继承性,在墓葬方面也是如此,有土坑墓和瓮棺葬之分。土坑墓一般为长方形浅坑墓圹。部分墓有二层台结构,有的还用红色胶泥挂抹墓壁。除个别墓圹底部有葬具朽痕外,绝大多数墓葬无葬具痕迹。葬式多为单人仰身直肢葬,也有少量的单人仰身屈肢葬和侧身屈肢葬。在房县七里河有多人二次合葬墓,可分为成年同性合葬墓和男女老幼合葬墓等情形。随葬品以陶器为主,其他有少量石器,一般以陶制生活用器为主,生产工具极少见,有少量的纺轮、石镞等随葬。各地区在随葬品上有差异。青龙泉墓地多无随葬品,邓家湾、肖家屋脊墓地大多有随葬品,且数量多寡悬殊。在石家河文化的墓葬中,瓮棺葬占有相当的比例,各个时期均有。但最流行的时期是石家河文化晚期。在石家河文化中心区,瓮棺葬是晚期已发现的唯一葬式。石家河遗址的瓮棺葬中往往随葬玉器。

七里河 76M19 是七个成年男性的二次合葬墓,圹穴不深,墓边不甚清楚,墓底部有黑灰色灰烬。墓坑为长方形土坑竖穴,南北长 2.48 米、东西宽 1.32 米。人骨架从北往南呈东西向,放置成整齐的一排。每个骨架的下肢骨都放置于上肢骨的稍下位置,每个骨架的个体略呈小长方形。头向除第二号骨架朝正东外,其余的均头朝正西。该墓随葬有三个红陶小杯和两副不全的猪下颌骨,三个红陶杯成"品"字形放在第一号人骨架的头顶,猪下颌骨一副放置第二号骨架的脚下部,另一副放置第五号骨架头部右侧,无其他随葬物。七里河 76M1 是一座男女老幼多人合葬墓,十具骨架摆成东西两排,墓圹穴不深,墓边不太清楚,圹底有黑色灰烬。墓坑近长方形,南北长 2.1 米、东西宽 4.1 米。除西排南数第二人骨架为原葬外,其他都为迁葬。骨架均仰身直肢,除东排第四号骨架头向东外,其余的均头向西,随葬两副小猪下颌骨和一个鹿牙床。猪下颌骨置于头骨一侧,鹿牙床置于西排第二、三号骨架小腿中间。

在七里河遗址的墓葬和其他遗迹中,发现有拔牙风俗和猎头风俗。一些保存较好的墓葬中,墓主下颌骨的牙齿往往完好无缺,而上颌骨经常缺少二至四颗牙齿,一般是缺少两个上颌外侧的门齿,也有缺少两个上颌外侧门齿再加旁边两个犬齿,也有仅缺少一颗上颌右侧犬齿的。据统计,拔牙者占 60% 左右。这应是一种基于某种历史形成的信念或动机,将一定部位健康生长的牙齿,人为拔出的古老风俗——拔牙或凿齿风俗。猎头风俗在七里河遗址的灰坑、窑址、墓葬和半地穴式房址中都有所反映。这有两种情形,一种是遗址中仅有人头骨或头骨残片而无人体其他部位的骨骼,如 76M1 西排第五号骨架为壮年男性,其头部多出一块完整的额头骨,而同墓其他骨架乃至迁葬的骨架中,并未发现缺少额骨的。另一种猎头风俗的遗迹,是一些墓葬中往往缺少人头骨,而有的缺头骨的墓,还有较丰富的随葬品。如 76M79:7 系一成年男子,其他骨骼基本完好,但唯缺一颗头骨,76M21 是一座侧身向北、下肢略屈的成年男子单人原葬墓,墓主独缺少头骨,其他骨骼基本完好。此墓是七里河遗址中随葬猪头最多的,有两副带上下颌的猪头骨[①]。也许是当时氏族部落在冲突中有相互猎取人头的习俗。

石家河文化有较明显的内部分化,在墓葬方面表现得较为突出。如肖家屋脊东南侧的家族墓地中,M7 是一座大墓,有二层台,随葬品多达 106 件,除大量陶器外,还随葬有象征身份和地位的石钺一件。死者为男性,应为该家族的族长。但就在此墓的旁边,有一座同期的小墓,墓坑极其狭窄,无随葬品。

肖家屋脊 M7 是一座较典型的大型贵族墓(图 1-8),年代为石家河文化早期。墓坑为足端较宽的长方形宽坑竖穴墓,方向 60°。在坑的足端和两侧有二层台,填土为灰褐色粘土夹黄粘土。墓口长 3.22 米,头端宽 1.8 米、足端宽 2.35

① 湖北省博物馆、武大考古专业、房县文化馆:《房县七里河遗址发掘的主要收获》,《江汉考古》,1984 年第 3 期。

米,坑底长 2 米、宽 0.9 米、坑深 0.9 米。未发现葬具。葬式为单人二次葬,人骨摆放成仰身直肢葬的形状,面向不清,男性。随葬品多达 103 件,坑底头端及左侧依次置壶形器 1 件、器盖 1 件、小鼎 4 件、石钺 1 件,足端置斜腹杯 29 件,足端二层台置高领罐 62 件、大口罐 1 件、中口罐 1 件、碗 2 件、钵 1 件。

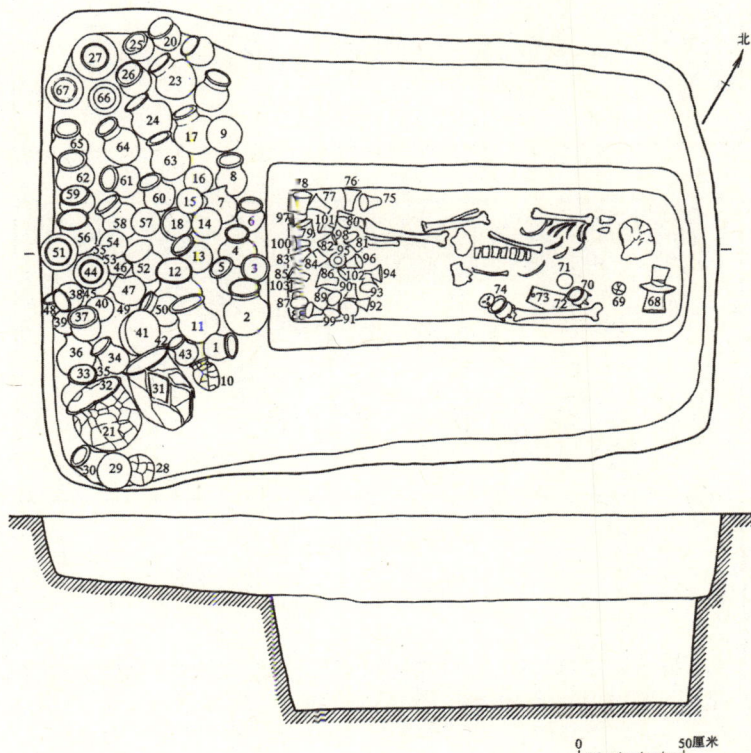

1~20、22~27、29、30、32~40、42、43、45~67.陶高领罐 21.陶大口罐
28、41.陶碗 31.陶中口罐 44.陶钵 68.陶壶形器 69.陶器盖
70~72、74.陶小鼎 73.石锛 75~103.陶斜腹杯

图 1-8 天门肖家屋脊 M7 平、剖图

肖家屋脊 M54 也是石家河文化早期有代表性的一座高级墓(图 1-9),长方形竖穴,方向 78°。坑长 2.6 米、宽 1.05 米、深 0.4 米。坑内填有灰黄色粘土。未发现葬具。葬式为单人二次葬,面向上,成年男性。随葬品 102 件,其中 99 件高领罐分布在身体右侧,分三层摆放,第一层一行 14 件,第二层二行 45 件,第三层二行 40 件;另在头端置高领罐 1 件、足端置高领罐 1 件、大口罐 1 件[①]。

———————————————
① 石河考古队:《邓家湾》,文物出版社 2003 年版。

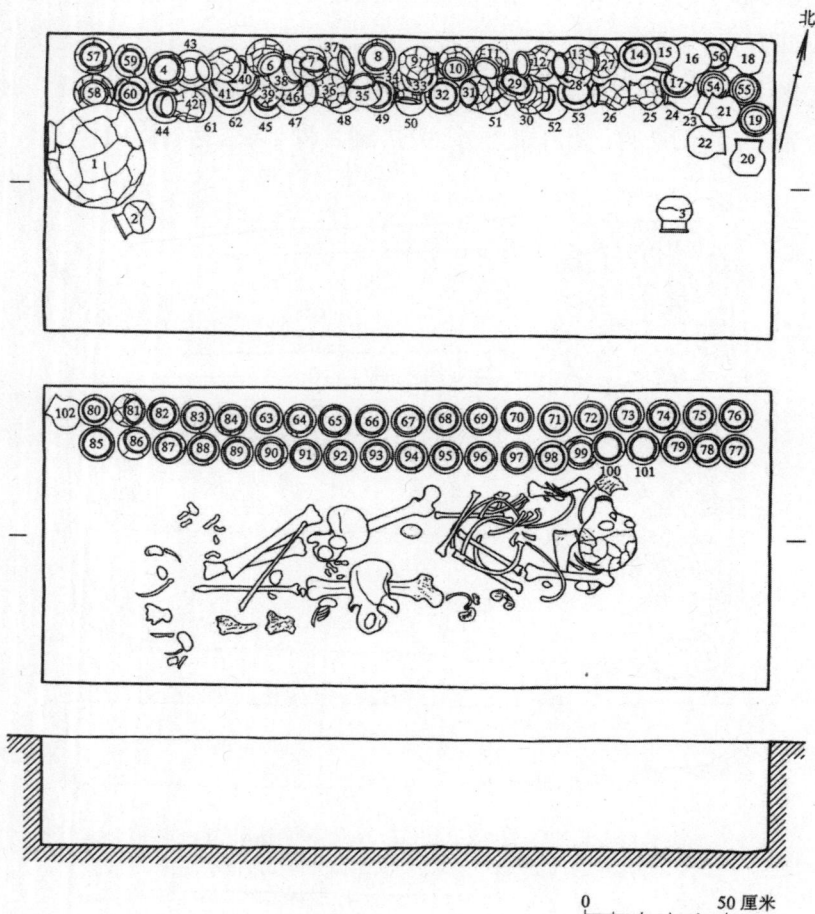

上：上层随葬器物　中：下层随葬器物及人骨　下：纵剖面图
1.陶大口罐　2~102.陶高领罐

图 1-9　天门肖家屋脊 M54 平、剖图

　　邓家湾 M32 年代为石家河文化中期，墓口长 2.35 米、宽 1.9 米、深 0.45 米。墓坑南端有二层台，方向 166°。单人二次葬，死者为一 10 岁左右的少年。随葬品置于两侧、脚端二层台上和墓底。共计陶器 50 件、石锛 1 件。其中，鼎 1 件、器盖 1 件、杯 1 件置于墓主头端，杯 1 件置于墓主脚部。罐有 41 件，除三件在墓底外，其余均在左右边和脚端二层台上。豆 1 件、碗 1 件、簋 1 件、鬹 1 件、石锛 1 件均置于二层台上[①]。骨架南端还有一个人头骨，有一清晰的三角形豁口。考

————————

　　① 石河考古队：《邓家湾》，文物出版社 2003 年版。

古学者认为,这多出来的人头骨应是随葬物品①。此墓的随葬品虽然比不上肖家屋脊的两座大墓,但在邓家湾的近百座墓葬中,却是最突出的。

肖家屋脊 W6 是石家河文化晚期的一座瓮棺葬。在石河遗址群晚期的瓮棺中,大型瓮棺和小型瓮棺在葬具和随葬品方面差异极大。石河遗址群大多数的瓮棺葬不仅形体小、瓮棺质量也差,一般无随葬品。但肖家屋脊 W6 随葬有 56 件玉器,占当时石河遗址群发掘出土的玉器一半以上,而且质量也是最上乘的。W6 墓坑为圆形竖穴,坑口径 1.4 米、深 0.8 米。葬具由两瓮上下扣合而成,正置。两瓮均为广肩弧腹小平底瓮,坑从肩部锯开,装入人骨之后再合上。两瓮均在底部开有规则的小圆孔,孔直径 2 厘米。人骨已朽,但骨架尚可,辨认为成年人,性别不明。随葬品共 59 件,其中玉器达 56 件,有玉人头像 6、虎头像 5、盘龙 1、玉蝉 11、飞鹰 1、璜 2、管 10、坠 1、珠 5、圆片 2、笄 2、柄形饰 5、碎块 5。另有陶斜腹杯 1、猪牙 1、石珠 1。均置于下面的瓮中②。

第二节　商周时期的古墓

一、盘龙城商墓

盘龙城商代城址位于武汉市黄陂区滠口镇叶店村境内的盘龙湖畔(黄陂区原为县,属孝感地区管辖,1983 年改为武汉市直辖县,1998 年改为直属区),是湖北已发现的一处最重要商代城址。盘龙城遗址规模大,文化堆积丰富,发现有城垣、宫殿、作坊、墓葬等重要遗迹,出土大量陶器、铜器、玉器、骨器等遗物,其中不乏高规格的青铜礼器、兵器。并在盘龙遗址群范围发掘了 37 座墓葬,分布在城外的楼子湾、李家嘴、杨家湾、杨家嘴、王家嘴等遗址墓地上,年代为商代二里岗时期,等级可分为四类③。

(一)一类墓

主要分布在李家嘴、杨家湾。墓室面积大约 10 平方米,均为土坑竖穴,墓口

① 张绪球:《长江中游新石器时代文化概论》,第 308 页。
② 石河考古队:《肖家屋脊》,文物出版社 1999 年版。
③ 湖北省文物考古研究所:《盘龙城》,文物出版社 2001 年版。

呈长方形或梯形。墓内有棺椁,有熟土二层台。墓底设腰坑或狗坑,内有殉狗及玉戈,随葬有成组的青铜礼器。以李家嘴墓地 PLZM1—M4、杨家湾墓地 PYWM11 等五座墓为代表。保存比较完整的 PLZM2,墓坑面积为 12 平方米,在商代前期属于规模较大的墓葬。棺椁十分考究,PLZM2 坑内有棺有椁,椁板上有雕花,PYWM11 也有雕花板。这种雕花木椁板,仅见于安阳殷墟的陵墓中[①],可见此类墓的棺椁制度与安阳殷墟陵墓同类。随葬青铜礼器的组合较完备,PLZM1 有酒器 5 套,PYWM11 有酒器 4 套。盘龙城商墓随葬青铜礼器的组合与中原地区大致一样,都是以觚、爵为核心的重酒器组合,并以觚、爵套数的多少来表明墓主身份的高低。青铜礼器的体型很大。PLZM2 出土一件大圆鼎,口径 35 厘米、通高 55 厘米,PYWM11 出土的大圆鼎,口径 55 厘米,属商代前期最大圆鼎。PLZM3 出土的一件大玉戈,长 94 厘米,器形之大,是我国商墓出土的玉戈之最。青铜兵器和青铜工具的数量很多,PLZM2 出土的兵器和工具约有 40 件,其中的一件大钺,长 41 厘米、刃宽 26 厘米,援部饰变体夔纹和云雷纹,这是目前发现商代铜钺中最大的一件;PYWM11 出土两件铜钺,其中的一件长 22.5 厘米、刃宽 16 厘米,上饰饕餮纹。铜钺是代表权威的仪仗之物。安阳殷墟出土的"妇好"钺[②],刃宽 38.5 厘米。山东益都商代大墓出土的铜钺,其中一件长 32.7 厘米、刃宽 34.5 厘米,墓主相当于商末方国薄姑的君长[③]。比较而言,李家嘴 2 号墓和杨家湾 11 号墓的墓主,其地位可能与益都商代大墓墓主身份相当。此类墓一般还有人牲和人殉。PLZM2 发现有三具人殉。可见,这一类墓的墓主在盘龙城属于显贵阶层。

PLZM2,为长方形竖穴土坑墓,是盘龙城已发现的最大人殉墓。墓圹平面呈长方形,方向 20°(图 1-10)。墓口长 3.67 米、宽 3.24 米。四壁略内收,口略小于底,底部南北长 3.77 米、东西宽 3.4 米,距地表深 1.41 米。墓坑四壁不太规整,东壁较西壁略长。墓内填土为红土夹黑锈斑,椁室内有褐灰土,均经夯打。椁室四周及墓底皆填有白膏泥,填土中有少量碎陶片。棺椁全朽,椁室在墓室中间,用木板做成。椁室平面为长方形,长 2.78 米,宽 2.02 米。椁板有精细的饕餮纹和云

① 梁思永、高志寻:《侯家庄第二本·1001 号大墓》,(台北)中央研究院历史语言研究所 1962 年出版。
② 中国社会科学院考古研究所:《殷墟妇好墓》,文物出版社 1980 年版。
③ 山东省博物馆:《山东益都苏埠屯第一号奴隶殉葬墓》,《文物》,1972 年第 8 期。

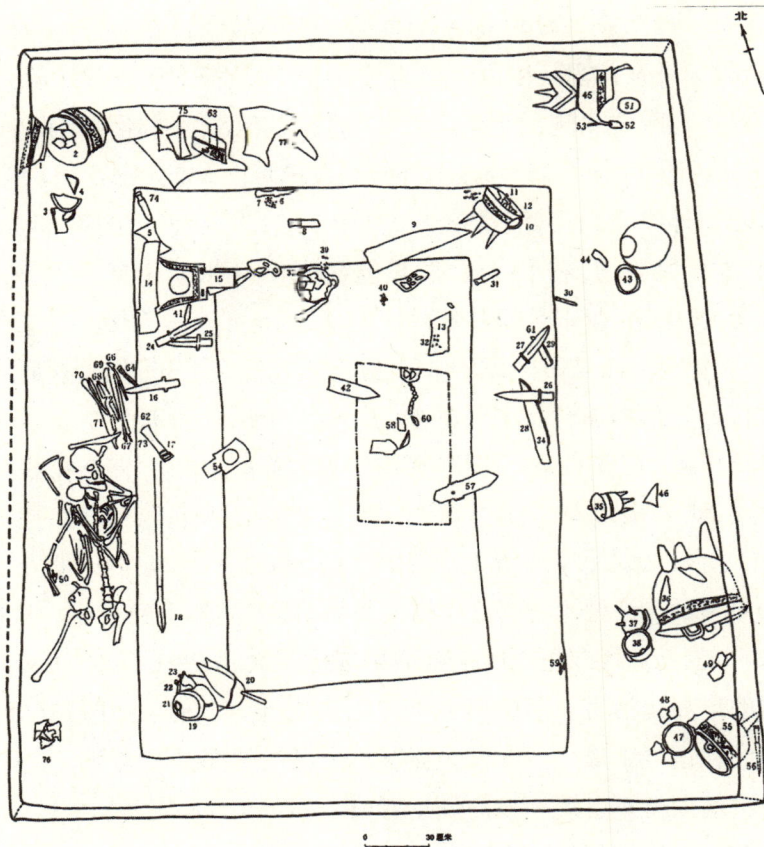

图 1-10　盘龙城 PLZM2 平面图

1.铜盘　2.铜簋　3.铜甗　4.硬(釉)陶双折肩腹尊　5.铜粗腰觚　6.铜曲背刀　7.绿松石　8.玉斜刃柄

形器　9.铜镞　10.铜弧腹罕　11.铜折腹爵　12.铜折腹爵　13.玉戈　14.玉戈　15.铜钺　16.铜钺　17.

铜铸　18.铜矛　19.铜弧腹罕　20.铜盂　21.铜折腹爵　22.铜弧腹罕　23.铜弧腹罕　24.铜戈　25.铜直内

戈　26.铜戈　27.铜戈　28.玉戈　29.玉平刃柄形器　30.玉花头构件　31.玉尖刃柄形器　32.绿松石　33.

玉斜刃柄形器　34.绿松石　35.铜锥足鼎　36.铜锥足鼎　37.铜扁足鼎　38.铜甗　39.绿松石　40.绿松石

41.玉平刃柄形器　42.铜鼎　43.铜泡　44.铜泡　45.铜瓶　46.铜鼎足　47.陶溜肩腹罐　48.陶折沿联

裆鬲　49.硬(釉)陶小口瓮　50.铜镞　51.铜泡　52.铜泡　53.铜泡　54.铜戈　55.铜锥足鼎　56.铜矛

57.玉戈　58.玉戈　59.铜镞　60.陶带流壶　61.陶饼　62.陶饼　63.木雕印痕　64.铜镞　65.铜曲背刀

66.铜曲背刀　67.铜刀　68.铜曲背刀　69.铜链　70.铜直背刀　71.铜曲背刀　72.铜凿　73.铜镞　74.玉

平刃柄形器　75.铜尊　76.陶缸　77.陶圆肩圆腔罐

雷纹雕花、内侧涂朱，共发现 16 块椁板板痕，出土时色彩斑斓。棺置于椁室中

间，略呈长方形，南北长 2.06 米、东西宽 1.03 米。棺底中部偏东处有腰坑，形状

为长方形，南北长 0.76 米、东西宽 0.45 米、深 0.17 米，与墓坑方向一致，坑内殉

狗 1 只，出土一件断成三截的玉戈，可能是下葬时故意打断。墓内共有人骨架四具，分布在椁内外及棺内。棺内骨架为墓主人，椁盖板下压着零散的人骨，其中有一颗头骨正在腰坑北侧，疑为墓主人头骨。其他部分骨骼发现很少，葬式不明。其余三具骨架为殉人，分别在内外椁间及椁板上。殉人都不用木棺，两具殉人在西边的内外椁间，上下都是夯土。其中 1 号殉人在西边南段，为成人个体，头北足南，左手置胸前，右手曲放，股骨位置较高，下肢骨未见；2 号殉人在 1 号骨架颅骨旁，头向南，躯干骨与肢骨残缺不全，应是儿童；3 号殉人在墓室北端的椁板上方，肢骨零散而且很少，出土时与随葬器物混在一起，葬式不明，推测殉人置于椁盖板上。墓内随葬品十分丰富，共有铜、陶、玉和木器 77 件。其中铜器 50 件、陶器 9 件、玉器 12 件。铜器有礼器、兵器和工具等，青铜礼器有鼎 4、鬲 1、甗 1、簋 1、觚 1、爵 1、斝 3、盉 1、尊 1、盘 1，青铜工具有锛、锛、凿、锯各 1，青铜兵器有戈 1、矛 1、钺 2、刀 5、镞 1，青铜饰件 2。玉器有戈 4、柄形器 6、花头构件 1、绿松石饰 5。它是盘龙城商墓中规模最大、随葬品最多的一座。从现有的考古资料来看，也是商代二里岗时期墓葬中规模最大、随葬品最多的一座，墓主应是盘龙城的最高统治者。墓中出土 1 件青铜钺，长 41 厘米，刃宽 26 厘米，是目前所发现商代铜钺中最大的一件。该墓出土巨大的铜钺及大量青铜礼器，说明墓主人是生前拥有军事统率权的统治者。

PYWM11，墓坑呈长方竖穴形，方向 20°。南北长 2.5 米、东西宽 1.4 米，墓壁平整光滑，由墓口向下深约 0.5 米。墓口堆积有 10 个石块，墓内填土为黄灰土。葬具已朽，在墓坑四周发现有 11 处棺椁印痕，棺椁板上涂有鲜艳的颜色，以黑、褐色为主。在黑色底上有朱绘纹样，主要是饕餮纹、云纹、三角纹和条纹。推断棺椁板为雕花彩绘，墓中应有棺有椁。在墓底发现有两个殉狗坑，坑较浅。1 号坑位于墓底北部，殉狗骨架保存完好。2 号坑位于墓底南部，仅存狗的部分脊骨和肢骨，头朝南。随葬器物共 57 件，其中铜器 35，陶器 9，玉器 4，石器 3，绿松石 3，骨器 3。随葬品主要堆放在椁板上部墓室填土中，共放置四层。在椁板上放 23 块铜器残片，其中有 17 块铜鼎残片和 6 块铜尊残片，在残铜片层的上下、左右，皆发现成朱砂和雕花板痕。

（二）二类墓

墓室面积在 3 平方米左右。有棺、椁及二层台，有腰坑。随葬青铜礼器的组合以斝、爵、斝为主,或另加鼎。以杨家嘴 2 号墓(PYZM2)为代表。

PYZM2,平面为长方形、东西长 2.6 米、南北宽 1 米~2.4 米。方向 20°。骨架已朽,墓坑中部发现有玉柄形器,随葬有铜细腰斝、弧腹爵、弧腹斝、直内戈和曲腹刀。青铜礼器有二套,计爵 2、斝 2、斝 2。随葬青铜礼器为一类墓的半数,其地位显然要比一类墓低一等。

(三)三类墓

墓室面积在 2 平方米左右,均为长方形土坑竖穴,有椁或无椁,有二层台。墓主腰部下有长方形腰坑,内置狗架及玉戈。青铜礼品组合以斝、爵、斝为主,或加鼎、或加鬲。以楼子湾 3 号墓(PLWM3)为代表。

PLWM3,为长方形土坑竖穴墓,方向 348°。墓口残长 2.62 米、宽 1.02 米~1.24 米。墓坑填土为灰褐锈斑土,内置几块石头。墓底长 2.32 米、宽 0.7 米。葬具已朽,残留有灰白色板灰,上下铺有朱砂。从板灰痕可知,棺长约 2.32 米、宽 0.66 米~0.74 米。人骨架已朽,仅有头骨及下肢骨遗痕。墓室四周有熟土二层台,土色为黄褐黑斑土,台宽 0.12 米~0.18 米,台上有一牛腿骨。墓室中部有一长方形腰坑,南北长 0.55 米、东西宽 0.35 米、深 0.11 米,内有一小狗骨骸。随葬礼器置于足端,兵器置于墓主两侧,陶器置于二层台上。随葬有青铜礼器一套,有鼎 1、鬲 1、爵 1、斝 1,陶器多为硬(釉)陶。

三类墓一般随葬有铜兵器戈、矛、镞等,置于棺椁之间。一般未见殉人。这类墓随葬青铜礼器比第二类墓减半,其地位要低一级。

二、三类墓的墓主,从其随葬礼器来看,仍有一定身份,可能为中、小贵族之墓。

(四)四类墓

墓室面积在 1 平方米左右,墓坑作狭长方形,宽仅 40 厘米、长 2 米左右。主要分布在杨家湾一带,有棺无椁,但有殉狗的腰坑。随葬品仅有少量的陶器,有时也有一两件小型铜器如爵等。代表性墓葬有杨家湾 1 号墓(PYWM1)、杨家湾 2 号墓(PYWM2)。

PYWM1,为不规则长方形土坑竖穴墓,方向 350°。墓坑南北两端作圆角状,残墓口南北长 1.88 米、东西宽 0.4 米~0.48 米、深 0.34 米,墓坑填有红褐土。墓底中段下凹,头部高于足部 0.4 米,无椁室、仅有单薄木棺,已朽,人骨架保存基本完整,仰身直肢。墓主脚部之下,置一狗架。随葬器物6件,其中铜爵1件、陶鬲2件、陶瓮1件、陶盆1件、陶斝1件。

PYWM2,纯陶器墓,长方形土坑竖穴,残墓口长1.8米、宽0.6米。方向351°。墓坑填黑褐土。人骨架保存比较完好,头向与墓坑方向一致,仰身直肢。脚坑下有一残狗骨架,作弯曲状。随葬器物有陶器6件,其中斝2件,爵、盆、瓮和鬲各1件。

推断四类墓的墓主为平民。

二、鲁台山西周墓

黄陂鲁台山遗址位于长江北岸滠水河畔,为一椭圆形台地,1977年在此发现了5座西周早期墓葬[①]。

这5座西周墓葬编号M28、M30、M31、M34、M36,集中分布在鲁台山西部的鲁台湾以东。其分布为:M36、M31、M34等三座纵向并列成行,间距约3米,其他2座,M30在其西南、M28在其东北,排列似有一定规律。

墓葬均为长方形竖穴土坑墓,方向皆为南北向,个别带有墓道。墓坑口大底小,坑壁略倾斜。墓内填土上层为五花土,下层为白膏泥(个别例外)。棺椁周围有二层台,墓室内铺有朱砂,有的墓底有腰坑。

墓葬均为中小型。M30、M36二座长均在4米,宽2米以上,属中型墓。M28、M31、和M34长均在3米,宽2米以下,属小型墓。

随葬器物以M30、M36为多,有青铜器、陶瓷器、玉石器三大类。

(一)鲁台山M30

墓室长6米、宽3米。平面作圆角长方形,有单墓道,平面呈"甲"字形(图1-11)。墓道设在南壁,南北长8米、东西宽1.8米。墓道内有十六级台阶,各阶梯的衔接处均为圆角。阶梯规整划一,每级宽约0.5米、高0.25米。在距墓口深4米处,有熟土二层台。南阶与墓道最下一层阶梯相连,宽1.6米。北阶宽0.8米,东西宽度相同,均为2.35米。墓坑北半部挖筑在砂质岩层内,宽约2.5米。墓坑底部及东壁全部挖筑在砂质岩层之中。墓口中部偏北处有一个南北长5.6米、东西宽1.5米、深1米的近代扰乱坑。墓内填土分三层。第一层为五花土,厚约 3 米。墓坑北端的填土以浅黄色风化砂质岩土为主,红褐色粘土较少。墓坑南端的填土以红褐色为主,粘性较大,填土内无杂物。第二层为红褐色粘土,以白膏泥为主,土质粘性强,密度大,厚约 1 米。夹有少量树叶和竹叶。第三层全为白膏泥,厚约 1 米。椁室周围的白膏泥质细而粘。

棺椁大部已朽,从残存的盖板和底板可知,椁室平面呈"Ⅱ"形。长 2.8 米、宽 1.2 米,高 0.9 米。椁盖板由若干块(不明)方木横铺在椁墙之上。盖板北部已塌陷,南部保存较好的一块,长 1.3 米、宽 0.3 米,厚约 0.1 米。椁墙板和挡板的厚度与盖板大致相同。椁底板保存较好,木质主要为樟木和檫木两种。椁底板平铺方木七块,自东向西纵向排列,长 2.7 米,宽度依次为 0.2 米、0.18 米、0.15 米、0.16 米、0.14 米、0.15 米,厚 0.09 米。椁底板下横置两块垫木,长 1.5 米、宽 0.12 米、厚 0.09 米。垫木间柜距 1.86 米,之下即为生土。

随葬器物置于墓室北端。铜礼器有圆鼎 1、方鼎 4、甗 2、簋 2、卣 2、爵 2、觚 1,及车马饰和玉瑗等。其中圆鼎、方鼎、簋和卣上皆铸有铭文。圆鼎器高 25 厘

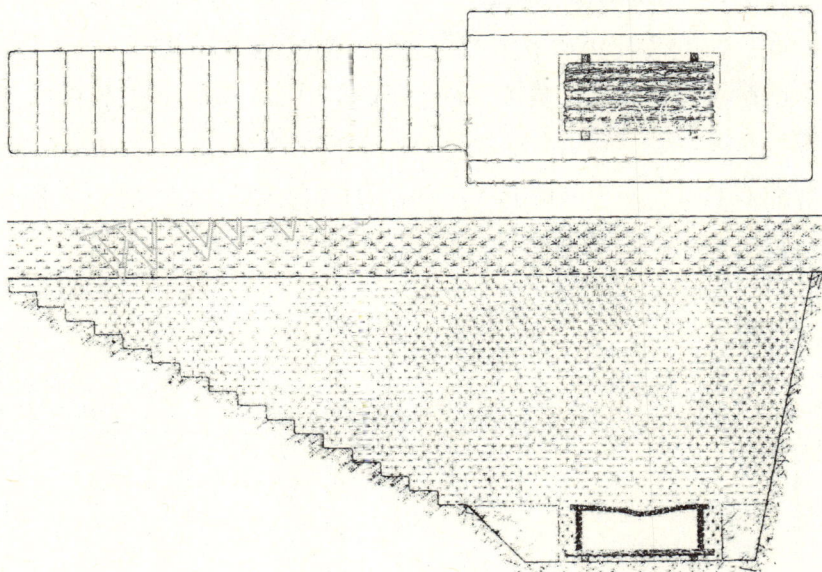

图 1-11　黄陂鲁台山 M30 平、剖图

米、口径 20.4 厘米、足高 10 厘米、腹深 12.3 厘米,器壁内有铭文"长子狗作父乙宝尊彝"。方鼎 4 件,形制大致相同,在腹内壁或底部铸有铭文"公大史作姬弄宝尊彝"。另一件铜簋的底部亦有同样铭文。据学者研究,姬弄为西周初年著名贵

族毕公高或召公奭之孙女①。

（二）鲁台山 M36

墓口东北角被东周墓打破,残墓口长 4 米、宽 2.5 米,距地表深约 1.1 米;墓底长 3.8 米、宽 2.3 米,距地表深 4.4 米。墓内填土共分三层。第一层为五花土,深至 3 米、厚 3 米。出土有少量鹅卵石和商代鬲足。第二层为朱砂,分布在墓室中部,其范围南北长 2.8 米、东西宽 1.4 米、厚 0.02 米。第三层为白膏泥,约深至 3.32 米、厚 0.3 米。墓室有熟土二层台。墓底正中偏北有一长方形腰坑,长 0.8 米、宽 0.4 米、深 0.4 米。棺椁已腐,从木质印痕可知,椁长约 2 米,宽约 1 米。

随葬器物分布在北部墓坑内和二层台上。铜器有鼎 1、爵 2、觯 1、尊 1、车马器;陶器有鬲 1、簋;瓷器有豆 2;玉器有戈 1、璇玑 1、串珠 1 件等。

（三）鲁台山 M31

墓口长 2.4 米、宽 1.4 米、深 1.4 米,墓壁笔直、光滑。墓坑填土分两层。第一层为五花土,厚 1.26 米。第二层是白膏泥,厚 0.14 米。

棺椁已腐,但痕迹尚存。长 2 米、宽 0.6 米,高度不清。棺椁平面铺一层朱砂,厚约 0.01 米,棺椁之下还发现有一薄层白膏泥,厚约 0.05 米。

该墓的修筑方法是先挖墓坑,后在墓底填一层白膏泥,再放置棺椁,周围铺朱砂再填白膏泥,最后填五花土,经夯筑而成。

随葬器物放置在墓圹的西北角。铜器有爵 1、戈 2、镞 1、镜 1;陶器有罐 1、爵 1。出土时陶罐倒置,内装有红、白、黑三色石丸各 5 颗。

---

① 张亚初:《论鲁台山西周墓的年代和族属》,《江汉考古》,1984 年第 2 期。

第二章　东周楚墓

目前湖北境内已发现东周时期的文化遗存,绝大多数为楚文化遗址和墓葬。90 年代初,郭德维先生估计全国发掘的东周墓葬约 8000 座,而楚墓约占 6000 座①。杨权喜先生在 2000 年出版的《楚文化》一书中指出:"楚国墓葬发掘数实际已超过 8000 座。"②这些墓葬出土了大批珍贵的文物,为认识和研究本地区的历史和文化,特别是楚国历史和文化提供了丰富的实物资源。楚墓从年代上讲,有春秋墓和战国墓。已发掘的楚墓大部分是战国墓葬,仅在襄樊("襄樊"已改名为"襄阳",本书仍用"襄樊"旧称)、当阳和江陵("江陵县"已改为"荆州区",江陵县已迁至赫穴,但江陵地名已在考古学界广泛使用,因此本书沿用,下文不再特别说明)等地区发现了少量春秋墓葬;从区域上讲,湖北已发现的楚墓大多数分布在鄂西地区,这与历史上楚核心区在湖北西部是一致的;从等级上讲,有平民墓和贵族墓。如果从上往下划分的话,可以分为王墓或国君墓、封君墓、大夫墓、士墓、庶民墓等等。

第一节　春秋楚墓

目前,湖北地区已发掘的楚墓绝大多数属战国墓,春秋楚墓数量不多,以当阳赵家湖的春秋楚墓数量最多,也最为完整。春秋早中期,楚文化受中原文化的影响。以青铜器为例,从造型、纹饰看,具有强烈的中原文化因素。到春秋中期,楚文化才开始有自己的风格。春秋后期至战国中期,楚文化走向鼎盛。春秋时

---

① 郭德维:《楚系墓葬研究》,湖北教育出版社 1995 年版,第 5 页。
② 杨权喜:《楚文化》,文物出版社 2000 年版。

代的墓比战国时代的少,春秋早中期的更少,且以小型墓居多。春秋时期,小型楚墓的随葬品以实用陶器为主,组合主要为鬲、盂、豆、罐,无陶礼器。中下层的贵族墓则以青铜礼器为主,组合为鼎、簋。春秋晚期出现成套的仿铜陶礼器,主要组合为鼎、簋、壶,也有鼎、敦、壶。

一、当阳春秋墓

(一)当阳赵家湖春秋墓

春秋时期的楚墓,主要发现于当阳、襄阳和江陵(荆州)等地,而以赵家湖墓地的资料最为丰富,是目前发现的一处年代最早、延续时间最长、规模亦较大的楚国中下层贵族和平民墓地。在墓地周围的丘陵岗地上分布着密集的楚墓群,为数当在一万以上。已发掘的墓葬从两周之际一直延续到战国中期前后,而以春秋楚墓最为重要,早中晚三期俱全,多数墓葬保存较好。

赵家湖楚墓的分布有一定的规律性,其特点是从早到晚、由北向南、方向一致、排列有序。不同墓区代表了墓主人的不同身份,亦反映不同的时代特征。西周晚期和春秋时期的甲、乙类楚墓多南北向,东西向较少。头向多朝南,其他方向较少。墓葬的形制均为竖穴土坑,没有封土、台阶、墓道。墓主身份较高的,墓坑多为长方形宽穴,规模较大的,一般长宽约5米×4米。葬具多为一棺一椁,墓底和椁室四周以及椁顶上均填塞青灰泥。墓主身份较低的,墓坑多为长方形窄坑,浅而小,单棺无椁,有的仅有小棺或无棺。有的墓设有墓龛,位置多在南壁一端,龛内置少量的随葬品。

赵家湖春秋楚墓的椁室均由盖板、墙板、挡板、底板组成。盖板横直,底板竖铺。底板下有横垫木两根。椁室平面呈"Ⅱ"型。墙板由二至四块木板垒叠,挡板两端均凿有榫槽,使墙板插入其中。椁的特点是没有用隔板分隔头箱、边箱和棺室。棺为长方形,悬底,由棺盖、棺墙、棺档、棺底相互扣合而成。盖分上下两层,上盖多为完整的枋木,下盖多为长方形木框架,上下盖之间以束腰榫接合。棺身用横直两竖的麻绳捆扎,交叉处插入竹竿和木片,即所谓"棺束"。

赵家湖楚墓的随葬品具有明显的地方特点,如陶器中的高锥足小口鬲、高蹄足鼎和黑皮陶、磨光黑陶等,为中原地区同时代墓所少见。中下层贵族墓以青铜礼器为主,春秋早中期组合为鼎、簋,与中原地区相同,而不同于河南淅川下寺春秋中晚期楚墓的鼎、簋、缶(壶)组合①。晚期变为鼎、敦、盘。中原地区中下层贵族墓中到春秋早中期仍少见仿铜陶礼器,而这里的中下层贵族墓中从春秋早期开始已较普遍见到不成套的仿铜陶礼器。成套的仿铜陶礼器在赵家湖楚墓始见于春秋晚期,主要组合为鼎、簋、缶(壶),也有鼎、敦、壶。这些墓中,车马器、兵器很少见,个别墓出土一些木器,却不见漆器。从西周晚期到春秋时期的平民墓中,只有陶生活用器,主要组合为鬲、盂、罐、豆,绝不见陶礼器。

(二)当阳赵巷4号墓

1988年,在当阳河溶镇之东4公里的赵巷发掘了春秋楚墓10座,其中春秋中期的4号墓较为重要。4号墓为无墓道的长方形宽坑竖穴墓,方向268°。墓坑口残长8.2米、宽5.5米。墓壁较直,椁室用白膏泥填封,葬具为一椁重棺。椁长4.7米、宽3.1米、高1.88米。椁内不分室,有1具陪棺,椁外东部有4具陪棺。椁外西南部随葬16具家畜个体,有黄牛13头,猪、羊、狗各1只,狗被捆在棍上。主棺内、外棺和陪葬棺均为悬底方棺。墓主为男性,年龄约50岁以上。陪葬者女性,年龄约在14~24岁之间。墓主和陪葬者均为仰身直肢葬式。这座墓曾经被盗,残存铜、陶、漆木竹、玉等类器物70余件。铜器有盘1件、匜1件、銮铃2件、车辖2件、戈1件,陶器较少,完整器仅存鬲1件,漆木器有方壶2件、簋6件、豆6件、俎3件、镇墓兽1件、瑟2件,玉器有琮1件,还有葫芦笙1件。赵巷4号墓,不但墓葬形制较特殊,而且出土了一批保存较好的春秋中期漆木器。这座墓对于研究春秋楚文化具有重要价值②。

(三)曹家岗5号墓

1984年发掘的当阳曹家岗5号墓,是一座较大型的春秋晚期楚墓。

墓坑口东西长9.07米、宽8.4米、深7.6米。方向94°。墓坑下部填有青膏泥。葬具为一椁重棺,另有2具陪棺。椁长4.13米、宽3.75米、高2.1米。有两根垫木。主棺外棺长2.84米。棺的榫接关系复杂。外棺有用铅锡铸在一起的套环,棺缝之间用铜抓钉加固,内棺有漆。随葬品虽被盗,仍出土小件铜器、甲片金属装饰、皮甲、乐器、骨贝、竹木器等近1000余件。其中甲片金属装饰出土时布满整个椁室,共193件,有68种不同形式及花纹,如虎形、燕尾形、三足形、叶

---

① 河南省丹江库区文物发掘队:《河南省淅川县下寺春秋楚墓》,《文物》,1980年第10期。
② 宜昌地区博物馆:《湖北当阳赵巷4号春秋墓发掘简报》,《文物》,1990年第10期。

片形等。各片都有绳孔，并保存了丝、绳和帛片，一面贴有铅、锡、金、银等质地的箔片，并装饰以蟠龙为主体的纹样。乐器中以漆瑟最为精致，绘有饕餮纹、蟠龙纹、兽纹、鹤纹等复杂图案。兵器中的竹弓，车马器中的铜軎、铜铃，杂器中的铜锁形器、铜合页，玉器中的璧，以及木绕线棒、小木俑、雕花漆龙等都具有研究及观赏的价值。1975 年曾在这座墓的东面 1 米~2 米处采集到"王孙霝作蔡姬飤"簠等一组同期铜器。这组铜器应该与此墓有关，可见曹家岗 5 号墓的墓主人身份不低[①]。

（四）季家湖楚城附近的春秋墓

此外，在当阳季家湖楚城址附近，还分布着一些零星的春秋楚墓。1969 年，在枝江百里洲王家岗发现了铜器鼎 3、簠 2、方壶 1、盘 1、匜 1。这一批铜器应该属于墓葬随葬品，时代为春秋早期。1985 年，在距离枝江县城约 10 公里处的高山庙发掘了楚墓 23 座，其中 14、15 号楚墓为春秋晚期楚墓。14 号墓，墓口长 3.9 米、宽 2.05 米、深 2.5 米，墓向 175°。有白膏泥，一椁一棺，出土铜礼器鼎 2、簠 2、浴缶 1、盘 1、匜 1、斗 1，15 号墓保存较差，出土了铜器瓢 1、戈 1 和车马器 6 件。在季家湖楚城址之西约 10 公里处，曾发现一座春秋晚期的墓葬。墓底长 2.1 米、宽约 1.4 米，有棺椁的痕迹。头向 180°。墓葬虽然被盗，但仍出土了很多重要的铜器，有缶盖、缶耳、斗、车軎、锁形器等。其中缶盖上有"永陈之樽缶"的铭文。在这座墓的附近还出土过春秋铜盘和"徐太子"的铜鼎，表明关庙山是一处重要的春秋楚国墓地。

二、麻城李家湾春秋墓

麻城李家湾墓地位于麻城市西南约 25 公里的宋埠镇。墓地东北约 400 米，为一座战国至西汉的城址——女王城。墓地所在是一处南北走向、高出周围农田约 8 米的椭圆形岗地。据当地农民反映，"文革"中平整土地时，曾破坏大批墓葬，至今还可见墓坑遗迹。1993 年，为配合京九铁路，湖北省文物考古研究所在麻城李家湾墓地发掘了 98 座古墓，其中 12 座为春秋楚墓，年代约为春秋中晚期。

这 12 座墓均为中小型竖穴岩坑墓，坑壁光滑平整，棺椁已朽，从残痕看，多数均为一棺一椁。墓葬方向以东西向为主，极个别为南北向。除 3 座墓被西汉墓打破并同时扰乱外，其余 9 座墓均保存完好，各墓均出有铜器。

①　湖北省宜昌地区博物馆：《当阳曹家岗 5 号楚墓》，《考古学报》，1988 年第 4 期。

M14 墓口残长 3.74 米、宽 2.04 米、残深 0.76 米。方向 94°。坑内填土为红黄色五花土。墓圹四周均留有生土二层台，后面宽 20 厘米~36 厘米。墓底长 3.5 米、宽 1.8 米。葬具已朽。从痕迹观察，为一棺一椁墓。椁室平面呈"Ⅱ"形，椁紧贴生土二层台壁，椁痕长 3.14 米、宽 1.5 米。椁底未见垫木痕。整个椁室分为东西两个部分，其东为头箱，其西为棺室，棺置于棺室的正中部位。棺已朽，仅可辨其痕。棺痕长 2.1 米、宽 0.9 米。人骨无存，葬式不明。在棺内中部发现有若干不成块的朱砂。随葬品置于头箱，皆为青铜器，其组合为鼎、敦、壶、盘、匜、勺和匕等。出土时，匜置于盘内。在铜器底部发现有大量尚未腐烂的麻类物。

M70 墓口残长 3.6 米、宽 2 米、墓圹残深 0.7 米。方向 80°。棺椁已朽，但椁痕清晰。椁痕平面为"Ⅱ"形，椁痕长 2.8 米、宽 1.5 米。椁室分为头箱、边箱和棺室三个部分。头箱居东，边箱居南。在墓底发现有两条垫木凹槽，垫木槽痕长 1.8 米、宽 0.1 米、深 0.1 米。随葬品主要置于头箱和边箱中，其中头箱置铜礼器，其组合为鼎、簠、缶，边箱主要置车马兵器，棺室正中处发现一件残玉饰。

M44 墓口长 3.64 米、宽 2.33 米、墓圹深 1.34 米。墓向 270°。墓底小于墓口，长 3.34 米、宽 2 米。坑壁规整。坑内填有红黄色五花土。棺椁已朽，仅可辨椁痕，椁痕平面呈"Ⅱ"形，椁痕长 2.46 米、宽 1.64 米。从随葬器物观察，椁内仅设头箱，头箱居西。棺痕及人骨皆无存，葬式不明。随葬品皆置于头箱，主要为日常生活所用的陶器，有少量铜器和玉器。

随葬器物共 76 件，有陶器、玉器和铜器三大类。陶器 8 件，皆出于 M44，这也是李家湾墓地唯一的一座铜陶器共存的墓葬。陶器皆为日常生活器皿，火候低，质地极为疏松，大多不能修复，但勉强可辨器类，组合为鬲、钵、罐、豆和器盖等。玉器共 5 件，质地较好。器类有玉珠、玉饰、玉玦等。铜器共 62 件，各墓均有出土，数量有别，组合差异也大。最多的 13 件，最少的仅 1 件。组合有鼎、敦、壶，鼎、簠、壶，鼎、簠、缶，鼎、敦、缶或簠、缶，有的仅出一件铜钺，有的全部为车马器。绝大多数铜器为实用器。所有铜器按用途可分为铜礼器、铜兵器和车马器。其中 M70 所出铜鼎上有"楚旃族之石沱"的鼎铭，"石沱"为鼎之别名，在金文中屡见。旃则为楚国人名。据推测为晋楚鄢陵之战中被晋国所俘的楚公子筏[①]。

---

① 湖北省文物考古研究所：《湖北麻城市李家湾春秋楚墓》，《考古》，2000 年第 5 期。

麻城李家湾墓地是一处贵族的家族墓地。李家湾的春秋墓葬数量少、等级相近,墓主可能是某一家族的主要成员及其配偶,最有可能是嫡出的几代人及其配偶。M70的墓主据考证为鄢陵之战中被晋国所俘的楚公子筏。据《国语》记载,公子筏在晋国卷入了内乱,晋国权臣栾书指使公子筏在晋厉公面前告晋国另一大臣郤至的状,并许诺如公子筏按他所说的去做,就放公子筏回国。公子筏是否回国,《左传》《国语》均无记载,但从栾书的计划成功实现,后来栾书也在晋国权倾一时来看,栾书应有能力完成诺言释放公子筏回国。公子筏的身份应是大夫,不过M70的礼器仅有一鼎铜礼器,按礼制来看仅属元士级,这与公子筏的身份有些不符。学者推测,可能是由于公子筏是败军之将,而楚国历来对战败的将帅是很难原谅的,春秋时代,对败军之将的处罚很严厉。最基本的处罚有两条,一是"无入于兆",即不得葬于公墓或邦墓,必须葬在别处;二是在待遇规格上降低。公子筏及其家族落户楚东鄙,以士礼下葬,当属此例。又李家湾M14还出土了一件提梁壶。此器不是楚器,而与山西浑源李家峪村铜器群中的铜壶相同。浑源铜器群的作风是晋文化与狄文化的一种混合体,时代在春秋中期晚段。此器和晋文化关系密切,应与公子筏在晋国作楚囚有关。很有可能是公子筏从晋地带回,并传给其子孙[①]。

三、江陵春秋墓

在沮漳河东面的江陵楚墓中,也分布着一些春秋楚墓。在这一时期里,发现的春秋墓主要在江陵岳山、陕家湾、东岳庙和雨台山的一部分。这些墓葬的数量较少,规模也较小。1970年,在纪南城东南7.5公里处的岳山,因为太湖港改道工程,破坏了一批墓葬。其中出土了一套铜礼器,鼎、盏、簠、缶、盘、匜各1件。根据当时在出土现场的群众反映,铜器的排列整齐,还有青膏泥覆盖。与铜器同出的还有陶罐、豆和漆器残片。这套铜器显然是一座墓葬的随葬品。在所出土的铜簠上还刻有"兼伯受"字样的铭文26字,应该是兼伯受为他的大妹出嫁而制作的媵器。这座墓的时代断为春秋中期,是目前江陵地区发现的时代较早、出土铜器组合较为完整的一座贵族墓。1965年和1981年在纪南城内西北部地区的陕家湾,发掘了小型春秋楚墓5座。两座墓有壁龛,5号墓有生土二层台。葬具

---

① 王然、丁兰:《麻城李家湾楚墓考析》,《江汉考古》,2000年第4期。

有单棺、一椁一棺两种。3、4 号墓没有发现随葬品。其他墓葬随葬品均为陶器,
组合有鬲、盂、罐;鬲、罐、鼎、簋、豆、罐三种。其中鼎、簋、罐的形态在楚墓中较为
少见。1975 年在纪南城内西北部东岳庙,发掘了小型春秋楚墓七座。2、8 号墓
有壁龛,14 号墓底部有腰坑。填土都经过夯打,填土下部为白膏泥或青膏泥。2
号墓置单棺,墓主侧身直肢。4 号墓有一椁一棺,棺底有两层竹席和朱砂。七座
墓的随葬陶器,组合有鬲、盂、长颈罐,鬲、盂、豆、罐,鼎、敦、壶等几种。其中磨光
暗纹罐、盂和两种不同形式的鬲较为重要。陕家湾、东岳庙两地楚墓时代较早,
在江陵楚墓研究中具有重要的价值。

四、襄樊地区春秋墓

襄樊地区的春秋墓主要集中在邓城区域,主要有邓城北面的王坡墓地、邓城
东北面的山湾地。此外,在邓城附近的沈岗、韩岗、彭岗等地也分布着春秋墓葬。

王坡墓地位于北部丘岗地西段,南距邓城城址约 4 公里,分布范围南北长约
3 公里,东西宽约 1 公里,共有墓葬数百座,是一处大型的东周秦汉墓地。在墓
地西部发掘的 170 余座墓葬中,有东周墓葬 43 座。其中 4 座春秋早期墓葬,是
楚灭邓前的邓国下级贵族墓,多随葬铜、玉器,不见陶器。这 4 座春秋墓均为长
方形竖穴土坑墓,无墓道,也无其他特殊结构,其形制、葬具基本相同,但在规模
上有明显区别,其中 M3、M55 规模较大,开口在 5 米×3.8 米以上,M1、M47 规
模较小,开口在 3 米×2 米左右。随葬器物共 1125 件,其中铜器达 1056 件,其
他玉石器 68 件,无陶器。M55 随葬有五鼎、六簋、二壶、一盘、一匜,应为大夫墓。
M1 随葬有铜鼎 1 件、铜戈 3 件。铜鼎铭文有"邓公孙无忌",可知墓主乃某位邓
公之后,其身份约为下士。

山湾墓地位于邓城北部丘岗地东段,西南距邓城城址 5 公里,分布范围边长
约 600 米,是一处重要的春秋墓地。有部分墓葬已被破坏。1966 年,襄阳农场
的砖瓦厂在山湾村北部的山冈上取土,1967 年挖出了大量的青铜器。所出的青
铜器被厂方回炉销毁,有大批重要的墓葬也被破坏。1972 年至 1973 年,考古工
作者对山湾墓地进行了考古调查,收回了一部分精美的青铜器,同时发掘了没有
遭到破坏的 33 座楚墓和 1 座秦墓。山湾墓地主要分布在山冈东南部,直径约在
0.5 公里的范围内。发掘的楚墓都是土坑竖穴式,有长方形窄坑、长方形宽坑和

近正方形宽坑三种。前两种长方形坑,一般口与底的尺寸相差不大,而近正方形宽坑一般墓口有台阶和斜坡墓道,墓口大,墓底小。木棺椁和尸骨都已经腐朽。从痕迹来看,葬具有一椁二棺、一椁一棺、单棺、无棺椁四种。随葬器物一般放置在头部。如山湾 2 号墓头端陶器下压着马甲一套,山湾 11 号墓坑内棺侧清理出一匹马和一辆车的残迹。随葬品中,铜礼器组合为鼎、簋(或盏)、缶、盘、匜、斗,有的另加敦。长方形宽坑墓多有棺有椁,出一套完整的铜礼器和少量兵器,有的还残留有金箔、鹿角等物,时代为春秋中晚期。近正方形宽坑墓也有棺有椁,但出土的礼器变成陶制,时代属于战国。山湾墓地出土了一批精美的楚国铜器和一批具有一定地域特点的楚国陶器,还有一些玉器。铜器中有鼎、盏、簋、敦、缶、壶、盖豆、盘、匜、斗,其中还有"邓公乘鼎"、"邓尹疾鼎"、"楚子敦"、"子季嬴青簋"等铭文铜器;铜工具有斧、镰刀、削刀和锥等;铜兵器有戈、匕首、镞、剑、戈樽;铜车马器有辕镈、车書、马衔等。这些铜器基本上都是春秋中期晚段至春秋战国之交的中小型贵族墓葬随葬品。"楚子敦"和"子季嬴青簋"都出自规模较小的春秋晚期的 33 号墓中。从山湾墓地中,我们可以看出楚国低级贵族墓葬的重大变化,大约发生在春秋战国之交,墓坑从小变大,主要的随葬品也由铜器变为陶器。山湾墓地已清理的 34 座墓葬,除 M18 为战国晚期秦墓外,余 33 座均为楚墓。其中中型墓 14 座、小型墓 19 座,时代以春秋晚期至战国早期为主,战国中晚期墓葬仅 4 座。墓葬排列较为集中、整齐,少量墓设有一至三级台阶。除 M1、M4外,均南向,并行且相邻的墓葬或分类或期别有所不同。葬具以单椁单棺为主,其中 M24、M27 为单椁重棺,少量墓为单棺或未见葬具。随葬器物有成组的铜礼器、仿铜陶礼器及日用陶器,部分铜器铸有铭文。

团山墓地位于邓城东部矮丘岗北部,西南距邓城城址约 3 公里。分布范围南北长约 800 米、东西宽约 500 米,共有墓葬 200 余座,主要为楚墓,多被破坏。已清理的 44 座墓葬规模均不大,有春秋晚期墓 3 座(M1、M2、M5)。

彭岗墓地位于东部矮丘岗的南部,西距邓城城址约 2.7 公里。分布范围南北长约 400 米,东西宽约 300 米,共有墓葬一百余座,主要为楚墓。已清理的 98座墓葬,规模均不大。墓圹开口除一座(94IM31)为 4.6 米×3.8 米之外,余均约在 2 米~3 米×1 米~2 米之间,皆为小型墓葬,时代自春秋中期至战国晚期前段,各期墓葬数量相差不大。

沈岗墓地位于邓城以东的中部平原之东部矮岗——沈岗中南部,西距邓城城址约 2 公里。分布范围南北长约 400 米、东西宽约 200 米。墓葬分布十分密集,已清理出 270 余座楚墓,时代自楚灭邓后的春秋中期一直延续到秦拔郢时的战国晚期前段。均为土坑竖穴墓,墓葬规模都不大。春秋墓葬开口一般为 3 米×2 米。少量春秋中晚期墓葬随葬成组的铜礼器,均为 1 鼎 1 盏或 1 鼎 1 簠 1 缶组合,其余墓葬一般随葬仿铜陶礼器鼎、敦、壶或日用陶器鬲、盂、豆、罐。

余岗墓地位于邓城东部的矮岗——余岗北部,西南距邓城城址约 2 公里。分布范围东西长约 300 米,南北宽约 200 米,墓葬分布也十分密集。已清理的 330 座墓葬中,有楚墓 174 座,时代与沈岗墓地相同。

从墓葬规模、形制、葬具、随葬品等发掘资料来看,邓城区域各墓地是有时代和性质差异的。王坡墓地春秋早期是作为邓国贵族墓地存在的,春秋中期以后到战国中晚期一度废弃,曾为村落,秦占邓地后才重新作为墓地。山湾墓地则是春秋时期的楚国下层贵族墓地,应是楚灭邓国、设邓县后形成的一处楚墓地。团山、韩岗、沈岗、余岗墓地为春秋中晚期至战国晚期前段楚国最低等贵族、庶民的共用墓地,彭岗墓地为春秋中期至战国晚期前段楚庶民的聚葬区[①]。

第二节 王墓和国君墓

在湖北,楚国的王墓至今尚未发现,但可以做一些推断。在荆州、荆门的八岭山、纪山一带,是战国时期的楚国高级贵族墓地。据考古学界推测,其中可能就有楚国王陵,如八岭山的冯家冢、平头冢,荆州与当阳交界处的熊家冢等,应有可能是楚王墓。此外,随县曾侯乙墓,为楚附庸曾国国君的墓葬,其级别高于楚国最高级的贵族封君。

一、熊家冢

湖北荆州的熊家冢,其神秘面纱引来学界、考古界的极大关注。著名词作家乔羽这样写道:北有兵马俑,南有熊家冢。便是对其地位的高度评价。熊家冢楚

---

① 王先福:《襄樊邓城区域楚墓地考析》,《江汉考古》,2006 年第 4 期。

墓位于湖北省荆州市西北40公里的川店镇张场村三组,与荆门、宜昌的当阳两市交界。这里是国家重点保护的楚国贵族古墓葬遗址所在地。而江陵纪南城,为战国时期的楚郢都所在。据《江陵地名志》记述:"熊家冢,因埋葬熊姓祖先而得名"。

1979年,荆州组织修建漳河水库干渠时,村民大量从熊家冢墓地取土,突然挖出了一只马脚骨头,还有马车。这一重大发现,立即引起了考古工作人员的注意。此时,熊家冢墓地大部分土层已被取走。由于干渠直接从熊家冢墓地穿过,致使熊家冢西北部露出了墓口和两级台阶,车马坑西南角的小型车马坑,已在取土中被破坏。据悉,当时在这座小型车马坑中还出土了一架马车和两匹马的骨头。至此,熊家冢墓地被发现。

20世纪70年代以来,墓地不断遭到自然和人为的破坏(包括生产建设的破坏、水土流失的影响、盗墓犯罪的威胁等等)。为了有效保护这一珍贵的历史文化遗产,从1979年到2001年,荆州博物馆的考古工作者对该墓地进行了三次大规模的科学考古调查和勘探,初步探明其由主冢、陪冢、车马坑、排葬坑和壕沟5部分组成,墓葬规模超过九连墩墓、马山墓及包山墓等著名楚墓。2005年11月29日,国家文物局正式批准对熊家冢墓地车马坑和部分殉葬墓进行抢救性考古发掘。2006年8月15日正式发掘,由荆州博物馆和湖北省文物考古研究所联合对墓地外围的车马坑和殉葬墓进行抢救性发掘。发现了被史学界、考古界称之为"迄今为止我国已发掘楚墓中规格最高、规模最大、布局最完整的一处楚国高等级贵族墓葬"。2007年5月1日,熊家冢在全国首创边发掘、边开放的先例。目前,发掘工作正在进行中。

熊家冢是长江流域发现的最大一处楚墓,也是我国迄今已知的楚国高级贵族墓地中规模最大、规格最高、布局最完整的一处墓地。据说,在上世纪50年代,熊家冢楚墓尚存有高大的封土堆,封土直径超过100米、高10余米。如今,其保存的封土堆海拔高度为68.2米。它并不是一处孤立的古墓,主要由主冢、陪冢、车马坑、排葬坑和壕沟等5部分组成的一座陵园。熊家冢主冢长宽均达67米,规模为楚墓之最,比荆门发现的包山楚墓还要大一倍。主冢是一座有斜坡墓道的"甲"字形木椁墓,南面还有56座排葬坑,分四列呈南北向均匀排列,每列14座。登上位于墓地中心偏北的主冢,一个平面呈"甲"字形的占地近8万平方米的墓地现场一目了然。据考古勘探和地球物理探测,熊家冢墓口长约70米,墓道长约10余米、宽5米。墓的西边已露出一个台阶。从钻探的情况推断,台阶可能有十五级。按台阶级数推测,墓椁室面积约 440 平方米。这些墓坑和椁室的规模和面积之大,是已发掘的大型楚系墓葬中无与伦比的,其规格是中国已知的东周、春秋、战国时期帝王棺椁中最大的。江陵天星观 1 号楚墓墓主为封君,身份仅次于楚王,椁室面积为 61.5 平方米,只是熊家冢的七分之一;曾侯乙墓墓主身份虽然微低于楚王,但也是一国之君,其椁室面积为 140.5 平方米,只有熊家冢的三分之一;安徽寿县的楚幽王墓,1933 年被盗。有考古学家推测,其椁室面积在 190 平方米~300 平方米之间。按此推论,幽王墓也仅为熊家冢的二分之一。

熊家冢的庞大令人惊叹,出土的文物更叫人称奇:2006 年 8 月以来,考古人员对荆州熊家冢楚墓排葬坑进行发掘。在主冢西侧发现一座长 132.4 米的车马坑,楚国车马坑全国只有 14 座,这是迄今发现的最长的战国时期车马坑;同时,还发现呈"一"字形排列的 30 多座小型车马坑。在 132.4 米长的车马坑内,已发掘出 80 辆战车,300 多匹马。为了保持完好的姿态,这些马匹全部是被杀后摆放在里面的。虽然历经千年,车马表面已碳化成深褐色,但整个队伍的雄壮阵容,表明这绝对是支训练有素的队伍。这些战马整齐地排成两列,马头全部向西。其中有三辆马车是六匹马驾的车,车上不仅有车厢,还有(华盖)伞。按《仪礼·王度记》记载:"天子驾六,者侯驾五,卿驾四,大夫驾三,士二,庶一",其墓主用的是天子的车驾规格,身份之高据此可推。此外,熊家冢已发现 120 座殉葬坑。《墨子·节葬下》中说:天子杀殉,众者数百,寡者数十;将军大夫杀殉,众者数十,寡者数人。这里的殉葬级别超过将军大夫级,与天子的等级相似。截至目前,熊家冢墓地共发掘面积 1500 多平方米,出土精美玉器 1000 多件,还有车辆和马骨等。从其出土文物看,熊家冢应该是战国早中期墓,很有可能为战国时期的楚王墓。

在春秋战国时期,楚国经济文化在世界上强盛一时,可以和当时的希腊相提并论。现有发掘成果表明,熊家冢楚墓是目前已发掘的楚墓中规模最大的一处高等级贵族墓葬。熊家冢的主人究竟是谁? 死得如此气派? 前有百人殉葬队为他开路,北有战车阵为他护卫,南有近两百个祭祀坑,地面上的回廊让人常来悼念……就是"秦王扫六合,虎视何雄哉"的秦王威仪也不过如此啊,何况这座墓的下葬时间比秦始皇还要早两百多年。难怪有专家称赞熊家冢"中国仅有,天下唯一"。

二、曾侯乙墓

擂鼓墩,在现代中国地图上找不到这一称谓,但却因为在此发掘出战国早期曾国国君乙(即曾侯乙)的墓葬,出土了精美的青铜编钟等大批珍宝,而在全国乃至全世界产生影响。擂鼓墩位于湖北随县城西约1公里的涢水河西岸,1949年以前是一片荒山岗地。相传公元前605年(楚庄王九年),令尹斗椒发动叛乱,楚庄王率军平叛,并亲自擂起了战鼓,最后全歼叛军。从此,楚庄王擂鼓处的高地便被人叫做"擂鼓墩"。

这位战国初期曾(随)国国君乙,葬于公元前433年或稍后。1978年5月,这位小国国君庞大的陵墓被整体发掘揭露出来,其恢宏的文物顿时令世界瞩目。这是自建国以来经科学考古发掘出来的一座最大的木椁墓,距今已有2400多年的历史。墓坑平面规整,面积220平方米,十分罕见。出土的随葬器物异常精美绝伦:光鲜亮丽的漆器;庄严的青铜礼器;精致的丝织品;多彩的生活用具。最为引人注目的,就是气势磅礴的编钟和显示身份的青铜器,将整个曾侯乙墓彰显得气度非凡,尊贵典雅,俨然一座礼乐地宫。

1978年春天,解放军某驻军在扩建营房的施工中发现了这座古墓,湖北省文物部门集合全省的考古精英对其进行抢救性发掘。发掘时,墓坑开凿于红砾岩中,为正南北向,多边形竖穴墓。南北16.5米、东西21米。内置木椁,椁外填充木炭及青膏泥,其上为夯土。揭开厚重严密的椁室盖板,整个墓坑分为东、西、北、中四个室。墓中共出土各类文物随葬品15000多件。这些埋藏在地下的奇珍异宝一时重见天日,使得曾侯乙墓一夜闻名全国,引发了考古界、史学界、音乐界、古文字界和工艺美术界等人士的极大热情和关注。各方面的专家纷纷埋头研究,热烈争论,不仅使一些史学问题得以解决,一些错误的观点和看法得以纠正,而且也扩大了楚文化的研究内涵和意义的影响。曾侯乙墓的发掘,成为我国考古工作中的一项重大成果。

出土的有关器物和礼器上的文字资料表明,当时的曾国虽然还是个独立国家,但相对于毗邻的楚国,便显得孱弱许多。先秦时的楚国,是春秋五霸,战国七雄之一。苏秦曾对楚威王做过如此描述:"楚,天下之强国也。大王,天下之贤王也。楚地西有黔中、巫郡,东有夏州、海阳,南有洞庭、苍梧,北有汾陉之塞、郇阳,地方五千里,带甲百万,车千乘、骑万匹,粟支十年,此霸王之资也。"(《战国策·楚策一》)。《淮南子·兵略训》则赞美:"昔者楚人地:南卷沅湘,北绕颍泗,西包巴蜀,东裹郯淮,颍汝以为洫,江汉以为池,垣之以邓林,绵之以方城,山高寻云,谿肆无景,地利形便,卒民勇敢。"把当年楚国地域的辽阔,经济的富饶,军力的强盛,形容得淋漓尽致。处在楚国腹地的曾国,选择了对强大的邻国低眉顺目,毕恭毕敬的态度,才得以免遭倾巢之灾而保以完卵。这种明智的政治策略,使得弱小的曾国得以休养生息,发展本土的经济文化,所以才有国君乙去世后墓坑和随葬品的气派奢华。另一方面,楚国在政治、经济、文化等诸领域对曾国的影响渗透无处不在。从这个意义上讲,曾侯乙墓虽然不是楚墓,却应该属于楚系墓葬,其文化内涵当为楚文化的组成部分。

在曾侯乙墓的四个室中,中室相当于整个墓坑的"厅堂",地位举足轻重,所出的文物中,编钟和青铜礼器最有分量,完全可以借此将整个墓葬定位为"礼乐地宫"。

中室这套编钟,首先是齐全完整,出土时绝大多数依然悬挂在铜木结构的立架上。其次是数量奇多,达65件,是此前有关墓葬出土编钟的数倍。第三,所出编钟有的体型特大,最大的一件高152.3厘米,重203.6公斤,而且品类、规格众多。另外,每件编钟都铸造精美,纹饰华丽;全套编钟上有2800多字关于音乐方面的铭文,全套重量共达4.4吨。这些非但在已经发掘的数以万计的先秦墓中属于绝无仅有,在世界乐器大家族中也是独一无二的。

这套编钟的钟架高大,由长短不同的两堵立面垂直相交,呈曲尺形7根彩绘木梁两端以蟠龙纹铜套加固,由6个佩剑武士形铜柱和8根圆柱承托,构成上、中、下三层。短架长335厘米、高273厘米,长架长748厘米、高265厘米。曾侯乙编钟共65件,分为八组:上层三组为钮钟,19件;中层三组为甬钟,33件,分短枚、无枚、长枚三式;下层为两组大型长枚甫钟,12件,另有镈1件。最大的1件通高152.3厘米,重203.6公斤;最小的1件通高20.2厘米,重2.4公斤。钟体总重2567公斤,加上钟架(含挂钩)铜质部分,合计4421.48公斤。 编钟是古代打击乐器,也是象征拥有者权位的礼器。主要流行于商周和春秋战国时期。编钟的悬挂有三种方式:下层钟用环挂式,挂钩为爬虎套环和双杆套环两种;中层钟用钩挂式,挂钩为框架钩和焊钩两种;上层钟用插挂式,是以插销、串钩钟钮。钟及架、钩上共有铭文 3755 字,内容为编号、记事、标音及乐律理论。铭文多数错金。全部甬钟的记事铭文均为"曾侯乙作持"5 字,标明钟的制作和享用者是曾侯乙。镈钟的铭文则记载楚王熊章为曾侯乙铸宗彝一事。标音明文标示了钟的悬挂位置或敲击部位及其所发音的名称,它们构成了十二半音称谓体系。乐律理论记述了曾国与楚、晋、齐、申、周等国的律名对应关系。钟铭所见律名 28 个、阶名 66 个,绝大多数都是前所未知的新材料。这套编钟的铭文,是一部重要的中国古代乐律理论专著。

全套编钟音域宽广,音列充实,音色优美。每件钟均有呈三度音程的两个乐音,可以分别击发而互不干扰,亦可同时击发构成悦耳的和声,证实了中国古编钟每钟双音的规律。全套编钟具有深沉浑厚的低音、圆润淳朴的中音和清脆明快的高音。其音域自 C2 至 D7,中心音域内具十二半音,可以旋宫转调,演奏七声音阶的多种乐曲。钟及钟架铜构件是铜、锡、铅合金,合金比例因用途而异。用挥铸、分铸、锡焊、铜焊、铸镶、错金、磨砺制作而成,工艺精湛。编钟的装配、布局,从力学、美学、实际操作上,都显得十分合理。全套钟的装饰,有人、兽、龙、花和几何形纹,采用了圆雕、浮雕、阴刻、彩绘等多种技法,以赤、黑、黄三色与青铜本色相映衬,显得庄重肃穆,精美壮观。有 6 个丁字形彩绘木槌和 2 根彩绘撞钟木棒与钟同出。据此并经实验判定,这套钟的使用共需 5 人:3 人双手执小槌,掌奏中、上层钟;2 人各持撞钟木棒,掌奏下层钟。

在曲尺形编钟较长一架的对面,一青铜鼓座上竖有建鼓一个。短架对面,则有编磬一套。全套编磬共 41 枚,石制,分上下两层悬挂,上层 16 枚,下层 16 枚,另有 9 枚可随时调用。这套编磬与编钟密切配合,可在同一调高上进行合奏或同时转调演奏。其音响效应"近之则钟声亮,远之则磬音彰"。编磬高 109 厘米、宽 215 厘米,上面刻有乐律文字。编磬是古代一种打击乐器,常与编钟相配,合奏"金石之声"。架座为一对青铜铸造的怪兽,龙头、鹤颈、鳖身,显得怪诞、别致。磬为石质,形态相仿而大小各异。出土时磬架已断,部分磬块断裂。除了编钟、建鼓、编磬以外,中室还出土瑟 7 件、笙 4 件、排箫 2 件、小鼓 2 件、形似竹笛的篪 2 件等乐器。加上东室中出土的琴等乐器,曾侯乙墓共有乐器 8 种 125 件及各种构件、附件 1714 件。墓中还出土的编磬、鼓、瑟、笙、排箫等大量乐器,为研究中国古代音乐史提供了珍贵的实物资料。全墓中的乐器和附件合计达 1851 件,使得曾侯乙墓成为一座地下音乐宝库。

钟在我国商朝时就已出现，最初只有 3 到 5 枚，到周朝增到 9 至 13 枚，战国时发展成 61 枚。人们按钟的大小、音律、音高把钟编成组，制成编钟，演奏悠扬悦耳的乐曲。曾侯乙编钟共 65 枚，其中 1 枚是战国时楚惠王赠送的镈钟。编钟分八组，共分三层悬挂在铜、木做成的钟架上。钟架全长 10.79 米、高 2.73 米，由 6 个佩剑的青铜武士和几根圆柱承托着。65 枚编钟的总重量达 3500 公斤，它的重量、体积在编钟中是罕见的。钟上大多刻有铭文，上层 19 枚钟的铭文较少，只标示着音名，中下层 45 枚钟上不仅标着音名，还有较长的乐律铭文，详细地记载着该钟的律名、阶名和变化音名等。这些铭文，便于人们敲击演奏。曾侯乙编钟音域宽广，有五个八度，比现代钢琴只少一个八度。钟的音色优美，音质纯正，基调与现代的 C 大调相同。考古工作者与文艺工作者合作探索，用此钟演奏出各种中外名曲，令人无不惊叹。

20 世纪 80 年代初，湖北省博物馆、中国科学院自然科学史研究所、武汉机械工艺研究所、佛山球墨铸铁研究所、武汉工学院和哈尔滨科技大学等单位上百名科技人员通力协作，采用了激光全息摄影和扫找电镜等现代技术手段，发现我们的祖先早在 2400 多年前就摸索出了铜、锡、铅三种成分的最佳配方，以获得优美的音色；掌握了钟体大小，钟壁厚薄与音高的严格比例，铸造出不同音高的编制系列；设计了"合瓦式"的独特钟形与复杂的钟腔结构，形成了奇妙的一钟双音和优美的旋律。这套编钟每个钟都能发两个乐音，全部音域贯穿五个半八度组，高音、低音明显，中间三个八度，十二个半音齐备。由于有了完备的中间音，所以能在任何一个音上灵活自如地旋宫转调。尤为可贵的是，钟体和附件上，还篆刻有 2800 多字的错金铭文，记载了先秦时期的乐学理论以及曾和周、楚、齐等诸侯国的律名和阶名的相互对应关系。这一重大发现，摒弃了所谓"中国的七声音阶是从欧洲传来、不能旋宫转调"的说法。

为了使这套中华乐器史上珍贵的国宝发挥更大作用，科学工作者将曾侯乙编钟进行复制。1983 年 1 月，中国音协、中国机械工程学会铸造学会、考古学会的学者专家共 80 多人，在武汉对复制的编钟进行了鉴定。专家通过聆听和比较原件和复制品每个钟的音色、音高，并交替欣赏原件的录音和复制编钟演奏的《胡笳十八拍》《梅花三弄》《浏阳河》《圣诞夜》等中外乐曲。他们认为复制品确实达到了原件的音响效果,高音区清脆,明亮,悠扬;低音区浑厚,深沉,气势磅礴。其中演奏出的大多数乐曲与原件的差异小于正负五音分之内,为一般听众所难以辨别。在考古、音乐和铸造界专家的共同努力下,编钟、编磬和其他全部乐器得以复原复制,并共同组成了一个编钟乐团。演奏时,金声玉振,清越高扬,令听众回味无穷。1984年,为庆祝新中国成立35周年,湖北省博物馆演奏人员被特批随编钟进京,在北京中南海怀仁堂,为各国驻华大使演奏了中国古曲《春江花月夜》和创作曲目《楚商》以及《欢乐颂》等中外名曲。1997年,著名音乐人谭盾为庆祝香港回归创作大型交响乐《天·地·人》时,由国家特批再次敲响了编钟。曾侯乙墓编钟,这先秦时期的黄钟大吕所演奏的宫廷之乐,在新时代同样声震寰宇,举世共聆。

曾侯乙墓中室中的另一项重要文物是各种青铜礼器。青铜礼器主要有镬鼎2件、升鼎9件、饲鼎9件、簋8件、簠4件、大尊缶1对、联座壶1对、冰鉴1对、尊盘1套2件及盥缶4件等。摆放在中室南部的青铜礼器,极有讲究地成组成列排放。9件鼎放在前面,8件簋放在后面。依据周代的礼制,天子、国君方能用九鼎八簋。这样的陈设,当为显示墓主人身份的意思。联座壶是两只青铜大壶同置于一个禁座上,壶盖外沿,还有一个镂刻盖,牢靠稳固。一对冰鉴是由外面的方鉴和内置的方缶组成。二者配合使用,缶内盛酒,置于放冰的鉴内,冰镇酒液,其不变质。冰鉴附近还放置着尊盘和盥缶。这两件器物各由本体、装饰附件和透空饰件三部分组成。这三部分分别用的是铸接、焊接的方法结合起来。尊盘和盥缶器物形态端庄,纹饰繁缛精巧,叠放在一起又浑然天成。代表当时最新铸造工艺的失腊法铸就的尊盘透空饰件,花纹华丽繁杂,结构间彼此脱空,富于飘逸的动感,被专家们认定为"现已出土青铜器最复杂精美的珍品",表现出战国时期楚国青铜冶铸业所达到的高水平。这些青铜礼器依大小"尊卑"之序,分类集中,摆放明晰,条理井然。这些礼器除了用于祭祀和宴饮外,还有彰显身份和地位的作用,尤其以鼎为标志。鼎的多寡、大小、轻重,是权力、地位甚至是王国兴衰的写照;至于庶民,是不能僭越使用鼎、簋等礼器的。这些随葬的礼器,都体现着严格的尊卑秩序,有着规定的等级标准。许多青铜器上有"曾侯乙乍(作持)"之类铭文,为判定墓主提供了证据。

作为"寝宫"的东室,也极具特色,同样彰显出曾侯乙墓的奢华和神奇。这里放置着曾侯乙的双重木棺。外宫有青铜框架,长3.2米、宽2.19米,与先秦时出土的一般的大棺相比,可谓是鹤立鸡群。内棺外面彩绘门窗及守卫的神兽武士。墓主棺周围是8具陪葬棺,全部为女性,或者是歌舞乐人,或者是贴身侍女。群棺之外,一件青铜铸造的鹿角立鹤和几件精美的漆木器特别抢眼。漆木器中还有4件雕绘盖豆,是用来盛果品的容器,也是精美的工艺美术精品。盖豆周身满布精致浮雕,有群龙相互蟠绕,加以彩绘的衬托,极富立体感。5件漆木箱,隆起的箱盖象征天,矩形的箱体比喻地,体现出古人"天圆地方"的宇宙观念。出土的一件漆木衣箱盖上,绘有包括青龙、白虎、北斗图形及二十八宿名称的天文图像,说明中国是世界上最早创立二十八宿体系的国家之一。墓中还出土金盏、金杯、金带钩及长达48厘米的十六节龙凤玉挂饰,是曾侯乙生前奢侈生活的具体写照。有的箱盖上还绘有一些传说的图画,如"夸父逐日"等,朴实无华而表意丰富,极富楚文化魅力。曾侯乙墓出土的漆器有220多件,是楚墓中年代最早也是最为精彩的,而且品类全,器形大,风格古朴,体现了楚文化的神韵。

北室放置兵器及车马器等。一是兵器库,出土兵器数量多,品种全,保存好,非常难得。二是车马的象征,有很多的车伞和车書,象征送葬的车马和兵器。三是皮甲胄库,出土数量为历年来最多、保存最完好。已清理复原人甲13件、马甲2件,另外还有很多残片。四是酒库,发现两件目前同期所见同类器中最大的两件铜尊缶。每件的容积达到0.43立方米,可以盛酒430公斤。西室密密麻麻地放置着殉葬人木棺13具,殉葬者为13~25岁的女性,随葬品不多。

曾侯乙墓随葬的珍宝,尤其是中室的礼乐用器,最能彰显其精粹,表现出这座礼乐地宫的大气、庄重、高贵和典雅。通过千年的时光,我们可以想象和模拟当年古代君王的祭祀和繁华的宴饮,堂前是金声玉振,歌舞翩翩,一片钟鸣鼎食的生动景象。

第三节　封君墓

一、天星观1号墓

天星观位于荆州市沙市区观音垱镇天星观村长湖南岸边,西距楚故都纪南城 24 公里,南距观音垱镇 8.9 公里,东距习家口节制闸 4.2 公里,北面是浩森的长湖。

经考古学家们考证,我国已经发掘的楚墓,可以确定为封君墓的有湖北江陵天星观 1 号楚墓、湖南临澧九里 1 号楚墓、河南信阳长台关 1 号楚墓。封君墓的主人身份仅次于楚王。封君是楚国一个特权阶层,由楚王赐予封邑一定范围的土地或是城邑,并能在自己的封邑里享受征收赋税,衣食住行方面自给自足。封君不仅占有封地,经济上拥有特权,而且拥有自己的武装,可以在自己的封邑内建筑城邦。虽然封号和封地可以世袭,但封君不是独立王国,所受封邑必须接受国家法令的约束,国王随时可以削封。封君死后,要葬在自己的封邑之内。在三座楚国的封君墓中,以江陵天星观 1 号楚墓墓坑规模最大,出土文物最为精美,而且墓内出土的竹简明确记载墓主生前的爵位是楚国的上卿,官职可能在令尹、上柱国之列。天星观 1 号墓可以说是楚国封君墓的代表。

江陵天星观 1 号楚墓位于江陵县观音垱五山村境内。清朝曾在该墓的封土堆上修建过一座道观——天星观。自西向东呈弧形排列着五个大型楚墓的封土冢,被称作"五山"。1 号墓是"五山"中最大的一个,海拔 40.4 米。由于墓葬东北紧靠长湖,封土的五分之二已被湖水冲垮。为了抢救保护这座大型楚墓地下埋葬的文物,荆州博物馆于 1978 年 1 月至 3 月对这座墓进行了发掘。

墓葬的封土呈平顶圆锥形,由灰黄泥沙土堆积而成,未经夯筑,大小土块清晰可见。顶部被道观建筑扰乱,底部圆形,覆盖在坑口上,现存南北长 20 米、残高 7.1 米。封土堆中部有一个椭圆形盗洞,直径约 3 米,直达南室与中室之间。盗洞中发现有盗墓者遗弃的锛、锄、削刀、鬲、壶、罐、豆,都属于秦代物品,可见这座墓葬早在秦代就已经被盗过。

墓坑平面为长方形,方向 185°。墓坑坑口南北长 41.2 米、东宽 37.2 米。坑四壁设有十五级生土台阶,台阶逐级向下内收,十分规整。每级台阶宽 0.3 米~0.6 米、高 0.5 米~0.6 米。第十五级台阶以下至坑底,四壁陡直。坑底呈长方形,南北长 13.1 米、东西宽 10.6 米,坑口至底深 12.2 米。墓道位于墓室之南,上面覆盖有 0.4 米的近现代土层。墓道口长 18.8 米、北端宽 12.4 米、南端宽 5 米,底部呈斜坡,坡度为 10°。墓坑上部与墓道内填有黄褐色花斑土,填土分层夯筑,椁盖板上填有 0.6 米厚的青灰泥。

葬具为一椁三棺,是用楠木砌成的,保存完好。出土时木质坚硬,色泽鲜黄如新。整个棺椁用木材 150 余立方米。木椁呈长方形,用砍制方木垒砌。椁长 8.2 米、宽 7.5 米,高 3.16 米。盖板用二十一根长方木横列,底板之下纵放两根长垫木,每根垫木之下又各用三根短木横垫。

木椁内分为七室:北室、东北室、西室、中室、东室、南室、东南室。其中,中室为棺室。除棺室外,其他各室之上均有顶板。在椁室的横隔板上绘有 11 幅彩绘壁画,绘菱形、田字和云纹等几何纹样。七室中已有六室被盗,仅存北室保存完整。南室和北室主要放置青铜容器、漆木器等;东室放置乐器;西室置兵器、车马器、竹简等。中室内发现有少量玉器,放置着大小相套的三层棺,即两重外棺和一重内棺。内棺为悬底弧形棺,长 2.5 米、宽 1.2 米、高 1.21 米。放置墓主人的尸体,已成一具枯骨,其头骨被盗墓者弃之于南室盗洞底部。中棺为长方盒形,长 3.48 米、宽 2.48 米、高 2.3 米。中棺的各木板之间及盖板与侧板之间,均用铅攀钉和铜爪钉扣接,较为特殊。外棺同样为长方盒形,长 3.26 米、宽 1.94 米、高 1.8 米。

这座墓早年严重被盗,随葬品虽大多残损严重,仍残存有陶器、铜器、兵器、车马器、乐器、漆器以及竹简等 2440 余件。随葬品用金、青铜、竹木、皮革、玉石、陶、骨角等不同的质料制成。器类有礼器、容器、杂器、兵器、车马器、乐器、竹简。各种器类制工精细,造型典雅,彰显出雍容华贵的气度。出土物有木甲、漆木盾、漆木龙首车辕、凤鸟悬鼓、漆木虎座飞鸟、漆镇墓兽、铜编钟、编磬和竹简等。

镇墓兽,是先秦楚墓中较为常见的随葬品,在其他国族的墓中基本不见,因而成为楚墓中的典型器物。由于其带鹿角的怪兽形状,神秘恐怖,反映出楚人一种鲜明而独特的信仰观,引起了很多学者的好奇和探究。在楚国墓葬中,已发现数百件用于镇墓辟邪的木雕镇墓兽。镇墓兽由鹿角、头身和底座三部分组成,年代从春秋中期到战国中、晚期。春秋中、晚期到战国早期多为单头单身,战国中期的式样与数量最多,有单头单身与双头双身两大类。江陵天星观 1 号墓出土的这件双头镇墓兽,高 170 厘米,常常被看做是镇墓兽的典型。背向的双头曲颈相连,两只兽头雕成变形龙面,巨眼圆睁,长舌至颈部。两头各插一对巨型鹿角,四只鹿角枝桠横生,意象极为奇异生动。通体髹黑漆后,又以红、黄、金色绘兽面纹、勾连云纹。方座浮雕出几何形方块并饰菱形纹、云纹、兽面纹。虬曲盘错的巨大鹿角，对称兽体和稳重的方形底座，构成了一个神秘的氛围。东汉应劭《风俗通义》记载："墓上树柏，路头石虎。《周礼》：'方相氏葬日入圹，驱魍象。'魍象好吃亡者肝脑，人家不能当，令方相立于墓侧以禁御之，而魍象畏虎与柏，故墓前立虎与柏'。"《周礼·夏官·方相氏》："方相氏掌蒙熊皮，黄金四目，玄衣朱裳，执戈扬盾，帅百隶而时傩，以索室驱疫。大丧，先柩；及墓，入圹。以戈击四隅，驱方良。"这个专门打鬼的方相氏，有着黄金色的四只眼睛，蒙着熊皮，穿红衣黑裤，拿着戈挥舞着盾，率领众神兽，到墓圹四周驱赶一种叫"方良"的地下厉鬼，保护死者亡灵。方相氏，有驱逐魍象的本领，所以家人常令方相氏立于墓侧，以防怪物的侵扰。方良亦为危害死者的恶魔，人们就借助方相氏的力量来驱赶它们。所以有学者认为，使用镇墓兽的习俗，就是从"方相氏"的传说演化而来的。也有人根据早期镇墓兽头上的双角推测，应与"土伯"等有关。不管其身份如何，就其形制内涵分析，镇墓兽应该是起镇墓辟邪作用的，是楚人崇拜的镇墓之神。

　　在全部的出土器物中，以竹简最为重要。竹简放置在西室，部分夹在漆皮中和压在兵器杆下的已被盗墓者踩断，放在竹笥内的保存较好。完整的竹简共有70余枚，其余残断，共计约4500余字，字迹清晰可辨。有的整简长64厘米~71厘米，宽0.5厘米~0.8厘米。简的左侧上下各有一个编口。简文一般书在竹黄上，不留天头。古文字学家们对竹简进行了整理考证，简文内容分为"卜筮记录"和"遣策"。据竹简记载：墓主为邸阳君番（潘）乘，下葬年代在公元前361~公元前340年之间。另外，在该墓盗洞中还出土了一件秦式的陶鬲，因此推测该墓大约在公元前278年秦拔郢前后为秦人所盗。

　　卜筮记录的竹简数量较多，约计2700余字。大多数是为墓主人邸阳君番乘卜筮的记录，少部分是关于祭祀的内容。卜筮的具体内容可以分为三类：一是为墓主人贞问"侍王"是否顺利；二是贞问忧患、疾病的吉凶；三是贞问迁居新室是否可以"长居之"，前途运气如何等等。卜筮之辞的格式主要有两种，一种是先记年月日，再记卜筮人所用的占卜工具和所问的事项以及占卜的结果。另一种是不记年月日，只记占卜人名、占卜工具和验辞。天星观1号墓的"卜筮记录"保存较好，为探讨当时楚国的卜筮情况、贵族们的思想意识形态提供了重要的资料。

　　遣策是指随葬品的清单。在遣策的内容中，一部分记录了为墓主人邸阳君助丧人的名字、官职和赠送的物品。助丧赠物的官员有："集豆尹"、"集精尹"、"宰尹"、"集尹墨"、"阳令"等；还有邸阳君的同姓，如"番之里人"；还有无官职的人等。赠送的物品以车辆为主，并详细记载有车上部件、饰物的名称和质地。另一部分竹简则记录为邸阳君送葬的车辆、仪仗，主要记载御者的官职、姓名，所乘车辆在车阵上的位置，以及车的名称、所载的仪仗、兵器、甲胄、饰件等。这部分遣策可以帮助我们认识了解当时楚国的丧葬制度。

竹简的字体，具有楚国文字的基本特点，较多地使用别体字、通假字，有些字形是过去所不多见的，对于研究古文字学也提供了重要的依据。

天星观1号楚墓是目前楚郢都纪南城周围已经发掘的楚墓中最大的一座封君墓，下葬年代大约在公元前340年前后，为楚宣王或楚威王时期，即战国中期。虽然因为早年被盗扰，不能完整地展示楚国封君墓的气派，但清理发掘出来的棺椁的形制保存之完好、出土遗物之精美，令人称赞，展现出楚国贵族特权阶层生前的奢华。天星观1号墓对楚国的封君制度、封君葬制以及对番（潘）氏家族的历史等方面的研究，都有重大意义。该墓葬的出土文物情况，《光明日报》1978年7月23日曾作了报道。其后，1982年第1期《考古学报》发表了由湖北省荆州地区博物馆撰写的《江陵天星观1号楚墓》一文，对该墓的时代、形制、出土文物及竹简内容都作了详细的介绍。

二、天星观2号墓

天星观村的长湖沿岸自东向西排列着五座大墓冢。1978年，荆州博物馆发掘了五座墓中最东边也是最大的一座墓冢，天星观1号墓，墓中出土了一批重要竹简，记载墓主是邸阳君番乘。2000年2月中旬，由于长湖水位下降，一座古墓暴露出滩面。经省文物局批准，荆州市博物馆对其进行了抢救性发掘。这就是天星观2号墓。

天星观2号墓是一座带斜坡墓道的长方形竖穴土坑木椁墓。墓道朝南，方向192°。封土及墓坑上部的填土早年被湖水冲毁。墓坑残长9.1米、宽8米、残深至椁垫板底部4.5米。墓道残长5.28米、北部残宽3.9米、南部残宽3米，自南向北1.6米处两边收窄0.2米，形成一个斜坡坎。墓坑的西壁残存有二级生土台阶，东、南、北三方各残存一级生土台阶。墓坑和墓道内均填有由褐、黄、红等

荆楚古墓揭秘

色混杂的五花土和青膏泥。填土以下为木椁盖板。墓葬因长期被洪水浸泡,填土疏松,未见夯筑痕迹。墓葬的东端发现一处新盗洞,洞口周围的稀泥上残留有器物的圈足痕迹及漆木器残片等。

葬具为二椁二棺。外椁盖板、内椁盖板、外棺盖板、内棺盖板及南室与东南室的隔板,因数次被盗有不同程度的损坏,其他部位保存较好。椁内共分五室,即南室、东南室、东室、西室和主室。当逐个揭开覆盖在各室上的分板时,留存在墓室里的随葬品不仅数量众多,种类丰富,而且大多制作精美,造型奇特。有青铜器387件、漆木器177件、竹器11件、骨角器769件、玉石陶料器76件、银器2件、丝麻制品7件和皮革等。遗物按功能可以分为礼器、乐器、生活用具、丧葬用器、车马器、装饰品、工具、兵器和其他用器,同时还有大量的动物骨骸与果核等。乐器主要是青铜质、漆木质等,共计53件;生活用器为玉质、料质、石质、银质等,共计178件;丧葬用器为漆木质和石质,共计21件;车马器有青铜质、皮革质、骨质等,共计306件。出土遗物总计1430件。遗物主要分布在南室、东南室、东室和西室。

从随葬品及其陈放的室别看,天星观2号墓具有东周时期楚墓中女性随葬物的特点。且人骨鉴定表明,死者为一成年女性个体,年龄在40至46岁之间。因此,考古界认为天星观2号墓主是天星观1号墓主的夫人。

墓中出土的青铜器不仅反映出墓葬的等级和楚墓葬俗,更体现了楚国精湛的铸造工艺和灿烂的文化特色。漆木器是楚墓中常见的器形,2号墓出土了数件新器类和新器形。无论是出土的还是新发现的,都具有构思巧妙、造型奇特、用材考究、制作精细的特点。如羽人、神树、浮雕龙凤纹豆、凤鸣莲花豆和猪形酒具盒等。新器形的出现,为楚文化的研究增添了新内容。器中所具有的浓厚的宗教信仰和神话传说色彩,反映出楚人神秘的信巫尚鬼习俗。

羽人出土于东室,造型独特,形象诡异,制作精致。无论是器物的造型、雕刻工艺还是工笔绘画,都独具匠心。全器由上部的羽人和下部的凤鸟组成,羽人和凤鸟的身躯用一整木雕制。站立在凤鸟头顶之上的羽人,上身赤裸,体型肥壮,头发后披,人面鸟喙、胸部和腹部前鼓,两乳隆起,小臂抬起,两手前伸作捧物形态。后臀圆浑光洁,臀中部凿一长方形母榫,榫内插接一扇形鸟尾。下肢为单腿,短而粗,与上体相连。足为鸟足,有四爪,抓踏于凤鸟的头上。凤鸟的头呈圆形,嘴作鹰钩状。鸟身为长椭圆形,两翅展开似欲飞翔。

羽人在楚漆器中为首次发现,它的性质和功能引起了热烈的讨论。有人说与佛教有关,很早以前古印度佛教的造像即已传入中国南方的楚国。羽人的合掌姿势,就是佛教中表敬意的一种仪式。还有人说,羽人是一个复合体造型。人作鸟形,反映楚人与凤鸟的亲密关系,人鸟可以转型,人转化作凤鸟飞至天界,与神沟通;同时,羽人还可能是楚巫师在进行祭仪时使用的法器。也有人根据屈原《天问》的章句"女娲有体,孰制匠之",认为羽人可能是楚人心目中女娲的形象[①]。

第四节　大夫墓

一、包山2号墓

包山2号墓为高级贵族楚墓,其下葬年代为战国中后期。封土保存较好,其顶部圆平,俯视为圆角方形,侧视则呈半圆形。直径54米、残高5.8米,近似半球形。墓坑近于方形。墓口东西长34.4米、南北宽31.9米,墓底长7.8米、宽6.85米,深12.45米;东边有一斜坡墓道,长19.8米、宽4.65米,墓坑四周有十四级生土台阶,墓道底部及椁外四周平铺一层草。墓坑底部中间有一个腰坑,坑里面埋葬有一整只羊。棺椁保存很好,为四棺一椁。椁室近方形,长6.32米、宽6.24米、高3.1米,其盖板上覆盖着8床大竹席,椁下垫木。椁室内分为东、南、西、北、中五室,中室周围的四室均盖有分板。中室内置四重棺,其余四室放置随葬器物。

墓葬的中室放置着四重套棺,第一重、第二重、第四重均为长方形棺,第三重为弧形棺。第一重棺为外棺,长3.75米、宽2.36米、高2.24米。第三重棺上覆盖着丝绵被和夹被,最底层纵向覆盖的两床被用网状丝带固定。第四重棺为精美的彩绘长方形棺,长1.84米、宽0.46米、高0.46米。这具彩绘棺内外饰黑漆,棺外除底部,其他五面黑漆地上均满饰彩绘。绘画面积约3平方米。棺盖及两侧壁板绘六单元龙凤纹图案。每单元为四龙四凤,凤压于龙纹之上,龙凤纹间填

① 张正发:《楚封君夫人墓》,载《荆州重要考古发现》,文物出版社2009年版,第85~94页。

红彩,整体为四方连续结构。龙一首双身,黄首黄足,黑色金鳞,盘绕成圆角方形。凤黄身黑羽,展翅卷尾,昂首作鸣叫状。头部挡板绘两分结构的变体龙凤纹,足挡板绘四分结构变体龙凤纹。整个画面,红黄辉映,绚丽无比。第四重棺内有保存完好、年约 50 岁的男性骨架,头东足西,仰身直肢,面朝右侧,双手置于腹部,双足并拢,臂、手、足有绢带捆扎的痕迹。墓主还贴身随葬璧、璜等玉器。

包山 2 号楚墓所出随葬品,按不同品类分别置于各室:东室主要是礼器、食器;南室放置兵器、车马器;西室放置起居生活用品;北室主要是竹简和日常生活用具。随葬品一共有 1935 件(不含竹简)。铜礼器中有镬鼎 2 件,升鼎 2 件,盖鼎 14 件、汤鼎 1 件、簋、敦、壶各 2 件。出土文物中,除竹简之外,还有一些独具特色的随葬品面世,如铜铙、铜龙首仗、铜樽、铜人擎灯、凤鸟形双联漆杯、迎宾图彩绘漆奁、竹笥、丝织品、折叠床、马甲、人甲、角雕、毛笔、钢针等珍贵文物。它们以不同的文化内涵,从各个方面反映了楚文化的博大精深。

当然随葬品中,这座墓最大的收获首推 448 枚竹简,其中 282 枚有字竹简,字迹清晰可辨,共计 12472 字。记载的内容分为:卜筮祭祷记录、司法文书、遣策等几类。在"卜筮祭祷记录"里不仅详尽地介绍了筮祷之事,而且从另一个方面表明了墓主为邵(昭)氏,是楚王的后人,生前任令尹的助手左尹,主管楚国的司法工作,地位为上大夫。"司法文书"是由各地官员向中央政府呈报的文件,简文中记载的"受期",可以使我们比较清楚地了解楚国的社会状况、司法制度。"遣策"是赠物人及所赠物品专门记录下来所用的简册。它的存在,一方面使《仪礼》上所说的两种记录方式得到了证明,另一方面反映了先秦时期的助丧习俗。这批竹简的发现,以独特的文字资料弥补了先秦文献的不足。

包山 2 号楚墓不仅以保存完好而引人注目,而且还以出土文物之精美而蜚声学坛。随葬品中,有一幅极为重要的漆奁画《人物车马出行图》,是迄今发现的中国最早的风俗画。这幅漆画通长 87.4 厘米、宽 5.2 厘米,堪称我国最早的长卷画,描绘了出行和迎宾的场面。画是在漆奁的盖壁上描绘的,绕在漆奁盖部的外壁一周,出土后与夹红胎分离。漆奁通高 10.4 厘米、口径 28 厘米。整幅画以黑漆为地,用土黄、橘红、海蓝、棕四色漆,描绘了装束和姿态各异的二十六个人物,骖车、骈车各两乘,飞雁九只,狗两只,猪一头,柳树五棵。作者主要运用平涂色块、点描线勾的艺术手法,写景状物,极富生活气息。整幅漆画布局得当,疏密有致,色调古朴,用笔自然,图案清晰,生动协调,主体鲜明突出,充分体现了早在公元前4世纪,楚国的绘画艺术已经达到了很高的水平和境界。整个画幅以五棵柳树自然划分为五段三部分。漆画上柳枝飘拂,有的树叶已经由青转黄;画面上还有九只大雁,振翅疾飞。《礼记·月令》记载:"仲秋之月……盲风至,鸿雁来……"。郑玄解释说:"皆记时候也。盲风,疾风也。"由此可以表明,画面的季节,正值金秋。画幅左起第一、二段为第一部分,其内容主要是以五位气宇轩昂、深衣博带的人物与待发的骈车为主体,以及车马、天空、飞禽走兽的景观,表现的是一幅主国出使接宾的场面;第三、四段为第二部分,以奔驰的车马、冕冠垂缨的乘人、儒衣青帻的随从及拜接者组成,表现的是一派聘问出行途中的景象;第五段为第三部分,画面比较简短,以腾跃的一犬一豕给第一部分、第二部分画面进行了点缀,它们跃身急奔的神态,好像是要向主人报告来访者已近的讯息。战国时期,由于政治、经济、军事等方面的需要,各诸侯国常常派使互访,也有许多纵横家和游说之士频繁出入各国之间,因此,出行和迎宾应是日常生活中屡见不鲜的事。我国先秦时期,十分重视聘礼,贵族之间相互往来拜问和接迎,都按照一定的规矩和定制来进行,车马、随从、服饰、仪仗等的设置都应当合乎礼制。这幅迎宾、车马出行图漆画的浓墨重彩,突出了车马的规格、人物的服饰、人物组合和人物的行为,重点在于场面,忽视了对人自身的描写。该画具有浓重的写实风格,同时又是侧重于礼制方面的描画。其间,人物的装束和行为、车马形制等都蕴含着许多奥秘,是最为引人入胜之处。这幅整体在彩绘漆奁上的漆画,生动地再现了一幅"聘礼行迎的情景",它反映了先秦的聘礼活动,是当时贵族礼制活动的生动写照。画中人物神态逼真,显然来源于对现实生活的直接观察,绘制者力图真实地再现特定生活场景的特定气氛。从绘画艺术的角度来讲,这幅画体现了战国时期楚国绘画艺术的高度发展和当时绘画艺术的风格特点。从内容来看,又具有很强的写实性,栩栩如生地再现了战国中晚期社交活动中的某种场面,是先秦聘礼制度的生动诠释,因此具有很高的艺术欣赏价值和历史研究价值。这种以现实生活为题材的漆画,具有划时代的重要意义,不仅代表着楚国绘画艺术的水平,还由此开创了一个工艺装饰应用人物场景描绘的新局面,更直接影响到汉画艺术的发展。

此外,在包山2号楚墓数以千计的出土文物中,彩绘凤鸟双联杯当属首屈一

指,为迄今已面世的数以万计的楚文物所仅见。这一件凤鸟合卺双联杯的出现,
是前所未有、无以为双,成为楚文物的精品。在众多的以凤鸟为题材的楚漆器
中,它以构造之奇、刚柔之气、蕴含之美而独领风骚。凤鸟合卺双联杯出于包山
2号楚墓东室,是将整件漆器做成凤鸟背负双杯的形象,它不仅是一件实用漆器,
同时也是一件艺术珍品。全器前端为头颈,后端为尾翼。在凤鸟的腹部左右并
列两个筒形杯。双翼雕刻在两杯的前部,成展开状,似在振翅欲飞。凤首高昂,
目视前方,口中衔一颗彩绘漆珠,珠髹黑漆,黑漆之上用红、黄漆彩绘六个相套的
圆环纹饰于其上。凤腹便便,奋力托负双杯。展开的羽翼护住两杯的前端,双杯
后连接凤鸟微翘的扁长尾。凤鸟的头、颈、身、尾,除尾以红漆为地外,其余均在
黑漆地上,其上,用红、黄、金色遍饰象征羽毛的纹饰。凤鸟的翅膀用堆漆层层凸
现,并用密集的线条、圆点、卷云纹等描绘羽翼。凤顶、颈、翼、身共有八处嵌有银
色宝石八颗。杯外壁中部用黑色绘相互盘绕的双龙,龙头伸向两杯相连处。龙
身加绘双金色龙纹和红黄色的圆圈纹。龙纹外的空白处填红色,绘黄色云纹。
杯底黑漆,以红色分别绘两蟠龙,两杯底外侧各接一雏形鸟足。鸟双翅上展,双
足蜷曲,作飞翔状,黑漆底上用红、黄和金三色绘圈纹和线纹等。全器通长17.6
厘米、宽14.4厘米、高9.2厘米,杯口径7厘米。这件漆器的双杯特别引人注目,
它们是以两只竹筒作杯,接近杯底处用一根细竹管将两杯相通,使这件漆杯可以
供两人同时饮酒。双联杯制作考究,当属用器无疑。若从华丽的装饰和精湛的
纹绘来看,又非一般的用器。彩绘凤鸟双联杯,造型奇妙,制作精美,堪称中国
古代酒器中的奇珍。楚是尊凤的民族,楚人把凤看做日中的火鸟,将其尊崇为美
的化身,因而对凤情有独钟。双联杯是双人相对共饮的器具,古代文献中将这种
连体物称之为"合卺"。凤鸟合卺双联杯的功用,一说是古代婚礼进行时新郎、新
娘共饮一杯酒的器具。这种婚俗,在今天婚礼的热闹场面中仍然可以找到它的
踪迹。尤其是我国南方一些地区,新郎、新娘共饮交杯酒是婚礼中的一种打逗,
表达了新婚夫妇婚后"合体同尊卑","相亲不相离"的美好祝愿。与凤鸟同托双
杯的还有两只雏凤,分别立于凤鸟左后侧下,作为顶立双杯的双足。两只雏凤蕴
含着古人对"下以继后世"的婚姻意义的理解,就是有生命延续,子嗣兴旺的象征
意义。另一种说法是认为,双联杯是古代女子调胭脂的器具,属于化妆类的实用
品。不论双联杯的功用如何,它所具有的史料价值和展示的艺术魅力,都是世所

公认的。

包山 2 号楚墓的发掘,出土了一批有价值的文物资料。把这批文物与其他同类型的楚国贵族墓出土文物相比,一方面,具有自己的特色,为研究楚史、楚文化提供了新的资料;另一方面,也表现出楚墓共同的特性,如龙、虎、凤纹交叠出现,反映出相同的文化内涵。包山 2 号墓的出土文物,更加充实了考古学研究的实物资料,具有很高的学术价值。

二、枣阳九连墩 1、2 号墓

九连墩墓地位于湖北襄阳枣阳市吴店镇东赵湖村与兴隆镇乌金村以西一带,地处枣阳南部大洪山余脉的一条南北向低岗上。岗地基岩为白垩纪第三系紫红色砂岩,原生土为第四纪黄褐土母质发育形成的山冈土壤,海拔高程在 110 米~135 米之间。岗地以南约 1 公里有滚河由东向西流经。墓地全长约 3 公里,北高南低,低缓起伏,现存大、中型墓冢 9 座,大致呈南北向排列在岗脊上。2002 年 9 月至 2003 年 1 月,经国家文物局批准,在省文化厅、文物局统一领导下,省文物考古所组织 8 家文博单位、60 余人的考古队,对已经开工的省孝襄高速公路所涉及的枣阳九连墩墓地 1、2 号墓及 1、2 号车马坑进行了抢救性发掘。

(一)基本情况

1.墓上遗迹

在 1 号墓封土南、北两侧及 2 号墓封土南侧,各发现 1 处墙体遗存。1 号墓封土南侧墙体宽约 3.5 米、残长 28.7 米,北侧墙体宽约 3.2 米、残长 19 米。南北两侧墙体相距约 40 米。墙体均为褐色粘土夯筑而成,垂直打破并部分叠压墓葬封土外缘。墙体内侧面较直,外则面为坡状。2 号墓封土南侧墙体宽约 2.7 米、残长 18.6 米,形制特征与 1 号墓封土南北两侧墙体相似。2 号墓封土南侧墙体与 1 号墓封土北侧墙体距离约 7 米。

此外,还清理出 1、2 号墓的墓基遗存。墓基由五花土夯筑而成。从 1、2 号墓之间的地层剖面与东部探方剖面得知,2 号墓的墓基遗存叠压在 1 号墓的墓基遗存之上。2 号墓晚于 1 号墓。

2.1 号墓与 1 号车马坑

1 号墓残余封土堆高约 4.2 米。封土中部发现已坍塌一盗洞。盗洞在南室东端进入椁室。1 号墓墓坑平面呈长方形。方向 105°。坑口东西长 38.1 米、南北宽 34.8 米、坑深 12.8 米。坑壁设十四级台阶。斜坡墓道位于墓坑东面,口长 20.09 米、坡长 36.1 米,坡度 13°。墓道入口处宽约 4 米,西端上口宽约 15 米。墓坑填土分层夯筑,圆形夯窝直径 5 厘米~6 厘米。1 号墓二椁二棺。外椁长 8 米,宽 6.82 米;内椁长 3.25、宽 22 米。外椁以隔板分成 5 室,其盖板及底板皆依室分别铺设,椁底垫木为框架结构。外棺为长方盒形棺,长 2.86 米、宽 1.7 米;内棺为悬底弧棺,长 2.48 米、宽 1.06 米。棺内尸体仅存骨架,其上残留有腐烂丝织物。墓主头向东。棺内随葬有铜剑、石圭及玉璧、玦、璜、管等器物。

1 号墓随葬器物主要分置东南西北四室内,有礼器、乐器、车马器、兵器、生活用器及丧葬用器等共计 617 件套。以东室随葬的青铜礼器数量较多,组合较完整,有鼎、簋、簠、敦、豆、甗、鬲、鉴、缶、钫、方壶、尊等器类。漆木器有案、禁、俎、盒、豆、耳杯、酒具盒等。乐器主要放置在北室,有编钟、鼓、瑟、笙等。此外,在西室也出土有虎座鸟架鼓、琴、瑟、笙、竽等乐器。南室随葬兵器与车马器,有戈、戟、殳、矛、剑、箭镞、皮甲及车辕、车舆、车盖、车辖、马镳、马衔、环、镝、节约、马甲、皮甲等。西室随葬有铜汤鼎、提梁壶、盖、盘、匜、勺、箕、漆木扁壶、耳杯、木雕小座屏、铜镜、铜镂孔杯、人擎铜灯、铜刻刀、凿、斧、锯及铜剑、漆木弓、弩机等盥洗、起居及日常工具类器物。

1 号车马坑位于 1 号墓西壁外约 25.2 米处,坑口平面呈长方形,南北长 52.7 米、宽 9.5 米、残深 2.3 米。坑西壁开斜坡坑道 3 个。坑内随葬车辆为南北向双排横列,共有车 33 乘,马 72 匹。其中,处于车马坑中部的 13 号车驾马 6 匹,其两侧的 12 号车、15 号车驾马 4 匹。坑南部的车辆保存较好,部分车辆的辕、衡、扼、箱舆、轮等清晰完备。1 号车马坑出土有包金车饰件、青铜云纹车舆构件等车马器。

3. 2 号墓与 2 号车马坑

2 号墓封土早年被夷为低平坡地,局部残高约 1.4 米。墓坑平面呈长方形,方向 107°。墓坑南壁与 1 号墓北壁之间的直线距离约为 18 米、坑口东西长 34.7 米、南北宽 32 米、坑深 11.6 米。坑壁设十四级台阶。斜坡墓道位于墓坑东面,口长 20.15 米、坡长 33.65 米,坡度 14°。墓道入口处宽约 3.5 米,西端上口宽约 14.5 米。墓坑填土夯筑,圆形夯窝直径 5 厘米左右。墓坑底部中间挖有一方形腰坑,腰坑内葬羊一只。2 号墓为二椁二棺。外椁长 7.45 米、宽 6.8 米,内椁长 3.25、宽 2.2 米。外椁以隔板分成五室,其盖板及底板皆依室分别铺设,椁底垫木为框架结构。外棺为长方盒形棺,长 2.76 米、宽 1.72 米。内棺为悬底弧棺,长 2.36 米、宽 1.26 米。内棺棺束横三纵二,棺外表铺有用丝带串结的铜璧装饰棺身。棺内包裹尸体的衣衾已腐烂,人体骨架姿态尚存,墓主头向东。棺内清理出随葬玉、石饰物 41 件套。

2 号墓东南西北四室随葬有礼器、乐器、生活用器、丧葬用器、车马器等共计 587 件套。东室除随葬成组青铜礼器外,同时还随葬有成组的木制礼器,有鼎、簋、簠、敦、缶、方壶、鉴、樽等。此外,在北室放置有木鼎、木鬲,在西室放置有木盘、木匜等木制礼器。北室主要随葬乐器,有编钟、编磬、虎座鸟架鼓、瑟、笙等,还出土有 1 乘形体较大、构件较全的竹木整车。南室出土有大量的漆木器,主要有豆、耳杯、酒具盒、豆座方盒、豆座小俎、案、几、座屏、辟邪等器类。在南室西部出土了 1000 余枚竹简。西室随葬有铜鼎、缶、盘、匜、耳杯、方炉盘、马、竹席、扇、麻鞋等器物。东、西、南、北四室均随葬有数量不等的木俑。

2 号车马坑位于 2 号墓西壁外约 26.8 米处。坑南壁距 1 号车马坑北壁约 19.5 米。坑口呈长方形,南北长 22.2 米、东西宽 6.2 米、残深 1.7 米。坑西壁开斜坡坑道 1 个。坑内随葬车辆 7 乘,另有 1 件方形有盖车舆。随葬车辆中有 1 乘驾马 4 匹,余为 1 车 2 马,全坑共葬马 16 匹。7 号车保存有较完好的车轮牙、辐及车耳,5 号车保存有较完好的车轼及屏泥,2 号车马坑出土有错金银铜衡末、错金银铜柱帽及青铜云纹车軎、壁插等。

(二)主要收获

从枣阳九连墩 1、2 号墓墓葬形制及其随葬器物的特征初步推断,两墓墓主身份约为"大夫"级,下葬年代约在战国中、晚期。两墓应是楚墓中常见的夫妻异穴合葬墓。此次发掘收获主要有以下几点:1.九连墩楚墓发掘是对战国时期高等级楚墓一个较完整的单元组合(即1、2 号墓和1、2 号车马坑)的一次全面揭露。所揭露的墓葬及其车马坑规模较大,保存较好;同时,还发现了墓上遗存,这在一定程度上填补了楚文化考古史、楚墓葬制度史的空白,也为探讨战国时期随枣地区社会历史进程提供了重要的实料参考。2.1 号、2 号墓是迄今为止除荆门包山 2 号楚墓外,仅见的另两座未受盗墓严重侵扰的五室级别的楚高级贵族墓。两墓出土的上千件套包括礼器、乐器、生活用器、车马器等在内的随葬器物,其数量、位置相对较为清楚,诸如鼎实、车马装置等器物使用方面的原始状况,一定程度上得以保留,这为我们全面深入考察战国时期楚高级贵族用礼制度、葬制葬俗以及相关的楚器物学研究增添了宝贵的实物资料。1 号墓随葬的铜方壶、大铜镬鼎、铜俎、人擎铜灯、漆木龙凤座豆、编钟和带簧片的笙、竽,2 号墓随葬的成组仿铜木制礼器、带缠蛇造型底座的大型虎座鸟架鼓、彩绘豆座方盒、豆座小体俎、青铜立马、大铜镜、竹木整车以及数册竹简等,都是不可多得的珍贵楚文物。

3.此次发掘的两座车马坑均规模较大,其中 1 号车马坑是目前所见楚国最大的车马坑。车马坑所葬车马总体保存较好,十分难得,对于研究楚国车乘制度和楚车型式类别、制作技术等提供了第一手资料①。

三、望山 1 号墓

1965 年在纪南城西北方、八岭山东边的望山沙冢,发掘了三座中型楚墓。根据竹简和墓制判断,相当于下大夫等级,下葬年代为战国中晚期。望山 1 号墓坑规模比包山 2 号墓小、保存也较好。望山 1 号墓旁还有望山 2 号墓等一些有冢墓,然不像包山家族墓地分布有规律,故它们不一定属同一家族。望山墓地东北距纪山中心约 5 公里,东南距纪南城 7 公里,在八岭山东北约 5 公里。望山 1 号墓的封土早年遭到破坏,残高 2.8 米、底径 18 米。墓坑为长方形,方向 100°。墓口长 16.1 米、宽 13.6 米。有五级生土台阶。东边有斜坡墓道,长 12.2 米。墓底长 6.5 米、宽 4.2 米,墓坑深 8.4 米。木椁长 6.14 米、宽 4.08 米、高 2.28 米(未计垫木),椁盖之上满铺竹席。有一椁重棺。葬式为仰身直肢。椁分三室,三室之上皆有顶板。三室之间仅用横梁、竖梁、立柱分隔,而未用隔墙、隔板隔开。头箱主要放置铜、陶礼器,边箱主要放置车马兵器和生活用品。棺分两层,外棺长方盒状,长 2.8 米、宽 1.68 米、高 1.42 米,内棺为弧形悬底棺,长 2.36 米、宽 1.05 米、高 1.08 米。墓主男性,身旁除随葬一些玉器外,在左侧腰部一黑色漆木箱鞘内,放置一柄青铜剑。经文物专家鉴定,是著名的越王勾践剑,保存完好,精致美观。这座墓出土随葬器物 783 件,计有青铜礼器、仿铜陶礼器、车马器、兵器、漆木竹器和玉石等,包括著名的越王勾践铜剑,虎座鸟架鼓,彩绘双头镇墓兽等。墓中出土的竹简,保存情况较差,内容为卜筮记录。由竹简可知墓主为邵固,下葬年代大约在公元前 300 年左右。

---

① 刘国胜:《湖北枣阳九连墩楚墓获重大发现》,《江汉考古》,2003 年第 2 期。

东周时期,诸侯互相兼并,战乱频繁。青铜兵器的大量铸造和广泛使用,是当时社会生活中的一大特色。在楚国,较为常见的兵器有剑、戈、矛等,其中青铜剑最受重视,上至贵族下至平民阶层都喜欢佩剑,屈原有"带长铗之陆离兮"、"峨冠博带、长剑美玉"、"抚长剑兮玉珥"的句子。在考古发掘中,约三分之一的楚墓随葬有青铜器,剑是楚墓中最为常见的随葬品之一。望山1号墓出土的这把青铜剑与剑鞘吻合得十分紧密。拔剑出鞘,寒光耀目,而且毫无锈蚀,刃薄锋利,试之以纸,二十余层一划而破。望山1号墓出土的这把令人炫目的青铜剑全长为55.6厘米,其中剑身长45厘米,柄长8.4厘米,剑格宽4.6厘米。剑首向外翻卷为圆箍,内铸有极其精细的11道同心圆圈,圆箍最细的地方犹如一根头发丝。剑格向外凸出,正面镶有蓝色琉璃,后面镶有绿松石,即便在黑暗中也散发出幽幽的寒光。剑身上还纵横交错着神秘美丽的黑色菱形花纹,精美异常。在这把锋利无比、精美绝伦的青铜剑的剑身一面近格处,刻有两行鸟篆铭文,共八个字。这种古文字,史称"鸟虫文",是篆书的变体,释读颇难。考古工作者在现场没有资料参考的情况下,初步释读出剑铭中的六个字为"越王"、"自乍(作)用剑"。春秋时越国自允常于公元前510年称王起,经勾践、鹿郢、不寿、朱勾……至无疆于公元前334年被楚所灭止,先后有九位越王。此剑又是哪一位越王所"自作"的呢?只有弄清剑上的越王之名方可做出定论。于是,在郭沫若、唐兰等中国古文字研究专家、考古学家之间展开了一场以书信往来为主要方式的、轰动一时的学术讨论。中间代表人名的两个字,经过两个多月的反复推断、切磋研讨,才破译出他正是中国历史上最富传奇色彩的人物之一——越王勾践。学者们的意向趋于一致,公认剑上的八字铭文为:"越王勾践,自作用剑。"勾践便是那位赫赫有名的春秋晚期霸主,脍炙人口的成语"卧薪尝胆"说的就是他败而不馁、励精图治的故事。各地楚墓中出土的青铜剑,有很多带有铭文,其中不少是吴王剑和越王剑。如吴王光剑、吴王夫差剑、越王勾践剑、越王盲姑剑、越王州句剑等,总共达数十件。这些青铜剑大多数是楚国当年攻吴灭越的战利品,随得胜将士归于楚国,从而作为荣誉的象征而随葬于楚墓中的,其中以越王勾践剑铸造最为精良、名气最大。加上越王勾践的复仇故事,给这把剑又增添了几分传奇色彩。越王勾践剑制作工艺精湛,造型匀称,纹饰优美,双刃极为锋利,美观与实用集于一身,历经2400多年,竟然没有腐朽的迹象,至今依然剑气逼人,寒光凛凛,堪称

"天下第一剑"。现代人对越王勾践剑的检测与研究表明,这把剑分别于不同的部分采用了最为合理的合金成分比例,并采用了人工氧化等化学方法。通过这把剑,可以反映出春秋战国时期越国装备精良的战备和强悍的战斗力,也反映出当时我国劳动人民的聪明智慧。他们自觉不自觉地准确掌握了合金比例方面的实用科学知识,展现出在生产实践中的卓越技艺。越王勾践剑不仅是青铜兵器中的奇珍,也是属于全人类文明的异宝。郭沫若先生写诗赞叹道:"越王勾践破吴剑,专赖民工字错金。银缕玉衣今又是,千秋不朽匠人心。"

望山 1 号楚墓还出土了著名的彩绘木雕小座屏。这件漆器的两端着地,中部悬空,屏上置一雕屏,雕屏四周围以长方框。在这长 51.8 厘米、座宽 12 厘米、屏宽 3 厘米、通高 15 厘米的小屏上,由雕刻的动物组成连续性的图案,有凤、鸟、鹿各 4 只,蛙 2 只,小蛇 10 条,大蟒 26 条,共计 55 个动物。这件彩绘木雕小座屏,左右对称,匀称美观,上镂空而下为整块,显得稳重;运用透雕与浮雕的手法,55 个动物穿插交错,相互争斗,变化复杂而又有规律,画面生动。屏身置于屏座上,有长方形的边框。框的下边靠近中部雕刻着两只青蛙,左边的一只被屏座上的一条大蟒蛇伸长颈侧首吞噬。边框内透雕左、右两组相同的动物图案。每组图案的中部上方是一只向下俯冲的大鸟,鸟尾平展,双翼微微张开,双爪各抓住一条蛇的中部,鸟喙同时啄住两条蛇。鸟的两侧各雕刻着一只鹿,鹿前蹄前伸,后蹄后蹬,做相向奔驰状。鹿、鸟的下方是鸟啄的两条蛇,蛇头又分别咬住一只鹿的前腿。双鹿的两侧是两只背向的凤,每只凤的爪子抓住一条蛇,鸟嘴啄住一条蛇。两组图案中靠近屏幅中部的、相邻的两只凤所啄、所抓之蛇相同,构成双凤争蛇的画面。

屏座在写实的基础上赋予想象,又不失写实的特点,使得鹿、凤、蛇每个动物都神态生动,形象逼真。例如小蛇与大蟒的雕刻,运用屈曲线万变的手法,活似正在游动;并在蛇与蟒的背上阴刻二道凹线,增强其立体感。凤的雕刻也一样,嘴的两喙相合,显得有力;爪子和腿的转节处用巧妙的处理手法,表现出抓住不放的刚劲神态。梅花鹿的雕刻更是有骨有肉:头部的雕刻准确逼真,四蹄用直线,而转节处用曲线表示,使人似乎看到梅花鹿正欢乐地疾驰在原野上。这些形象刻画的处理,都是非常成功的,它使雕刻的各种动物,有动有静,姿态各异,栩栩如生。在彩绘花纹的艺术处理上,是以雕刻的各种动物的彩绘花纹为主。例如用红、黄、蓝漆彩绘凤、鸟的丰满美丽的羽毛,以及鹿的梅花斑纹,蛇和蟒的鳞甲等,使这些动物显得更加逼真、生动。而外框的黑漆地上则用红、蓝漆和银色彩绘鸟头纹和几何纹等图案,以烘托繁丽的动物花纹。这些彩漆鲜艳,使得图案更加形象生动,画面更加明丽生辉。线条流畅不滞,有主有从,层次分明,颇见匠心。在画面的布局方面,55个动物虽有大小之别,又有天上(凤、鸟)、地上(鹿、蛙和小蛇)以及地下(大蟒)之异,但左右对称,疏密得当,并且以鸟尾、小蛇将外框与雕屏相连,又以大蟒的尾相交于座上及蟒咬蛙将屏座与雕屏相连,使这件彩绘木雕小座屏成为一件非常完美的艺术品。座屏上的图案,取材于现实生活中真实存在的斗争场面,同时又采用了夸张的手法,将鸟吃蛇、鹿践蛇、蟒吃蛙等题材,集中地表现在狭小的座屏上,有着深刻的寓意。鹿似乎象征着楚国庇护下的善良的百姓,蛇喻示着黑暗的邪恶势力,凤则代表着楚国的贵族,担负着维护百姓,驱邪除魔的重任。整个图案,象征着楚人对于激烈复杂的社会斗争现实的认识,和对正义必将战胜邪恶的坚定信念。它充分地体现了我国古代劳动人民的丰富想象力,以及战国时期漆绘、木雕工业的卓越成就。漆器的制作,在手工业中是一种很精细的工艺。据《尚书·禹贡》《韩非子·十过》等文献记载,我国在夏商时期已有漆器工艺;考古发掘资料也证明了这一点。至战国时期,漆器更被广泛地应用于社会生活的各个方面。其中雕刻的各种动物形象的漆器,占有相当大的比例,是这个时期漆器的一个显著特点。例如乐器中的虎座鸟架悬鼓,驱邪镇妖的虎座飞鸟和镇墓兽,生活用具中的鸳鸯盒与鸭形豆等等。而这件彩绘木雕小座屏,就是战国时期雕动物形象漆器的代表作。这件彩绘木雕小座屏,曾在日本和欧美许多国家展出,受到各国人民的欢迎与高度评价。墨西哥的评论家和画家弗伦蒂西奥·赞坦诺称赞这件小座屏作者的"手艺真是巧夺天工"。

第五节 士墓与庶民墓

一、马山 1 号墓

马山 1 号墓与过去发掘的望山 1、2 号墓,沙冢 1 号墓,藤店 1 号墓均相距不远。1982 年元月上旬该地砖瓦厂民工取土时揭出了残存的墓口和墓道,文物考古工作者及时配合取土工程进行了发掘。此墓在发掘前曾遭到破坏。

马山 1 号墓墓坑为长方形竖穴土坑,封土及墓坑上部填土早年被破坏。墓坑方向为东南 110°。现存墓口长 4 米、宽 2.48 米,至椁盖板底深 1.92 米。墓底长 3.24 米、宽 1.84 米,距墓口深 3.24 米,距地表 5.5 米。墓坑下部挖在白膏泥地层中,四壁和坑底均为白膏泥。墓道位于墓坑东部,横断面呈梯形,长 1.66 米、宽 1.16 米。墓道底部带斜坡状,坡度 29°。葬具为一椁一棺,保存良好,出土时色泽如新。椁室长 2.89 米、宽 1.49 米、高 1.32 米,由盖板、墙板、挡板、底板和横垫木构成。棺置于椁室正中,为长方形盒状,长 2 米、宽 0.67 米、高 0.61 米。棺内底部置一透雕苓床、竹席。棺上有棺饰、帛画和荒帷。棺底板和四壁板用五块整板接燕尾榫构成棺身,盖与棺身以子母口扣合。外套褐色丝质"棺罩",其顶部置一锦衣人物帛画。棺内尸体已基本腐烂,只有少数软组织贴在骨架上,仅左手保存完整,持有一绢制的"握"。三十一颗牙齿齐全,而且牢固。棺内大部分空间被衣衾和衣衾包裹填充。衣衾分为上、下两层,单独置于衣衾包裹之上。衣衾包裹由十三层衣衾裹尸而成,尸体在最里层。包裹外用九道锦带横扎,结头左右两排系于包裹正面。尸体保存着骨架和乌黑的头发。头发有真发和假发两部分,头皮尚存。真发长 15 厘米,向后梳成了一束,紧接着是长约 40 厘米的假发。假发分为两股,用黄颜色的组带系扎着,并盘成了圆髻,用木笄固定着。尸骨为仰身直肢,双手置于腹部,身长约 160 厘米,女性,年龄为 40~45 岁。经过专家的鉴定,死者体质特征与东亚蒙古人种的华北类型较为相近。死者身上穿着有两件锦袍、一件绢面夹衣、一条绢裙、一条绢面的锦裤。脚穿麻鞋,头部覆盖着一条梯形绢巾,上部有窄缝,露出眼睛;下部有三角形缺口,露出鼻嘴。墓主人双臂伸直,放置在腹部上,并用组带从袖外绕过,系在双臂上。双手的拇指和双脚的拇指也被一根组带的两端用套扣各自系紧。手脚两根组带并连系于下腹部。左右手还各自握着绢团。所穿的锦袍上也系着一根组带,在腰前处结成活扣。腰带的左侧还系着配饰。马山 1 号墓一共出土器物 130 多件,分为丝麻织品、青铜器、陶器、漆器、竹器、木俑等类。木俑、木辟邪、竹扇、竹枕放在头箱内,青铜器、漆器、麻鞋等放在头箱内的两个六竹笥内,仿铜陶礼器和放食物的竹笥放在边箱内。铜礼器有鼎 2 件、提梁壶 1 件、耳杯 2 件等,仿铜陶礼器有鼎 2 件、敦 2 件、壶 2 件等。漆木竹器有耳杯、盒、木辟邪、竹扇等,都保存很好。根据墓葬的形制看,墓主人的身份是士阶层中地位较高者,可能是一位富有的元士或中士,墓葬年代为战国中、晚期。马山 5 号墓则出土了著名的"吴王夫差矛"。

　　这座墓最重要的价值在于它出土了大批保存完好的战国时期的丝织、绣花珍品。考古工作者在墓中发现了大量精美绝伦的丝织品,品种之繁多,工艺之精湛,保存之完整,都为前所未见。此墓的发掘,对丝织史和刺绣史来说,都有划时代的意义。此墓中出土衣物共 35 件,按其织造方法和组织结构,可分为绢、娣、纱、罗、绮、绵、绦、组 8 类,其中刺绣品有 21 幅。历经 2000 多年,这些丝织品仍然色泽如新,光彩照人。刺绣品的图案更是匠心独运,五光十色,令人叹为观止。面对这些鬼斧神工式的艺术绝品,我们不仅领略到楚人灵动飞扬、自由浪漫的艺术精神,同时还感受到先秦南楚神祕莫测的神话和巫术氛围。这些刺绣图案并非仅仅是具有审美意义的艺术作品,它们出现在楚人墓中,具有特定的意义,其主要的功能价值必然与楚人的巫术神舌意识紧密相关。因此,我们如果仅仅停留在这些刺绣图案的艺术表层,就无法进入楚人的心理世界。只有把这些充满魔幻意味的艺术形象纳入先秦神话系统,从对应和整合的角度去寻找它们的原型,才能准确地把握它们的真实含义,从而发掘其深层的文化意蕴。

　　墓中丝织品除少数用于"棺罩"和包裹器物外,绝大部分用于棺内覆盖和包裹尸体。揭开棺盖后,首先看到的是覆盖在包裹上的一件素绢丝锦衣和一床龙凤纹绣花衾,绣花衾下是紧扎九道丝织锦带的尸体包裹,计有十七件衣衾。其丝织物的种类,据统计有袍、衣、裙、袴、帽、鞋等服饰二十件,丝囊、丝带、绣花镜套等杂用织物十多件。包括了目前所了解的战国时期丝织品的大部分品种。仅服装类就有素纱禅衣、绣绢禅衣、绣罗禅衣、黄绢夹衣、素绢绵衣、绣绢衣、织锦绵衣、朱绢绣花裤等。这些衣袍的样式均作交领右衽,直裾,长袖与肩相平。丝织、绣花的颜色有绛红、朱砂红、橘红、土黄、金黄、绿、灰绿、黑、灰黑、褐、黄褐、蓝、白等等。蓝色、黑色在古代的丝织品中是罕见的。

绢为一般平纹织物,古代细薄的单色平纹绢,其经线越密,说明工艺越精。此墓出土的绢织品很多,织造的技术水平已经很高。从经纬密度看,每平方厘米一般经密为 14 根,纬密为 60 根,最高的达到经密为 170 根、纬密为 70 根。这在战国时期的绢织品中是前所未见的。锦,是以彩色经纬组织作图案花纹的丝织物,比平纹绢先进。图案越复杂,说明织造水平越高。这座墓的织锦花纹有十余种,大多数是双色锦和三色锦,一般是采用经线提花的方法。有一件通幅大花纹的提花织锦,宽约 50 厘米,由龙凤、麒麟、双人歌舞等七组纹样组成,画面异常生动,色泽古朴大方。它把我国通幅大花纹的提花织锦的历史,由东汉提前到了战国时期。这是我国纺织史上一个重大的发现。

绣是当时最高级的丝织物,在罗、绢等织物上用人工一针一线绣出各种花纹。此墓出土的绣花图案有 21 种,针法主要是锁绣,间以平绣。绣工技术当时已达到了相当高的水平。有一件绣罗禅衣,以龙、凤、虎组成花纹单位,用红、黑、金黄等丝线精工锁绣而成,针法微密匀称,富有立体感。有一件舞凤飞龙绣花衾,长 217 厘米、宽 192 厘米、衾面为浅黄绢地,绣舞凤和飞龙,左右对称,构图宽大,线条流畅,特别是凤凰起舞的姿态,栩栩如生。看到这些古代绣花、纺织珍品,联想那《楚辞》中天上人间丰富多彩的神奇想象和比喻,仿佛全在人们面前活了起来。这批满目生辉的丝织珍品,无不闪耀着我国古老文明的光彩,充分反映了我国古代劳动人民在丝织,绣花工艺上的卓越才能。

我国是世界上发明养蚕织丝最早的国家,早在 3000 前的商代,就已经能够织造出回纹花绢。到了周代,《诗经》中就曾屡次提到"锦"字。西汉时期,我国丝绸大量输往西方,出现了举世闻名的"丝绸之路"。但是,由于丝织物极不容易保存,过去对先秦的丝织品究竟发展到了什么水平,却不甚了解。如今江陵马山 1 号墓这个"丝绸宝库"的发现,使我们真切、具体地认识到当时楚文化的高度发达,更理解到为什么在楚国那样的环境里,会产生出像屈原那样伟大的爱国诗人;同时,也理解西汉时期丝织工艺之所以能达到那样高的水准,是继战国时期的工艺发展而来的。这批丝织物的出土,揭开了我国丝绸发展史上新的一页,也为研究楚国的政治、经济、文化,特别是古代服饰和丧葬制度提供了极为重要的实物资料。

出土的随葬品中还有铜鼎、壶、匜、耳杯、迹、勺、匕,陶鼎、敦、壶、盘、垣、勺,漆器有玄、盒、梳、奁、耳杯、辟邪,竹器有竹筒、竹席和墨书的竹签等等。其中特别值得一提的是:4 个彩绘木俑,头装假发,嘴唇涂红,身着朱绢绣花袍;1 件红、黑两色相间精工编织而成的短柄竹扇,出土时保存如新,十分精致。这批文物,特别是丝织、绣花珍品,之所以能够保存如此完好,与墓坑挖在白膏泥地层之中,自然密封条件较好,没有受到大量地下水的侵蚀,棺液 pH 值(试测)近于中性等原因有关。

二、郭店 1 号墓

1993 年 10 月 18 日至 24 日,为了抢救被盗墓者盗掘、盗取后残存的文物,荆门市博物馆对郭店 1 号楚墓进行了抢救性清理发掘。此墓虽遭盗掘破坏,损失惨重,但残留文物仍然十分丰富。尤其珍贵难得的,是与老子相关的《老子》竹书楚简的完整出土。

荆门郭店 1 号楚墓位于湖北省荆门市沙洋区四方乡郭店村一组,南距楚故都纪南城约 9 公里,西与荆州市荆州区川店镇豪林村毗邻。整个墓地坐落在一高出四周地面 3 米~5 米的土岗上,南北长约 700 米、东西宽约 350 米。1 号墓处于纪南城之北纪山庞大的楚墓群之内。这里楚冢林立,此墓仅只是其中很小的一座墓葬。

郭店 1 号楚墓墓坑为长方形土圹竖穴,方向 100°,墓口距地表 0.5 米,口大底小呈斗状。墓口至椁盖板一段四壁斜直平滑,椁盖板至墓底一段墓壁垂直。墓口东西长 6 米、南北宽 4.6 米,墓底长 3.4 米、宽 2 米,墓深 7.44 米。在墓室东壁设长方形墓道,长 9 米、宽 2 米~2.32 米、尾端距地表 3.4 米。葬具为一椁一棺。墓主头东足西置于棺内,仰身直肢,双手交于腹部,双腿分开,仅存骨架。椁分头、边、棺三室。

从墓地形态、墓坑与葬具以及随葬器物分析,郭店 1 号楚墓是一座楚国贵族墓。墓主人身份为"文士",属于楚国贵族阶层。"士"是区别于贵族与平民的分界线。《左传》昭公七年曾有记载:"士者,事也,言能理庶事也。"也就是说,士是能替天子、诸侯做事的人，故称士。这座墓虽先后经过两次盗掘，但在其头箱、边箱的随葬器物中，依然存在礼器、生活用具、兵器、车马器、丧葬器、乐器、工具、装饰品、竹简等共290件（组）。出土器物有铜器、陶器、漆木器、竹器、铁器、玉器、骨器等。铜器有盘、匜、耳杯、剑、戈、铍、鸠杖、方镜等。陶器有鼎、盂、匕、斗各1件。漆木器有漆耳杯17件，木俑4件，漆奁、木枕、木篦、木杆、木剑、漆琴各1件，木梳、漆箙各2件，铁镰1件。其中1件漆耳杯底部的铭刻着"东宫之杯师"5个字。最重要的是有竹简804枚，内容含有多篇古籍，并有与《老子》和《礼记》某些章节相似的内容。

　　荆门郭店1号楚墓出土的这批竹简一共804枚，其中有字的竹简有726枚，这批竹简大部分状态完好，小部分残断。保存完好的竹简长15厘米~32.4厘米、宽0.45厘米~0.65厘米。其形制分为两种：一种是两端作平头，另一种是两端削成梯形。竹简上保存有编连痕迹两至三道。竹简文字迹清晰，字体笔法与荆门包山大冢出土的竹简相近，有明显的战国时期楚国文字的特点。竹简文学内容丰富，均为先秦典籍。其中竹简《老子》共用竹简86枚，除一枚损失无存，其余大部分完好无损，字迹清楚，共计有13000余字。

　　郭店竹简有我国迄今为止最早的《老子》文本。现在流传的《老子》文本与古代的《老子》有何不同，郭店竹简无疑提供了最有价值的资料。在西方，外国典籍被各国翻译最多的是《圣经》，其次就是《老子》。老子的著作不仅在中国漫长的文化历史中长盛不衰，随着墓葬的发掘而越发受到举世瞩目。1973年长沙马王堆汉墓出土大批帛书，其中以两种帛书《老子》最受人注目，而郭店楚简中竟发现有三种《老子》节抄本。这些《老子》节抄本虽不是最原始的祖本，但它们已是《老子》最古老的抄本。

　　经过整理后，郭店楚简展现在人们面前的是儒家和道家的18篇重要文献，共计13000多字，是到目前为止世界上发现最早的原装书。郭店楚简共分为五组，一组简文为道家文献，道有《老子》（甲、乙、丙）三篇和《太一生水》、《语丛四》；其余四组均为儒家文献，包括《缁衣》《鲁穆公问子思》《穷达以时》《五行》《唐虞之道》《忠信之道》《成之闻之》《尊德义》《性自命出》《六德》和《语丛》（四篇）。其中，除《老子》《缁衣》《五行》和《穷达以时》的部分内容见于传世文献外，其余两篇道家著作和十篇儒家著作均为首次发现的佚籍，不见于世传。这意味着,我们隔着两千多年的历史长河,直接听到了古代圣贤先哲的声音。秦始皇在焚书坑儒中将大量先秦书籍焚毁,而郭店楚简则幸免于难,提供了很珍贵的历史资料。

探究"郭店楚简热"的成因,还得从文化考古的角度谈起。我国在纸张发明和广泛使用之前的长达数千年的岁月中,木、竹简牍是最主要的书写材料。不过,由于竹木质料不易保存,因此无论是墓葬或遗址,商周时代的简牍至今没有出土过。我们现代可以见到的最早的竹简,是战国早期遗物,如湖北随县擂鼓墩出土的曾侯乙墓竹简,绝对年代与墓葬时间距现在约 2400 年。长沙马王堆出土的帛书和郭店楚简的年代,均在距今 2300 年之前。

简牍与金银铜铁器具、玉石陶瓷等古董文物不同,除了出土,从来没有经世人相传到现代的,主要是因为简牍不易保存,所以宣称是世人相传的简牍,必伪无疑。现今简牍大部分出土于甘肃与湖北,因此日本学者将兰州和荆州称为简牍学的"麦加"。简牍出土,在历史上最为重要的有下列几次:一次是在汉武帝时,鲁恭王扩大宫室,将孔子故居拆毁,从墙壁挖出一大批竹简;另一次是在西晋武帝太康二年(281 年),汲郡有个名叫不准的人盗掘战国时魏王墓,挖到大量的竹简,简上面都是用战国文字写成的古书,据说有几十车之多。后来派了著名学者荀勖、束皙等对这些简书进行整理,编成了《逸周书》、《穆天子传》、《竹书纪年》等多种古籍,可惜大多又再度亡佚。学术乃天下之公器,包括楚简在内的先秦简帛,是世界文化史上的奇观和人类文明的珍贵财富与资源。以色列在 1947 年以后的 10 年间,在死海北岸山洞里发现《死海古卷》,其中有 2000 年前的《圣经》古抄本。这些西方文化经典的发现,曾经轰动世界。因为这些文献记载的基督教知识与今日的基督教知识不尽相同,曾经引起西方学术界的一场大讨论。在国外学者看来,郭店楚简引发的中国传统文化学术大讨论,其意义完全可与当年的《死海古卷》大讨论媲美。日本东京大学教授池田知久专门出了一本专著《郭店楚简研究》。在他看来,"中国传统文化有利于治疗、应对现代化进程中产生的危机"。德国海德堡大学教授、欧洲汉学学会主席、德国汉学家瓦格纳教授评价说:"世界上只有 1947 年埃及出土的大批基督教的佚书可与郭店楚简的出土相提并论。郭店楚简的出土,为重新评估古东方文化提供了契机。"哈佛大学教授杜维明说:郭店楚简出土以后,整个中国哲学史、中国学术史都需要重写。

荆楚古墓揭秘────────────────

　　研究历史有两个途径,一是通过古书,一是通过文物。许多古籍经过世代传抄,跟古人原作相去甚远,而作为文物的简牍,则是研究历史的第一手材料。新中国成立以来,考古工作者曾经多次在出土文物中发现简牍,但无论从竹简数量和文字方面来看,郭店楚简都名列前茅。804枚郭店楚简包含13000余字,涵盖了先秦文化史的方方面面,对研究中国传统文化有十分重要的意义,将会使全世界对灿烂的中国古代文明产生新的认识。

　　儒家思想是东方文化的精髓,郭店楚简中有《性自命出》《成之闻之》等十篇世人前所未闻的儒家文献,这些文献记载了原始儒家思想演绎的过程,发现原始儒家思想与后来的儒家思想有许多微妙的区别。与此同时,繁荣、瑰丽、雄浑的荆楚文化,是近年来学术界研究的热点,郭店楚简在一定意义上为学术界重新改写先秦思想史和楚国文化史提供了新的资料,解决了诸多的学术疑难问题。仅从考古学的角度看,郭店楚简就堪称为"惊世骇俗的大发现"。春秋战国时代,群雄争霸,百家争鸣,堪称中国文化的"黄金时代"。自汉代"独尊儒术"以来,因主观原因,传统儒学屡遭曲解,甚至演绎成"吃人的礼教"。郭店楚简中十几篇佚籍的发现,让世人对孔子的思想脉络有了新的了解。就孔子的思想发展而言,实由礼学、仁学进而易学,这三个阶段分属其早年、中年和晚年。

　　从郭店楚简中,人们开始对儒道两家的关系重新认识和评价。人们通常认为,儒道对立,势若水火。从郭店楚简《老子》看,儒道两派本是同根生,旨趣也相互贯通。老子不但没有批评儒家思想,而且对儒家所遵奉的观念如圣、仁、义、礼、孝、慈等持积极、肯定的态度。另一方面,从其他史料看,孔子对老子也是非常推崇的。武汉大学郭齐勇教授认为,楚简填补了儒家学说史上的一段重大空白,透露了一些儒道两家在早期和平共处的信息,有助于人们真实理解从孔子仁学到孟子心性之学的发展轨迹,从而为改写中国哲学史提供了新的依据。

　　国学大师任继愈、饶宗颐和美籍华裔学者杜维明等一批权威专家指出:郭店楚简揭示的原始儒家思想,与后来作为正统观念的儒家思想存在众多区别,对中国传统文化起到了正本清源的作用,它改写了中国学术史和哲学史,可修正人们头脑中一些根深蒂固的观念,从而让世人从根本上纠正对中国文化的偏见。难能可贵的是,这批楚简从一定程度上厘清了历代统治阶级对儒道思想的篡改和包装,还传统文化以"本来面目"。郭店楚简还佐证了灿烂的荆楚文化。香港中文大学讲座教授饶宗颐先生说:"荆楚文化是一门大学问,郭店楚简出土不仅证实了它的真实存在,而且能还古人思想一个信实的本质。"

三、平民墓地

我国古代先民的丧葬风俗,有"事死如事生"的传统。人们相信灵魂不灭,神灵有知,普遍对死去的亲人,像生前一样对待他们,使他们在阴间世界里不缺衣食住行,由此便有了最初的墓葬。先秦时期,先人就对死者的埋葬作了严格的等级规定,如对墓地的安排,封土堆和墓坑的大小,墓道的数量,棺椁的重数,随葬品的多少,礼器、乐器的数量等等都有严格的规定。在原始社会,氏族公社所有成员生前居住在同一村落,死后埋葬在同一墓地。这种公共墓地制度进入阶级社会后有了新的发展。到了西周春秋时期,与实行严密的宗法制度的社会形态相适应,死者按宗法关系,在由国家政权指定的公共墓地中同族而葬。典籍中称之为族葬制。郑玄指出,这是因为"同宗者生相近,死相迫"。

从现有的考古资料看,楚国在埋葬制度上除了有自己约定俗成的规律外,还有很多方面与周代的制度相同,如在墓地的安排上实行族葬。所谓族葬,就是以血缘关系为纽带,把同族或者同宗的死者聚族埋在同一墓地内。族葬制有两种,一种叫"公墓",是王室、国君等贵族的墓地,由冢人掌管,有一定的规划,确定墓地的范围,并画成图样,按照宗法等级排定墓位。《周礼》说冢人"掌公墓之地,辨其兆域而为之图,先王之葬居中,以昭穆为左右。凡诸侯居左右以前,卿大夫、士居后,各以其族"。也就是说,公墓是国君和王室贵族及其子孙的墓地,规划严整,早就画成图样,按照宗法关系区分尊卑次序,排定墓地。在国君墓位的左右,则是其他大小贵族的墓位,身份高的居前,身份低的居后。由于这些贵族同出一系,只是以与国君血缘关系的亲疏而层层区分大小宗,从而具有不同等级的身份。如郑玄注所言,是"子孙各就其所出王,以尊卑处其前后"。这种事先固定墓次的公墓制度,正反映了统治集团成员在世时的宗法关系。

另一种叫做"邦墓"。按东汉经学家郑玄的解释,"凡邦中之墓地,万民所葬地"。这种"万民",大体是指有自由身份的平民。"邦墓"由墓大夫掌管,墓大夫则"掌凡邦墓之地域为之图,令国民族葬而掌其禁令,正其位,掌其度数"。也就是说,普通平民葬入其中,也由专门官员掌管,划分地域,分族同葬,葬次也昭穆有序(正其位),而且依生前的地位而规格不同(掌其度数)。典籍中描述的典型的族坟墓制度在战国时期仍然存在。但随着王权的膨胀,原先的公墓实际已成为王陵区,只埋葬王及其配偶和少数关系最亲近的王室血亲,一般的贵族封君、各级官僚则同平民一起葬于邦墓。各处发掘的相当于邦墓的战国墓地,墓葬排列有一定的次序,显然依照宗法规范;也有身份差别很大的人交错而葬的现象。这说明世卿世禄制度已经破坏,血统亲近的宗亲生前可能地位不同,贫富悬殊,但死后仍由宗法关系维系而族葬一处。考古工作者已发掘的江陵雨台山楚墓群、江陵九店楚墓群、当阳赵家湖楚墓群就是楚邦墓地。

(一)江陵雨台山楚墓

江陵雨台山楚墓群,是楚国一处最重要的邦墓之地,位于荆州市荆州区九店乡雨台村。雨台山是一座略高出周围地面的小山,地势由西北向东南倾斜,东西长约 6 公里,南北宽约 5 公里。其东面和南面被长湖环抱,西部距离襄沙公路约 1 公里,西南临近楚故都纪南城东城垣,距离荆州城约 6 公里。北部是一片平原,最高处海拔为 68.6 米。这里楚墓分布十分密集,是发现和发掘楚墓最多的一处墓地。已发掘的小型楚墓超过 1500 座,其中雨台山楚墓 631 座,九店东周墓 597 座,秦家嘴楚墓 105 座。

1975 年 11 月,原江陵县将台区动土改造龙桥河,河道经过雨台山南部。考古工作者配合改造工程,对雨台山南部河道上埋藏的楚墓进行了全面的发掘,共清理中小型楚墓 558 座,汇集墓葬资料出版了《江陵雨台山楚墓》的发掘报告。这批墓葬墓坑上部地表的封土坟堆都已经荡然无存,只有 555 号墓还残留高 3.35 米、直径 1.8 米的坟堆。墓坑形状都是长方形竖穴土坑,墓坑四壁平整光滑,只有少数墓葬是凹凸不平。墓口至葬具顶部的一段墓壁呈斜坡状,葬具顶部至墓底坑壁直下。墓口距地表一般深 0.2 米~1.5 米。较大的墓口长 3.3 米~5.5 米,宽 2.2 米~4.3 米;较小的墓,墓口长 2.2 米~2.9 米,宽 1 米~1.9 米;墓坑一般深为 3 米~6 米。墓坑内的填土有黄褐色五花土和粘性很强的青灰泥两种。即上层填黄褐色五花土,下层接近棺椁填青灰泥。墓葬内的棺椁都保存较好。有椁室的墓都是用长方条形楠木砌的椁室,有平底弧棺和平底方棺两种。棺内的尸体均已腐烂,人骨架为仰身成直肢葬。

报告中将 530 座墓按葬具分为无椁无棺、单棺、一椁一棺、一椁两棺和一椁重棺五大类。

无椁无棺墓 14 座,一般随葬 1~2 件陶器或 1 件兵器。

单棺墓 264 座,设墓道的 1 座,设壁龛的 22 座,头向多朝南。棺有弧形悬底和长方形悬底两种。少数墓棺盖上有竹席。保存的骨架中多为仰身直肢葬式,有的墓由竹席包裹。随葬的陶鬲、盂、长颈罐、鼎、敦、簠、壶及漆耳杯,放置于人骨架的头向一端的墓坑内,兵器一般置于棺的两侧。

一椁一棺墓 248 座,有墓道的 29 座,有壁龛的 1 座。所谓壁龛,就是在墓坑头向一侧的坑壁中间向内掏挖一个近似长方形的坑洞放置随葬品。壁龛均设在墓室南壁,高于墓坑 20 厘米左右。壁龛平面有长方形和半圆形两种,顶部有的较平,有的呈拱形,后壁一般凹凸不平,大小以放随葬品多少而定。这些一椁一棺墓坑均为长方形竖穴,但有窄宽之分。墓道多设在南边,椁室分三室、二室和一室三种,以一室的最多。棺都为悬底,弧棺多于方棺。随葬品以仿铜陶礼器为主。如 M183,方墓向 205°,墓口长 4 米,宽 2.5 米,深 3.7 米。填土中有青灰泥。椁室长 3.06 米,宽 1.42 米,高 1.44 米,椁内不分室。弧形悬底棺,棺内置一块厚 4 厘米的雕花板。仰身直肢葬式。随葬仿铜陶礼器鼎、簠、壶和鼎、敦、壶两种组合各两套,又有鬲、盂、长颈罐日用器组合一套。另有陶器豆 2 件,环耳鼎、镳壶、罍、盘、匜各 1 件,铜器剑、戈各一件,漆木器豆 2 件,镇墓兽、梳、扇柄各 1 件。时代定为战国中期早段。

一椁两棺墓两座,是为两棺并列的合葬墓。

一椁重棺墓两座。如 M555,有直径约 18 米的土冢,墓口长 4.5 米,宽 3.7 米,深 7.1 米,墓向 196°。南边设斜坡墓道,长 9.65 米,坡度 20°。椁室长 3.1 米,宽 1.52 米,高 1.28 米。内分主、头、边三室。内,外棺均为长方盒形。内棺无底板,但有厚 4 厘米雕花板平放在外棺的底板上。内棺用三道麻布捆扎。随葬仿铜陶礼器鼎 4 件,敦 2 件、盒 2 件、壶 2 件、钫 2 件、盘 2 件,还有罍、镳壶、环耳鼎、斗各 1 件;漆木器有耳杯、几、虎座鸟架鼓、镇墓兽。还有铜镜、玉环等。时代断为战国晚期前段。设有墓道的墓,大都是规模较大的一椁两棺和一椁一棺墓。墓道多设在墓坑的南部。墓道都呈斜坡状,坡度 25°~30°,墓道长短不一,口比底宽,一般长 3 米~7 米,墓道底一般高于葬具。

在江陵雨台山楚墓中,随葬品的质地有陶、铜、铁、漆木、玉、石、骨、角、料器、竹器和丝麻织品。陶制器主要是日用陶器和仿铜陶礼器,器形有鬲、盂、壶、罐、豆、鼎、敦、壶、钫等;铜器有容器、兵器、车马器、服饰器、衡器、乐器、工具,器形有鼎、壶、剑、戈、戟、镞、带钩、削刀、镰、镜等;铁器主要是生产工具,有锸、斧;漆木器有耳杯、盒、樽、豆、梳、镇墓兽、六博、虎座飞鸟、木俑等;玉器有璧、环、璜等。

楚国是一个漆器工业发达的国家,楚国工匠制作的漆器不仅具有实用价值,而且具有很高的工艺价值。1976年在雨台山楚墓群中发现许多制作精美、图案精致的漆器。如 M427 出土的鸳鸯豆就是一件精品。鸳鸯豆的时代为战国,为实用工艺品,胎质为楠木,采用斫、雕相结合的手法制成器形。豆分盘、座两部分,豆盘与盘盖扣合后,整个盘体则为一只圆雕鸳鸯鸟形。头、腹、翅、脚均为浮雕雕刻,轮廓分明。鸳鸯头作盘颈侧视状,双翅自然收合,足爪蜷曲,尾部略微上翘。鸳鸯鸟卧首而息状,神态安娴恬静。器周身髹漆,以朱红、金、黄色勾绘出鸳鸯的各部及精细的羽毛。在尾部两侧各绘有一只昂首侧立的金色凤鸟。豆座为一圆形底座,线型秀美,绘有彩纹。此豆的造型以鸳鸯为主体,又以两只金色的凤鸟陪衬,使全器显得绚丽又端庄。鸳鸯形态安详、栩栩如生,既浪漫又庄重,既写意又写实,圆雕与浮雕相结合,雕塑与绘画相结合,具象与抽象相结合,造型别致,技法精湛,是一件难得的杰作。豆是古代装盛食物的器具,类似于今天带高座的盘。为什么楚人用鸳鸯来作为它的造型呢?鸳鸯一向被用来比喻美好的爱情和男女间至死不渝的情感。江陵雨台山出土的鸳鸯豆并不是偶然的,可能墓主人生前就有过一段生死相随的爱情经历,希望能与所爱之人相亲相爱,所以用鸳鸯豆寄托自己的情感。

雨台山楚墓中随葬品的放置有一定的规律。有椁室的墓,铜、陶、漆木器中的日用器皿多放置在头箱,兵器、车马器大多放置在边箱。没有椁室的单棺和无椁无棺墓,随葬品放置在人骨架头向的一端,兵器多放置在棺外两侧的墓坑内,少数放在棺盖板上。有壁龛的墓,随葬品均放在壁龛内。发掘报告将雨台山的500余座墓分为六期,时代大约从春秋中期起到战国晚期止,为江陵楚墓的年代学研究提供了一个较系统的标尺。雨台山楚墓的发掘,使得考古工作者对中、小型楚墓能够排定出一个基本的年代序列。

(二)江陵九店楚墓

《江陵九店东周墓》发掘报告,报道了1981~1989年在九店砖瓦厂发掘的597

座墓葬的资料。考古工作者将这 597 座墓葬分为甲、乙两组。其中甲组墓 19 座，分为三期，下葬年代始于西周晚期，止于春秋中期偏晚，并判定甲组墓属于周文化的江汉类型。发掘报告认为这组墓属于"姬周文化"。甲组墓一般墓壁较陡直，墓底有腰坑的 5 座，均为南北向。无葬具的墓 1 座，单棺墓 2 座，一椁一棺墓 16 座。椁内不分室，棺为悬底方棺。1 座墓保存裹尸竹席。随葬品放在南端，陶器多为磨光黑陶，组合一般为罐、盂、豆，级别较高的组合为罐、簋、豆。九店的甲、乙两组墓，分布都有一定的规律。甲组墓分布比较集中，位于岗地西部，顺着地形的走向，从北往南纵向排列。墓向多顺应地势与自然地形平行。由于呈南偏西走向，因此墓葬方向多为南偏西。乙组墓分布在雨台山东北部，根据地形从东北向西南分为 3 个大墓区，每个大墓区内又根据墓葬的分布排列规律分为数量不等的群组。各个群组内墓葬的规模大小不同，考古工作者将其分为甲、乙、丙、丁四类。各个群组都是以甲、乙类墓为核心，丙、丁类墓有规律分布在周围。有的墓葬还陪葬有车马坑。

乙组墓 578 座，下葬年代始于春秋中期偏晚，止于战国末期，多数属于典型的楚人墓葬，另有极少数巴、越、秦人的墓葬夹处其间。有的学者认为，甲组墓也是楚人墓，与乙组墓文化性质相同，只是时代不同而已。乙组墓中有洞室墓 5 座，另外，长方形竖穴土坑墓 573 座分为甲、乙、丙、丁四类。甲类墓 22 座，有椁有棺，出土器物较为丰富。有墓道的 16 座，墓口有台阶的 1 座。M104，还有直径为 11 米的土冢，墓坑口长 8 米，北部有 1 座车马坑陪葬，车马坑内有车 2 辆、马 4 匹陪葬。棺椁已经腐朽。曾经被盗，仍有仿铜陶礼器、漆木器和铜器等小件在其间。较典型的甲类墓还有 294、250、410 号墓。乙类墓共 299 座，其墓坑底一般长 2.8 米~3.5 米、宽 1.1 米~1.9 米。一般为一椁一棺，有墓道的 25 座，有头龛的 5 座。大多出一套仿铜陶礼器，并成双相配。有的墓还伴有日用陶器或铜兵器、车马器和少量的漆木器。M621、M411 都出土有竹简。丙类墓 230 座，其中有洞室墓 4 座，以单棺墓为主，有壁龛的 67 座，随葬品以日用陶器为主，仿铜陶礼器次之。M56 出竹简 205 枚，为"日书"。几座典型的洞室墓为楚墓中所少见，是秦将白起公元前 278 年拔郢之后的墓葬。丁类墓包括单棺墓 25 座、无棺墓 1 座和洞室墓 1 座，共 27 座，均无随葬器物。

发掘报告将乙组墓分为四期七段，年代从春秋晚期晚段至战国晚期晚段，并认为乙组墓中含有越、巴、秦文化因素。

（三）当阳赵家湖楚墓群

　　1975 年至 1979 年，考古工作者在当阳赵家湖附近发掘了楚墓 297 座。赵家湖位于当阳市东南 35 公里沮漳河东岸，东南距楚国故都纪南城约 40 公里，南离季家湖楚城仅 10 公里。赵家湖楚墓群从西往东依次分布在赵家塝、金家山、郑家坳、李家洼子、杨家山、曹家岗共 6 个墓地。各个墓地的墓均为长方形竖穴土坑，排列整齐，分布有序，没有叠压打破关系。墓坑壁有的垂直，有的略斜向墓底。墓坑有的是长方形宽坑，有的是长方形窄坑。带壁龛的墓有 69 座，28 座墓墓口带台阶，27 座墓设有斜坡墓道。墓坑内的填土为黄褐色斑点五花土，有的较大的一椁一棺墓在椁室四周和顶部填粘性强、密度大的青灰泥和白膏泥。棺椁大多保存不完好，可分为无棺、单棺、并棺和一椁一棺四种。椁内未见隔板和分板。以悬底方棺为主，悬底弧棺甚少。根据墓坑大小、棺椁差异、随葬品多寡，考古报告《当阳赵家湖楚墓》将 297 座墓分成甲、乙、丙、丁四类。

　　甲类墓有 18 座，一椁一棺，椁长 3 米以上，宽在 1.05 米~1.90 米之间。均为长方形宽坑墓。椁板较厚，棺椁之间头向一端留有较大空间，两侧也留有一定的空隙。如金家山 57 号墓，方向 170°，有长方形墓道，为双棺墓。仰身直肢，男东女西合葬。出陶礼器有 5 鼎，组合为鼎、簠、敦、壶、罍、镶壶。时代为战国中期晚段。乙类墓有 129 座，椁长多数在 2.5 米左右，宽 0.6 米~1.5 米之间。多为长方形宽坑墓，口大底小，设有长方形斜坡墓道的一共有 14 座。棺椁用材一般较薄，椁内也不分室，只留出放器物的空间。这类墓随葬铜剑、戈等兵器的较多，部分墓还出镇墓兽、车马器和玉石器。丙类墓有 93 座，均为单棺长方形竖穴墓。墓坑多窄长，长度多在 2 米~2.4 米之间，宽度在 0.5 米~0.7 米之间，其中设壁龛的有 69 座，棺长约 1.8 米。随葬器物，有仿铜陶礼器，少数墓出铜剑、镞等兵器。丁类墓有 57 座，为单棺或无棺墓。墓坑窄长形，长度 1.9 米~2.2 米，宽度 0.5 米~0.7 米。少量墓设有二层台和墓道。都没有随葬品。

　　赵家湖楚墓共出土陶器 1230 件，铜器 1064 件，锡器 4 件，铁器 3 件，玉、石、料、水晶器 103 件，漆木竹器 68 件，还有丝麻织物等。其中一批为时代较早的楚国铜、陶器，还有金家山 43、45 号墓出土的错金鸟纹的铭文铜戈，分别为"番仲戈"和"许之造戈"。考古工作者将赵家湖楚墓群根据不同类别及其出土遗物进行排比研究,将甲、乙、丙三类墓分为七期十二段,时代从西周晚期至战国晚期早段止,为楚墓年代学提供了迄今为止较为详尽的分期序列。

江陵雨台山楚墓群、九店楚墓群和当阳赵家湖楚墓群,在墓地结构与墓葬分布上都有一个共同点,就是墓葬规模都不是很大,规格都不是很高,墓主身份属于中、下层普通自由平民。它们具有以下几个主要特点:1.春秋时期的墓葬较少,战国时期的墓葬猛然增加,且战国时期的大、中、小型墓类别齐全。无论有冢墓还是无冢墓,其分布范围和密度均为别处所不见。2.一般均为竖穴土坑墓。类别较高的战国墓都有封土堆,墓口设有多级台阶和斜坡墓道,方向朝东的多,朝南的少。类别较低的战国墓,多数也设有斜坡墓道,方向以朝南为主。一般都在棺椁上下四周用白膏泥或青灰泥填封,许多棺椁内有积水,因此棺椁多保存较好。尸体多仰身直肢葬。3.随葬铜器的基本组合,春秋时期为鼎、簋、缶、盘、匜;战国时期为鼎、敦、壶、盘、匜、勺,有的加小口鼎。战国墓中的鼎、敦、壶往往成双出现,不论大小墓常见铜剑、戈、矛等兵器,较大的墓中还常见铜车马器。4.随葬陶器分为两类:一类为日用器,一类为仿铜礼器。日用陶器基本组合为鬲、盂、长颈罐等。仿铜陶礼器的配置大致与铜礼器相同。5.随葬的陶器具有自身的特点。中原地区出土的鼎、鬲大都肥胖、粗矮,而江陵地区出土的则恰恰相反,由矮变高,由粗变细,整个器形变得瘦高。鬲一直延续到中原鬲已经消失的战国中期。6.普遍使用漆木竹器随葬。其中以随葬镇墓兽、虎座飞鸟、卧鹿、座屏等最具特色,成为典型楚器。

这些平民墓地都是自由民死后以家庭为单位集中埋葬在一个大型墓地,这就是所谓"万民"葬地,是春秋战国时期典型的"邦墓"墓地。以上三处平民墓地总共有一千多座楚墓,在很大程度上扩大了我们对于楚文化研究的广度和深度。考古学家们通过对这三处墓地墓葬材料的整理研究,用考古类型学方法对楚国腹心地区的西周晚期至战国晚期的楚墓,排定了一个最为详尽的分期序列,并用文化因素分析的方法,把杂处在楚墓群中的秦人墓、越人墓、巴人墓甄别出来,为楚文化研究打下了一个坚实的基础,其意义不仅在于对楚文化研究有新的突破,而且对整个中华民族文明时期古代文化的研究有着普遍推进作用。

第三章　秦　汉　墓

从墓葬形制的角度来看,湖北地区秦及西汉时期的墓葬与战国时期并无大的差异,仍然是战国时期流行的土坑木椁墓,但随葬器物方面与战国墓相比则有了较大的变化。战国楚墓中最重要的随葬器物是礼器,包括铜礼器和仿铜陶礼器,礼器的不同配置也代表了等级差异。到了秦及西汉时期,铜、陶礼器虽仍在墓葬中存在,但数量、地位均严重下降,在随葬器物中不再具有核心地位,而各种生活用器尤其是漆木器,成为随葬器物的主体。这一变化其实也反映了战国秦汉时期社会风尚的改变。湖北秦汉墓的另一特点是由于地理条件原因,不但漆木器保存较好,而且简牍也容易保存,因此湖北秦汉墓中的简牍出土很多,许多著名秦汉墓因为出土具有重大文献价值的简牍而知名。

第一节　云梦秦汉墓

一、云梦秦汉墓概述

云梦一带在战国末期属安陆,自秦将白起拔郢、楚东迁之后,鄂西地区为秦所占,秦置南郡以领之。当时秦、楚在湖北地区隔溾水或溟水对峙,云梦一带便成为秦南郡的一个重要据点,在这里集中了一批秦人。云梦睡虎地及其附近的大坟头就是这些秦人的墓地,年代从战国末期到秦代。墓葬排列有序,极少有打破关系。这排墓葬大同小异,说明是在一个不太长而且相对稳定的时期埋葬的。

云梦睡虎地是迄今为止湖北秦汉墓最重要的发现之一,睡虎地秦汉墓出土的竹简,是中国考古的重大发现。睡虎地秦汉墓先后历经多次发掘,最早的一次发掘是 1975 年 12 月至 1976 年元旦,湖北省孝感地区第二期亦工亦农文物考古训练班在此发掘了 12 座战国晚期至秦代的秦墓①,著名的云梦秦简就出自这批墓葬。睡虎地 M11 墓出有 1100 多枚秦代竹简,在当时是震动性的考古发现。这批墓葬中有两座纪年墓,其中 M7 葬于秦昭王五十一年(前 256 年),M11 则葬于秦始皇三十年(前 217 年),从而为江汉地区战国晚期秦墓与秦代墓确立了年代标尺。此后,为进一步了解云梦秦汉墓的情况,又进行了多次发掘。1977 年对睡虎地进行了第二次发掘,共清理了十座秦汉墓②。1978 年又进行了第三次发掘,清理了 27 座秦汉墓,资料发表于《考古学报》③。云梦秦墓除睡虎地之外,还有大坟头、龙岗、木匠坟、珍珠坡等地。在 1972 年发掘的大坟头 M1 西汉墓,距睡虎地 M11 秦墓约 400 米④。1989 年 10~12 月,在湖北省文物考古研究所主持下对龙岗墓地进行了第一次发掘,清理了九座秦汉墓葬⑤。1991 年又对云梦龙岗墓地进行第二次发掘,共清理秦汉墓葬六座⑥。木匠坟墓地 1975 年发掘两座秦墓⑦。珍珠坡墓地 1991 年 10 月发掘两座秦末至汉初的小型墓葬⑧。2006 年铁路施工队在打竖井时又发现了一座西汉墓。随后,湖北省文物考古研究所和云梦县博物馆进行了抢救性发掘,编号睡虎地 M77,年代为文帝末年至景帝时期,出有一批内容丰富的西汉简牍,初步统计总数达 2137 枚,这是湖北地区秦汉简牍的又一重要发现⑨。

云梦秦汉墓可分为单棺单椁墓和无椁单棺墓、无墓道。单棺单椁墓一般较深,规模较大,墓口长在 3 米、宽一般在 2 米以上。多数墓椁室分为两室,少数为三室,即头箱、边箱和棺室。还有棺室与头箱(或边箱)之间设有板门相通。木棺

① 《云梦睡虎地秦墓》编写组:《云梦睡虎地秦墓》,文物出版社 1981 年版。湖北孝感地区第二期亦工亦农文物考古训练班:《湖北云梦睡虎地十一号秦墓发掘简报》,《文物》,1976 年第 6 期;《湖北云梦睡虎地十一座秦墓发掘简报》,《文物》,1976 年第 9 期。

② 云梦县文物工作组:《湖北云梦睡虎地秦汉墓发掘简报》,《考古》,1981 年第 1 期。

③ 湖北省博物馆:《1978 年云梦秦汉墓发掘报告》,《考古学报》,1986 年第 4 期。

④ 湖北省博物馆:《云梦大坟头一号汉墓》《文物资料丛刊》第 4 辑。

⑤ 湖北省文物考古研究所、孝感地区博物馆、云梦县博物馆:《云梦龙岗秦汉墓地第一次发掘简报》,《江汉考古》,1990 年第 3 期。

⑥ 湖北省文物考古研究所、孝感地区博物馆、云梦县博物馆:《湖北云梦龙岗秦汉墓地第二次发掘简报》,《江汉考古》,1993 年第 1 期。

⑦ 云梦县博物馆:《湖北云梦木匠坟秦墓发掘简报》,《江汉考古》,1987 年第 4 期。云梦县博物馆:《湖北云梦木匠坟秦墓》,《文物》1992 年第 1 期。

⑧ 湖北省文物考古研究所:《湖北省云梦珍珠坡 M17、M18 发掘简报》,《江汉考古》,1992 年第 2 期。

⑨ 湖北省文物考古研究所、云梦县博物馆:《湖北云梦睡虎地 M77 发掘简报》,《江汉考古》,2008 年第 4 期。

均为长方盒形棺。此类墓棺椁周围一般有较厚的青膏泥,葬具保存较好,随葬品
较为丰富,一般都有数量不等的漆器,同时还随葬有铜器、陶器,墓主人为低级官
吏和中小地主阶层。无椁单棺墓埋藏较浅,墓葬规模较小,墓口长一般在3米、
宽在2米以下,少数墓在坑底有很浅的青膏泥,多数仅有五花土,葬具保存很差,
无铜器和漆器,仅随葬有陶器。此类墓主人应为地位较低的无爵庶民。

云梦秦汉墓随葬器物组合一般有以下几种:

1. 楚式青铜礼器鼎、盒、壶(但组合不全),或有钫和盘、匜,伴出秦式铜器蒜
头壶、蒜头扁壶、鍪、釜等,同时还出有较多的漆器以及秦式陶器,如广肩小口罐
(缶)、釜甑、双耳罐等。代表性墓葬有云梦睡虎地 M11、M3、M46 和大坟头 M1 等。

2. 楚式青铜礼器鼎,或有壶。伴出蒜头壶、鍪等秦式铜器,秦式陶器广肩小
口罐、茧形壶等以及木俑、木车等模型明器。代表性墓葬有睡虎地 M45、M47。

3. 蒜头壶或鍪等秦式铜器,伴出广肩小口罐等秦式陶器。代表性墓葬有睡
虎地 M10、M51、M13 等。

4. 蒜头壶等秦式铜器,伴出楚式陶礼器鼎、盒、钫。代表性墓葬有大坟头 M2。

5. 楚式仿铜陶礼器鼎、盒、钫,或鼎、盒,伴出双耳罐等秦式日用陶器或模型
明器灶等,有的有漆器。代表性墓葬有睡虎地 M1、M2 和木匠坟 M2 等。

6. 广肩小口罐等秦式日用陶器,有的有漆器。代表性墓葬有龙岗 M6 和睡
虎地 M52、M7、M48 等。

二、典型墓葬介绍

(一)睡虎地 M11

云梦睡虎地 M11 为长方形竖穴土坑墓,无墓道,墓坑四周有脚窝可上下,方
向 285°。残存墓口东西长 4.16 米、南北宽 3 米、墓坑深 5.1 米。墓坑东部有一个
双扇板门的壁龛(底部与椁墙板平行),龛内出有带盖的木轺车一乘,并有挽车的
三匹彩绘木足泥马和二件彩绘泥俑。墓坑四周发现灰烬。木椁盖板正中还有一
个完整的牛头骨,可能与入葬时的祭祀有关。墓坑填土有三种,上部为五花土,厚
1.1 米,中部是质粗且硬的青灰泥,厚 2 米,下部为青灰泥,厚 2.9 米。椁室周围及
椁盖板上 16 厘米为质地细腻、密度较大的青膏泥。填土均经夯打,夯窝径约 6 厘
米~7 厘米,比较结实。葬具为一棺一椁,保存完好。椁室平面呈"Ⅱ"形,东西长 3.52

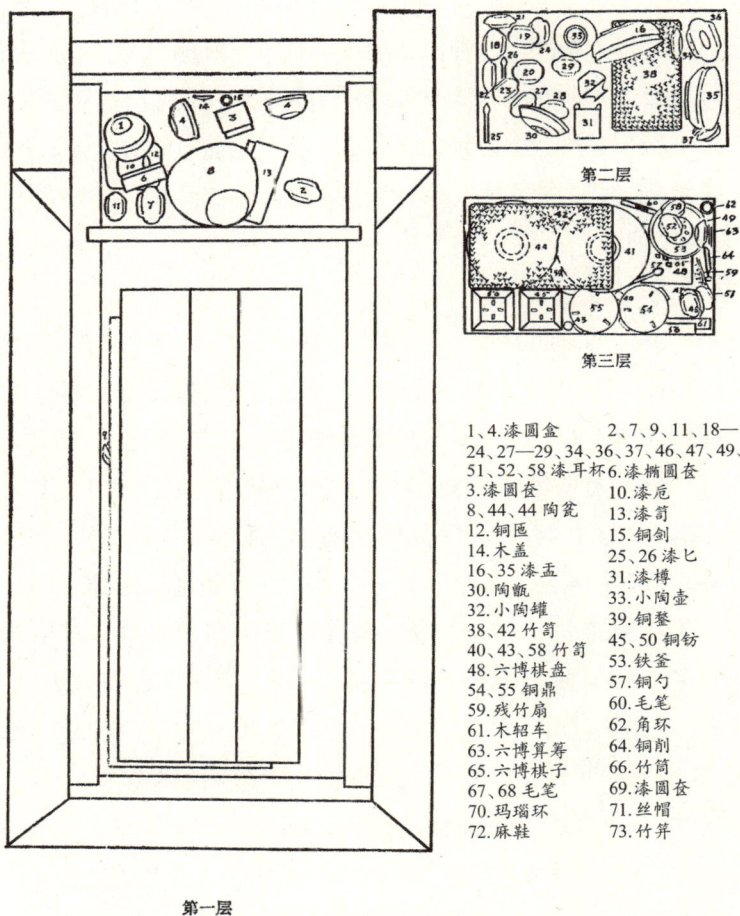

第二层

第三层

1、4.漆圆盒 2、7、9、11、18—
24、27—29、34、36、37、46、47、49、
51、52、58漆耳杯 6.漆椭圆奁
3.漆圆奁 10.漆卮
8、44、44陶瓿 13.漆笥
12.铜匜 15.铜剑
14.木盖 25、26漆匕
16、35漆盂 31.漆樽
30.陶甑 33.小陶壶
32.小陶罐 39.铜鍪
38、42竹笥 45、50铜钫
40、43、58竹笥 53.铁釜
48.六博棋盘 57.铜勺
54、55铜鼎 60.毛笔
59.残竹扇 62.角环
61.木軺车 64.铜削
63.六博算筹 66.竹筒
65.六博棋子 69.漆圆奁
67、68毛笔 71.丝帽
70.玛瑙环 72.麻鞋
73.竹笄

第一层

图 3-1 云梦睡虎地 M11 平面图

米、南北宽 1.72 米、深 1.16 米,椁盖板为底部削平的半圆筒形木,其上横铺一层树皮,其下铺一层稻草。底板由五根整木纵列而成,其下横置两根垫木。椁室内横梁分成头箱与棺室两个部分,横梁下有一副双扇的板门。椁室封闭严密,椁室内仅有积水 78 厘米,无淤泥,是考古发掘中少见的清水墓。木棺为长方形盒状棺,长 2 米、宽 0.74 米、高 0.72 米。盖板近两端处有两道麻绳(每道八根)缠缚的痕迹,棺侧并有素绢与绵裹的草束护棺。棺盖板封闭不严,木棺浸泡在椁室的积水中。棺底板上铺有约 1 厘米厚的小米。清理时,尸体已朽,仅存骨架,但尚存已萎缩的脑髓。经鉴定为男性,年龄约 40 多岁,葬式为仰身屈肢。随葬器物有日用陶器、漆器及青铜礼器,主要放置于头箱和棺内(图 3-1)。头箱放置器物,棺内则

随葬有 1100 余枚竹简,分八组,堆放有序,分别置于骨架的头部、右侧、足部和腹部等处,绝大部分保存完好,内容主要有法律文书、日书、《语书》、《为吏之道》及《编年记》等,是极为珍贵的历史资料。从竹简得知,墓主人名喜,是秦的低级官吏,生前曾从军服役,生于公元前 262 年,死于公元前 217 年,活了 45 岁。喜自从军到 45 岁死亡,参加过多次战斗,到过秦的几个郡县,最后亡于任上,亲身经历了秦始皇亲政到统一六国的整个过程。

(二)睡虎地 M7

长方形土坑墓,南北方向,头向 180°。墓口长 4.16 米、宽 3 米,墓底长 3.82 米、宽 2.74 米、深 4 米。填土上部为五花土,厚 1.1 米,内含有春秋战国时期的陶片;下部为青灰泥,厚 2.9 米。墓坑四壁平整光滑,近角处有脚窝可供上下。葬具为一棺一椁,椁室上横铺十三根半圆筒形的木椁盖板,长 2.12 米~2.54 米、直径 0.32 米~0.4 米、厚 0.24 米。椁盖板上铺树皮和草席各一层。盖板和顶板之间又铺草席和芦席各一层。木椁南北长 3.76 米、东西宽 1.8 米、高 1.34 米。四周砌有椁圈,圈内横嵌铺十一块顶板,搭在椁樯板顶的内侧。椁室内壁长 2.92 米、宽 1.6 米、深 1.1 米,由横隔梁分成头箱与棺室,横梁下设双扇板门,门板两侧有门框,椁室门楣上有"五十一年曲阳士五邦"的阴刻文字。椁室封闭严密。头箱内有横隔板,将头箱分成上下两层。棺为长方盒状的黑漆木棺,长 2.12 米、宽 1.04 米、高 0.94 米。两端各有一根八股麻绳捆缚。棺侧有四把护棺的草束,棺底板上撒有稻谷壳。葬式为仰身直肢。随葬器物有日用陶器和漆器,另有一面铜镜。在头箱横隔板上放置着漆器和木器,头箱底板上则放置着陶器和铜器等。按"五十一年"为秦昭王五十一年(前 256 年),墓主士五邦,是名叫邦的成年无爵男子。

(三)睡虎地 M4

长方形竖穴土坑墓,东西方向,头向 270°。墓口长 3.64 米、宽 2.4 米,墓底长 2.24 米、宽 2 米、深 2.5 米。填土上部为五花土,下部为青灰泥。墓坑四壁平整光滑,有脚窝。葬具为一棺一椁,椁室长 3.24 米、宽 1.6 米、高 1.1 米。由横隔梁分成头箱与棺室,隔梁下有双扇板门,头箱内亦有横隔板。棺为长方形盒状棺,长 2.06 米、宽 0.88 米、高 0.76 米。骨架已朽,葬式不明。随葬品只有秦式日用陶器及漆器,还有铜镜,无青铜礼器。出有两件内容为家信的木牍,其中一件保存完好,内容是从军到淮阳一带的黑夫与惊两人写给在家里的兄弟——衷的信,主要是叙述他们从军的情形。信中还说,他们因冬天离家,现急需夏衣用。如果安陆丝布贱,就买丝布,并敆成衣服托人带去;如果安陆丝布价贵,就托人带钱给他在那里买。信的末尾问候亲戚朋友。这是中国最早的家信。

(四)龙岗 M6

小型长方竖穴土坑墓,墓向 20°。墓口长 3.2 米、宽 2.15 米,墓坑深 2.94 米。填土自下而上依次为青灰泥、橙黄土、五花土,未经夯打。葬具为一椁一棺。椁分二室,分隔成棺室和头箱。隔板做成单扇门。出土时,棺内唯见墓主上半身骨骸痕,不见下肢骨痕。随葬品大多置于头箱,棺内置竹简、木牍、六博棋等。随葬的漆木器有漆奁、漆耳杯、漆扁壶、竹笥、木棒等,漆器上有针刻和烙印文字。陶器有陶釜、陶瓮等,陶釜的肩部戳印"安陆市亭"文字。M6 出有简牍。木牍一方出自墓主腰部,正反两面共有 38 字;竹简 150 多枚,出自棺内足挡处,保存较差。竹简中出现了"皇帝"的称谓。结合陶器分析,M6 应为秦代(或秦末)墓。

(五)睡虎地 M77

小型长方形竖穴土坑墓,方向 84°。墓口长 248 厘米、宽 185 厘米,墓底长 237 厘米、宽 175 厘米,墓坑残深 193 厘米。坑壁较陡直,向下稍内收。墓坑内上部填褐灰色五花土。下部填青灰泥;中部青灰泥较厚,高出椁盖板约 50 厘米;四周较薄,高出椁盖板约 20 厘米。葬具为一棺一椁带单边箱,中有隔板和隔梁将椁室分隔为西棺室和东边箱。木棺外形长 196 厘米、宽 58 厘米、高 58 厘米,平底方棺,长方盒形,素面无漆。棺内有丝织物残片,棺东端有头骨痕迹及牙齿残留,据此判断头向东。其余人骨无存,葬式不明。随葬品共 37 件,以漆木、竹器的数量最多,其次为陶器。此外,有个别的铜、铅、石质器,并随葬有一批简牍。其中有陶器 8 件,漆木、竹器 26 件,铜器 1 件,铅器 1 件,石质器 1 件(套)。其中铜镜、木梳、木篦各 1 件置于棺内头端,其余均放置于边箱内(图 3-2)。简牍装于竹笥内,东西向放置于边箱中、西段之际。出土的一件竹笔筒,毛笔附笔套,由细竹筒制成,尾端为竹节,中段两侧对应地镂空一节,镂空段两端外弧,镂空处可见竹质毛笔竿。简牍出土时置于竹笥内。简、牍分别成卷、成束纵向叠放于竹笥内。清理时据此初步将这批简牍分为 22 组,每枚简牍分别在所在组内给予序号。编号简牍总数为 2137 枚,实际数量应超过此数。出土的竹简共有质日、日书、书籍、算术、法律五大类。第一类是质日,这类简有多组,时间跨度为西汉文帝十年(前170年)至文帝后元七年(前157年)。日书未见完整简牍,在残简中也有大量日书类的内容。书籍类有1卷共205枚,提到许多历史人物,如"商纣"、"仲尼"、"越王勾践"、"伍子胥"等。算术类共1卷216枚,也是一部数学问题集。部分算题见于张家山汉简《算数书》,但文字内容有差异。法律类共计两卷850枚,有40种律名,多见于张家山汉简《二年律令》和睡虎地秦简法律文书,但也有少数律名为首次出现,如《葬律》。木牍出土数量也较多,较完整的有6组128枚,内容是司法文书与簿籍。从随葬器物及出土简牍分析,该墓下葬于文帝末至景帝时期,其上限在文帝后元七年(前157年)。

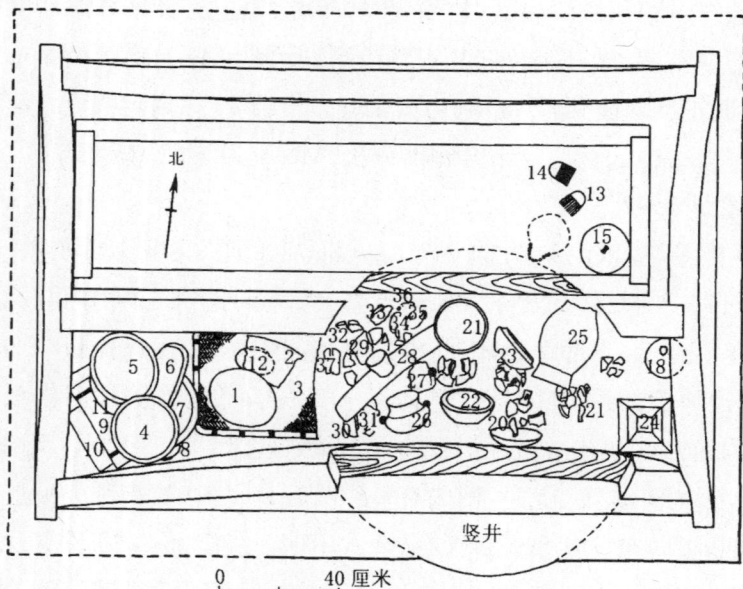

1、29漆圆奁 2、30.漆厄 3.竹笥 4~5、11.漆圆盘 6.漆椭圆奁 7.陶甀 8、12、32~36.漆耳杯 9~10.竹笥 13.木梳 14.木篦 15.铜镜 18.石砚 20~21.陶鼎 22~23.陶盒 24~25.陶钫 26.陶鏊 27.铅鏊 28.漆枕形器 31、37.残漆器(图内器物为复原示意图)

图3-2 云梦睡虎地M77平面图

三、云梦秦简概述

云梦秦墓所出秦简极为重要,不仅是湖北,在全国也是首次发现。云梦秦简的发现,引起国内外的强烈反响,掀起了一个研究秦史的高潮。国内外的一大批学者,分别从不同的角度,对秦的社会、经济、法律、军事、文化、风俗等方面进行了广泛而深入的探讨,极大地丰富了我们对秦史的认识。

云梦秦简包括的年代,是从商鞅以后至秦始皇三十年,约一百余年,是秦的历史中比较重要和辉煌的时期,其内容十分丰富。《编年记》共53简,逐年记载了自秦昭王元年(前306年)至秦始皇三十年的大事和墓主喜的家族及生平事迹,前后共计九十年。所记载的大事虽很简略,但有重要价值,有许多不见于史书,可补史书记载的缺漏和修正史书记载的错误。此外,《编年记》对秦的兵役制度和历法也有所反映。

《语书》在发布之初原称《南郡守腾文书》,是南郡守腾颁发给下属各县、道官的文告,从简文所记,除需另送江陵外,需依次送达南郡各县、道。简文分为两个部分,第一部分八简,是下发的文告,讲述南郡的政治状况和发布《语书》的目的。第二部分六简,是讲述划分"良吏"与"恶吏"的标准和惩治"恶吏"的方法。反映了秦南郡的政治形势和秦在南郡推行秦法、强化地方政权的情况。

《为吏之道》的内容较杂,因简文开头有"为吏之道"故名。从内容来看,是一种专供官吏阅读的书籍,讲述官吏应具备的道德规范和行为准则,讲述官吏应注意的各种事项和在官场的处世哲学、统治人民的权谋等。告诫为官者要做到"五善",防止"五失"。《为吏之道》还附录了两条魏国的法律。

《秦律十八种》在每条律文的末尾都记有律名或律名简称,共有18种。内容广泛,是秦制定关于农业、粮仓、徭役、货币、贸易、置吏、军爵和手工业生产等方面的各项法律。是抄写人按照需要摘录的18种秦律部分内容,并非秦律的全文。

《效律》,比《秦律十八种》中的《效律》要丰富和完整,内容是检验县和都官物资账目的有关规定。对于军需物资如兵器、铠甲和皮革等,规定尤为详尽,对度量衡器也明确规定了误差的限度,对误差超过限定的,还规定了惩罚标准。

《秦律杂抄》,内容较为庞杂,大约是根据应用的需要从秦律中摘录的部分律文,有的可能在摘录时作了简括和删节。其中的许多律文与军事有关,特别是关于军官任免、军队训练、战场纪律、军需供应以及战后赏罚奖惩的法律,对于研究秦的军事十分重要。

《法律答问》是采用问答形式,对秦律中的主体部分,进行明确的解释。解释的范围大体与《盗》、《贼》、《囚》、《捕》、《杂》、《具》六篇相符。《法律答问》很多都是以"廷行事"即判案成例作为依据。《法律答问》所提供的许多刑事诉讼资料,对我们了解秦的刑事诉讼的基本程序有重要价值。

《封诊式》每条简文都有开头的小标题,总计 25 个。《封诊式》包括了各类案例,是供有关官吏学习,并在处理时参照执行。《封诊式》是关于审判原则及对案件进行调查、勘验、审讯、查封等方面的规定和文书程式。"封"是指查封;"诊"是指诊察、勘验、检验;"式"是指格式、程式,是古代法律文书的一种形式,实际上就是关于案件调查、勘验、审讯等方面的方法和程序著作,对司法鉴定的相关问题作了比较详细的记载。书中的绝大部分内容,都是以案例形式介绍的。但所述案例都不是用的真名,而是以甲、乙、丙、丁代表。这说明它不是单纯案例记录,而是选择极为典型的案例,用以示范或供模仿学习之用。《封诊式》中还有关于法医学内容的记载,反映了我国古代法医学领先于世界各国的辉煌成就。在当时,中国法医学的理论和实践发展到那样高的程度,是世界上任何国家都望尘莫及的。

《日书》有甲、乙两种,主要是占卜吉凶的书,反映了秦人的思想意识、社会状况和风俗习惯等,还附录有秦楚月名对照表。

龙岗秦简主要是有关禁苑、驰道、马牛羊管理和田赢方面的律文。龙岗简主要的法律条文是用行于秦始皇二十七年(前 220 年)至秦二世三年(前 207 年)十四年间。其中有关驰道管理的律文不见于睡虎地秦简,其余简文则可与睡虎地秦简相互参证。

第二节　江陵秦汉墓

一、江陵秦汉墓简介

江陵地区的秦汉墓发掘数量多,影响很大。上世纪 70 年代发掘的江陵凤凰山秦汉墓,是湖北地区秦汉考古的一次重大发现 ①,这批墓葬,对于研究当时长

---

① 凤凰山秦汉墓资料见长江流域第二期文物考古工作人员训练班:《湖北江陵凤凰山西汉墓发掘简报》,《文物》,1974 年第 6 期;凤凰山一六七号汉墓发掘整理小组:《江陵凤凰山一六七号汉墓发掘简报》,《文物》,1976 年第 10 期;纪南城凤凰山一六八号汉墓发掘整理组:《湖北江陵凤凰山一六八号汉墓发掘简报》,《文物》,1975 年第 9 期;湖北省文物考古研究所:《江陵凤凰山一六八号汉墓》,《考古学报》,1993 年第 4 期。另凤凰山秦墓的资料则散见于陈振裕:《从湖北发现的秦墓谈秦楚关系》,《楚文化新探》,湖北人民出版社 1981 年版和郭德维:《试论江汉地区楚墓、秦墓、西汉前期墓的发展与演变》,《考古与文物》,1983 年第 2 期。

江中游地区的社会关系、赋税徭役制度、手工业生产和尸体保存技术等,具有很重要的价值。其中的168号汉墓,出土一具古尸和大量随葬品,葬于汉文帝十三年(前167年),荆州博物馆为之辟有专题陈列馆。

凤凰山秦汉墓可分为战国末至秦代和汉初至文景时两期。战国末至秦代的陶器,基本组合为圜底罐、盂、甂、亞字形壶、瓮等。汉初增加了仓、灶。文景时期的中型墓,出有大量成都市府制造的盒、奁、壶、扁壶、樽、卮、耳杯、盘等漆器。

江陵秦汉墓与当地楚墓有一定联系,继承了楚墓的许多特征,也沿用了楚墓的许多器物,但两者也有很大的差别。如同为土坑竖穴墓,秦汉墓的方向很不一致,不如楚墓有规律;葬具方面虽然木椁大体一致,但秦汉墓设门窗的更为普遍。棺则变化较大,秦汉的棺全为长方盒状棺,底板落地,没有弧棺,很少用明榫,大多用暗楔加栓钉,比楚墓的棺结合紧密得多;在随葬品方面变化较大,秦汉墓中礼乐器、兵器及镇墓兽等器物急剧减少以致消失,代之以生活用具,如陶釜、盂、甂、瓮,到西汉早期增加仓、灶等;漆器的种类与数量均有显著增加,器类与楚墓明显有别,成为江陵秦汉墓中最重要的随葬器物。

继凤凰山秦汉墓之后,江陵地区(今为荆州市辖区)自上世纪80年代以后又发掘了大量的秦汉墓,为研究江陵地区楚、秦、汉文化的演进提供了重要资料。今举其要者略述如下:1986年在江陵岳山墓地发掘46座古墓,其中有10座秦墓、31座汉墓[①];岳山附近的擂鼓台也是重要的秦汉墓地,1991年在此发掘了两座秦墓[②];1992年在纪南城附近的高台发掘44座秦汉墓,材料经过系统整理,报告将所掘秦汉墓分为三期五段,从秦代至西汉中期[③];1990年荆州博物馆在扬家山墓地发掘不同时期的古墓葬178座,其中127座为秦汉墓,这批秦汉墓中,规模最大、保存完好的135号秦墓资料已发表[④];1993年在江陵王家台发掘16座秦汉墓,其中M15秦墓出土了大批秦代竹简[⑤];1993年在沙市关沮附近发掘周家台M30秦墓和萧家草场M26汉墓,其中周家台M30秦墓出有秦二世元年历谱[⑥],是一座有确切纪年的秦墓。在九店墓地,发现了5座战国晚期后段偏早的

① 湖北省江陵县文物局、荆州地区博物馆《江陵岳山秦汉墓》,《考古学报》,2000年第4期。
② 荆州市荆州区博物馆:《荆州擂鼓台秦墓发掘简报》,《江汉考古》,2003年第2期。
③ 湖北省荆州博物馆:《荆州高台秦汉墓》,科学出版社2000年3月。
④ 湖北省荆州地区博物馆:《江陵扬家山135号秦墓发掘简报》,《文物》,1993年第8期。
⑤ 荆州地区博物馆:《江陵王家台15号秦墓》,《文物》,1995年第1期。
⑥ 湖北省荆州市周梁玉桥遗址博物馆:《关沮秦汉墓清理简报》,《文物》,1999年第6期。

荆楚古墓揭秘

洞室墓,其中M487单就器形而言,更可早到晚期前段,九店报告认为,此墓当系秦军占领江陵后不久下葬,由于无秦器可用,只好采用楚器随葬,并敢于冒江陵地区土质易于塌方的危险掏挖洞室,以木板封门,头向北①。这五座随葬楚式器物的洞室墓,为江陵地区最早的战国秦墓。江陵张家山也是一处极重要的秦汉墓地,因出土大量竹简而为世人所瞩目②。2002～2004年在发掘印台墓地时,出土了西汉时期的简牍2000余枚③。2007年发掘的谢家桥一号汉墓,年代为西汉早期,保存极为完好,出土大量精美的丝织品、漆木器及数量不等的铜器、陶器等,并出有208枚简牍④。

二、九店洞室墓

九店墓地的洞室墓共有五座,均为单棺,年代为战国晚期后段偏早,随葬器物为楚式的仿铜陶礼器,头向北的三座,向南的二座。洞室墓亦称为土洞墓。洞室可以起到椁的作用,因此土洞墓一般只用棺为葬具,洞室口以木板封门。洞室墓最早见于关中秦墓,战国中期开始出现,流行于战国晚期至汉初,墓主人一般为身份低下的平民。土洞墓战国晚期传入关东。考古学者认为,关东土洞墓是在战国晚期或战国末受秦墓的影响才出现的⑤。可见洞室墓为秦人习俗,之所以传入关东及其他地区,是随着秦军吞并六国的军事路线而渐次扩展开来的。

这五座墓的葬具都是单棺无椁,随葬品简陋,并有两座是空墓,墓主人当为地位低下的平民,有可能是秦军士卒(九店M487除随葬仿铜陶礼器外,还有铜镞),或是被迁徙的罪人。五座洞室墓的具体年代在公元前278年"白起拔郢"至公元前241年的30余年间。其中M487就器形而言,可列于战国晚期早段。之所以出现这种情况,可能是此墓下葬年代在秦军刚占领此地不久,地位低下的秦国平民在秦器还来不及传播于此,就在墓葬形制上按照自己的传统习俗,敢冒江陵地区土质远非关中坚实、易于塌方的危险掏挖洞室,随葬一套楚式的仿铜陶礼

---

① 湖北省文物考古研究所:《江陵九店东周墓》第421页,科学出版社1995年7月。
② 荆州地区博物馆:《江陵张家山三座汉墓出土大批竹简》,《文物》,1985年第1期;张家山汉墓竹简整理小组:《江陵张家山汉简概述》,《文物》,1985年第1期;张家山二四七号汉墓竹简整理小组:《张家山汉墓竹简(二四七号墓)》,文物出版社2001年版。荆州地区博物馆:《江陵张家山两座汉墓出土大批竹简》,《文物》,1992年第9期。
③ 郑忠华:《印台墓地出土大批西汉简牍》,载《荆州重要考古发现》,文物出版社2009年版。
④ 杨开勇:《谢家桥1号汉墓》,载《荆州重要考古发现》,文物出版社2009年版。
⑤ 叶小燕:《秦墓初探》,《考古》,1985年第1期。

器。这一批随葬楚式器物的洞室墓,当为江陵地区最早的战国秦墓。

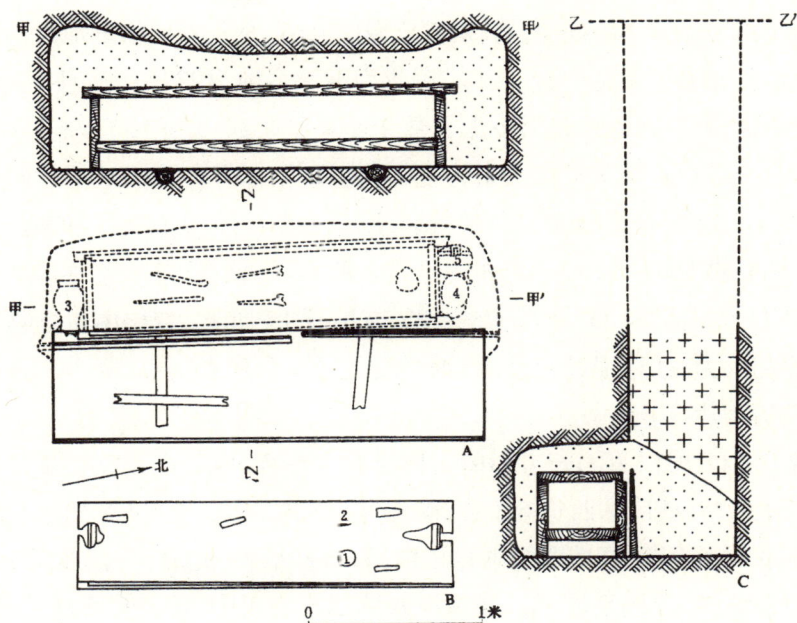

A.平、纵剖面及器物分布　B.棺盖及器物分布　C.横剖面图　1.铜镜　2.铜镞　3.陶壶　4.陶敦　5.陶鼎
图 3-3　九店 M487 洞室墓平、剖图

九店 M487,发掘时墓道上部已被取走 180 厘米,墓道两侧长壁略内斜,两短壁垂直,口长 250 厘米、复原宽 68 厘米,底长 250 厘米、宽 63 厘米、深 320 厘米。洞室在墓道西侧,两底相平,四角略显圆弧,顶部中间下弧,呈不规则的长方体形,长 263 厘米、宽 67 厘米、高 68 厘米。底部两端有圆形生土垫木槽,方向 13°。洞室及墓道下部填青灰土,墓道上部填回原坑土,土色黄褐。填土均较松软。发掘时,将洞内的土掏空后,洞室随即塌陷,将塌土清除后才能继续工作。葬具为悬底方棺,置洞室中间,洞口竖立封门板。棺长 206 厘米、宽 50 厘米、高 51 厘米。底板下无垫木,棺下两端有圆形垫木,长 106 厘米、直径 8 厘米,藏于生土槽中。棺上应有横 3 道棺束,每道四根。封门板长方形,上薄下厚,长 266 厘米、高 52 厘米。墓道南端及东北角有下葬使用后遗弃的残木。棺内有用竹席包裹的骨架一具,已朽,头向北,仰身直肢葬。墓内随葬仿铜陶礼器鼎、敦、壶及铜镜、镞各 1 件。铜镜、镞置棺盖上中部偏南,陶器则分置于棺外两端,北端为鼎、敦,南端为壶(图 3-3)。

三、凤凰山秦汉墓

　　凤凰山位于纪南城内东南隅,紧靠故城南城垣,是一处比附近地面稍高的小山丘,公元前278年秦将"白起拔郢"后成为秦汉墓地,1973~1975年间,湖北省博物馆等文物单位在此地先后发掘了数十座秦汉墓葬,墓主中有许多是当时的中下级官吏,随葬品以秦文化因素为主,但墓坑、棺椁等葬制仍继承楚国传统。在墓地的表土层下有楚国夯土台基遗址,凤凰山167、168、169号墓都打破了这座台基,其中的168、169号墓为夫妻异穴合葬墓。经钻探得知,这座台基平面为20×25平方米,基体厚60厘米~75厘米,夯层厚17厘米。夯层内包含物以绳纹板瓦和筒瓦片为主(粗绳纹瓦较多,细绳纹瓦较少),还有陶豆、罐、盂、壶等春秋战国时期的陶片。

　　凤凰山168号汉墓为长方形的土坑竖穴木椁墓,由墓道、墓坑、墓室三部分组成,方向95°。墓口东西长6.2米,南北宽4.8米,墓底长5.4米、宽3.8米,自墓口至墓底深8.4米。墓圹四壁垂直稍内斜,坑壁平整、光滑,自盖板以上1.1米还用青膏泥粉抹,厚约2厘米。墓道在墓坑的东边正中,其上为襄沙公路,故只发掘了墓道的西段,墓道底部西尽头几与椁盖板平齐,墓道西端2.4米为平台,有一高0.3米的台阶,然后呈16°斜坡向上。在墓道北壁发现一个小壁龛,龛内放大竹筒一件。壁龛附近的墓道填土中,发现有一件保存完整的陶瓮。墓坑填土分三层,均经夯打,上部为五花土,中部为青灰泥,椁盖板上14厘米以下填塞密度较大的青灰泥。填土中出有较多的东周陶片,青灰泥中出有相当数量的竹根、竹片、树根、树叶、苇竿、草叶以及杏核、桃核等,另出竹竿,绿叶、青竿、黄根,鲜艳如新。葬具为一椁二棺,保存完好。木椁置于墓室底部正中,用厚木板搭成。椁顶平铺苇席八床,出土时颜色如新。此墓青膏泥厚达5.4米,并经夯打结实,因此椁室密封较好,尸体、葬具以及大多数随葬器物得以完整保存。木椁呈长方形,长4.62米、宽3.17、高2.19米(包括垫木)。椁室由横梁、竖梁、立柱、门窗分隔为头箱、边箱和棺室三部分,棺室与头箱之间有一副双扇门相通,棺室与边箱之间有两副双扇门相通,门的两边都有门板等厚的门框。棺有内外两重,外棺为长方形盒状,长2.56米、宽0.97米、高1.02米;内棺亦为长方形盒状,长2.23米、宽0.76米、高0.71米,两端与外棺之间有约5厘米的空隙,由打入的木楔以固定内棺,两棺均涂黑漆,并于盖板、四壁板的接合处用麻布和漆封闭多层。出土时，内外棺均侧置，外棺内有浸水，与椁室积水相通；内棺内有绛红色棺液约10万毫升，一老年男尸仰身直肢泡于棺液中。168号墓内出土了一具保存完好的古尸和竹牍"告地书"、笔、墨、天平衡杆以及漆器、铜器、陶器、竹器、丝麻织物、木俑等500余件珍贵文物。其中以漆木器居多，达160余件。木器有木俑、车、马、牛、狗、梳、篦等，其中木俑数量达61件。这些器物主要放置在头箱、边箱和棺内。头箱象征死者生前的生活场面，有大批的奴婢俑和车、马、船等模型，边箱内随葬生活器皿、酒器、粮食、水果和文书工具，漆木器、陶器和铜器大多放置在这里。内外棺主要随葬墓主衣、冠、裙、鞋、袜以及玉璧、铜带钩等服饰品。在外棺盖上有木杖一根，死者口中含有一颗玉印，阴刻一"遂"字。根据墓中出土的竹牍记载，古尸名为"遂"，江陵西乡市阳里人，生前爵位为五大夫（西汉二十等爵的第九级），死时年龄约60岁，下葬时间为西汉文帝十三年（前167年），距出土时已有2000多年。出土时古尸外形基本完整，身长1.66米，体重52.5公斤。皮肤、肌肉等软组织均有弹性，四肢大小关节亦可活动，32颗牙齿齐全且牢固，鼻道畅通，左耳鼓膜犹存，脑壳完整，脑膜血管清晰，内脏器官齐全，骨骼正常，皮下胶原纤维保存良好，与新鲜组织非常接近，体内的蛋白质、脂肪、糖类等也有不同程度的保存。

凤凰山M167汉墓为无墓道的土坑木椁墓，年代约为汉文景时期。南距M168墓9.5米，方向260°。墓上残存封土。墓口打破战国时期的夯土台基，长5.7米、宽3.8米，距地表1.03米，墓深6.05米。墓壁接近陡直。坑内填土上层为褐黄色五花土，下层为青灰泥，均经夯打。椁室四周用未经夯实的青灰泥填塞。墓口东部，在棺室上端的南北侧各有两条沟槽，可能是下棺时设置机械的痕迹。距墓口2米以下的青灰泥中，出土了一个竹笥，内有动物残骸和果核等。与此同一平面的墓圹西角各有一小龛，内置陶钵。竹笥之下有一陶壶。在接近椁顶的青灰泥中，出土了一卷完整的木简。

葬具为一椁一棺，保存完整。椁长4.52米、宽2.76米、高2.15米。椁室分头箱、边箱、棺室三部分。棺室与头箱、边箱间有门窗相通。头箱与边箱间无隔板。椁室各部分都有顶板覆盖。椁板与顶板拼合较严。椁板上铺芦蓆、竹蓆共四床。此墓椁室结构基本同于凤凰山M168、M8、M9、M10诸墓。

棺为长方形盒状，长2.2米、宽0.8米、高0.8米。木板厚度均为0.12米。棺内外涂黑漆。棺口用子母榫咬合，再以漆填塞间隙。棺外横置两组麻绳，每组五根,每根直径 1.4 厘米。各组麻绳分别用两根小木棒绞紧。棺的密封程度不好。出土时棺盖拱起,部分已变形。

此墓棺饰保存较好,外层棺罩的北侧附有两根用朱红绢包裹的粗草绳,南侧的两根已落到椁底板上。这绳可能是为预防下棺时损坏棺饰而设的。棺底置两条用朱红绢缠裹的竹篾绳,当是下棺时所用的缆绳。

死者为一老年女性,尸体已腐烂,残存部分脑髓和毛发,全部骨骼以大量丝织物包裹,浸泡在绛红色液体中。棺内麻织品尚存。棺内物品均附有半透明状结晶体。棺底有一层厚约 20 厘米~30 厘米的沉淀物,内有豆类、朱砂等。出土时椁内无水,但有 16 厘米最高的渍水线的痕迹。棺内却储有 80 厘米高的液体。因此,有人初步认为棺液可能为封棺前注入的。

此墓出土的 74 枚木简,保存完整,颜色如初,在距简首 7 厘米处用一道麻线编联成册。每简长 23 厘米,约合汉初一尺,宽 1 厘米~1.5 厘米、厚 0.2 厘米~0.3 厘米。简上隶体墨书,清晰可识。每简书写随葬品的一项内容,当为遣策。全编分类如次:辎车、婢、奴;漆器、陶器、钱财和食品杂物。边箱、头箱内的随葬品基本上保持了原来的位置。

边箱以随葬车、俑为主。"谒者"二人持戟立于头箱、边箱交界处,面朝边箱,形如门卫。车、马、婢、奴皆面朝头箱。车居首,车后婢、奴分南北两队,东西九排。前五排为婢,是家内奴婢。其中最前两派袖手立侍,其后两排分别捧巾、被,最后一排分别持梳、篦。婢后为奴,共四排。值得注意的是,这些是生产奴隶。前两排扛耰,第三排扛锄,最后一排南面的持斧,北面的持锸。牛车载薪,居奴的北侧,牛车前后各有一奴,前者当即"牛者"。边箱内还随葬木马、牛、猪、狗数件。

头箱内随葬品主要有漆器、陶器,象征财产的缯、粮、薄土及食品等物。这些随葬品依不同用途分类置于头箱一隅。

丝织品数量较多,品种较全,而且保持较好。在头箱中的一个竹笥中放有三十五件丝织品卷,有朱、绛、褐、黄等色的绢、纱、缣、锦、罗、绮、组多种。此墓出土的棺罩、绣囊、绢囊及长约 8 厘米~9 厘米的三十五件丝织品卷,以及包裹尸体的衣衾,反映了汉初纺及织、印染、刺绣、图案设计等方面已经达到相当高的水平。

稻穗四束,卷放陶仓内。出土时色泽鲜黄,穗、颖、茎、叶外形保存完好。穗形整齐,芒和刚毛清晰可见。颗粒饱满。谷粒中的淀粉已经碳化,保存如此完好的成束稻穗,是西汉考古工作中的新发现,也为农学研究提出了一个新课题。稻谷经初步鉴定为粳稻。可能是一季晚稻,品种纯正,耐水肥。这与当时选育、作物栽培是密切相联的。

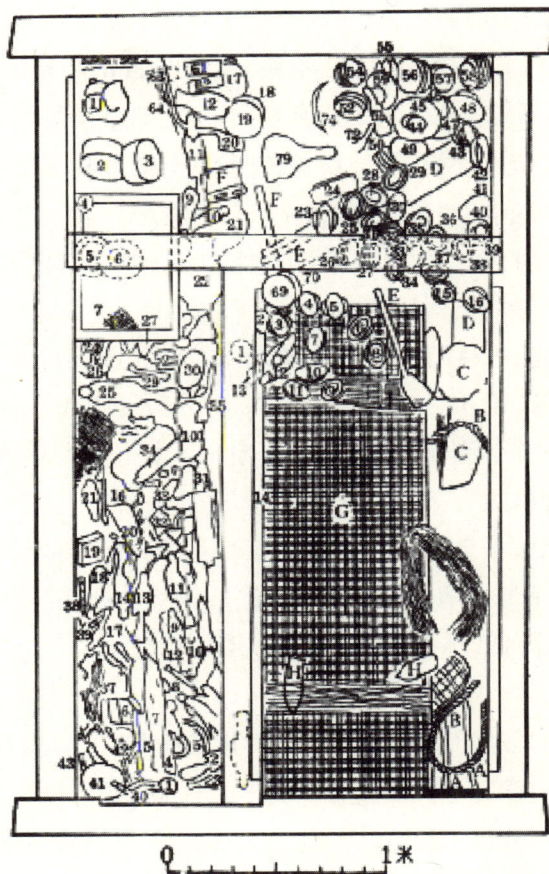

图 3-4　江陵凤凰山 M8 第一层器物分布图

凤凰山 M8 墓也是一座保存较为完整的西汉墓,年代为西汉文帝至武帝时期。墓口在近代扰乱层下,距地表深 0.5 米~0.7 米,打破了春秋战国时期的文化层。长方形土坑竖穴墓,墓口大于墓底,方向 7°(图 3-4)。墓坑内填"五花土"均经夯实。椁四周均填青灰泥,最厚达 2.8 米。在接近椁顶部位的填土中,还发现有完整的陶壶和竹笥。竹笥内尚有鸡、牛、兔骨和瓜子,似为有意放置,可能是在填坑时用于祭祀的物品。

葬具为一椁一棺。椁盖板六块横铺，拼合严密。每块长 2.4 米~2.5 米、宽 0.68 米~0.76 米、厚度除最南一块为 0.28 米以外、其余为 0.17 米~0.19 米。椁顶上满铺芦席四床。

椁室墙板、挡板均由两块拼成，挡板内侧两边凿有浅槽以插墙板。墙板、挡板的厚度均为 0.18 米~0.19 米，椁室内空长 3.58 米、宽 2.10 米、高 1.36 米。椁室由横梁、竖梁、立柱、门窗隔成主室、头箱、边箱三部分。主室在东，边箱在西，头箱在北。在主室、头箱、边箱上又分别置有盖板，均厚 8 厘米~9 厘米。头箱盖板三块横铺，主室盖板六块横铺，边箱盖板两块竖铺，均拼盖严密。主室通头箱有双扇门一副，通边箱有双扇门两副，各个门两边均有门框，各扇门的一边上下均有门斗。上端在立柱承起的枋上，下端在椁底板上凿有圆臼眼和长方眼，以便门斗、门框安入。下端门臼眼之间有方形的门槛，门上还有窗。

椁底板三块横铺，长 4.28 米、宽 0.74 米~0.77 米、厚 0.17 米。椁底板下横置垫木两根，长 2.59 米、宽 0.23 米~0.24 米、厚 0.16 米~0.17 米。垫木两端紧靠底板凿有方孔，中立木桩，起固定底板作用。有的木桩与底板间尚有 2 厘米~3 厘米的空隙，另用木楔楔紧。

棺为长方形盒状，长 2.34 米、宽 0.78 米、高 0.76 米。外髹黑漆，内髹朱漆。棺盖与棺身之间用子母榫承合，外用漆嵌缝，封闭极为严密。棺外用九股绳索捆缚两道，绳索与棺盖间每道各用木楔两根，用以楔紧。棺上平铺方格网竹帘一床，帘上有丝织品残片。

随葬品器物达四百多件，器物种类，除竹木简牍外，以漆器为多，陶器和木俑次之。出土 175 枚竹简，内容为“遣策”，经与出土器物对照，基本相符。漆器大都为木胎，一般是里面髹红漆，外面髹黑漆，少数的内外均髹黑漆，纹饰主要有云气纹、植物纹、几何纹、水波纹、动物纹、点纹等，多数以朱漆绘出，少数兼用金黄色和深黑色。人骨保存尚好，且有头发残存，为仰身直肢。

四、张家山汉墓及竹简

张家山今属荆州市荆州区纪南镇管辖，是一条东西走向的岗地，土质多网纹红土和灰黄粘土，分布着极为密集的东周、秦、汉墓群，是江陵砖瓦厂的取土地。1984 年冬，在这里发掘了张家山 M247、M249、M258 三座汉墓，年代为西汉早期。共出土竹简 1000 多枚，其中最重要的张家山 M247 墓的竹简已经整理出版①,引起了学术界的高度重视,是极其重要的历史文献。1985 年秋和 1988 年初,荆州博物馆又在张家山发掘了 M136、M127 两座汉墓,又出土了竹简 1130 枚,这批竹简保存状况好、数量大,内容更为丰富。总计张家山五座汉墓共出土竹简 2366 枚,是中国考古史上的一次重大发现,对汉代历史研究有重大价值。

(一)墓葬简介

1. 张家山 M247 墓

张家山 M247 墓为竖穴土坑墓,无墓道,方向 275°。发掘时墓口已被破坏,墓坑残长 3.48 米、宽 1.58 米、残深 1.2 米。椁室由头箱和棺室两部分构成,长 3.49 米、宽 1.40 米、高 1.15 米。头箱与棺室之间有横梁相隔,横梁下正中辟门,两扇门的上部均开有窗孔。棺室长 2.13 米、宽 1 米。靠北侧置长方形棺,棺长 1.90 米、宽 0.60 米、高 0.66 米。棺的盖板、壁板、挡板、底板均由一块整木板制成,内髹红漆、外髹黑漆,棺内尸骨无存。随葬器物放在头箱内,有铜蒜头壶、铜鍪、漆盒、漆耳杯、漆奁、漆盘、漆匕、木俑、鸟形头拐杖、陶罐、陶壶、笔筒、石砚、算筹等。竹简分置两处,一处位于头箱内紧贴椁室西部挡板的底部,被淤泥和漆木器所压,出土时散乱在稀泥中,多已残断;另一处位于头箱内紧靠南壁板的底部,上面堆压着陶器、漆器和淤泥。竹简存放在竹笥中。竹笥已朽,无盖。推测竹简原来是分卷放置,后经水漫入,造成散乱。出土竹简有历谱、吕后二年的《二年律令》、汇编司法案例的《奏谳书》,讲兵阴阳学的《盖庐》,我国最早的数学著作《算数书》,讲医学、养生的《脉书》《引书》等。

2. 张家山 M136 墓

张家山 M136 墓,长方形竖穴土坑墓,头向西,方向 280°(图 3-5)。因长期取土,发掘时,墓口及原始地面已被破坏,椁盖上仅存 0.3 米~1.5 米的墓葬填土为颜色斑杂的五花土,椁室四周填青灰泥。墓底长 4.5 米、宽 2.5 米,距原地表深约 5.5 米。葬具为一椁一棺。椁室长 4 米、宽 2.2 米、高 1.75 米,保存基本完好。椁下横置垫木两根,椁底板由四块长方形厚木组成,纵向平铺在垫木上。椁室由隔梁及隔板分为头箱、边箱和棺室三部分,棺室与头箱和边箱之间的隔梁下均有隔板及门窗,边箱顶部中间又架有小隔梁,将边箱分为前后两部分。棺室内长 2.64 米、宽 1.1 米、高 1.2 米。头箱、边箱放置随葬器物。棺室内放置长方形木棺一

① 张家山汉墓竹简整理小组:《张家山汉墓竹简(二四七号墓)》,文物出版社 2001 年版。

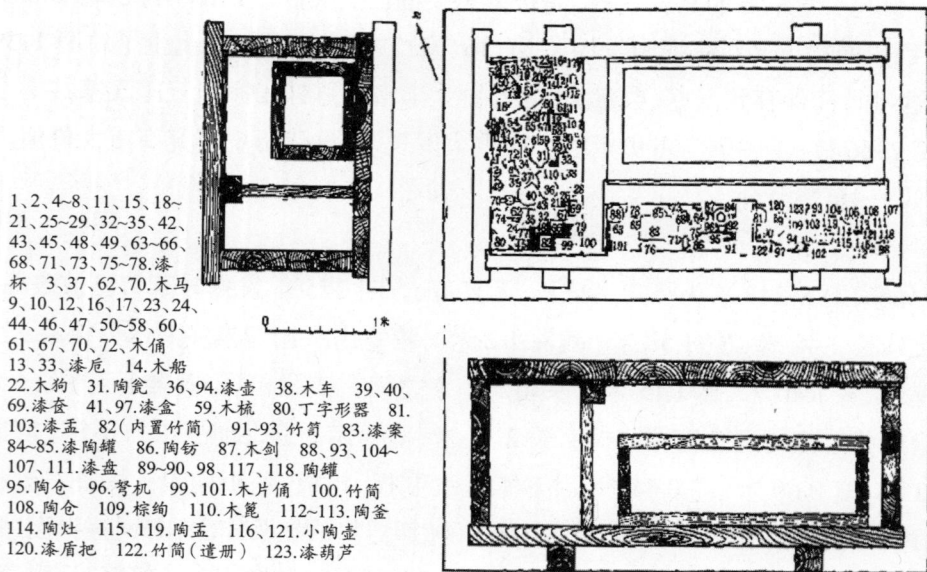

1、2、4~8、11、15、18~
21、25~29、32~35、42、
43、45、48、49、63~66、
68、71、73、75~78.漆
杯 3、37、62、70.木马
9、10、12、16、17、23、24、
44、46、47、50~58、60、
61、67、72.木俑
13、33.漆厄 14.木船
22.木狗 31.陶瓷 36、94.漆壶 38.木车 39、40、
69.漆查 41、97.漆盒 59.木梳 80.丁字形器 81.
103.漆盂 82（内置竹简） 91~93.竹笥 83.漆案
84~85.漆陶罐 86.陶钫 87.木剑 88、93、104~
107、111.漆盘 89~90、98、117、118.陶罐
95.陶仓 96.弩机 99、101.木片俑 100.竹简
108.陶仓 109.棕绚 110.木篦 112~113.陶豆
114.陶灶 115、119.陶盂 116、121.小陶壶
120.漆盾把 122.竹简（遣册） 123.漆葫芦

图 3-5　江陵张家山 M136 平、剖图

具，长 2.3 米、宽 0.81 米、高 0.78 米。内髹朱漆、外髹黑漆。棺内用竹席裹尸，尸
骨已朽。随葬器物 122 件(不含竹简)，以漆木器为主，主要有漆耳杯、奁、厄、案、
葫芦、木俑、马、车、船、剑等；次为陶器，有陶仓、灶、釜、盂、瓷、罐、壶、钫等，还有
两件漆皮陶壶。出土竹简共计 829 枚，保存基本完好，只有少量残断。绝大部分
放置在头箱南端的一个长方形竹笥中，用麻织品包裹，出土时基本保存完好，色
泽淡黄，竹黄面墨书，隶体，字迹清晰。遣策则出土于边箱西端底部，出土时简已
散乱，保存状况较差，字迹模糊。根据出土时的成卷情形、竹简的形制、内容，可
分为 7 组，除 D、C 组用两道丝线外，其余 5 组均用 3 道丝线编联。A 组共 184
枚，简长 29.8 厘米，自题篇名为《功令》，内容为西汉初期戍边杀敌立功的具体记
功方式和详细规定，以及官序的递补序列；B 组 93 枚，简长 26.3 厘米，无书名，
内容为养生修身之道类的食气却谷之法，与马王堆帛书中的《却谷去病》相同，而
内容更为完整；C 组 44 枚，简长 30 厘米，自题篇名为《盗跖》，此篇即《庄子·外
篇·盗跖》，内容与今本基本一致；D 组 10 枚，简长 23.5 厘米，无书名，内容为记
载宴享及饮食器皿等，但内容不全；E 组 70 枚，简长 37.2 厘米，内容为历谱，以

干支编排日历,形式及排列方式与银雀山竹简历谱相似,自题篇名为《七年质日》,考订年代为汉文帝前元七年;F 组 372 枚,简长 30 厘米,内容为汉律十五种,与张家山 M247 墓大致相同,内容不全;G 组 56 枚,简长 25 厘米,内容为遣策,记载随葬器物。

(二)张家山 247 号汉墓竹简

张家山 M247 汉墓共出土竹简 1236 枚(不含残片)。竹简内容包括:1.《历谱》,由 18 枚竹简组成,记载了自汉高祖五年(前 202 年)四月到吕后二年(前 186 年)九月间各月的朔日干支,是目前已知的年代最早的西汉前期的实用历谱,对于研究我国古代历法的变迁过程十分珍贵。2.《二年律令》由 526 枚竹简组成,简文包含有 27 种法律条文和一种《令》。《二年律令》是其原有的律和令的总称。由于这部分竹简同上述《历谱》共存,既然《历谱》所记的最早年号为汉高祖五年、最后年代为吕后二年,则知《二年律令》的“二年”应为吕后二年,亦即律令的全部内容都应是从汉高祖五年到吕后二年时施行的律令。《二年律令》包含了汉律的主要部分,内容涉及西汉社会、政治、军事、经济、地理等方面,对于当时的司法诉讼程序、法令文书格式、历法、医学及丧葬礼仪均有翔实的记录,为研究西汉前期的法律制度、刑罚体系、民法原则及政治、经济制度提供了最原始的资料,更是研究秦汉法律的异同、联系及其发展变化极为重要的历史文献。3.《奏谳书》,由 228 枚竹简组成,其内容是议罪案例的汇编,时间包括从春秋时期到西汉初期的 24 个案例,是当时的司法诉讼程序和文书格式的具体记录。其中,有十几个是关于西汉初期的案例,反映了汉初法律的特征,同《二年律令》在内容与本质上是相关联的。4.《脉书》,由 66 枚竹简组成,内容讲到了 60 多种疾病的名称和人体中的经络走向及所主疾病,对我国古代医学研究特别是对经络学的研究,有重大价值。5.《算数书》,由 190 枚竹简组成,它是一本关于古代数学的著作,其中的一些算题早于两汉,可以肯定比现存的《九章算术》要早,对我国古代数学发展史的研究有重大价值,是迄今为止我国最早的数学巨著,充分反映了我国在秦汉时期数学方面的高度成就。6.《盖庐》由 55 枚竹简组成。盖庐即春秋时期的吴王阖闾,所言的申胥就是楚国的伍子胥,以盖庐提问、申胥答问的体裁写成,内容讲的是治理国家和用兵的理论,具有浓厚的兵家、阴阳家色彩,对于研究秦汉时期意识形态领域的变化发展也颇有作用。7.《引书》,由 112 枚竹简组成。《引书》

的"引"有导引之意,故该简册讲的是古代的养生之术。8.《遣策》,由41枚竹简组成。所记内容均为M247号汉墓的随葬物品的名称与数量。

《张家山汉墓竹简(二四七号墓)》虽然包括如上所述的八个部分的内容,但其主要内容是汉初的法律。仅以《二年律令》来说,就有526枚,几乎占全部出土竹简的二分之一。如果再加上与汉初法律有关联的《奏谳书》的228枚,就竹简数量来说,已接近全部出土竹简的五分之三。 故与西汉前期法律有关的竹简,实为张家山汉简的主要内容。《二年律令》与《奏谳书》的内容非常丰富。尤其是《二年律令》不仅记载了从汉高祖五年到吕后二年的27种法律的律文和《津关令》的内容,有助于我们同《睡虎地秦简》中的《秦律十八种》、《法律答问》及《效律》进行比较研究,发现其联系、异同及变化发展的轨迹,而且有许多问题值得我们研究和探讨。总之,对我国古代法制史的研究有不可估量的作用。特别值得重视的是,《二年律令》的具体律文所反映出西汉前期(即汉高祖五年到吕后二年)的政治、经济制度,提供了许多根本不见于现存史籍的新史料,填补了《史记》、《汉书》的空白点,有着极大的史料价值;有的还提出了许多新问题,有助于推动秦汉史的全面研究和深入。故《张家山汉墓竹简(二四七号墓)》正式出版以后,引起了学术界的极大关注和强烈反响。

五、关咀秦汉墓及简牍

关咀乡位于荆州市沙市区的西北郊的太湖港东岸,在郢城以东约2公里处。这里分布着极为密集的秦汉墓葬。这一带的周家台、岳桥、谢家桥等地,都曾发掘清理了一批极为重要的秦汉墓葬,出土了大量秦汉时期的漆木竹器和简牍等珍贵文物。可以说,自公元前278年秦将"白起拔郢"之后,继之而起的郢城是荆州又一政治经济文化中心。郢城四周埋藏的大量秦汉时期古文化遗址和古墓葬,也是荆州丰富多彩的古代文化宝藏之一。

(一)周家台30号秦墓及简牍

周家台30号秦墓位于周家台墓地东部的稻田中,为长方形竖穴土坑墓,方向355°。墓口已被破坏,复原墓口长3.5米、宽2.24米、深3.2米。墓坑口大度小,坑壁平整光滑,填土分为两种,上部用褐、灰、黄三种颜色的原坑土回填,厚2.2米,填土经夯打,有圆形夯窝,直径0.117米,夯层厚0.18米;下部填青灰土至椁盖板上,厚 0.2 米;椁室四周已填青灰土,厚 0.8 米,也经夯打,夯层厚度不清,圆形夯窝直径与上层相同。葬具为一棺一椁,保存不够完好。单室木椁,椁室平面为长方形,长 2.74 米、宽 1 米、残高 0.77 米(未计椁盖板)。木棺为长方形,长 2.08 米、宽 0.65 米、高 0.63 米,每面均由整块木板制成。棺内骨架已朽,头骨位于北端,葬式不明。随葬器物主要放置在椁室北部空间,其余放置在西侧及棺内。共出土器物 44 件,主要有生活用具、木俑、车马模型、文具、简牍等。其中漆器 6 件,主要器形有匕、耳杯、圆奁、勺等;木器 13 件,主要有俑、车、马、匕、梳、箅等;竹器 6 件,主要有竹笥、简、算筹等;陶器 5 件,均泥质灰陶,器表饰黑衣,大部已脱落,主要器形有瓿、罐、壶、瓮、盘等;铜器 3 件,主要有带钩、镜、盘等,文具有竹笔杆、竹笔套、竹墨盒、墨块和铁削刀,均保存不好。竹简出于棺椁北挡板间西南部的椁底板上,出土时用竹笥编席包裹。简的形制有长短,各自成卷叠压,长简在上、短简在下,分为甲、乙、丙三组,共 387 枚。其中甲组 242 枚、乙组 75 枚、丙组 70 枚。甲、乙两组为长简,规格基本相同,长 29.3 厘米;丙组为短简,规格差异较大,制作粗糙,有的上面还带有竹节,长 21.7 厘米~23 厘米。竹简文字为隶书,总计 5300 余字。甲组竹简的内容为二十八宿占、五时段占、戎磨日占、五行占和秦始皇三十六年(前 211 年)、三十七年(前 210 年)月朔日干支及月大小等;乙组竹简的内容为秦始皇三十四年全年日干支;丙组竹简的内容为医药病方、祝由术、择吉避凶占卜及农事等。另有木牍 1 件,出于棺椁北挡板间的西部淤泥中,与漆耳杯、勺等随葬器物混在一起,长方形,正背面均有隶书,共 149 字,内容为秦二世元年(前 209 年)历谱,正面书写秦二世元年十二个月的月朔日干支及月大小,背面书写该年十二月份的日干支等。

(二)印台汉墓与汉简

　　荆州市沙市区关咀乡的岳桥村,分布着大量的古墓葬,是一处以秦汉墓为主的古墓群,由印台墓地、麻子塘墓地和岳家草场墓地组成。2002 年至 2004 年,荆州博物馆在岳桥古墓群共清理了以秦汉时期为主、另有少数战国及唐宋时期的中小型木椁墓、砖室墓 147 座,出土陶、铜、铁、玉石、漆木竹器等各类随葬器物共 1900 余件(套)。

　　印台位于太湖港南岸,在岳桥墓群的中部偏东处,大致呈圆形,高约 1 米,底径约 10 余米,相传因有皇帝的印台落于此处而得名。经考古发掘证实为一汉墓之封土堆，考古队将印台以东命名为印台墓地。印台墓地发掘清理了一批西汉墓，有9座墓出土了简、牍。其中M60出土竹简200余枚、木简11枚、木牍22方；M61出土木牍3枚；M59发现竹简800余枚、木牍1方；M62发现木牍1方；M63发现残简16枚、木牍8方；M83发现木牍1方；M97发现比较完整的竹简1198枚、残简100余枚；M112发现竹简44枚；M115发现木牍33方。这些墓葬均为小型墓，一棺一椁。稍大的如M115，椁室长约3.7米、宽1.84米、高1.54米，设头箱和边箱。最小的如M97，椁室长2.56米、宽0.7米，仅能容棺，空出头端以置器物。除 M112 有竹简一束置于棺内人骨左侧外，其余简牍均置于头箱（端），有的放在竹笥内。总计9座西汉墓共出土竹、木简2300枚，木牍60余方，内容分为文书、卒簿、历谱、编年记、日书、律令以及遣策、器籍、告地书等。文书中有景帝前元二年（前155年）临江国丞相收到中央政府丞相申屠嘉下达文书的记录；卒簿记载当地适龄丁卒的数量及服役、力田等状况；历谱分上下栏书写，干支之下多有节气及某人行迹；编年记类似睡虎地秦墓竹简的编年记，所见有秦昭（襄）王、始皇帝和西汉初年的编年、史实；日书与睡虎地秦墓所出有类似之处；有的告地书记载了墓主下葬的绝对年代。另在少数铜鼎及蒜头壶、陶仓及漆木器上，也发现有文字资料。这些墓葬材料，尤其是文字资料，是研究当时丧葬习俗和社会、经济状况不可多得的实物例证，具有很高的史料价值。

（三）谢家桥 M1 汉墓

谢家桥 M1 汉墓位于沙市区关咀乡的清河村，郢城以东约2公里处，西北距纪南城约5.5公里。在谢家桥四周不远处，还有岳桥、肖家草场、周家台、火巷台、清河、杨家山等同时期的中小型古墓群。考古发掘已经出土了较多战国秦汉时期的漆木竹器和简牍等珍贵文物。谢家桥 M1 汉墓为带墓道的竖穴土坑木椁墓，密封严实、保存完好。发掘时墓口已遭破坏。斜坡墓道方向185°。现存墓口距椁盖板约1米，墓坑残长5.7米、宽3.75米；墓道向南，残长1.9米、宽2.2米。椁室长4.64米、宽3.1米，内空深1.25米。椁室除最上一层盖板外，其下有一层分板，四周有一圈护椁板，密封相当好。椁室结构为五室，四边室（据出土遣策名为"便椁"）较狭小，中央棺室较宽大，四边室均有通往棺室的门及象征性望窗。椁盖板外有一周护椁（据出土遣策名为"收方"）长4.63米、宽3.08米、厚0.26米。除去护椁后，椁室长4.16米、宽2.58米、深1.85米。棺为平底方棺，长2.42

米、宽 0.84 米、高 0.83 米。整个墓葬用材巨大、材质良好、做工精细。尤其是各箱室隔梁、门窗和分置器物的隔板、横衬以及带木栓的凹槽垫木等,更是结构严谨、匠心独具。在现场共清理出各类随葬品 196 件(套),按质地可分为漆器、木器、竹器、陶器、铜器、铁器、骨器、丝织品等几大类,按用途可分为日常生活用品、礼器、乐器、车马器、丧葬用具等。东室出土 27 件套,绝大部分为鼎、钫、蒜头壶、盘、盂、勺、甗、鐎壶等成套铜礼器,另有部分丝织囊和少量漆壶、竹笥,以蒲草包裹捆扎的竹简牍出土在此室。西室出土 44 件套,大部分为盘、盂、盒、奁、卮、骑俑等漆木器,其次为釜、甑、盂、仓、灶等日用陶器,另有部分丝织囊和少量铁器,以棕绳绑束的一捆 20 件铁锸出土在此室。南室出土 4 件套,有丝织囊和拉薪牛车一辆。北室出土 102 件套,大部分为圆耳杯、圆盘、樽、卮、匕、俑、梳、篦及带丝织品的车马等漆木器,另有较多篓、笥等竹器和罐、瓮、薰等陶器以及少量丝织囊。棺室出土 19 件套,大部分为荒帏、绳套、幡、袍等丝织品,另有包裹着丝织物的木辟邪、砣状物和以缚棍丝带悬于棺挡板外的龙凤虎环双连璧形雕花板,还有少量麻绳、绕线棒、竹帘、草鞋等。棺为单棺,在棺内发现大量丝织物残片,墓主人尸体已朽,骨骼保存较完好。在室内整理过程中,新发现铜镜、丝麻棕织品等文物 137 件套,文物总数达 333 件套(约 800 余件)。墓内出土竹简 208 枚、竹牍3 枚。竹简内容为遣策,竹牍内容为告地书。据出土竹简的记载,该墓下葬年代为“五年十一月庚午”,也就是吕后五年(前 183 年)十一月二十八日,墓主人为女性,名恚。有四个儿子,昌为五大夫,贞、竖为大夫,乙为不更,都有一定的爵位。

谢家桥 1 号汉墓保存完好、形制特殊、文物精美,为同时期墓葬所罕见,尤其是出土的大量丝织品,是荆州马山 1 号墓战国丝绸之后的又一次重要发现,也是近年来全国汉代丝织品考古的重要发现。许多精品文物,如:以丝带捆扎的成捆漆耳杯、盘,造型生动的各类木俑和车马,棺两端的龙凤虎环双连璧形雕花板,用途各异、盛以各种食物的竹笥、篓、筒,以丝织品封口绑扎的彩绘陶器,以完好棕绳连接木塞封口的铜蒜头壶,四层精美的丝织荒帏,数十件质地、造型各异的丝织囊,二百余枚保存完好、字迹清晰的简牍,数百块各种质地的丝织物残片等等。这些极难保存的有机质文物,都在该墓中完好地保存下来,为考古学、历史学、古文字学、动植物学、纺织学等多学科的研究提供了十分珍贵的历史信息和难得的文物资料。

六、高台秦汉墓

高台墓地位于楚故都纪南城东南角外,原为楚国的一片建筑台基,秦将白起拔郢之后,这里便沦为一片废墟,成了秦至西汉时期的墓地。高台墓地以西不到100米处即是纪南城的东城墙,距凤凰山秦汉墓地仅200米。1992年,为配合宜黄公路施工取土,荆州博物馆在此发掘形体45座古墓葬,其中44座为秦汉时期,年代为秦至西汉中期。

高台墓地略呈长方形,南北稍长,西南部稍高,44座秦汉墓较集中地分布在台地上,台地边缘地带则很少有墓。墓葬分布很有规律,可分为四个区域。第一区域位于墓地北部,共14座墓,墓葬规模较大,时代较早,如M1、M2、M5都是秦至西汉早期较大的墓葬;第二区域位于墓地的东北角,共12座墓,墓葬规模较小,分布较密;第三区域位于墓地的中部偏西,共10座墓,以中小墓葬为主,分布较稀疏;第四区域位于墓地的南部,墓葬不多,共8座墓,规模一般较大,但时代较晚。高台墓地中属于晚期的墓都位于此区域内。墓葬的方向,第一至第三区域内的墓以南北向居多,第四区域内的墓则以东西向为主。由此不难看出,高台墓地的形成趋势是由北向南逐步发展的。并且,高台墓地应是由几个(至少4个)家庭墓地组成的,其中不乏夫妻合葬墓,或并穴合葬,或同穴合葬。第一区域内的M5和M9、M4和M11应属于夫妻并穴合葬墓。M4随葬有半面铜镜,显然是将一面完整的铜镜一分为二后夫妻各执半面随葬,希望有朝一日在地下圆镜相聚。第四区域内的M28,墓内并置棺两具,属夫妻同穴合葬。

高台秦汉墓均为长方形竖穴土坑墓,墓坑最大的是M5(图3-6),墓口残长6.04米、宽3.50米;最小的是M43,墓口长2.38米、宽1.18米。仅M1、M2带有墓道。葬具一般保存不好,有一椁二棺(重棺)、一椁并棺、一椁一棺、无椁单棺四种,另有无棺墓。反映了墓葬规格和墓主身份的五个类别。

一椁重棺墓两座,木椁分室较多。其中M2分四室、M5分五室,随葬品丰富精美,墓主人的身份相当于县令或略高于县令。一椁并棺墓一座(M28),椁分四室,有两个头箱、一个边箱和一个宽大的棺室,墓主身份相当于秩俸二千石的官吏。一椁一棺墓共18座,椁分三室,即头箱、边箱和棺室。M33则为四室,有两个边箱。此类墓椁室的大小和随葬品的多少,也有较大的差异。因此,一椁一棺墓又可分为两个等级。椁室面积在 9.5 平方米以上、有宽大的头箱、边箱及复杂的门窗结构,随葬器物较多且精美的,墓主的社会地位应在第六级至第九级爵之间,即官大夫至五大夫,任不高于五大夫。椁室面积在 3 平方米~6 平方米之间,椁室无门窗结构,随葬品以日用陶器为主的,墓主身份多属地方乡官、中小地主或商人。无椁单棺墓 17 座,葬具仅为一棺,随葬品一般只有数件陶器,墓主身份应为一般平民。无椁无棺墓 6 座,墓主身份应是低于平民的奴婢。

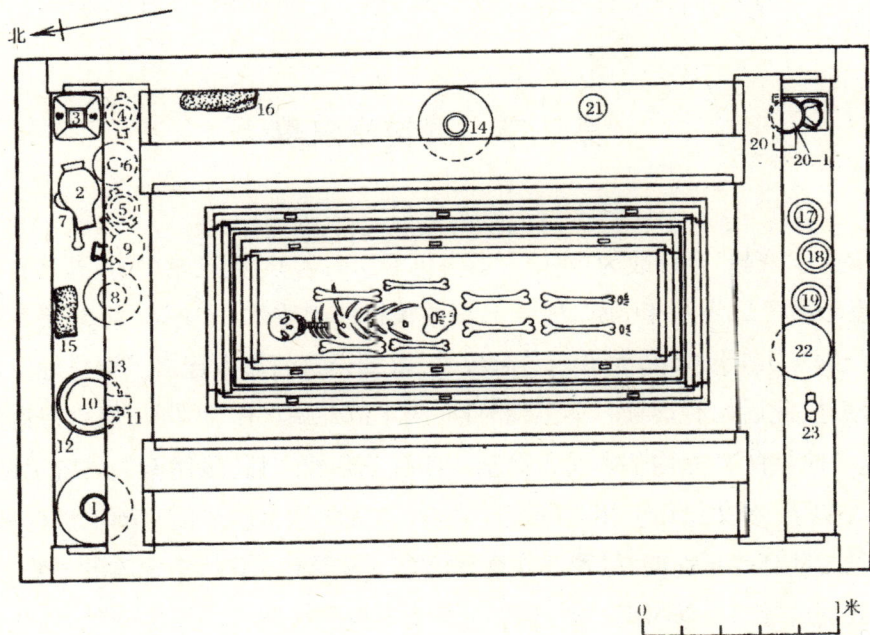

1、14.彩绘陶瓷　2、3.铜钫　4、5.铜鼎　6、7.铜蒜头壶　8.铜瓿　9.铜锥壶　10.铜匜　11.铜匕　12.铜壶　13.铜盆　15~16.竹笥　17~19.陶矮领罐　20.陶灶　20~1.陶甑　21.漆樽　22.陶仓　23.漆扁壶

图 3-6　荆州高台 M5 椁室平面图

高台秦汉墓出有陶器 255 件、铜器 94 件,漆木器 793 件,玉器和杂器 25 件,还有木牍、竹简等文字资料。陶器以日用陶器为主,也有部分礼器。铜器按功用可分为礼器、日用器、货币和其他铜器等,有些铜器制作较精。玉器也很精美。在高台墓地出土器物中,数量最多、最有特点和最为珍贵的是漆器。这些漆器主要为生活用具。秦汉以后,漆器工艺发生了很大的变化,楚墓中常见的那些反映

神祀、巫鬼的祭祀法器基本不见,日用器则上升到主要地位。楚墓中常见的礼器也常以漆器的形式出现。这种变化是楚、汉漆器的重要区别。

高台墓地还出土一批很有价值的木牍、竹简等文字资料。其中 M18 所出的一件木牍为"告地书",墓主大女燕,安都人,希望死后魂归故里安都,故江陵丞作此告地书,向安都地君请求,希望其能接受燕的户口(名数)而登报户籍。

高台墓地的年代为秦至西汉中期,墓葬规格较高,出土文物丰富,文化特征鲜明,具有强烈的时代特征和地域特征,在楚汉文化研究中具有重要地位。

第三节　襄樊秦汉墓

襄樊("襄樊"今已改为"襄阳",本书仍沿用旧名)地处汉水中游、湖北省西北部。秦昭襄王二十八年(前 279 年),秦派大将白起攻楚。《史记》卷 5《秦本纪》:"(秦昭襄王)二十八年,大良造白起攻楚,取鄢、邓,赦罪人迁之。"襄樊地区成为秦的辖地,此后始有秦墓。秦王朝时期,汉水以北属南阳郡邓县,汉水以南属南郡,这一时期的墓葬均基本属于秦墓。西汉王朝建立后,虽然秦人的统治结束,但西汉初年,秦文化仍有相当程度的影响,秦文化风格较浓的墓葬依然存在。西汉文景时期到武帝前期,尽管部分墓葬仍有少量受秦文化因素影响的器物,如源于秦式器的鍪、灶、镵斗等。由于这些器物本身的形制已经发生变化,墓葬的主体风格已向汉文化转变,秦文化因素逐步弱化直至完全消失。

襄樊地区秦汉墓的发现始于上世纪 70 年代。1972 年在山湾墓地发掘清理了34 座墓葬,其中有一座秦墓①。1974 年在蔡坡墓地中发现有 4 座有秦文化风格的墓葬②。80 年代以后,襄樊地区在余岗③、郑家山④ 等地发掘了较多的秦汉墓。2001

---

① 杨权喜:《襄阳山湾十八号秦墓》,《考古与文物》,1983 年第 3 期。
② 湖北省博物馆:《襄阳蔡坡战国墓发掘报告》,《江汉考古》,1985 年第 1 期。
③ 襄樊市博物馆:《湖北襄阳余岗战国墓发掘简报》,《考古》,1992 年第 9 期;襄樊市博物馆:《湖北襄樊市余岗战国至东汉墓葬发掘报告》,《考古学报》,1996 年第 3 期;襄樊市博物馆:《襄樊余岗战国秦汉墓第二次发掘简报》,《江汉考古》,2003 年第 2 期。
④ 湖北省文物考古研究所等:《湖北襄樊郑家山战国秦汉墓》,《考古学报》,1997 年第 8 期。

年,为配合襄荆高速公路工程,在襄阳王坡发现了一处大型的东周秦汉墓地[①]。最近,文物部门又在襄樊西北的老河口九里山发掘了一处大型的战国秦汉墓地[②]。

襄樊秦墓中有秦、楚两种文化因素,以秦文化系统为主。墓葬形制多为楚式的土坑竖穴墓,有个别的秦式洞室墓。土坑墓多使用棺椁,二层台较为流行。可能由于地理条件,襄樊地区的楚墓和秦汉墓的葬具保存不佳,一般为单棺单椁和单棺,随葬器物有铜陶礼器、日用器等。漆器原应占一定比例,但由于保存条件不好,大都无存,仅见残痕。据学者研究,山湾、蔡坡是传统的楚墓地,王坡是古邓城居民的公共墓地,余岗是秦移民的墓地,郑家山则是秦人和楚移民的墓地[③]。

襄樊地区的西汉早期墓多沿战国晚期和秦代墓葬继续发展,在文化上有秦、楚、汉三种文化因素,秦、楚文化因素继续得到反映,而以秦文化因素为主,二者不断融合逐步形成了强烈的汉文化面貌。到西汉中期前段即汉武帝时期,秦、楚文化因素才完全消失,汉文化面貌形成。汉代承秦制、融楚俗的特点在襄樊地区的秦汉墓中,有较为明显的反映。老河口的九里山是鄂西北最大的西汉墓地,楚式土坑竖穴墓向汉式砖室墓发展的轨迹十分明显。最初是土坑墓变浅,然后土坑墓中出现铺地砖,下一步是墓室中起砖墙,最后上部封闭形成砖室墓。

一、襄樊洞室墓

襄樊地区的秦墓绝大部分是长方形竖穴土坑墓,仅在余岗墓地和王坡墓地分别发现了两座洞室墓(余岗 YM18、王坡 M7)。这两座洞室墓略有区别。余岗 YM18 形制与江陵九店的洞室墓较为接近,墓道较深,然后向侧面掏挖洞室,洞室可封闭,剖面呈"L"型。王坡 M7 的形制则有较大的差异,似在前述的洞室墓上作了一些改良,墓道较浅,洞室较高,有一半左右与墓道重合。

(一)余岗 YM18

墓口长 2.36 米、宽 1.46 米~1.54 米,墓底长 2.29 米、宽 1.42 米~1.48 米,墓坑深 2.34 米,方向 307°。墓壁较为光滑。墓底东侧掏挖洞室,两侧与墓底两端齐平,往东掏进 0.60 米,底部与墓室底部等高,往上掏挖 0.36 米~0.60 米。未见葬具,仅在洞室北部发现 3 枚牙齿。随葬品则置于洞室南部,仅有 1 件铜鍪。

① 湖北省文物考古研究所、襄樊市考古队、襄阳区文物管理处:《襄阳王坡东周秦汉墓》,科学出版社2005年版。
② 襄樊市文物考古研究所:《老河口九里山战国秦汉墓》,待刊。
③ 王先福:《襄阳秦墓初探》,载《考古与文物》,2004 年先秦考古专刊。

（二）王坡 M7

方向 11°。长方形竖井式墓道位于东部,墓道口略呈梯形,长 2.3 米、宽 1.4 米~1.46 米,直壁。东壁自墓道口垂直向下至 0.75 米深处,往西平伸 0.74 米为墓口东壁;西壁自墓道口垂直向下至 0.24 米深处到墓顶,再往西掏挖洞室,平挖 0.8 米到西壁。墓室为长方形,顶、底均较平,长度与墓道口相等,长 2.3 米、宽 1.5 米。东部深 0.35 米,西部深 0.86 米。墓道、室壁面均较粗糙。墓室北壁下部设长方形龛,龛顶与墓道东底平,两边与洞室壁齐,宽 1.5 米、高 0.35 米、深 0.4 米。墓葬填土为灰褐色质软五花土。葬具为单棺,木棺已朽,人骨无存,头向北,葬式不明。随葬器物共 8 件。陶鼎、壶各 1 件和陶盒 2 件并列立,和放置于壁龛内中部,陶豆 2 件侧放于中间的陶盒上,铜权、镜则放置于棺内北端(图 3-7)。

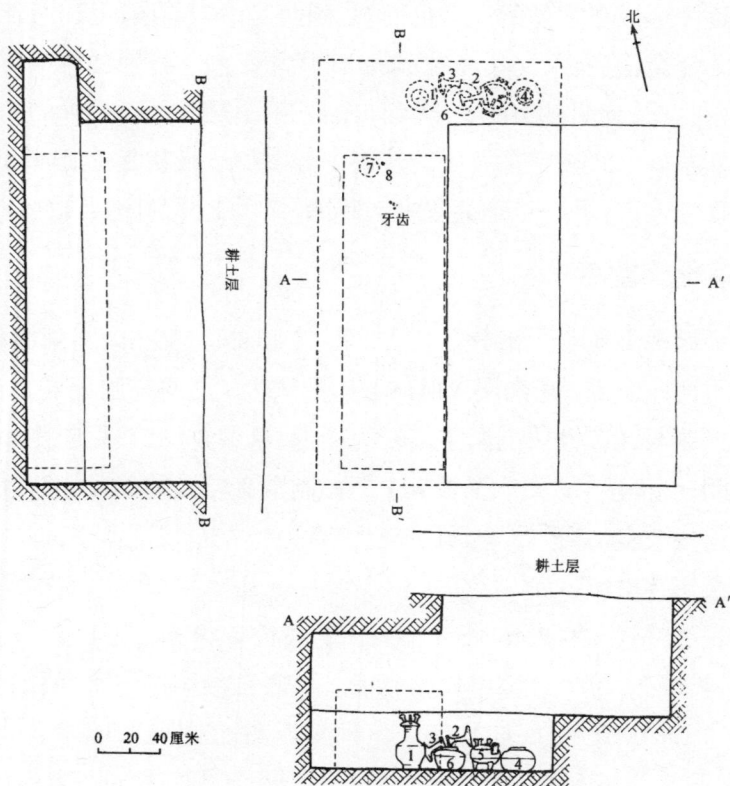

1.陶壶 2~3.陶豆 4、6.陶盒 5.陶鼎 7.铜镜 8.铜权

图 3-7 襄阳王坡 M7 洞室墓平、剖图

二、山湾和蔡坡秦墓

山湾、蔡坡两墓地位于邓城遗址东北方,是襄阳地区著名的楚墓地。山湾墓地位于襄阳县余岗公社陆寨大队之西的山湾土岗上,墓地南面和东面为汉水及其支流清河的冲积平原,北面和西面是绵延起伏的丘陵地带。墓地所在的山湾土岗,平面近圆形,南部较高,北部较低,直径约 0.6 公里。1972 年至 1973 年,由湖北省博物馆主持,在此地发掘了 34 座东周墓,出土大量铜器①。蔡坡墓地在襄阳县余岗公社施坡大队北部的蔡坡山冈上,是一座平面略呈椭圆形的低矮山冈,东与山湾土岗隔沟相望,相距仅二公里,是一处战国墓地。1973 年至 1974 年,湖北省博物馆联合襄阳地区文物部门在此地发掘了 11 座战国墓。根据发掘资料,这两处墓地有一定联系,可能均与邓城遗址有关。其中山湾墓地的年代偏早,主要在春秋中期至战国早期,蔡坡墓地的年代偏晚,除一座战国早期墓以外,余均为战国中期以后的墓。战国时期较大的墓也在蔡坡。这两处墓地存在时代、等级和族属方面的差异。

这两处楚墓地中有少量的秦墓。山湾 18 号墓和蔡坡 1、2、3、5 号墓是襄阳地区最早发现的秦墓。这 5 座墓葬中,山湾 18 号墓、蔡坡 1、2、5 号墓均为秦文化墓,随葬陶器为茧形壶、小口瓮、平底盂、平底壶、圜底罐、双耳罐等,均为典型的秦式陶器。年代为战国末年至西汉初。蔡坡 M1、M2、M3、M5 均为小型墓,墓口比墓底大,墓壁较为垂直,无台阶和墓道等结构。与蔡坡墓地以前的墓相比,发生了很大的变化,年代应为秦拔郢以后至西汉初年。其中蔡坡 3 号墓较为特殊,此墓陶器组合为鼎、盒、壶,仍承楚制。但无论墓葬形制还是陶器器形,均发生了重大变化,年代为战国晚期后段。

(一)山湾 18 号秦墓

这座秦墓位于楚墓区的中部,长方形土坑竖穴墓,方向 175°。墓口残长 3.82 米、宽 2.73 米,口大底小,墓底长 3.30 米、宽 2.02 米、残深 3.22 米。坑内填土为五花土,无白膏泥或青膏泥。葬具已朽,从痕迹观察,有椁无棺,也没有发现人骨架的痕迹和垫木。椁室长 2.77 米、宽 1.64 米、高 1.18 米。随葬器物置于椁室的东部南端,有铜器和陶器。铜器有鼎、蒜头壶和带钩。陶器有茧形壶、小口瓮,还有残玉环和小木块等。

---

① 湖北省博物馆:《襄阳山湾东周墓葬发掘报告》,《江汉考古》,1983 年第 2 期。

(二)蔡坡 3 号墓

长方形竖穴土坑墓,方向273°。墓口长3.44米、宽2.56米,墓底设有生土二层台,宽0.26米~0.32米、高0.2米。葬具为一棺一椁,人骨架已朽,葬式不明。随葬陶器置于棺侧,有鼎、盒、壶各2件,豆5件,另有玉瑗1件。

三、郑家山秦汉墓

郑家山位于襄阳古城西南约700米处,南距砚山主峰约2公里,西至羊祜山约1公里,檀溪水傍其北麓,东流注入汉江。1990年底至1991年8月,1995年11月至1996年元月,湖北省文物考古研究所和襄樊市博物馆对该墓地进行了两次发掘,共清理战国秦汉墓44座。

郑家山秦汉墓可分为四期:第一期的年代为战国末年,从"白起拔郢"至秦统一;第二期的年代为秦统一至西汉初年;第三期的年代为西汉早期,相当于西汉初至文景之际;第四期的年代为西汉中期,相当于文景之际至武帝后期。

郑家山秦汉墓的随葬器物共有六类组合:单纯礼器、日用器组合,礼器加日用器或加模型明器组合,礼器加模型明器和日用器加模型明器组合。第一期墓葬有典型的楚式铜礼器组合和陶礼器,也有非典型的秦式组合,即由部分秦式器加入楚式器共同组合而成,此类情形应是秦占楚地后两种文化因素融合的结果。第二期墓葬随葬器物全为铜、陶日用器,基本为秦式组合。第三期墓葬有礼器组合、日用器组合和礼器、日用器混合组合,有的加模型明器。其中礼器组合及器物形制沿袭本地的楚文化风格,日用器组合和形制沿用秦式器。第四期墓葬随葬器物组合一般为礼器加实用器加模型明器,礼器类别基本无变化,实用器除保留有豆、罐、钵外,鉴、釜已完全消失,同时以大量出现模型明器为新特点。

按墓葬形制,郑家山秦汉墓可分为长方形土坑竖穴墓和长方形岩坑竖穴墓两大类。

(一)长方形土坑竖穴墓

土坑墓共37座,其中9座设有生、熟土二层台,墓壁多经修整,壁面光滑,填土为黄褐、灰白相间的粘性五花土。葬具全朽,从朽痕中可见葬具有单棺单椁和单棺两种。有椁墓一般分两室,有的为三室。骨架保存状况极差,仅有5座墓可辨葬式为仰身直肢。有椁墓随葬品一般置于头箱或边箱中,无椁墓一般置于墓室头端或侧面,某些小件器物可能是随身携带,故多在墓室中发现。

1. 郑家山 M17

墓向 92°。墓口大于墓底。墓口长 4.9 米、宽 3.7 米,墓底长 3.3 米、宽 2.1 米、墓深 3.52 米。四壁设二级生土二层台,上下层台面分别宽 0.32、0.48 米,高 0.44、0.96 米,上距墓口分别为 2.12、2.51 米。墓坑填土为粘性五花土,未见青膏泥。墓室被分为南北两部分,均宽 1.05 米,其中南部较北部低 0.12 米。未发现葬具痕迹。随葬器物置于南半部,约为边箱,北半部可能为棺室。墓坑东侧土方已被挖走,是否有墓道不得而知。随葬品以铜器为主,有铜鼎 2、铜盉 1、铜盘 1、铜匜 1、铜壶 1、铜缶 1、铜勺 1,另有陶方豆 1 件。

2. 郑家山 M42

墓向 350°。墓口大于墓底,墓口长 2.9 米、宽 2.04 米,墓底长 2.5 米、宽 1.6 米、深 4.48 米。墓坑填土为粘性五花土。仅从灰痕分辨出葬具为单棺单椁。椁长 2.32 米、宽 1.24 米,棺长 2.08 米、宽 0.62 米。椁室分棺室为边箱。骨架保存基本完好,高 1.76 米,头向北,仰身直肢葬。随葬品置于边箱,以日用器为主,有陶鋬 2、铜印 1、铜带钩 1、漆耳杯 2,另有一面铜镜置于头骨左侧。

3. 郑家山 M44

墓向 94°。墓口与墓底同大。墓长 2.5 米,宽 2.04 米,深 2.46 米。墓坑填土分上下两层,上层为黄色沙质土,深 0.89 米,下层为粘性五花土,深 1.57 米。仅从灰痕分辨出葬具为单棺单椁,椁长 2.5 米、宽 0.9 米,棺长 1.98 米、宽 0.5 米。椁分三室:头箱、边箱和棺室。人骨架保存较完整,高 1.75 米,头向东,仰身直肢葬。随葬器物分置于头箱和边箱,有陶器和铜生活用具,计陶豆 2、陶盆 2、陶钵 2、陶釜 1、陶壶 1、陶珠 1、铜带钩 1、铜镜 1。

(二)长方形岩坑竖穴墓

郑家山的岩坑墓系襄樊地区首次发现,共有 7 座,形制较简单。其中 M29、M34 可能为并穴合葬墓,其余可能为单人墓。这批岩坑墓均由人工凿岩掘壁修筑而成,并因开山炸石而受到不同程度的破坏。其中口大底小者 6 座,口底同大者仅 1 座。前者有 3 座设一、二级二层台,其中的一座在二层台上平盖二层青石板,当为椁、棺盖板,墙、底板依墓壁而设。两座在一层填土中平盖一、二层大石块,作用不明。仅两座可见朽烂的木棺朽痕。7 座墓中有 3 座人骨架保存较为完整,两座只见下腿骨,全为仰身直肢葬,随葬品多置于墓室一端或一侧。

1. 郑家山 M63

墓向 265°。墓口长 3.26 米、宽 1.84 米~1.92 米,墓底长 3.26 米、宽 0.96 米,墓深 2.68 米。墓南北壁各设二级二层台,上层台面宽 0.18 米、0.29 米,上距墓口 3.50 米;下层台面均宽 0.22 米,上距墓口 3.90 米。西层台面均横行平搭 5 块石板,石板分别长 1.4 米和 1.87 米、宽 0.4 米~0.85 米、厚 0.10 米~0.85 米不等。应为棺、椁顶板,其下内空。人骨架保存较为完整,高 1.90 米,头向西,仰身直肢葬。随葬品置于头端,计有陶鼎、盒、壶各 2 件,陶垫 2 件。年代为西汉早期,相当于汉初至文景之际。

2. 郑家山 M66

墓向 65°。墓口长 3.42 米、宽 2.34 米,墓底长 3.20 米、宽 1.66 米,墓深 2.68 米。南北壁各设一级二层台,台面均宽 0.2 米,上距地表 1.08 米。墓底西部距西壁 0.54 米处有一条凹形沟槽,长 1.66 米、上宽 0.2 米、下宽 0.16 米、深 0.12 米,作用不明。未见葬具及人骨架。随葬品置于墓室东北部,计有铜扁壶 1、陶罐 1、陶瓿 2、陶盆 1、铁鼎 2、铁釜 2、铁勺 1。年代为秦统一至西汉初年。

3. 郑家山 M68

墓向 5°。墓口长 4.43 米、宽 2.38 米~2.45 米,墓底长 4 米、宽 2.2 米~2.3 米,墓深 5.6 米。墓室填褐色粘性五花土。填土中间上距墓口 2.4 米和 3.4 米处各铺一层石块,上层石块较大,长 1.2 米、宽 0.6 米、厚 0.35 米左右;下层石块较小,长 0.4 米、宽 0.2 米、厚 0.12 米左右。作用不明。墓室东南部可见朽烂的灰色棺痕,残长 2 米、宽 0.68 米。棺内仅见一段胫骨,仰身直肢葬。随葬品置于棺之四周,种类有陶、铜、铁、玉器,共有陶鼎 4、陶壶 4、陶钵 1、陶罐 1、陶灶 2,铜器盖、带钩、剑、镜各 1 件,玉珌、璜各 1 件,铁舍、匕首各 1 件。年代为西汉中期,相当于文景之际至武帝后期。

四、王坡秦汉墓

王坡墓地位于襄阳地区北部,樊城西北约 10 公里处,坐落在汉水以北一条基本呈东西走向并高于四周的丘陵岗地上,墓地自南向北纵穿岗地中部偏东处,东部岗地上分布着蔡坡、山湾等楚墓地。

王坡墓地在古邓城正北约 4 公里处,是古邓城的一处重要墓地。据专家考证,邓城为周代邓国和楚、汉邓县所在地。自西周至西汉末年,邓城一直是区域内的政治、经济、文化中心。直到东汉末年,曹魏时期才因为襄阳、樊城的兴起而废弃。因此,在邓城周围分布着极为密集的东周至汉代遗址和墓地。2000 年至 2002 年,为配合襄十高速公路、襄荆高速公路连接线工程,湖北省文物考古研究所与襄樊市考古队联合对王坡墓地进行了勘探和发掘工作。共发掘古墓葬 176 座,其中东周秦汉墓 173 座,年代有春秋早期、战国晚期至秦代、西汉、东汉。

王坡墓地在春秋早期是古邓国贵族墓地。楚灭邓后,该墓地的墓葬可能遭严重破坏,墓地也因此废弃。到春秋中期以后,随着楚邓县的发展,周围的村落也繁荣发展起来,王坡也作为其中的一员得以建立和发展。战国晚期由于秦、楚的激烈战争,直到秦将白起伐楚,取鄢、邓后,王坡才再次成为邓城居民的墓地。战国晚期后段至秦代是占领、统治邓城的秦人和楚遗民墓地,西汉时期是邓城居民的公共墓地,东汉时期是地方官员和豪强地主的家族墓地。

(一)墓地布局

王坡墓地共分为四区,自南向北为王坡、蔡家山、老虎山、南岗,尤以王坡墓地更为集中,于是将王坡分为Ⅰ、Ⅱ两区,蔡家山、老虎山、南岗各为一区,分别为Ⅲ、Ⅳ、Ⅴ区。第Ⅰ、Ⅱ、Ⅲ、Ⅳ区同处在一条相对独立的东西向岗地的西端,Ⅴ区则分布在另一条相对独立的岗地东部,南隔宽约 500 米的小冲沟与前四区所在岗地相连。

第Ⅰ区墓葬 102 座,分布在山岗南部与汉水淤积平原相接的缓坡,各向南、东南延伸的小支岗上,以南支岗的墓葬最为集中,分布范围南北长约 350 米、东西宽约 180 米,墓葬方向以南北向居多,东西向较少。时代早的墓葬主要集中在该区。Ⅰ区的墓葬不仅数量多,而且相对集中,时代延续较长,但其分布丝毫不乱。除 M69 与 M70 有一例打破关系外,其余墓葬均间隔一定距离。其中 M5 和 M6、M34 和 M35、M41 和 M42、M44 和 M45、M59 和 M60、M61 和 M62、M69 和 M72、M73 和 M74、M76 和 M77、M80 和 M81、M85 和 M86、M89 和 M90、M93 和 M94、M148 和 M150,两墓相距不远,一般不超过 2.5 米,个别为 4 米左右,且墓葬规模、方向、结构、棺椁、随葬器物等基本一致,在时代上差距不大,应是夫妻异穴合葬墓。

第Ⅱ区墓葬48座,分布于山冈南段顶部东坡及向东南延伸的两条支冈上,分布范围南北长约350米、东西宽约130米,墓葬方向以南向稍多,东西向稍少。墓葬分布以冈顶东坡较多,共29座,还有几座未发掘的墓葬。靠西部的支冈上有17座墓葬,靠东部的支冈上仅有两座墓葬。已发掘的42座墓葬中,有战国晚期至秦代墓葬31座,西汉墓只有11座。这11座西汉墓有7座集中在靠西部的支冈上,冈顶东坡及靠东部的支冈上各有3座和1座。Ⅱ区的墓葬数量相对较少,密集程度也不如Ⅰ区,时代上的跨度不大,只有一例打破关系,其余墓葬的间距相对较大。其中M104与M105、M113和M114、M116和M117、M122和M123、M124和M125应为夫妻异穴合葬墓。

第Ⅲ区墓葬10座,分布于山冈中段顶部,分布范围南北长约150米、东西宽约120米,墓葬方向中南北向与东西向各占一半。墓葬呈散状分布,北部6座相对集中,其中M153~M156自北向南呈一字形排开,方向基本一致,时代上有别,它们之间可能有某种联系,或为家族墓地。中南部仅有4座墓葬,间隔距离较大。10座墓葬的年代全为西汉,但跨度较大,从西汉初年到王莽时代。

第Ⅳ区墓葬10座,分布于山冈北段缓坡上,分布范围南北长约310米、东西宽约150米,墓葬方向以南北向为主,呈散状分布。南部8座相对集中,其中M165和M166几乎并列,时代墓葬规模、方向、随葬器物等大体相同,应为夫妻异穴合葬墓。中、北部各有1座墓葬,均独立分布,墓葬规模相对较大。从时代上看,南部的8座墓葬大约在汉武帝前后,中、北部的各1座墓葬各为西汉晚期和东汉早期。呈现出愈往北愈晚的趋势。

第Ⅴ区墓葬9座,分布于山岗顶部的东坡上,分布范围南北长约135米、东西宽约110米,方向以南北向居多,东西向较少。虽呈散状分布,但相对集中。可以分为南北两组。南组4座,其中M175和M176并列,规模、方向一致,应是同冢异穴墓;北组5座,该区应是一个家族墓地。

(二)战国晚期至秦代墓葬

王坡墓地的战国晚期至秦代墓葬共99座,分布于第Ⅰ、Ⅱ两区,尤以第Ⅰ区为多。99座战国晚期至秦代墓葬中,有68座分布在第Ⅰ区。这批墓葬又可分为两期:第一期年代相当于战国晚期后段,即秦拔郢至秦统一之前;第二期相当于秦代。

1. 墓葬形制

除 1 座为长方形竖穴土洞墓外,余均为长方形竖穴土坑墓。大多数口大底小,少数口底同大。坑壁平滑者不多,有的还留有工具痕迹。墓底则多平整。墓葬规模较小,墓口一般在 2.2~2.8 米×1.2~1.8 米左右,大的也只有 3.5 米×3 米,小者仅 2 米×0.8 米。墓坑深浅不一,浅者仅数十厘米,深者则达 10.8 米,其原因除原来就有深浅外,也可能与后来改田有关。墓坑方向以南北向为主,共 75座,可辨明头向者 69 座。其中北向 32 座,南向 21 座,东向 9 座,西向四座,另西南、东南、西北向各一座。除土洞墓外,其余墓葬均无墓道。部分墓葬在墓底两侧设有生土台,有的墓葬有安放葬具后对四周填土有踩压拍打现象,形成所谓熟土台。少量墓葬在一端设有壁龛,均位于头部,是为"头龛"。生土台和头龛既有单设,也有共设。各发现一座设台阶和梯穴(脚窝)的墓葬。填土多为黄褐色五花土,未发现有填塞青膏泥或白膏泥的情形。葬具保存不好,仅一座墓的葬具保存完整,少数可见残存的椁板或棺板,绝大多数只能见到棺椁腐烂后的朽痕和漆皮,有单棺和单棺单椁两类。人骨架多无存,可辨葬式均为仰身直肢葬。随葬器物的放置方面,带龛者均放置于龛中,单棺墓一般置于棺外一端或一侧,有椁墓则有置于一端、一侧或一端一侧、一端两侧几种情形。玉器和铜剑、镜、带钩等多置于棺内,铜镜多位于一端,并有与木梳、泥饼等同放漆盒中的印迹,铜剑和带钩多在中部,推测可能是下葬时随身佩带。

单棺墓 25 座,规模较小,均为长方形墓口。除 1 座为竖穴土洞墓外,其余均为竖穴土坑墓。土坑墓又有单纯竖穴土坑、单设生土台、单设壁龛、共设生土台和壁龛等类型。其中单纯土坑墓 8 座,单设生土台的竖穴土坑墓 5 座,均口宽底窄。单设壁龛的竖穴土坑墓 3 座,共设生土台和壁龛的竖穴土坑墓 8 座。这类墓中的 M116、117 两墓较为特殊,墓葬为同一开口,至墓口下 0.9 米处分开挖掘墓坑,应为并列异穴合葬墓(图 3-8)。单棺单椁墓 71 座,此类墓的规模相对较大,均为长方形墓口、竖穴土坑墓。有单纯竖穴土坑和单设生土台、单设台阶三种类型,或口大底小,或口底同大。其中单纯竖穴土坑墓 55 座,单设生土台的竖穴土坑墓 16 座,单设台阶的竖穴土坑墓 1 座。另有两座墓葬具不明。

2. 随葬器物

战国晚期至秦代墓葬中,共出土随葬器物 573 件。其中陶器 396 件,铜器 99

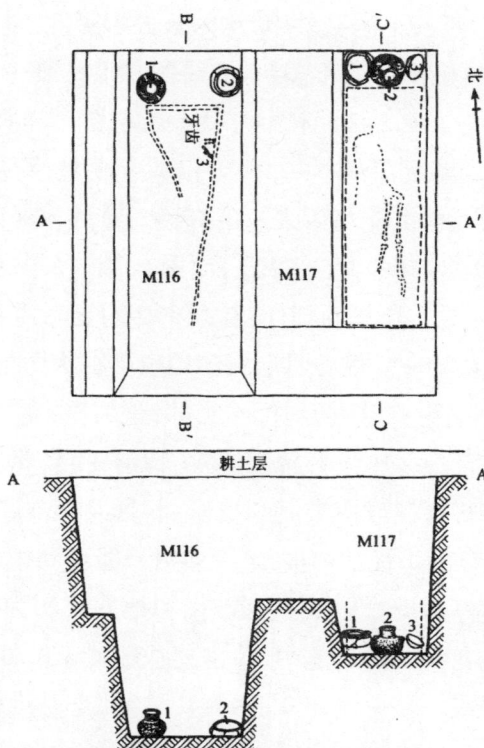

图 3-8　襄阳王坡 M116\117 平、剖图

件,铁器 8 件,玉、石、料、角器 29 件,另有少量漆木器,但均无存,仅保存铜附件 8 件。能见到漆痕者 33 件。

　　陶器按用途可分为仿铜陶礼器和日用陶器两大类,另有少量其他类器物。陶器大多为专门用于随葬的明器,仅少量为实用器。仿铜陶礼器有 259 件,复原 252 件,主要有鼎、盒、壶、小壶、豆等。日用陶器 102 件,复原 97 件,主要器形有罐、瓮、盂、鏊、釜、灯等。其他还有饼、串珠等,共 35 件。铜器共 99 件,按用途可分为礼器、日用器、兵器、服饰器、杂器和钱币六类,均为实用器。其中铜礼器 26 件,器形有鼎、壶、钫、匜、勺等;日用器 6 件,器形有鏊、蒜头壶、蒜头扁壶、小口瓮等;兵器 5 件,复原 4 件,种类有戈、剑、弩机等,其中 M61 所出铜戈有"三十四"的纪年,据考证应为秦昭襄王纪年;服饰器 37 件,种类仅有铜镜、铜带钩。此外,还有铜质的杂器 21 件,有铜印、铜权、铜铃、铜璜、铜环、铜扣器等;铜钱有 3 枚秦半两,均出自 M128,是重要的断代依据。铁器 8 件,其中鼎 6 件,甀和不明工具各 1 件,均锈蚀严重,仅基本复原鼎 1 件,残存鼎足 1 件。漆器 41 件,器形有盒、壶、盘、樽、耳杯、梳等,均已朽,仅 8 件保存有铜质附件。玉石料角器 29 件,其中玉器 7 件,有璧、环等。石器 6 件,均出自 M57,有坠、管、饼、坠饰、柱形饰等。料器 15 件,有珠、管等。角器仅 1 件。

随葬器物的组合形式主要为单纯仿铜陶礼器、单纯日用陶器及仿铜陶礼器与日用陶器的混合组合。此外,还有纯铜器组合及铜器与陶器、铁器与陶器、铜器与漆器、陶器与漆器、铜器与铁和陶器等不同质地器物组合。陶礼器组合最常见的为鼎、盒、壶组合,有的加豆,有的无盒。日用陶器组合为壶、罐、盂、鍪、釜,最常见的是双耳罐。按有无罐分为两大类,组合方式较为复杂,主要有罐、盂、鍪,罐、釜,罐、盂,罐、鍪,罐、壶、盂,罐、盂、釜,罐等几种;无罐组合主要有盂、鍪,壶釜,壶、鍪、盂,及单件日用陶器等。总的来说,日用陶器的组合形式多达 10 余种,但器形只有罐、壶、盂、鍪、釜五种。混用陶礼器与日用陶器的组合一般不全,每座墓的组合形式也不一样。

3.墓主身份

战国晚期至秦代墓葬规模均不大,随葬器物也不多,可见墓主人的身份不会很高。结合葬具及随葬器物、墓坑大小来看,可分为三个级别。

M34、M73、M74、M134 这四座墓规模相对较大,墓口长 3.5 米~3.9 米、宽 2.7 米~3 米、墓底长 3.1 米~3.8 米、宽约 2 米~2.7 米,深度均在 5 米以上。葬具均为单棺单椁,椁室面积也较大,墓壁均经人工修整,有生土台或熟土台,有的还有脚窝、灯龛或台阶。随葬品以铜器为主,使用二到三件鼎。这四座墓应属于第一级别。

其余还有 66 座单棺单椁墓,规模较小,墓口长、宽在 2 米~3 米、1 米~2 米之间,深度一般在 3 米以内,葬具仍为单棺单椁,但椁室面积明显偏小,墓室无特殊结构,随葬器物以陶器为主,以礼器居多,组合较全,属于第二级别。

余下的 28 座单棺墓的规模较以上有椁墓略小,深度差别不大,随葬器物的数量明显偏少,除极少的小件铜、玉器外,全为陶器。陶器又以日用器为主。用礼器的墓中只有 1 件陶鼎,属于第三级别。

第一级别按周制来说应为"士"中的地位较高者,按秦制应为第五到第八级爵秩;第二级别按周制应为"士"中地位较低者,按秦制为第一至第四级爵秩,除少量的低级官员可能为实爵外,大部分可能为虚爵。第三级别应为无爵的庶人。

第一级别中有两座墓中所出铜鼎为铸于战国晚期后段以前的楚、越式鼎,应为战利品置随葬,则墓主人应是秦人中的下层统治者,第二、三级墓从随葬品来看,墓主人有两种情形,一是随秦军迁来的秦人或留置下来的秦军士兵,二是原邓城居民,即楚遗民。

(三)西汉墓葬

王坡墓地西汉墓葬共60座,主要分布于第Ⅱ、Ⅲ区,第Ⅰ区也有一些。年代分为三期六段。一期一段为西汉早期早段,相当于西汉初至文帝前元五年(前175年),一期二段为西汉早期后段,相当于文帝前元五年至武帝元狩五年(前118年),二期三段为西汉中期前段,相当于武帝元狩五年至后元二年(前87年),二期四段为西汉中期后段,相当于昭帝始元元年(前86年)至宣帝黄龙元年(前49年),三期五段为西汉晚期前段,相当于元帝初元元年(前48年)至王莽居摄三年(8年),三期六段为西汉晚期后段,即王莽建立新朝(9年)至光武建立东汉(25年)时。

1.墓葬形制

除一座为长方形砖室墓外,均为长方形竖穴土坑墓,大多数墓葬口大底小,少数口底同大。坑壁平滑者不多,墓底则较为平整。

墓葬开口一般在2.4~3.2米×1.4~2.0米左右,最大者为5.4米×4.2米,小的仅2.3米×1.2米。墓坑深浅不一,最深的M35达10.5米,多数墓深度不超过2米,其余在2米~4.2米之间。墓向以南北向为主,可辨头向者40座。以北向居多,计11座;东南向各九、八座,西、东南向各四、三座。另有两座头向西南、东北,还有一座头向为西北。有两座墓葬带长方形斜坡墓道,部分墓葬在墓底两侧有生土台,大多在两端留有横向沟槽,乃卡放木椁前后挡板出头部位之处。有一座墓设有台阶和梯穴(脚窝)。墓葬填土多为黄褐色或灰白色五花土。填土在木椁四周较为紧密,可能是夯打或踩压过的缘故,但未发现夯窝痕迹。无填塞青膏泥或白膏泥的现象。葬具保存很差,没有一座能保存完整,大多数只能见到棺椁朽痕和漆皮。葬具分单棺单椁和单棺两类。单棺单椁墓五十二座,单棺墓七座,因棺椁朽烂过甚,以致椁室结构不明。骨架保存状况也极差,仅有两座墓可辨葬式为仰身直肢葬。单棺墓的随葬器物一般置于棺外一端或一侧,数量不多。单棺单椁墓的大件器物则有置于一端、一侧或同置一端一侧等几种情形,小件器物则多置于棺内。

　　七座单棺墓规模较小,均为长方形墓口,有竖穴土坑墓和砖室墓两种。土坑墓又有单纯竖穴土坑墓和单设生土台两种类型,或口大底小,或口底同大。单纯竖穴土坑墓五座,单设生土台的竖穴土坑墓一座。竖穴单室砖墓一座,长方形砖砌墓室,东部原有斜坡墓道,因被破坏不存。

　　单棺单椁墓五十座,均为长方形墓口,全为竖穴土坑墓,有单纯竖穴土坑、单设生土台、单设台阶和带斜坡墓道等四种类型。单纯的竖穴土坑墓数量最多,达四十五座。单设生土台的竖穴土坑墓五座。单设台阶的竖穴土坑墓一座,此墓深达 10.5 米,有两级生土台阶,第二级生土台阶上下四壁设灯龛 6 个、脚窝 5 个,棺椁保存较好。带斜坡墓道的竖穴土坑墓一座,整体形状近"刀"形。

　　2.随葬器物

　　六十座西汉墓出土随葬器物 538 件。其中陶器 301 件,铜器 167 件,铁器 23 件,玉、料器 7 件,另可见残痕漆器 40 件。

　　陶器按用途可分为仿铜礼器、日用器和模型明器三类,均为专门用于随葬的明器,无实用价值。仿铜礼器 172 件,器形有鼎、盒、钫、壶、豆等。日用器 71 件,器形有罐、瓮、鍪、茧形壶、镣斗、灯、小盒等。模型明器 56 件,器形有仓、灶、井、汲水瓶等。

　　铜器共 167 件,按用途可分为礼器、日用器、服饰器、杂器和钱币五类,均为实用器,不少的器物有使用痕迹。铜礼器 17 件,器形有鼎、钫、盘、勺等。日用器 6 件,器形有鍪、蒜头壶、锅等。服饰器 14 件,种类有铜镜和带钩。杂器 7 件,有环、印、器足等。钱币共 123 枚,有"半两"、"五铢"、"大泉五十"等。

　　玉料器共 7 件,其中玉器 6 件,有剑首、环、印、珌、璧等,料器仅有料珠一件。

　　随葬器物的组合有单纯的仿铜礼器、日用器组合及二者之间或二者分别与模型明器,或三者之间的混合组合。也有个别单纯的模型明器,有的伴出小件器物或铜钱。除陶器组合外,还有单纯的铜器组合、铜陶器组合,铁、陶器组合等。

　　3.墓主身份

　　六十座西汉墓可分为三个级别。

　　M35、M92 墓葬规模较大,墓口长分别为 5.4 米、4.1 米,宽 4.2 米、2.96 米,墓底分别长 3.98 米、4 米,宽 3.14 米、2.4 米,分别深 10.7 米、5.2 米。葬具为单棺单椁,椁室面积相对较大。椁室分为棺室、头箱、边箱三部分,可能还有足箱。随葬器物均有铜鼎、钫各2件,并配以其他陶器。因此,这两座墓属于第一级别。

其他五十一座单棺单椁墓规模不大,墓口长宽一般在2米~3米、1米~2米之间,墓底则更小,深度多在2米以内。椁室面积小,无特殊结构。随葬器物以陶器为主,并以礼器居多,组合基本齐全。少数较大的墓有铜礼器或日用器,有鼎者均为1件,个别墓有铁鼎,部分墓葬为2鼎组合。可见,这五十一座墓应为第二级别。

七座单棺墓属第三级别,墓葬形制及随葬器物与第二级别陶器墓基本一致,少数墓葬随葬器物为两鼎组合,与第二级别的界限似乎较为模糊。

第一级别的两座墓的规模、椁室及随葬器物等与江陵毛家湾M1相近①。毛家湾M1出土木牍中,记墓主身份及名为"官大夫精"。官大夫为秦汉二十爵制的第六级,推测这两座墓墓主身份大致应在第三至第六级之间。

第二级别的墓,其规模与荆州高台M18②相当或略小。据出土木牍,墓主"大女燕"为"关内侯寡"的妻或妾,其身份相当于中小地主。另同等规模的长沙王佩龙子山M3墓主为"都乡啬夫"③,属地方乡官,爵秩在第五级下。则第二级别墓主的身份应大体相当,具体或有所区别。

第三级别的墓主身份可能是无爵的庶民。

(四)东汉墓葬

王坡东汉墓只有十座,除一座分布于第Ⅳ区外,其余九座均分布在第Ⅴ区。这批东汉墓大多遭不同程度的破坏,墓室多被毁,随葬器物残、失较甚。只有M163、M172或为土坑墓,或为砖砌甬道土坑墓室的复合结构,才得以较好地保存下来。年代可分为二期四段,从东汉早期到东汉中期。

1.墓葬形制

墓向较为复杂,其中南向三座,西向两座,东北、东南、西南向各1座。墓圹均为土坑竖穴式,大多设有长方形斜坡墓道。墓坑与砖室平面形状基本一致。砖室砌于墓坑内,与坑壁的间隙较小,部分砖墙紧贴坑壁。填土为黄褐色或灰白色五花土,质地较硬。所有葬具和骨架均腐朽无存,葬式不明。随葬品一般放置在甬道或墓室前部及墓室的两侧,钱币多置于棺内。依墓葬形制的不同,可分为

① 湖北省博物馆江陵工作站:《江陵毛家湾一号汉墓》,《考古学年鉴》1986,文物出版社1988年版。

② 湖北省荆州博物馆:《荆州高台秦汉墓》,科学出版社2000年版。

③ 长沙市文物工作队:《长沙西郊桐梓坡汉墓》,《考古学报》,1986年第1期。

土坑竖穴木椁墓、土坑竖穴砖木混合结构墓、土坑竖穴砖室墓三种。

土坑竖穴木椁墓仅一座,为带墓道的长方形宽坑墓,墓向192°。墓坑平面呈长方形,口底同大,长4.9米、宽3米、深1.5米,墓坑四壁陡直,壁面较粗糙。墓坑南部设长方形斜坡墓道,墓道偏向一侧,平面呈"刀"形。填的为五花土,土质地较硬。葬具为单棺单椁,均已朽烂,未有分室。棺置于椁内西部,残存有少量红色漆皮,棺椁形制不清。人骨架腐朽无存,葬式不明。随葬品除铜钱位于棺内外,其余全部在棺内东侧。

土坑竖穴砖木混合结构墓亦仅一座。墓向195°。墓坑平面呈长方形,口底同大,墓道位于墓室南端,由砖砌竖井式甬道和土坑木构椁室两部分组成。木构椁室位于墓坑北部,椁室长3.08米、宽2.18米~2.02米,椁内东侧置单棺。棺椁大部已朽,仅残存少数椁盖板、墙板和底板。坑内南部用青砖砌成一竖井式长方形甬道,与北部椁室相连。甬道内空长1.54米、北端宽1.36米、南端宽1.22米、高1.28米,两壁上部两端各留长0.26米、高0.22米的缺口,可能用于置放作门楣的木枋。西壁北端向西拐出一段长0.4米、高1.2米的墙体,以和椁室西侧墙板衔接。甬道顶用木板封盖,甬道与椁室间用木枋封隔,甬道南端用青砖封门。骨架腐朽无存,葬式不明。随葬品位于甬道内地砖上、棺内、棺外西侧、棺外北端及甬道与椁室间的挡板附近。

其余土坑竖穴砖室墓八座,其中单室墓三座。砖砌墓室,墓室平面为长方形,均带墓道。双室或多室墓五座,墓室平面有长方形、"中"字形、"卜"字形三种。长方形墓一座,分前室和棺室两部分。棺室又间隔为东、西两室;"中"字形墓一座,前室位于中部,甬道与后室同宽;"卜"字形墓三座,均带耳室。

2. 随葬器物

十座东汉墓均有随葬器物,其中三座组合较齐全,依不同质地可分为陶器、硬陶器、青瓷器、铜器、铁器、铅锡器、骨器、漆木器等,共计185件;另有铜钱67枚。

陶器共100件,种类较多,达24种,有鼎、盒、壶等仿铜陶礼器、双耳罐、直领罐、双口罐、瓶、瓮、盂、案、樽等日用器、灶(含釜、甑、锅)、井(含汲水瓶)、仓、博山炉、磨、炙炉、舂、人物俑、猪圈、狗、鸡、鸭、鹅、鸽等模型明器及建筑材料板瓦等。硬陶器仅有三件陶瓮。青瓷器仅4件罐。铜器共28件,另有钱币67枚,大多保存较差。器类有弩机、马衔、镳、车軎、盖弓帽、套帽等,器形较小,系明器。铁器3件,出自一墓中,锈蚀严重。铅锡器42件,均出自M173,全部为车马器,系明器,大多已残破,器类有马衔、镳、泡钉、套帽、盖弓帽、车軎、当卢等。骨器 2 件,亦出自一墓中。漆器及其附件 3 件,均已朽。

五、光化五座坟西汉墓

光化县今为老河口市,五座坟西汉墓在光化县东南十二公里处。1973 年,省、地、县文化部门在此发掘了七座汉墓①。

(一)基本情况

五座坟西汉墓均为长方形竖穴式木椁墓,其中 4 号、5 号墓还带有竖穴式墓道。填土为五花土。除 2 号墓坑稍小外,其余墓口长都在 4 米以上。因配合施工,墓深大多不明,仅知 3 号墓深达 11.3 米。墓底设有椁室。椁室上下四周除 3 号墓填白膏泥外,其余六座墓都是内填(紧贴椁室)木炭,木炭外再填白膏泥。

椁室均由长条方木构成,下承垫木。3 号墓椁室保存较好,内部作楼房式结构,棺放于楼上,棺底用八匹木马承托,形式特殊,极为罕见。6 号墓在墓底上分设二椁室,也是较为少见的结构。

骨架均已朽无存,6 号墓设有二椁室,各置一棺,似为合葬墓,其余均为单人葬。

七座汉墓按墓葬形制和随葬品可分为三组:

第一组为 2 号和 4 号墓。墓坑较为窄长,陶器基本组合为鼎、壶、罐和瓮。出蟠螭纹镜,具有西汉早期的基本特征,年代应为武帝以前。

第二组为 1 号、3 号、6 号墓。铜器基本组合是鼎、钫、壶、瓿。出百乳镜、昭明镜和陶瓮。这一组墓的棺椁结构,与西汉早期的套棺套椁相比,有了很大的变化,铜礼器与早期墓仍有共同点,但已出了较晚的百乳镜、昭明镜,3 号墓还有木禽兽等,年代应在武帝时期。

第三组包括 5 号和 7 号墓。出陶瓮、昭明镜,还分别出有五铢钱和陶井、灶。第三组的主要器形与第二组基本一致,出有武帝时期的五铢钱和陶井、灶,年代应与第二组相当或略晚。

西汉前期,东周时的葬俗,特别是棺椁制度和礼器制度还保留得较为完整,五座坟汉墓也是如此,但已开始出现了新的变化。特别是 3 号墓虽然保存椁室制度,但椁内作出如主人生前居室的楼房式结构,是对传统棺椁制度的一个重大

---

① 湖北省博物馆:《光化五座坟西汉墓》,《考古学报》,1976 年第 2 期。

突破,把棺置于楼上,楼下则随葬大量木俑、木马、车马器以及其他牲畜,应是新葬俗重在反映现实生活。

(二)随葬器物

随葬品放置在椁室内和棺内,种类有铜器、陶器、漆器、木器、铁器和玉器以及竹简、丝织品、粮食、水果等。漆器、木器、竹简、丝织品和粮食水果已部分腐朽,其他大体完好。其中 3 号墓随葬品多达七百余件。

陶器共 24 件。陶质较软,火候较低。除井、灶、甑外,均为容器。容器里外均涂黑漆,是这批陶器中的最大特点。器形有鼎、壶、瓮、罐、小罐和甑、灶、井等。

铜器共 53 件,有鼎、钫、壶、扁壶、瓿、鎏、铫、勺、灯、镳壶、熏、奁、镜、带钩、印、弩机等。其中铜镜有 4 种:蟠螭纹镜、百乳镜、昭明镜和清白镜。另有五铢钱、车马器等。

铁剑三件,附带漆剑鞘,其中二件未能取出。

漆木器和竹简出土时大多腐烂,保存较差,有的漆器仅存漆皮,能看出器形的漆器有盒、耳杯、盘、卮、奁,木器有俎、车、俑、梳、篦、马、禽兽等。

其他随葬器物有麻织物、粮食(能识别的有小米),水果(能识别的有栗、杏),全出自于 3 号墓,出土时多已腐朽,数量不明。

此外,在五座坟西汉墓发掘前,当地农民在墓地挖出铜器 7 件、玉器 2 件。铜器有铜提梁壶、铜剑、蟠螭纹镜、百乳镜、日光镜,玉器有玉璧和玉环。

(三)墓葬介绍

1. 光化五座坟 3 号墓

有封土,但已不明显。墓向 114°。墓口长 9.2 米、宽 7 米。墓口向下,坑壁略内收,至深 5.4 米以下,坑壁垂直直达墓底。墓底长 7 米、宽 5 米,墓深 11.3 米,墓底正中置椁室,四周用白膏泥填塞。

木椁室为长方形,外壁长 5.12 米、宽 4.20 米、高 3 米。整个椁室共用木料 35 根,每根折合木料约 1 立方米,重 1000 多公斤,总共折合木料约 35 立方米,重约 3.5 万多公斤。

椁室内的结构很复杂,是一座模仿当时统治阶级的住宅而精心制作的双层多室建筑。椁室紧靠东椁板处有一层隔板和门的装置,可能象征房子的院墙和大门,出土时保存比较完好,大门可以向椁室内的方向开合。椁室内的楼上建筑已倒塌,经复原后,椁室内的建筑结构大体如下:

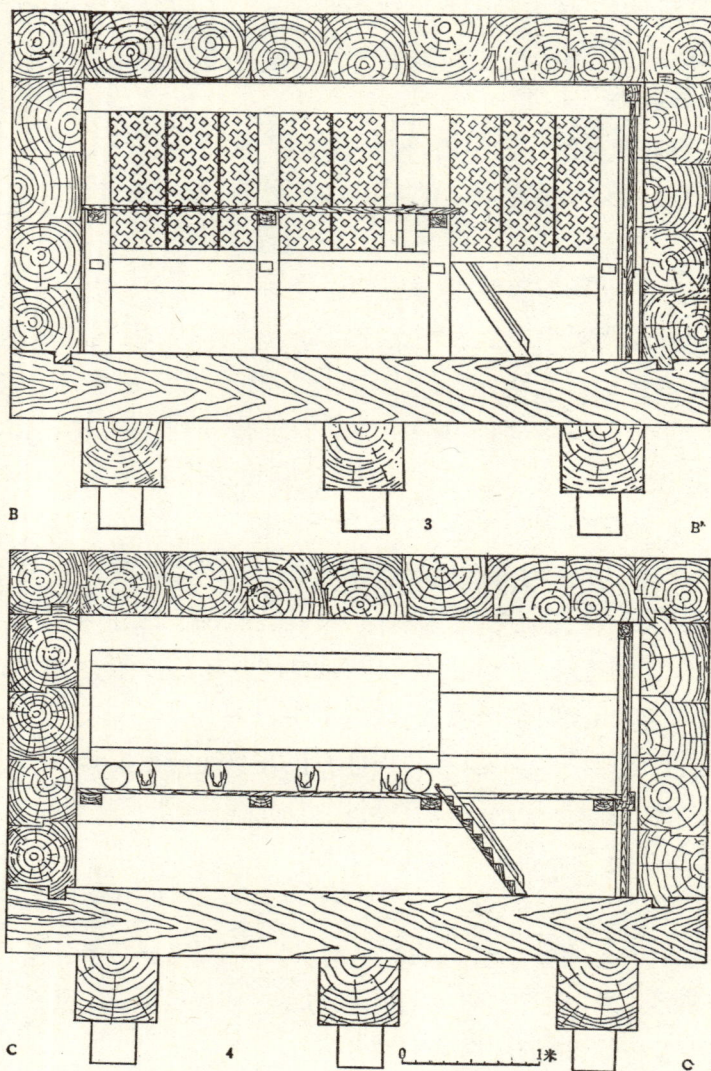

图 3-9　光化五座坟 M3 椁室结构图

在椁室中间的东西方向（即与隔板和大门的垂直方向），立四根方形木柱于椁底板上，顶上架一方形直梁，将整个椁室分成南北两部分。

南部在靠西侧的三根柱子中部和南椁板之间，架三根方形横梁，并在其上铺放木板，筑成南半部分的楼（南楼），东侧有三分之一的空间无楼，可能是象征庭院和大厅。

北部在四根柱子中部和北椁板之间,架四根方形横梁,并在其上铺放木板,筑成北半部分的楼(北楼)。

南楼和北楼的横梁一端分别架在柱子上,另一端分别架在南北椁板上。北楼距椁底板高约 0.70 米,南楼比北楼又高 0.34 米。

南楼与北楼之间又有一个隔板和门的装置。这个装置有东西两个框架结构:东框架结构镶嵌了三块各长 1.06 米、宽 0.36 米的镂空雕花木板;西框架镶嵌了一层五块各长 1.06 米、宽 0.36 米的镂空雕花木板和一层三块各长 1.04 米、宽 0.60 米~0.80 米的薄木板。西框架内的东侧有一个 0.24 米宽的门,门内放三级木梯,连接南楼和北楼。木梯整木凿成,并有扶手。北楼南侧偏东与楼下之间放七级木梯,也是整木凿成,并有扶手。北楼的东南侧有一个长 0.42 米、宽 0.24 米的升降口,将楼上楼下连接起来。

椁木放置在北楼的。棺两端底部有长 0.75 米、直径 0.18 米的圆木承托。两根圆木之间,还有八匹无腿木马。棺的底、盖两侧和两端均用整木板互相榫合而成。棺长 2.54 米、宽 0.88 米、高 0.84 米,板厚 0.12 米。棺外髹黑漆,内髹红漆。棺内尸体已朽,仅存牙齿。棺内东头的空位上放一木匣(已朽),内装铜镜、玉璧、玉瑗、漆奁各一件,漆奁内装有玉片、料珠、木梳、木篦等物(图 3-9)。

因楼板已塌,随葬品的位置已乱。可以确定位置的有:楼上部分,北楼东侧(棺以东)有残竹简;南楼有八匹无腿木马和薄漆木板。楼下部分,北楼下的东半部有铜鼎、铜钫、漆耳杯、木俎等;西半部有八匹无腿木马和木俑等。南楼下,在东侧靠大门处(即庭院或大厅处),放有两辆马车、木马、木俑和生活用具等,器形都比较大;西半部有木雕小形家畜、家禽、八匹无腿木马、大小木俑、两辆马车及生活用具等。

2. 光化五座坟 6 号墓

墓坑底长 5.50 米、宽 4.30 米,墓向为 25°。坑中建两个椁室。两椁室的四周和上、下填塞有木炭和白膏泥,厚度各为 0.20 米左右。两个椁室各有两根方形垫木承托,各放置木棺一具。

东椁室长 3.68 米、宽 2.75 米、高 1.95 米。椁底板由四块、四壁板两块、椁盖板由五块厚均 0.16 米的木板合榫而成。椁东南角有木质棺床,棺置其上,棺下有两根圆木承托。出土时棺床与棺木已一起倒塌。棺结构与三号墓相同。棺长

2.25 米、宽 0.74 米、高 0.72 米，棺板厚 0.10 米。棺内外都髹黑漆，尸骨已朽，仅存牙齿。

西椁室距东椁室 0.4 米，两椁底在同一平面上。西椁室长 3.1 米、宽 1.8 米、高 1.35 米。椁盖板由六块、椁底板由三块、四壁板由两块厚各 0.15 米左右的木板合榫而成。出土时，椁盖板已腐朽倒塌。棺和尸骨及椁内建筑均已朽烂成灰。

（四）墓主身份的推测

老河口在商周时为阴国，"后入于楚"，秦以后，为南阳郡酂县。《汉书·地理志》："酂，侯国。"颜师古注："即萧何所封。"据《史记·萧相国世家》，汉高祖五年，"以萧何功最盛，封为酂侯"。萧侯后代虽曾屡次失侯，但仍多次复封，"后嗣以罪失侯者四世，绝，天子辄复求何后，封续酂侯，功臣莫得比焉。"武帝元狩中，"以酂户二千四百封何曾孙庆为酂侯"，宣帝时，"诏丞相御史求问萧相国后在者，得玄孙建世等十二人，复下诏以酂户二千封建世为酂侯"，成帝时，"复封何玄孙之子南长喜为酂侯。传子至曾孙，王莽败乃绝"①。可见在整个西汉时期，光化一带都是酂侯的食邑。萧何官至相国，死后葬于封地的可能性不大，而他的后代，都是袭封，没有在朝廷做官，死后葬于封地的可能性较大。

五座坟岗上是一片古墓地。据调查，主要是西汉中期以后的古墓葬，未发现战国墓，也未发现东汉墓。五座坟面临汉水，地处冲积平原，形势优越。从 3 号墓的规模、出土的具有较高水准的器物来分析，此墓群中的死者，其生前应有较高的地位，是否为酂侯及其家属的墓地，有待今后进一步的工作来核实。

六、老河口九里山秦汉墓

（一）墓地概况

九里山墓地位于襄樊市所辖老河口市仙人渡镇柴店岗村以北的九里山上，墓地由此命名。九里山为汉水北岸一列东南—西北走向的低矮岗地，海拔高度在 90 至 107 米之间，东西长 1.2 公里、南北宽 0.5 公里。其南距 207 国道 1 公里，距汉水约 2.5 公里。武安铁路紧依九里山南穿过，正在修建的武（汉）安（康）铁路复线紧靠旧线以北，K370 以东紧贴山脚，K370 以西穿过九里山南缓坡。与九里山仅一冲之隔的是面积约 50 万平方米的柴店岗汉代遗址（1987 年文物普

---

① 《汉书》卷三九《萧何传》。

查发现),遗址中发现有战国墓葬和汉代窑址及水井。1997年3月,在遗址南部的取土场内曾发掘8座两汉墓葬。本次发掘时,通过走访和实地踏勘,了解到遗址西北部有一处较为密集的东汉墓群。

九里山墓地是配合武汉—安康铁路复线工程时调查发现的。2005年6月至2006年7月,襄樊市文物考古研究所、老河口市博物馆为配合武(汉)安(康)铁路复线建设,受湖北省文物考古研究所委托,由襄樊市文物考古研究所主持发掘,在老河口市九里山墓地调查发现墓葬千余座,勘探墓葬252座,发掘墓葬194座。除一座宋墓外,均为秦汉墓葬。出土陶、铜、铁等质地器物1300余件,陶器为大宗,占80%以上。时代从秦到东汉早期,衔接紧凑,中间无缺环。其文化因素较为复杂,并随时代发展而变化。九里山墓地的发掘,为研究秦汉时期的墓葬制度、楚秦汉文化的流变,进而探讨秦、楚间政治对决进程和地方区域中小型墓葬的演变、文化的区域性特点等,提供了重要而翔实的资料,对研究秦文化在襄樊地区的传播、秦楚文化的融合以及汉文化形成与发展,提供了较好的实物资料。

九里山墓地是一处统筹规划、集中管理、长期使用的大型低等贵族、中小地主和平民的公共墓地,时代上起公元前279年秦占襄阳地区的战国晚期后段,下到公元40年的东汉初年,且很可能与其南侧的大型中心聚落——柴店岗遗址相配套。

经实地踏勘,发现耕地的地表暴露的五花土随处可见,分布于岗地的顶部和四面缓坡上,而以东坡和南坡最为密集。直径18米左右的封土包有三座,位于岗地的顶部。在东西长1.2公里、南北宽0.5公里的九里山上,估计至少有古墓葬两千座以上。

(二)墓葬形制与葬具

1.墓葬形制

九里山秦汉墓的墓葬形制极有特点,共有三类:竖穴土坑墓、砖木混构墓、砖室墓。

(1)竖穴土坑墓

此类墓的特点是挖一长方形的坑,在坑内建造墓室,在墓室内存放棺木和随葬品。竖穴土坑墓又可分为单纯竖穴土坑墓、设生土台的竖穴土坑墓、带龛的竖穴土坑墓、单墓道的竖穴土坑墓、双墓道的竖穴土坑墓等几种。其中并列双墓道

荆楚古墓揭秘

的竖穴土坑墓极有特色,平面呈"刀"字形,两条墓道合在一起,在襄樊地区系首次发现,在全国也是较为少见的。

（2）砖木混构墓葬

此类墓的特点是挖一长方形的坑,在坑内以砖、木建造墓室,在墓室内存放棺木和随葬品。这类墓葬明显具有从土坑木椁墓向砖墓的过渡特点。共有三种情形:M69 在墓坑中仅以青砖铺地;M19 则是以青砖铺地、起壁,再以木板封顶、封门;M60 则是以青砖铺底、起壁,再以木板搭盖封顶。

（3）砖室墓葬

此类墓的特点是挖一长方形的坑,在坑内以砖建造墓室,在墓室内存放棺木和随葬品。许多墓葬带有斜坡墓道。

2.墓葬形制与葬具、葬式

葬具均为木质棺椁,严重腐朽,仅存青灰色痕迹。据各墓葬使用葬具的多寡,可归为三类:单棺、一椁一棺、一椁两棺,以第二种所占数量最多。一椁两棺的墓葬均为夫妻合葬墓。椁有长方形和两端出头的长方形两种,前者少见;棺为长方形。

一椁两棺墓又有无墓道一椁两棺墓和并列双墓道一椁两棺墓两种。

葬式方面,因人骨架保存很差,绝大多数葬式不明,少数能辨明的为仰身直肢葬。

（三）随葬品

194 座墓葬共出土随葬品 1200 余件,以陶器为大宗,另有少量铜、铁、铅锡、玉石、骨、漆器等。陶器包括鼎、盒、壶、钫、瓮、罐、螫、盂、奁、豆、碗、杯、勺、瓶、仓、灶、井、釜、甗、灯、博山炉、饼、球、珠等二十余种;铜器有鼎、蒜头壶、锏、铃、鐏、镜、带勾、扣、印及铜币等;玉石器有锛、砚、璧、蝉、塞等;铁器仅见鼎、剑、削刀;铅锡器有车马器——盖弓帽、泡;骨器仅见骨梳;漆器均腐蚀,仅存漆皮,可辨者有耳杯、盒、奁等。

随葬器物放置于棺内、棺下和椁内棺外,少数有龛的墓,把器物置于龛内。按其所属性质,在墓葬里大体上有特定的位置。棺内主要置小件器物,如镜、钱币、蝉、塞、璧、刀、梳、印、带勾等,镜、钱币、带勾也有置于棺外者;棺下和棺外主要放置大件器物,鼎、盒、壶、钫等仿铜陶礼器的摆放位置大多与人头部相对应。

(四)墓地、葬俗与墓葬形制的演变

墓葬主要分布于九里山的南坡和东坡。时代较早的墓葬多位于海拔较高的位置或海拔略低的支冈脊上,时代越晚其所处位置海拔越低,或海拔稍高,但地势相对低洼。整个墓地大致按时间的早晚安排墓葬由坡顶到坡腰再到坡底,多个家族相对聚集而葬,形成一个较大的公共墓地。

从小范围看,墓葬排列形式或单、或双、或三、或四、或五,呈一定规律排列。

九里山墓地的合葬墓也是极有特色的,有同穴合葬墓和异穴合葬墓之分。其中同穴合葬有一次同穴合葬和二次同穴合葬两种,异穴合葬墓有无封土异穴合葬和同冢异穴合葬两种,而同冢异穴合葬墓也有两座墓的同冢异穴合葬和多座墓的同冢异穴合葬两种情形。

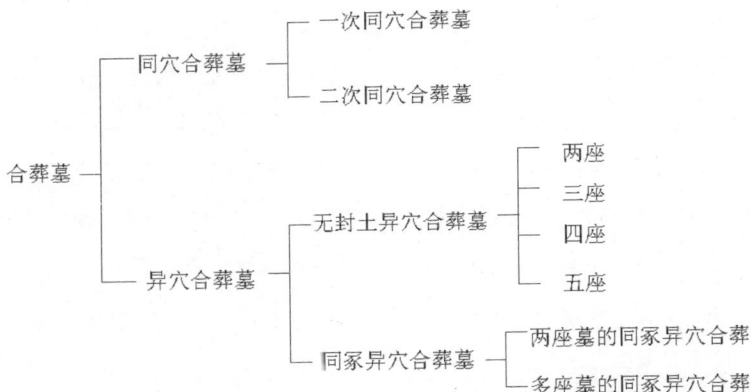

```
                              ┌── 一次同穴合葬墓
              ┌── 同穴合葬墓 ──┤
              │               └── 二次同穴合葬墓
              │
              │                                    ┌── 两座
合葬墓 ───────┤                                    ├── 三座
              │               ┌── 无封土异穴合葬墓 ──┤
              │               │                    ├── 四座
              └── 异穴合葬墓 ──┤                    └── 五座
                              │
                              │                    ┌── 两座墓的同冢异穴合葬
                              └── 同冢异穴合葬墓 ──┤
                                                   └── 多座墓的同冢异穴合葬
```

从九里山墓地可清晰地看出墓葬形制的变化过程。首先是墓型由长方形竖穴土坑发展为近方形竖穴土坑,再发展成带墓道的近方形竖穴土坑。西汉晚期开始出现砖木混构墓葬。首先是在墓底铺一层砖,然后是在墓坑内以青砖铺地、起壁,再用木板封顶、封门,至东汉早期发展为拱顶单室砖墓,再进一步发展成多室砖墓。

第四节 东汉墓

东汉时期,墓葬形制发生了较大的变革,战国、秦及西汉时期流行的土坑木椁墓被砖室墓所取代。湖北地区已发现的东汉墓基本都属砖室墓,规模不大,以

长方形单室砖室墓券顶墓为主。当阳县曾发现一座大墓,墓砖上有"日南太守冢",结构庞大,知为太守墓,但未正式发掘①。

砖室墓都用特制楔形砖起券,荆门玉皇阁东汉墓则较为特殊,用子母砖起券②。墓壁则用条砖,砖的规格很不一致,大致上长34厘米~40厘米、宽16厘米~17厘米。一面常有绳纹、砖侧饰三角、菱形等几何形纹饰。晚期纹饰图案更多,有鱼纹、网纹和建筑纹样等。葬具均腐朽无存,葬式从痕迹看,应为仰身直肢。砖室墓从结构上来看,可分为单室墓和多室墓。多室墓多为双室,三室墓仅有一座。

湖北地区的东汉墓可以和帝为界,分前后两期,和帝以前为东汉前期,和帝以后(含和帝)为东汉后期。

湖北地区的汉墓与东南各省的情形比较接近,而与中原地区差异较大。木椁墓的使用时间较长,一直延续到了西汉末、王莽时期。东汉时的砖室墓才开始流行。在西汉中期合葬墓也开始出现并且逐渐流行,但单人葬仍有一定数量,到东汉后期一墓瘗埋几代人的风气也相继出现。随葬品中反映庄园经济的六畜俑、碓、磨、陶楼等模型明器虽然出现,但种类较少,特别是反映墓主人腐朽享乐生活的乐舞百戏俑或图像比中原地区明显偏少,从中可以看出湖北地区的汉墓与中原地区所反映的埋葬习俗相比较,其发展的步伐较慢,但发展趋势是一致的。

一、东汉前期墓葬

湖北地区东汉前期墓葬主要发现于宜昌前坪③、大冶黄文村④、荆门子陵岗⑤、丹江口市肖川⑥、汉川南河⑦、宜都县刘家屋场⑧等地。就墓葬形制而言,主要有岩坑竖穴墓、单室券顶砖室墓、多室墓三类。

① 陈上岷:《当阳县发现日南太守墓》,《文物参考资料》,1958年第2期。
② 荆门市博物馆:《荆门市玉皇阁东汉墓》,《江汉考古》,1990年第4期。
③ 湖北省博物馆:《宜昌前坪战国两汉墓》,《考古学报》,1976年第2期;宜昌市文管处、湖北省博物馆:《宜昌前、后坪古墓1981年发掘简报》,《江汉考古》,1985年第2期;长办库区红花套考古工作站:《湖北宜昌前坪包金头东汉、三国墓》,《考古》,1990年第9期。
④ 黄石市博物馆:《大冶黄文村东汉墓清理简报》,《江汉考古》,1986年第3期。
⑤ 荆门市博物馆:《荆门子陵岗古墓发掘简报》,《江汉考古》,1990年第4期。
⑥ 湖北省博物馆、丹江口市博物馆:《丹江口市肖川战国两汉墓葬》,《江汉考古》,1988年第4期。
⑦ 汉川县文化馆:《汉川南河汉墓清理简报》,《江汉考古》,1984年第4期。
⑧ 宜昌地区博物馆、宜都县文化馆:《湖北宜都县刘家屋场东汉墓》,《考古》,1987年第10期。

（一）岩坑竖穴墓

岩坑竖穴墓沿袭西汉时期土坑竖穴墓的形制，因建造在砂岩层中，故称之为岩坑竖穴墓。此类墓葬数量很少。

宜昌前坪 M34，是目前已发表的一座岩坑竖穴墓。墓向 90°。平面呈长方形，四壁平直，长 4 米、宽 2.9 米~3.1 米，深 0.6 米，形同西汉墓。葬具不明，人骨架已无存，葬式不明。随葬铜器有铜釜盆，陶容器有陶壶 2 件、陶罐 6 件、陶熏 1 件、陶瓿 2 件，陶制模型明器有陶仓 1 件、陶井 2 件，其他器物有铁刀、五铢钱 191 枚。

（二）单室券顶砖室墓

这是湖北地区东汉时期最流行的墓葬形制，平面一般呈长方形，拱券顶。有的有墓道、甬道。墓壁都用几何纹砖错缝平砌，几何纹样面向墓室。墓门用砖封堵。单室墓的具体形制还有所差别。

1. 前坪 M32

前坪 M32 年代为东汉前期，墓向 352°。是一座单室券顶砖室墓，长方形带甬道，无墓道。甬道开在墓室南壁，券顶，接墓室处为三层券，未见封门砖（有可能早年被破坏），墓壁由几何纹砖错缝平砌，铺地砖作一行横一行竖排列。墓室长 5.9 米、宽 2.65 米，甬道长 1.6 米、宽 1.5 米。残留有棺痕，人骨架和葬式不明。随葬品主要是陶器，放在门内两角，有陶壶 1 件、陶罐 5 件、陶瓮 1 件、陶缸 1 件、陶灶 1 件、陶仓 1 件，另有铁刀铁削各 1 件、五铢钱 113 枚。这是东汉前期最常见的墓葬形制，除个别带龛墓外，此种形制的墓葬之间的微小差别，仅表现在甬道或墓道的有无而已。

2. 丹江口市肖川秦家坡 M3

秦家坡 M3 也是一座结构简单的单室墓葬，无墓道，墓室呈长方形，铺地砖中部为两纵一横，两边纵向顺排。墓室长 4.56 米、宽 2.14 米、残深 1.00 米。此墓的结构特点是墓室正中有一堵墙，将墓室分隔成两部分。出土文物有陶仓 2 件、陶灶 1 件、铁剑（残）1 件、五铢钱 572 枚、大泉五十 11 枚。

3. 汉川南河天鹅冲 M3

平面呈长方形，头向东，有封土、深约 10 厘米。此墓的特点是将墓室前部地面筑成比后部的地面略低（低 20 厘米），用以放置器物。墓室长 3.16 米、宽 1.57 米，残高 1.14 米，头部墓壁呈弧形，四壁用条砖错缝平砌，条砖规格 34 厘米×16厘米×6厘米。楔形砖错缝券顶,规格34厘米×(16×6.5)厘米×5厘米,子母口结构。墓室东部为棺床,长1.8米、宽1.56米;西部为器物箱,长1.5米、宽1.56米,器物箱比棺床低20厘米。整个墓室都铺有地砖,棺床与器物箱交接处为直平铺,其他部位为横平铺。木棺已朽,骨架尚存。器物箱内有随葬品7件,棺床左侧有铁剑1柄和铜钱8枚(图3-10)。

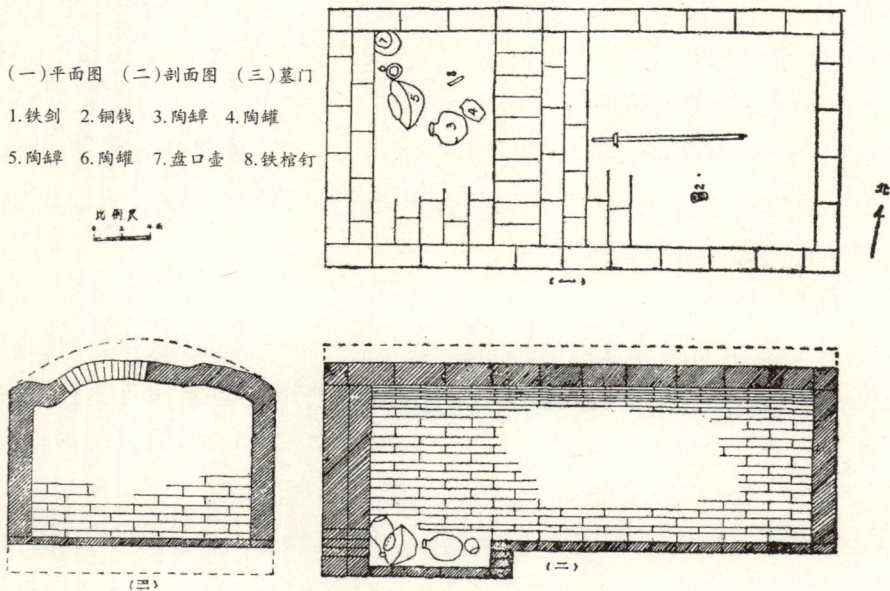

(一)平面图 (二)剖面图 (三)墓门

1.铁剑 2.铜钱 3.陶罐 4.陶罐

5.陶罐 6.陶罐 7.盘口壶 8.铁棺钉

比例尺

图3-10 汉川南河天鹅冲M3平、剖图

从天鹅冲M3和秦家坡M3的结构来看,这两座墓虽然是单室墓,但明显有在室内进行划分的倾向。从中可以看出,东汉时的砖室墓从单室向多室发展趋势已比较明显。

4.荆门玉皇阁东汉墓

带有封土和墓道的东汉单墓室砖墓,年代为东汉初年。残存封土直径17米、高3.2米,呈椭圆形,封土经夯筑,夯窝直径6.8厘米。封土中发现大量遗物,主要为陶器残片。在夯面上发现有"大泉五十"一枚和五块铁夯残片。方向5°。券顶高于地面。砖砌墓室呈长方形,长3.73米、宽3.3米。墓门呈拱形,宽3.3米,墓壁垂直。铺地砖上有砖砌棺床,长2.7米、宽27厘米。棺床四周各有一条小沟,棺床中部还有一条小沟。这些小沟似作排水之用。墓道在墓室北端,与墓室平面构成"凸"形,斜坡式,平面呈梯形。墓东西两壁用单砖错缝叠砌,南壁用两砖并列叠砌,墓底砖为纵横平铺。木质葬具原置于棺床上,已朽无存,人骨架仅存痕迹,葬式不明。墓砖共有五种:第一种是在一头和一侧有对称半圆纹,用于墓壁水平线上起券;第二种是子母砖,一侧有三组对称半圆纹,两头分别为子母口,主要用于墓顶砌筑;第三种是一侧有二组对称半圆纹,用于棺床和墓门;第四种是一面为斜线纹,用于南室砌筑;第五种是素面,主要用于两壁。随葬器物共 257 件,分布在棺床四周,种类较多,以陶器为主,兼出铜器和铁器。共有陶器 34 件,种类有罐、瓮、井、仓、灶、楼、猪圈、壶、磨、杯、狗、鸭等,多为模型明器,有少量实用器;铜器六件,器类有鼎、灯、鉴、镳斗、洗等,另有 28 件车马器和伞的零件;铁器有铁剑 1 件;钱币数量较多,出有"大泉五十"216 枚。从较多的随葬器物及车马器和伞零件等来看,墓主生前有较高的社会地位,属于贵族阶层[①]。

(三)多室墓

东汉前期的多室墓数量不多,而且迄今所见多室结构只有二室,墓葬形制略有差异。

1.宜都县刘家屋场 M16

1、8、20.陶罐 2、9、10.陶钵 3、4.铁钉 5.骨笄 6.陶碓 7、11.陶仓 12.铜泡饰 13.陶狗 14.陶灶 15.陶仓 16.陶猪圈 17.陶猪 18.陶马 19.陶鸡

图 3-11 宜都刘家屋场 M16 平面图

刘家屋场 M16 是一座双室墓,方向 270°。墓顶已塌,四壁用砖顺置垒起,残高 0.65 米~1.1 米,通长 6.2 米、宽 2.2 米,平铺一层砖作底。前后室之间有一

① 荆门市博物馆:《荆门市玉皇阁东汉墓》,《江汉考古》,1990 年第 4 期。

过门,宽 1.02 米。前室长 1.27 米、宽 1.78 米,后室长 3.85 米、宽 1.78 米。前室门有两道封门砖,第一道封门砖呈人字形侧置垒起,第二道封门砖系用半头砖随意垒起,不甚整齐。没有排水设施。随葬器物有陶罐、陶钵、陶碓、陶仓、陶狗、陶灶、陶猪圈、陶猪、陶马、陶鸡、铁钉、骨笄、铜泡饰等,分别放置在前、后室。此墓墓主可能是当时的中小地主阶层。刘家屋场 M16 的结构与前坪 M32 接近,可以明显看出是从前坪 M32 的单室券顶砖室墓发展而来的(图 3-11)。

2. 荆门市子陵岗 M53

子陵岗 M53 的墓向为南向,175°。是一座并列双室墓。墓室长约 3 米、宽近 4 米。墓室内用砖间隔成两室,并分别砌拱形顶,形成东室较窄、西室较宽的并列双室墓。两室之间,有一拱形门洞相通,但以砖堵塞。随葬器物有铜器和陶器。陶器有陶壶、陶罐、陶鼎、陶仓、陶灶带甑,铜器有铜碗、铜饰件、铜钱、铜带钩等,分别置于两室。此墓结构与丹江口肖川秦家坡 M3 较为接近。

3. 宜昌前坪谭家包 M111

长方形岩坑带斜坡墓道的砖室结构墓。方向 269°。墓口距地表 0.1 米~0.8 米,墓室由墓道、前室、后室构成。此墓的特点是前室砖砌、后室未用砖砌,两室之间有过道相通。墓道在西壁正中,后室在东。墓道靠近前室的部分开口不大规整,不规整的地方用砖、石修补整齐。前室用几何纹砖砌成,东西长 2.9 米、南北宽 2.4 米,西有墓门与墓道相通,东有过道通后室。墓门宽约 1.6 米,内侧用四块砖横砌成门槛。门道的南北两端各有一方形门墩。室底用厚约 0.05 米的石灰石铺平。在靠近墓门的地方用三块砖并排横铺,陶器、铜器和车马器放在室的南部。后室为竖穴砂岩长方形墓室,未用砖砌,口长 2.94 米、宽 2.1 米,距地表深约 0.6 米,底长 2.6 米、宽 2.0 米。西接前室,底也用石灰石平铺,略高于前室 0.11 米。放置的器物有铁剑、铜钱、铜镜等。

总的来说,东汉前期的多室墓带有明显的过渡性特征。

二、东汉后期墓葬

东汉后期墓葬主要在宜昌前坪、宜都、云梦、随县、郧县等地发现。主要有砖室墓和画像石(砖)墓。发现的纪年墓数量较多,有些墓的墓主人身份较为明确。在墓葬形制方面,东汉后期土坑墓消失。砖室墓可分为单室墓和多室墓。

(一)单室墓

主要仍是长方形单室券顶砖室墓，无甬道的已经比较少见了，主要是带甬道，平面如同"凸"字形，个别墓还带有耳室。湖北地区汉墓带耳室不如中原普遍，而且出现较晚。这种"凸"字形单室墓也是用楔形砖筑成券顶，有少数墓葬的楔形砖还用子母口套接。此时墓葬形制如同汉川天鹅冲 M3 的也有一定数量。还有一种新出现的单室券顶墓，是带"刀"字形的。

1.葛店化工厂东汉墓

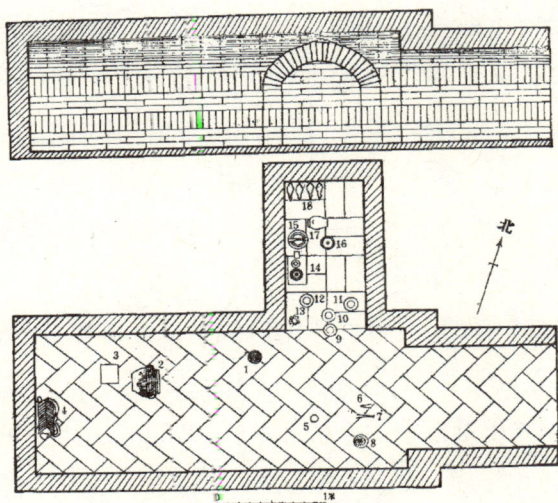

1、8.铜镜　2、13.陶罐　3.石板　4.陶柱畜圈　5.银环　6~7.银钗　9~10.瓷碗　11~12、16.陶钵
14.陶灶　15.陶井　17.瓷罐　18.陶鸡、鸭

图 3-12　葛店化工厂东汉墓平、剖图

是一座带甬道和耳室的单室墓。整个墓室由甬道、棺室和耳室组成（图3-12）。

墓室全长 4.92 米、宽 1.36 米、高 1.1 米，基本保存完好。墓顶为券顶，墓壁用"三竖一横"的方法砌建，壁高 0.9 米处弧线起券，铺地砖呈"人"字形排列。甬道长 1.42 米、宽 1 米、高 0.94 米，甬道口用砖平砌封闭。棺室长 3.5 米、宽 1.36米、高 1.1 米。棺已朽烂成灰，尸骨无存。棺室左边有一耳室，券顶，长 1.44 米、宽 0.73 米、高 0.82 米。墓砖均为青灰色，有长方形和刀形两种。长方形砖用于墓壁和底部，刀形砖用于砌券。随葬器物有 20 余件，种类有陶器、瓷器、漆器、铜器、银器等。陶瓷器均放置于耳室内，漆器和铜、银器均放置于棺室内。畜圈紧贴棺室后壁。陶器有陶罐、陶钵、陶灶、陶井，陶畜圈由畜园和畜舍组成，陶鸡、鸭各一对,均分雌雄。瓷器有碗、罐。漆器有漆盒 2 件。铜器有铜钱和铜镜。银器有银钗和银环①。此墓出土的一面铜镜上刻画有"王府吏李翕镜广四寸八分重十两"的铭记,表明该墓墓主可能是"王府吏李翕"。汉代二千石高官设府治事,府吏即其属吏,除都尉、长史、郡丞等由朝廷任命外,众多的属吏由太守自辟,由本郡人士担任,官秩不高,属低级官吏。

2. 神农架松柏东汉墓

是一座形制较为普通的单室砖墓,平面呈"凸"字形,方向 180°。墓室长 4.03 米、宽 2.1 米;墓室突出部分长 1.4 米、宽 1.4 米。墓底用铺地砖。其中靠东边直铺七块,靠北边直铺两排,其余为横铺,对缝平铺砌法。墓壁残高 1.42 米,用条砖错缝平砌,可以看出原有券顶。墓内清理出的断砖多为带子母结构的楔形砖,显然是用于券顶的。此墓早年被盗,棺木腐朽无存,出有两个头骨,应为一男一女,可知该墓为夫妻同穴合葬墓。墓内残存遗物有五铢钱、铜镜等②。

3. 湖北郧县砖瓦厂 M4

湖北郧县砖瓦厂 M4 是一座"刀"字形的单室券顶墓,这种砖室结构是新出现的。方向 252°,平面呈弧刃刀形(图 3-13)。

其筑墓方法是先依墓形挖一个长 4.4 米、宽 1.94 米的墓圹,再用砖筑墓。该墓被盗严重,仅剩四层砖壁,其起券情况不明,据出土的楔形砖判断应有券顶。墓室长 3.1 米、中宽 1.62 米、残高 0.31 米;甬道长 1.31 米、宽 1.1 米,残高 0.31米;封门墙宽 0.81 米,残高 0.31 米;土质斜坡墓道残长 0.96 米、上口宽 1.14 米、下口宽 1.12 米,残深 0.4 米,坡度 25°。铺地砖为单层,平铺为"人"字纹。墓室及甬道为单砖壁,自上而下,其砌法为"一横一竖二横"。横砖层为平铺错缝,竖砖层为砖的一平面加另一砖的短侧面,形成一行长方格。随葬器物有陶罐、陶瓮、陶甀、漆盒、铁臿及五铢钱等③。郧县砖瓦厂 M4 墓壁这种平、侧砖相间叠砌、侧砖又用顺、丁间隔的砌法,是东汉后期出现的一种新型墓壁砌筑方法。

---

① 武汉市文物管理处:《武汉市葛店化工厂东汉墓清理简报》,《考古》,1986 年第 1 期。
② 神农架文化馆:《神农架松柏东汉墓清理简报》,《江汉考古》,1990 年第 1 期。
③ 湖北省博物馆:《湖北郧县砖瓦厂的两座东汉墓》,《江汉考古》,1986 年第 2 期。

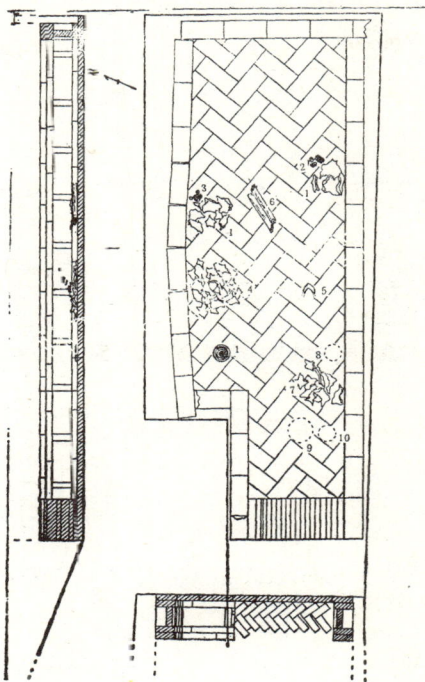

1.陶罐　2~3.五珠钱　4.陶瓮　5.铁臿　6人骨　7.陶甑　8~10.漆盒痕迹

图 3-13　郧县砖瓦厂 M4 平、剖图

（二）多室墓

东汉后期的多室墓以双室墓为主，三室墓极少。此期多室墓一个较为显著特点，是耳室的设置较为普遍。形制如刘家屋场 M16 的双室墓，到东汉后期仍在使用。新出现的双室墓形制较多，结构越来越复杂：一种是收束形，前室比后室略收窄，甬道又比前室略收窄；一种是前室方形、后室长方形，较简单的只有前、后室，较为复杂的带有甬道、耳室；一种是与洛阳烧沟第二型弧顶墓接近的墓葬，平面呈"中"字形；东汉后期还出现了一种横前堂双后室墓；三室墓是到东汉后期才开始出现。

1. 沙市东郊 M3

沙市东郊 M3 是一座形制如刘家屋场 M16 的双室墓，早年遭破坏，仅残存下半部，墓道和墓顶筑法不明。墓门向西，门宽 0.8 米、残高 0.54 米，外用半头砖顺砌成弧形封门。墓室长 4.49 米、宽 1.84 米。前后室由南北两壁中段各砌出一转长的隔壁分开。前室近正方形，长 1.6 米、宽 1.5 米，后室呈长方形，长 2.37 米、宽同前室。此墓早年被盗,底部东南角残存五铢钱 18 枚①。

2. 宜都刘家老屋 M6

宜都刘家老屋 M6 是一座收束形的双室墓。由甬道、前室、后室三个部分组成,方向 268°(图 3-14)。

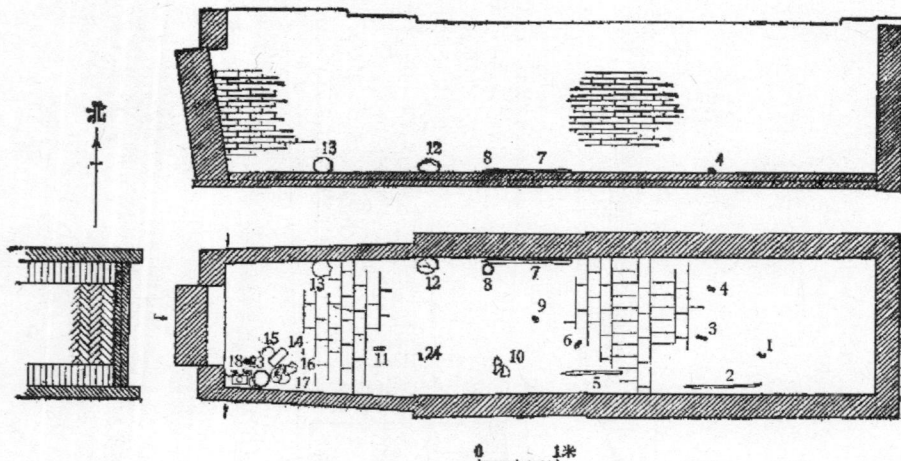

1、3~4、6、9、11.铜钱　2、5、7.铁刀　8.铜镜　10、12~13、16、19.陶罐　15、18、22.陶盆
20、21.陶水盂　23.陶灶　24.陶井　25.陶仓

图 3-14　宜都刘家老屋 M6 平、剖图

墓葬外圹全长 11.1 米、宽 3 米,应当也是券顶。平面如同长方形,前室比后室略收窄,甬道又比前室略收窄。甬道长 3 米、宽 2 米,前室长 2.75 米、宽 2.2 米,后室长 4.55 米、宽 2.16 米,残深 2.5 米。墓壁砖均为错缝相砌。墓砖有几何形花纹,铺地砖则均为素面。随葬器物 16 件,分别置于前后室和甬道。其中铁刀 3 件、铜镜 1 件、少量铜钱,剩余均为陶器。器类有仓、灶、井、罐、甑、盆、盂等,制作较差②。

3. 云梦癞痢墩 M1

云梦癞痢墩 M1 是一座带有甬道、耳室的双室墓,前室平面近方形,后室平面长方形。湖北地区这种形制的墓,在东汉后期也有一定数量。该墓的墓门向南,单券顶短甬道,长 2.43 米、宽 1.1 米、高 2.05 米。甬道后接前室。前室为单券顶,东西宽 2.32 米、南北进深 2.84 米、高 3.47 米。后室接前室,长方形单券顶,长 3.56 米、宽 1.68 米、高 2.5 米。耳室为长方形单券顶,长 3.9 米、宽 1.58 米、高

①　沙市博物馆:《沙市东郊汉墓清理简报》,《江汉考古》,1982 年第 2 期。
②　宜昌地区博物馆:《湖北宜都刘家老屋六号汉墓》,《考古》,1989 年第 7 期。

2.32 米。墓壁用条砖错缝平砌，墓顶有楔形砖错缝券顶。墓门用长方形墓砖平行嵌封，铺地砖呈"人"字形。该墓已被盗，随葬器物已被扰乱，但还可以看出规律性：楼、井、灶等模型明器放在前室的前面、前室的中部置兵器、后边则放陶制生活用器，耳室则放置碓、磨、狗、鸭等模型明器。葬具放在后室，已朽，骨架无存。墓内出土随葬器物共 27 件，以釉陶模型明器为主，青瓷、铜器次之。所出的一座釉陶楼阁，造型、布局严密，不仅是这一历史时期的实物见证，也是建筑史上的宝贵资料(图 3-15)[①]。这种双室墓与中原地区所见有所差别。中原地区多用穹窿顶，湖北则用券顶，可见穹窿顶的结构在湖北地区并不流行。

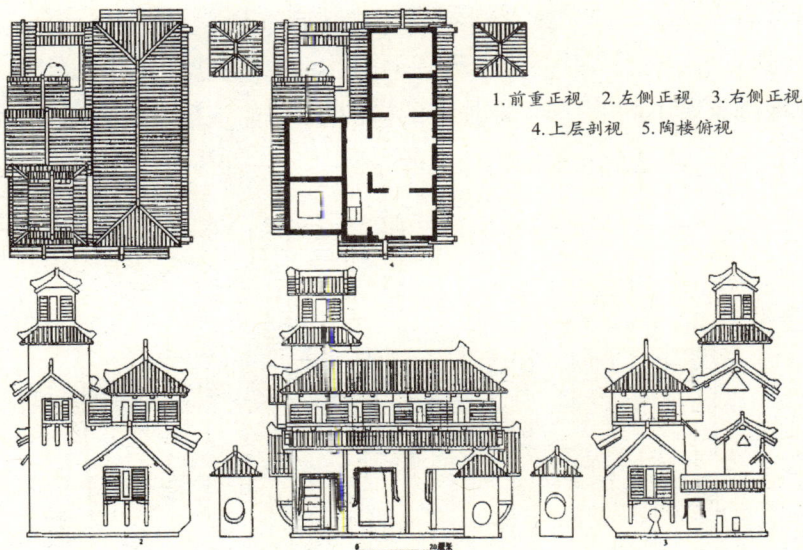

1.前重正视 2.左侧正视 3.右侧正视

4.上层剖视 5.陶楼俯视

图 3-15 云梦痢痢墩 M1 陶楼

4.汉川南河靳官 M1

汉川南河靳官 M1 是一座"中"字形弧顶墓，由前室、后室和左右两耳室组成，墓壁头部为弧形，平面呈"中"字形(图 3-16)。北壁用条砖错缝嵌砌，南壁挪缝平砌，铺地砖为横向平铺。楔形砖券顶，顶为错缝横拱券。主墓室长 4.36 米、宽 1.5 米，两边耳室大小结构完全相同，各长 1 米、宽 0.7 米。在主室北部发现棺钉和随葬品，有带钩、铁剑、矾石璲、铜钱等，两侧耳室有一些朱漆片[②]。中原地区

---

① 云梦县博物馆：《湖北云梦痢痢墩一号墓清理简报》，《考古》，1984 年第 7 期。

② 汉川县文化馆：《汉川南河汉墓清理简报》，《江汉考古》，1984 年第 4 期。

的弧顶墓耳室发达,常用双"丁"字形耳室或四耳室,但湖北地区此类墓耳室较少。

5. 宜都陆城 M11

宜都陆城 M11 是一座长方形圆券顶横前堂双后室墓,东西向,墓向 268°(图 3-17)。墓长 5.2 米、宽 3.4 米。双后室顶部保存完好,高 1.75 米;双后室长 2.8 米、宽 1.05 米~1.10 米;双后室之间有宽 0.47 米、高 0.58 米的小窗。前室长 1.7 米、宽 2.84 米,墓室四壁用青灰砖横列错缝叠砌。墓顶用带有子母口和楔形砖券顶。墓南北两壁距墓底高 1.1 米处开始起券。铺地砖有平铺和侧立并扰排列两种形式。清理时封门砖已倒塌,顶部有一洞,可能已被盗。随葬器物有铜、陶、铁、瓷器,其中铁器锈蚀严重,器形不明。陶器共 17 件,器形有灶、仓、壶、釜、钵等;铜容器 2 件,器形有鼎、镳尊,另有铜镜、铜钱。瓷器有 4 件,水晶珠 1 件[①]。和中原地区有所不同的是,中原地区的横前堂墓,前室是用横列券,但湖北地区则仍用纵连券,这是湖北地区与中原的差别。

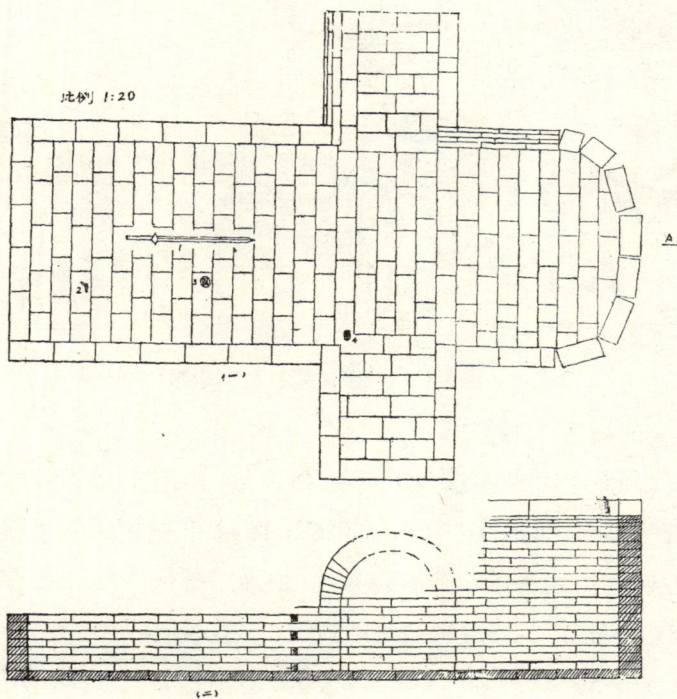

图 3-16 汉川南河靳官 M1 平、剖图

① 宜昌地区博物馆、宜都县文化馆:《湖北宜都发掘三座汉晋墓》,《考古》,1988 年第 8 期。

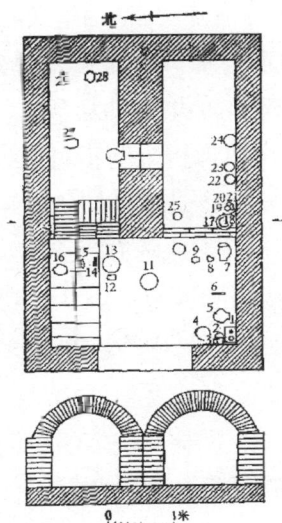

1.陶灶　2.铜镶尊盖　3.铜镶尊　4.铜鼎　5、7.陶壶
6.铁器　8~9、19、20.陶釜　10~11、13、23~24.陶钵
12.硅　14.铜钱　15.铜镜　16~17、22、28.陶罐　18.陶仓
21.陶瓶　25.瓷碗　26.瓷罐　27.瓷罐　29.水晶珠

图 3-17　宜都陆城 M11 平、剖图

6. 宜都陆城东汉墓

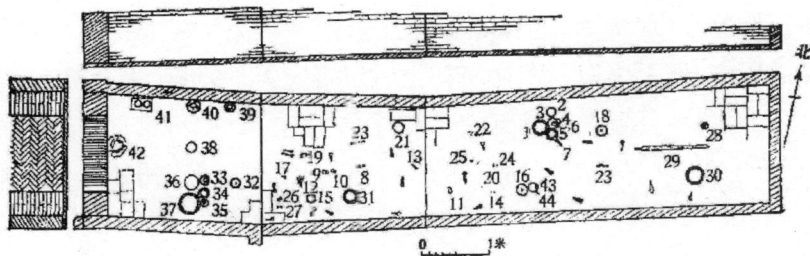

1.铜洗　2.铜镜　3.青瓷碗　4.釉陶水盂　5.铜勺　6.铜碗　7.铜熨斗　8.金戒指　9.金手镯　10.
银手镯　11.玉玦　12.银发钗　13.平挖　14.琉璃器　15.银项圈　16.铜镜　17.金戒指　18.铜镜
19.银手镯　20.金鸟　21.铜碗　22.金球　23.钱币　24.金狮子　25.银印章　26.金花饰　27.金花
饰　28.青瓷水盂　29.铁剑　30.铜洗　31.铜洗　32.铜镜　33.釉陶罐　34.陶罐　35.青瓷罐　36.
青瓷盘　37.青瓷盆　38.青瓷碗　39.青瓷罐　40.瓷罐　41.陶灶
42.陶罐　43.铜碗　44.铜勺(余为棺钉)

图 3-18　宜都陆城东汉墓平、剖图

　　宜都陆城东汉墓是一座长方形竖穴券顶砖室墓,是湖北东汉墓中较为少见的三室砖墓(图 3-18),该墓甬道及券顶已被破坏,墓室由前、中、后三室组成,皆长方形。各室之间无砖墙分开,但前室与中室之间、中室与后室之间的南北两侧墙壁上有从上到下相互对称的垂直分界线,砖墙由此分界线处各向两边砌筑而分成前、中、后三室。墓壁是平砖错缝垒砌,铺地砖也是在各室之间分开。墓室全长 10.45 米、宽 2 米~2.2 米,现存墓口距墓底深西为 0.87 米、东为 0.36 米。方向 257°。墓顶已毁,从残留的楔形砖可推知为券顶。前室长 2.3 米、宽 1.85 米,铺地砖为单层,平铺横列错缝,由甬道进入前室过道处的南北两侧各用双层砖砌成,封门砖用斜迭轮砌。中室长 2.45 米、宽 1.65 米~1.83 米,铺地砖为单层,纵横相间。后室长 5.15 米、宽 1.8 米,铺地砖亦为纵横错缝平铺。墓内棺木及骨架已朽无存,仅在中、后室发现锈蚀的铁棺钉。从棺钉及随葬器物的旋转放置来看,应为双棺合葬墓。在中室的随葬品中发现有较多的金、银首饰、花饰、发叉、铜镜之类的生活用品,这些东西应为妇女生活用品。后室大于前、中两室,出有代表墓主人身份的印章、锈蚀的铁兵器及较多的青铜器等,应为男性用品。由此推测,该墓应为夫妻合葬墓。随葬器物的放置方面,前室主要是青瓷器,另有釉陶、陶罐、陶灶、铜镜,在铺地砖上发现有漆皮,则还应有漆器;中室除一件铜洗及碗、钱币外,其余皆是金、银首饰,金珠、琉璃器及漆皮;后室主要放置青铜器及金狮、金马、印章、钱币等,还有铁剑、青瓷水盂和釉陶水盂等,亦有漆皮痕迹。墓中出有一枚龟纽银印"偏将军印章"①。偏将军为东汉至三国时的武官,地位很高,在东汉属杂号将军。据《后汉书·百官志》:"前、后、左、右,杂号将军众多,皆主征伐,事迄皆罢。""偏将军"之名则始见于战国。《汉书·王莽传》:"莽见四方盗贼多,复欲厌之,又下书曰:'予之皇初祖考黄帝定天下,将兵为上将军,建华盖,立斗献,内设大将,外置大司马五人,大将军二十五人,偏将军百二十五人,裨将军千二百五十人……'于是置前后左右中大司马之位,赐诸州牧号为大将军,郡卒正、连帅、大尹为偏将军,属令长裨将军,县宰为校尉。"可见偏将军的地位甚高,位次大将军下、裨将军上,大致同于大尹(太守)。东汉初期的一些临时设置的杂号大将军,亦常以"偏将军"为之。如"偏将军盖延为虎牙大将军"(《后汉书·光武帝纪》)。此墓年代在东汉末三国之际,按三国名将如曹真、张郃、徐晃、姜维、周瑜等均曾任此职。印文规整有法度,符合汉代印绶制度。属战乱期间用原官印殉葬。此墓主能用龟纽银印入葬,地位应当是比较高的,据《汉旧仪补遗》:"二千石银印龟纽,文曰章。"由此推测,此墓墓主是相当于二千石的官秩。

　　7.湖北襄阳城内三国时期的多室墓

　　此墓位于汉水中游西南岸襄阳古城圈内的中部偏东处,东距东城墙约 400

---

① 宜昌地区博物馆、宜都县文化馆:《湖北宜都陆城发现一座东汉墓》,《考古》,1988 年第 10 期。

米,南距南城墙约 800 米。墓葬地表覆盖着密集的居民住房,因新建书店,部分
建筑得以拆除,但墓室的南端及东南角仍被居民住房所覆盖。墓葬处于距地表
2 米~3 米的扰土层之下,墓底距地表 6.2 米,墓室残券最高处距地表 2.80 米。墓
上的扰土层为灰褐色土,内涵大量唐宋以来的砖瓦和陶器残片,还有明清时期房
屋残基。墓室早年曾遭多次破坏,墓顶大部分被挖残,部分墓壁及铺地砖被取
走,还有两处盗洞分别从墓葬中室和后室的东壁直通室内(图 3-19)。

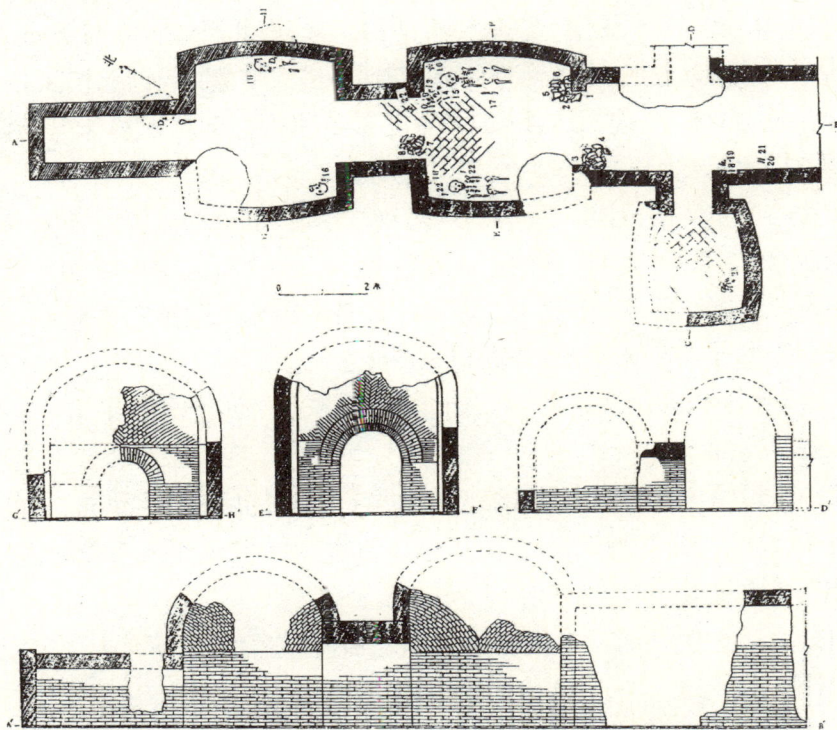

1.残陶鼎　2.残陶钵　5~6.残陶盆　7.残瓷罐　9.铜帽钉　10~11~12~13.铜配件
14.云花铜饰片　15.盖弓帽　16.铜钱　17.铁刀　18~19~20~21.铅器　22.铁棺钉　23.陶片
图 3-19　襄阳城内三国时期多室墓平、剖图

　　墓葬方向 148°。砖室。自东南至西北由前甬道、耳室、前室、中室、后室等
部分组成。前甬道南端因被压在居民住房之下,未能发掘,故墓门、墓道情况不
详。前甬道和前、中、后室处在同一中轴线上,耳室设在前甬道的东西两侧,耳室
与甬道间以小甬道连通。东耳室亦因被压在居民住房之下未能发掘。通向东耳
室的甬道口亦被破坏,尚有残迹,可见东耳室位置与西耳室相对应。前室与中室
间有甬道,中室北接后室,各室均处于同一平面上。

　　铺地砖采用"人"字形中轴线对称平铺的方法,南北贯通。墓砖皆灰色单侧

面饰绳纹,部分砖立面有对角几何纹。立壁的砌法为两平砖并列错缝顺砌。券顶以长方形砖和楔形砖交错使用。

前甬道。平面长方形,双层券顶。长大约 5.2 米、宽 2 米、高 2.78 米。东西两壁砌至 1.63 米开始起券,南端部分券顶保存完整。

西耳室。平面近方形,西、南、北三壁外弧。东西最大长度 2.35 米、南北最大宽度 2.2 米、残壁高 0.65 米。顶部情况不详。耳室与甬道相接的小甬道为长方形,双层券顶。长 1.05 米、宽 0.85 米、高 1.2 米,南北两壁自 0.48 米起券。

前室。平面近方形,东西两壁外弧,四隅券进式穹窿顶。南北长 3.35 米、东西宽;南端 3.35 米、北端 3.25 米、最大宽度 3.45 米。立壁自 1.70 米开始四角起券,残券高 3.40 米。

前室与中室间的甬道。平面长方形,双层券顶。长 2.1 米、宽 1.5 米、高 1.93 米。东西壁自 1.22 米起券,券的下层砖侧立,上层砖竖立。券厚为 0.5 米。

中室。形制同前室,南北长 3.15 米;南端 3.25 米、北端 3.35 米、最大宽度 3.65 米。立壁自 1.72 米起券,残券高 3.15 米。

后室。平面长方形,双层券顶。南北长 3.7 米、东西宽 1.85 米、高 1.3 米。立壁自 0.85 米起券。

墓内未设棺床和祭台。葬具仅见部分棺钉和扰乱后的棺木残迹。前室可见两具人骨架残迹,头北脚南,分别置于东西两边。中室见两个人头骨和部分扰乱的残骸。后室仅见一节人体肢骨于入口处。

因多次被盗,随葬器物被洗劫殆尽,无一件完整器物,只尚存少量陶、瓷器残片和铜钱等。

此墓的年代为三国时期,其上限为汉魏之际。从墓内残留骨骸来判断,此墓至少入葬四具尸体:前室两具、中室两具,或疑后室另有一具尸骨,因被盗扰已不存。这种多人同墓分室而葬,即所谓"祔葬",在三国、两晋时期较多。"祔葬"者当为墓主的直系亲属。因墓内被严重扰乱,无法判断是否同时入葬。

此墓规模宏大,结构复杂,未见二次建造的痕迹,在三国时期的墓葬中尚不多见。墓内残留遗物有贴金的铜器残片和玉器碎片,表明墓主有较高的社会地位,当为官阶在二千石左右的都督、刺史或郡太守以上官员,最有可能是汉末荆州刺史刘表或曹魏时期的高级官员[1]。

---

① 襄樊市博物馆:《湖北襄阳城内三国时期的多室墓清理报告》,《江汉考古》,1995 年第 3 期。

(三)画像石墓

汉画像石是附属于墓室与地面祠堂、阙等建筑物上的雕刻装饰,是为丧葬礼俗服务的一种独特艺术形式,具有浓郁的民族色彩和鲜明的时代特征。因为是刻在石材上面的画,故称为画像石,反映了一个伟大时代的艺术气质与特征。汉画像石墓广泛分布在河南、山东、陕西、山西及四川等地,在湖北的襄樊、当阳、枣阳、随县等地也发现有一些汉画像石墓[①],由砖、石混合建造而成,多室。一种是二室或四室左右并联,各室之间有门洞相通,各室上铺石块。另一种是前后室相联,前室左、右各一耳室,前有甬道,平面呈"中"字形。用楔形砖砌顶。前后室为四角攒尖顶、耳室为券顶。画像石内容较为简单,风格粗放、质朴。均采用平面浅浮雕,石面一般未经细致加工。画像总体风格与河南南阳地区画像石接近,但内容不如南阳画像石丰富,一般只有青龙、白虎、朱雀、玄武等瑞禽瑞兽和执笏、拥帚、持盾、蹶张等图像。

随县唐镇 M2 是一座用石材构筑的平顶多室墓,有四个并列的墓室(图3-20)。墓向正南。四个墓室共宽 4.62 米、各长 3 米、高 1.62 米。石料非当地所出,所用石条和石块的规格不一,都是预先经过修整的,使其五面平整,仅一面粗糙。除墓门的门扉和阑额石外,均无其他纹饰。石长 0.48 米~1.95 米、宽 0.3米~1.15 米、厚 0.14 米~0.3 米。墓内并列四室,即东西室和东西侧室,皆呈长方形,其建筑结构和大小基本相同。每室内宽为 1 米,各室之间均有门通连。在东西两室之间的隔墙砌有前后两门,但无门扉。门高均为 1.18 米、宽 0.58 米~0.74米。墓底皆用石块平铺。墓壁石侧砌,均压在铺底石上,在两石砌缝内,灌以泥浆,使缝紧合。墓前有二门,由七块条石筑成(阑额石二、支柱石三、门槛石二),并列在东西两室之前,各有门扉两扇,其中西室一扇已被破坏。门扉均用一整石凿成,尺寸略小于门框,正面均凿有线条清晰的图案。东室为一对铺首衔环,西室一扇刻有并列的双层阙形建筑。在阑额石的下半部也凿有斜方格纹,线条比较粗糙。门扉上下有轴,插入阑额石和门槛石的轴窝内,由外开闭。墓顶用十三块近方形石,并列平铺盖顶,其衔接处均接有阴阳衔口,两石相互扣压,相当牢固。

① 湖北省文物管理委员会:《湖北随县唐镇汉魏墓清理》,《考古》,1966 年第 2 期;李元魁等:《随县唐镇发现带壁画宋墓及东汉石室墓》,《文物》,1960 年第 1 期;《湖北省文物考古工作新收获》,载《文物考古工作三十年》,文物出版社 1979 年版;沈宜扬:《湖北当阳刘家冢子东汉画像石墓发掘简报》,《文物资料丛刊》第 1 辑;陈振裕、杨权喜:《当阳沮河下游一九七二年考古调查简报》,《江汉考古》1982 年第 1 期。

1.仓　2.仓盖　3、7、15.双耳小罐　4~6.小炉　8.钵　9、17、21.筒形罐(丙17为三件)　10.铜钱
11、16.瓮　12.井　13.罐　14.盆　18~19.铜车害　20.人骨　22.灶和甑(凡未注明质料的增色陶器)

图 3-20　随县唐镇 M2 平、剖图

此墓经多次盗掘,人架数目和葬式都不明。随葬器物相当丰富,但破损较严重,且大部失去位置。残存器物以陶器为主,有陶仓、罐、双耳小罐、小炉、筒形罐、瓮、罐、铞、灶、甑钵、井等,铜器仅残留车害 2 件和五铢钱 8 枚。

(四)画像砖墓

东汉时期的砖室墓中,有些在墓壁上镶嵌一种模印着画像的砖,称为画像砖墓,主要流行在四川成都地区,其他地区偶有发现,墓主一般为地主豪强。湖北地区亦有画像砖墓,枝江地区就曾发现过画像砖[①],虽未见有画像砖墓的报道,但这说明枝江地区应有画像砖墓。枝江地区发现的画像砖,从内容上看,属于墓主出行和舞乐百戏等图像,风格和内容与四川画像砖接近,显然是受四川的影响。

---

① 　黄道华:《枝江姚家港出土的东汉画像砖》,《江汉考古》,1991 年第 1 期。

第四章　六朝、隋唐、宋元时期古墓

第一节　六朝墓

　　湖北地区发现的六朝墓葬，三要集中在鄂州等地。此外，武汉、宜昌、荆州、黄石、黄冈等地也发掘了一些。数量方面也是相当大的。据 1995 年的统计，湖北发现的六朝墓葬总数达八百余座[①]，但见于正式报道的材料并不多，仅有几十座。不过，这些正式报道的墓葬多有纪年。六朝墓葬以砖室墓为主，土坑墓较少，墓室平面形状大致可分为带通道的横前堂双后室墓、"中"字形墓、"凸"字形墓、双"凸"字形墓、"刀"字形墓、长方形墓、"吕"字形墓等。

一、湖北六朝墓的演进

　　东汉末至孙吴中期，主要有横前堂双后室墓和"中"字形墓两种形制。横前堂双后室墓湖北地区在东汉后期即已存在，"中"字形墓则是从横前堂双后室墓简化而来。在墓葬结构上，大型墓墓壁的砌法为"三顺一丁"，"人"字形铺地砖。中小型墓则较多地使用平砖顺砌，平砖错缝的铺地砖，二面坡式的叠涩墓顶。墓砖沿用了汉末的花纹装饰，以网格纹和对角几何纹、几何纹夹钱纹为主。随葬品以陶器为主，表面多饰黑衣，种类有罐、盆、钵等日常生活用器，还有较多的仓、厨明器以及灯、炉、薰等较高级的生活用器。青瓷器较少，主要有罐、钵、壶三种。漆木器较多，木牍、木简较有特色。还见有一些汉式的铜铁器、铅锡器及一些金银质的服饰用品。中小型墓一般有陶、瓷各一套生活用具，少量的漆木器和铜器。

[①]　杨宝成主编：《湖北考古发现与研究》，武汉大学出版社 1995 年版，第 283 页。

　　孙吴后期,大型墓主要为双"凸"字形,此类墓是从"中"字形墓演进而来。中型墓以"凸"字形和"刀"字形为主。小型墓为长方形单室墓。大中型墓的墓壁仍为"三顺一丁","人"字形铺地砖。大型墓除了采用双重券顶外,新出现了"四隅券进式穹窿顶"。中型墓多为券顶。小型墓多采用二面坡式叠涩顶,墓壁也多为"三顺一丁"和"人"字形铺地砖,但平砖顺砌和错缝平铺的铺地砖仍较流行。墓葬的附属结构有一些发展,部分大型墓出现了砖砌的祭台。墓室内流行用几排砖砌成棺座,墓葬前面出现三角形的排水沟。随葬品中瓷器比例明显上升,金银饰品比例有也增加,铜铁漆木器的数量则减少,陶瓷俑有了较大的发展。大中型墓的瓷器数量多、种类全,出现了一些较高级的生活用具如唾壶、果盆、灯、洗等,还有青瓷的仓厨明器、楼房、牛车、牲畜等。陶器的数量明显减少,种类上只限于简单的日常生活用器。额带"白毫像"的陶、瓷俑,青瓷牛车,家禽家畜、院落,陶瓷塑成的穿山甲形俑,长方形的果盆、带双耳的香蕉、吐舌镇墓兽等,是孙吴后期有时代特征的器物。

　　西晋时期,大型墓葬主要有双"凸"字形墓以及用砖柱分隔成前、中、后三室的"凸"字形墓。中型墓主要是"凸"字形和刀形,小型墓主要是单室长方形。墓葬结构较孙吴时期又有改进,大型和中型偏大的墓葬中,祭台仍普遍存在,砖垒的条形棺座不再多见。大型多室墓采用提高后室或后部铺地砖高度、中型单室墓采用提高墓室后半部铺地砖高度的方法,既起到棺床的作用又利于排水,个别大墓出现断面呈方形的排水沟及砖砌的灯台。墓砖花纹上新出现了叶脉纹夹钱纹、缠枝状云纹装饰。墓砖上的模印文字开始出现,内容主要有吉祥语、纪年两类。随葬品方面,青瓷器开始普遍使用,成为主要的随葬品,种类上主要是各种日用生活用具和一批较高级的生活用具。孙吴时期较流行的青瓷人俑、青瓷院落、青瓷家禽家畜、仓厨明器等已呈衰败,仿动物造型的青瓷器则极为流行。陶器使用很少,铜铁器则更少,金银饰品仍在增加。

　　东晋时期,墓葬形制普遍简化,大型墓葬主要为"凸"字形,并在墓室中用砖柱或拱券分隔成前后室。中型墓流行"凸"字形单室墓和刀形墓及双室并列长方形墓。小型墓仍为无甬道的长方形墓。墓葬结构又有新的变化,"凸"字形墓甬道口的封门砖常伸出甬道二壁,形成挡土墙。各类墓都比较流行在墓壁内增设砖柱和由砖柱形成的护顶拱券。这种做法在吴晋时期就已开始流行于江西地区，东晋时才影响到湖北地区。排水沟和棺床的设立仅限于少数大中型墓葬，其余仍采用提高后室或单室后半部铺地砖的方法。祭台已开始在大中型墓葬中普遍使用，少数墓中出现了方形的灯龛。随葬品方面，东晋早中期仍以青瓷器为主，但器类大为减少，较高级的生活用具和仿动物造型的一类瓷器已不多见，极少见到有俑类和仓厨明器类随葬。到东晋晚期，陶器的使用有上长趋势，出现了一批较有时代特征的器物，如陶凭几、案、圆形的果盆、盘、灯等。

南朝时期，大型墓葬主要流行"吕"字形墓。墓葬的附属结构十分讲究，大中型墓均设祭台和棺床，棺床四周留有空隙以利排水，甬道下留有断面呈方形的排水孔，甬道前面有长排水沟。长方形多室并列墓除了有用于排水的方孔相通外，墓壁上还设有直棂窗使各室相通，墓壁上较流行设长方形的灯龛和直棂假窗，甬道口往往有数道挡土墙。墓壁外较流行咬土砖，中小型墓内仍流行增设砖柱和拱券，同东晋时期相比，砖柱和拱券的数量明显增多，排列更为密集。南朝时期墓砖上的花纹是整个六朝时期最为繁荣的时期，在墓壁上常镶嵌画像砖。随葬品方面，大中型墓中的青瓷器多限于日常生活用具，主要有壶、罐、碗、盘四大类。陶器的种类和数量都有增加，一些较高级的生活用具和模型明器都属陶器。陶质的仓厨明器重新流行，一度消失的买地券又重新出现。陶俑也在大中型墓中普遍出现，刻画精细、造型瘦长，充分体现了南朝时期"秀骨清像、褒衣博带"的艺术风格。

二、鄂州六朝墓简介

湖北发现的六朝墓葬以鄂州最为集中。鄂州原名鄂城市，古名武昌，为六朝时期长江中游重镇，也是孙吴建国时的都城所在。虽然武昌作为孙吴都城只有九年时间，当三国形势稳定下来后，孙吴都城就迁回下游的建业。但是，终孙吴之世，武昌一直具有重要地位，是孙吴的"西都"，常以亲王和大将军、大司马一级的人物镇守。先后镇守武昌者有太子孙登、齐王孙奋及大将军陆逊、吕岱、诸葛恪等人。孙吴时的武昌郡下辖武昌（今鄂州）、沙羡（今武汉市境内）、下雉（今阳新县富水南岸）、阳新（今阳新以东）、柴桑（今九江西南）及寻阳（今九江市）六县，辖境西起武汉、东至九江，沿江约七百里之地尽为所属。在江北的今黄冈县附近还筑有邾城，常驻军队三万左右，以加强武昌的防务。在东郊江边的燕矶风火山和屏风矶上建有高大的烽火台，可与西起夷陵、东迄吴郡的沿江烽火台相呼应，及时传递紧急军情。吴亡之后，武昌的地位有所下降，但仍不失为长江中游的重镇。东晋时,武昌或为荆州刺史治所、或为江州刺史治所,一直都有重臣驻守,陶侃、王敦等皆曾驻守此地。可见鄂州在吴晋时期长期处于陪都的地位,为当时门阀豪族的聚居之地。东晋后期,经过桓温等人的北伐之后,江陵和襄阳的战略地位大为上升,武昌的地位就逐步下降。南朝刘宋时,武昌郡仅辖武昌、阳新、鄂州三县,武昌城已不再为州治所在,州治移至夏口。隋灭陈后,武昌郡被撤,从此武昌的地位被夏口(今武昌)所取代。

孙权于公元 221 年所建的武昌城俗称"吴王城",位在今鄂州市区。《元和郡县志》卷 28 江南道三鄂州"武昌县"条:"孙权故都城在县东一里余,本汉将灌婴所筑,晋陶侃、桓温为刺史并理其地。"经勘测,吴王城东墙距明清武昌县城东关约 800 米。吴王城西凭樊山(包括今西山和雷山),南临南湖、东有自然形成的泸湖,北枕大江,地理位置极为险要。

鄂州六朝墓葬主要分布在西山的山麓地带,以西山为中心,东起樊口和火车站一带,西到洋澜湖周围,北抵江边,实际上是一个大墓区,这是由于吴王城四周的地形条件所决定的。从鄂州六朝墓的分布来看,最集中的地区是西山和雷山南麓,即今樊口附近和鄂州钢铁厂的范围内。一般来说,形制较大和等级较高的六朝墓葬位于地形较高的西山山麓地带,此处应是吴晋时期豪门大族的墓地,而洋澜湖周围的低地,则多为形制较小、等级较低的墓地。鄂州六朝墓葬的发掘总数约五百座,从数量上看仅次于南京。鄂州六朝墓的年代多集中在吴晋时期,南朝时期则很少。据统计,吴晋时期的墓葬占了鄂州六朝墓葬总数的 90%左右,南朝墓则只占 10%左右。这种情况可能与六朝时期武昌城的兴衰有密切关系。值得注意的是,鄂州有相当数量、年代较为可靠的孙吴前期墓葬,而此类墓葬是南京较为缺乏的。

鄂州六朝墓的形制,其发展总趋势与南京地区是一致的,即从多室墓到单室墓的演变。但鄂州六朝墓也有一些明显的本地特点,如较早出现了短甬道的长方形单室墓("凸"字形或"刀"形),并且相当流行;同样的情形也见于长方形双室并列墓。此外,使用砖柱或柱券间隔前后室或加固墓壁的做法,也相当流行。这种做法少见于南京地区,但在江西和福建等地则较为流行。用两排或三排砖来加固棺的做法,也少见于其他地区。

在随葬品的组合和类别方面,鄂州六朝墓与南方各地基本一致。孙吴前期的随葬品以陶器和釉陶器为主,较大型的墓葬还出有一定数量的青瓷器和漆器、铜器。从孙吴后期起,青瓷器上升成为主要的随葬品,陶器和铜器相应减少,漆器逐步少见乃至不见。从东晋晚期起,陶明器的数量有所增加。在孙吴和西晋墓中,较多地出现仓、灶、井、磨以及家禽畜圈等模型明器,俑类也较多见。而从东晋开始,模型明器就急剧减少。这种情形在整个南方都是一致的。

　　鄂州六朝墓的随葬品中,有相当数量的器物为长江中游以外不见或少见。如孙吴和西晋墓中所出的吐舌俑、穿山甲形俑和圆形青瓷虎子,都相当突出。其中穿山甲形俑目前仅见于鄂州、武昌和长沙三地。桃叶金片和粟粒状金片饰的出现年代均较早,石黛板也较早流行,西晋铜棺钉可能是南方最早的一例。但长江下游地区广泛流行的谷仓罐(魂瓶)、扁壶和凭几,则不见于鄂州;鸡首罐、辟邪形插座和犀牛形镇墓兽也较少见。在青瓷器中,除同见于长江下游的佛像洗和铜柱灯外,大型的双系青瓷羊座和以蛙盂作盖纽的三足青瓷砚均属精品,且系本地所产。美中不足的是,长江中游青瓷器胎釉结合程度不太理想,脱釉现象比较严重,在观瞻上不如下游产品那样晶莹美观。此外,鄂州的个别西晋墓中还出有透明的玻璃器残件,可能是我国迄今为止年代最早的波斯玻璃器,较南京所出要早五十年左右。有一件东晋的长方形石砚,可能也是国内所见同型砚中年代最早、体形最大的。

　　六朝时期的武昌郡是当时南方铜镜的两大产区之一(当时的另一产区是会稽,今浙江绍兴),故鄂州六朝墓中铜镜的出土数量要多于南京。这批铜镜中有相当一批是带有纪年铭文的,年代以汉末建安和孙吴年间为最多,可以想见当时武昌郡的铜镜制造业之盛。同时,铭文也反映出武昌的铸镜匠师中也有不少人来自会稽,因此在纹饰中也反映出同样的风格。特别是一批以东王公、西王母等神人为中心的神兽镜,与会稽铜镜如出一辙。在鄂州所出柿蒂夔凤镜的纹饰中,也出现了坐佛像和供养人像等佛教题材。此外,还发现有部分铁镜[①]。

三、横前堂双后室墓

　　东汉后期,湖北地区即已出现横前堂双后室墓,到六朝时期,此类结构的墓得到了进一步的发展。这类墓葬的基本特征,是在墓室的前壁居中设一短甬道,甬道口一般只设一封门砖。前室为横长方形,内空高2米~3米,前室的后壁设

---

① 　蒋赞初:《鄂城六朝考古散记》,《江汉考古》,1983年第1期。

有两拱门通向后室。双后室均为竖长方形，内空高仅 1.5 米左右，共中墙，两外侧同前室外壁平齐，前后室之间无甬道隔开。前室为纵向券顶，双后室各为横向券顶。墓室内尚无棺床、祭台、排水沟等附属设施。墓壁的砌法多为"三顺一丁"式，也有部分为平砖顺砌。铺地砖以仿蓆纹的砌法较为常见，少量为平砖错缝或"人"字形的砌法。这类墓葬的总长一般都在 7 米以上。迄今在湖北省的鄂州、通城、宜城等地，均发现有这种类型的墓葬。这种形制的墓葬，在湖北地区一般只见于东汉末年到孙吴中期。

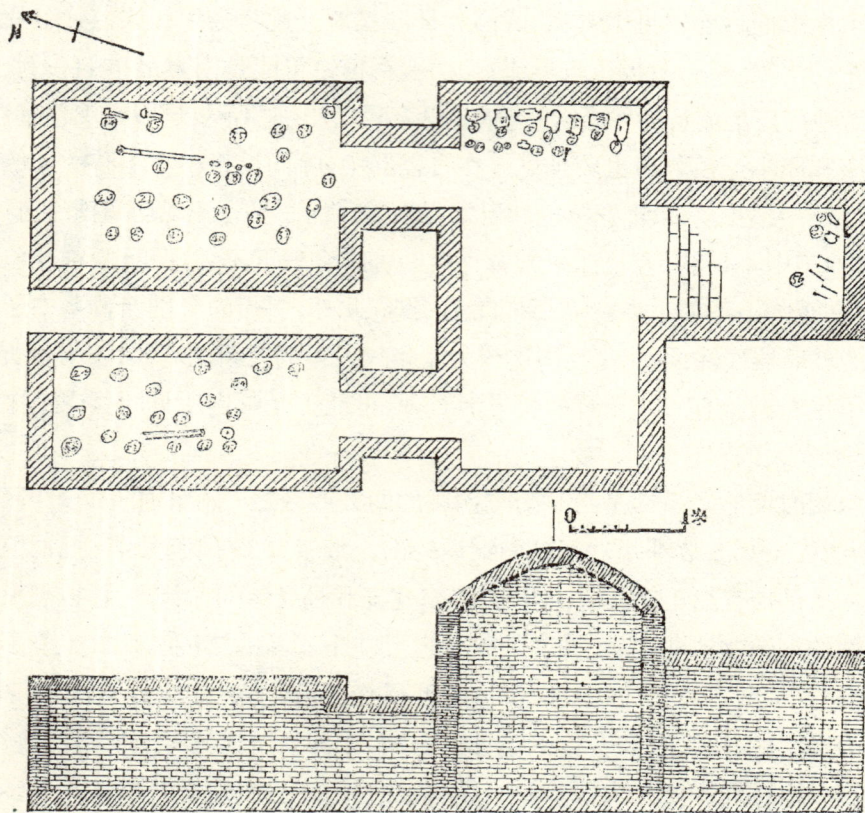

1.青瓷碗 2.罐 3.罐 4.罐 5.罐 6.罐 7.罐 8.罐 9.釜 10.罐 12.青瓷罐 13.棺钉
14.青瓷罐 15.铜棺钉 16.罐 17.铁钉 18.罐 19.壶 20.壶 21.青瓷罐 22.罐 23.棺钉 24.铜镜 25.银环 26.铁剑、铁刀 27.铜钱 28.银发钗 29.铜钱 30.铜钱 31.铁棺钉 32.长剑 33.棺钉 34.红玛瑙（琉璃器） 35.棺钉 36.棺钉 37.陶碗 38.青瓷罐 39.棺钉 40.棺钉 41.棺钉 42.棺钉 43.铜钱 44.银圈 45.红玛瑙 46.棺钉 47.棺钉 48.剪刀 49.铜镜 50.棺钉 51.棺钉 52.四系 53.陶仓 56.棺钉

图 4-1 通城高冲钱塘山 M2 平、剖图

通城高冲钱塘山二号墓，是一座六朝初期带甬道横前堂双后室墓（图 4-1）。

该墓坐北朝南,方向160°。甬道长1.8米、宽1.45米、高1.2米;前堂东西长3.7米、南北宽2米、高2.35米;左室门洞进深0.7米、宽0.88米、高0.9米;左室长2.9米、宽1.4米、高1.2米;右室门洞进深0.7米、宽0.97米、高1米;右室长2.9米、宽1.9米、高1.7米。甬道、前堂、后室皆为券顶结构,左室略低于右室。墓砖有几何纹和划线纹两种,墓壁用几何形花纹砖砌成,券顶用楔形砖砌成,墓底砖平铺,无花纹。前堂靠右墓壁放置有陶钗、陶釜、陶壶、家畜圈栏等陶器。左后室随葬有铜镜、银发钗、银环、铁剪刀、琉璃器、铜钱等代表女性的器物。右后室随葬有铁剑、铁匕首、铜钱、青瓷壶、青瓷罐、青瓷碗等代表男性的器物。墓中未发现有尸骨的遗迹,仅在双后室中发现有数枚复斗式铜棺钉,墓门前发现有数枚铁箱钉。从左右室中随葬的器物及墓室大小分析,左室为女性、右室为男性,则此墓当为一夫妻合葬墓无疑[①]。

四、"中"字形墓

这类墓葬是湖北省乃至整个长江中游都比较流行的墓葬形制,其出现的年代要略晚于带甬道的横前堂双后室墓,二者之间有明显的发展演变关系,明显是从横前堂双后室墓发展而来的,是湖北地区六朝墓中新出现的一种墓葬形制,亦见于同时期的中原地区。

这一类型的墓葬规模较大,墓室总长在7米左右。前室的前壁居中有一短甬道,前室为横前堂,左右两侧一般都附有耳室,单层或双层券顶。前后室的外侧尚无甬道结构连接,仅左右内侧砌出一道短腰墙分开前后室。后室为长方形,双层券顶。

(一)湖北武昌任家湾黄武六年墓

任家湾黄武六年墓是一座典型的"中"字形墓(图4-2),年代为孙吴早期,黄武六年为公元227年。坐南朝北,方向南偏东20°。墓室通长7.15米、墓门前有斜坡形的墓道,墓门及甬道为券形,有整齐的封门砖,券顶是由两层楔形长砖砌起来的。甬道长1.04米、宽1.25米,其内即为前室。前室长1.99米、宽2.1米、近正方形,铺地砖为"人"字形平铺。左右各有一耳室,深0.99米、宽0.7米。前室券顶已被破坏,从两砖遗留下来的痕迹看,也是左右起券。前室与后室中间又有券门一道,门宽1.22米。后室长3米、宽1.6米、上为左右起券券顶。后室比

---

① 通城县博物馆:《湖北通城高冲钱塘山二号墓发掘简报》,《江汉考古》,1992年第2期。

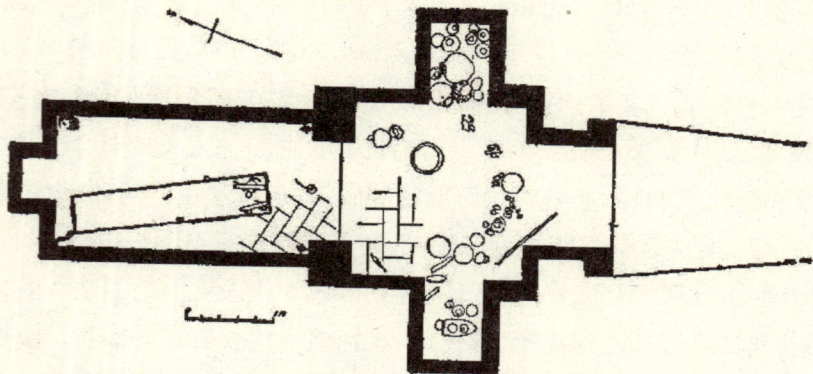

图 4-2　武昌任家湾黄武六年墓平面图

前室高 5 厘米,相当于一块砖厚。地面砖"人"字形平铺。后壁有券形小龛一个,宽 50 厘米、深 40 厘米。木棺放置在后室的左后方,前端略偏向东,可能是被水冲有了移动。棺上部已朽,仅存底部,人骨架无存。棺底上面满铺铜钱,木简、木梳也放置在底板的前端。后室四角皆堆置有成串的铜钱,虎子放在室后右角。前室内放置陶鉴、铜釜、铅锡合金耳杯、漆盂、铁矛、铁剑等。东耳室放置着各种陶罐和陶三足多孔器。两耳室是陶灶和附属的器物。随葬器物共 68 件,大部分保存完好[①]。

(二)鄂州鄂钢饮料厂一号墓

鄂钢饮料厂 1 号墓位于鄂州市区西山南麓,东距吴王城址约 2000 米,西约 200 米为厂办公大楼,南邻武昌大道与樊湖相望。

该墓营筑在西山南坡,分墓圹、墓道两部分(图 4-3)。墓圹在棕色砂岩层中凿穴而成,棺室东壁尚留大块石头。现存圹口南北长 14.72 米、东西宽 2.1 米~6.2 米;圹底南北长 14.54 米、东西宽 1.94 米~5.74 米;残深 3.8 米~5.2 米。墓圹各室形制不一,铺地砖下有厚薄不一的填土,土质各异。在棺室底部铺有白膏泥,厚达 0.6 米;过道底部填土为黄白粘土,厚 0.2 米~0.3 米;横前堂底部填土为棕色砂土,土层北薄南厚,约 0.2 米~0.4 米;耳室及甬道底部也铺有棕色砂土,厚达 0.5 米。墓底的各种填土,应与防潮或平整地面有关。

此墓早年曾经被盗,共有盗洞两个,随葬品遭到破坏。

墓道位于墓圹之南,正对墓门,南段早年已破坏,形制不明,北段较为规整,

[①]　武汉市文物管理委员会:《武昌任家湾六朝初期墓清理简报》,《文物参考资料》,1955 年第 12 期。

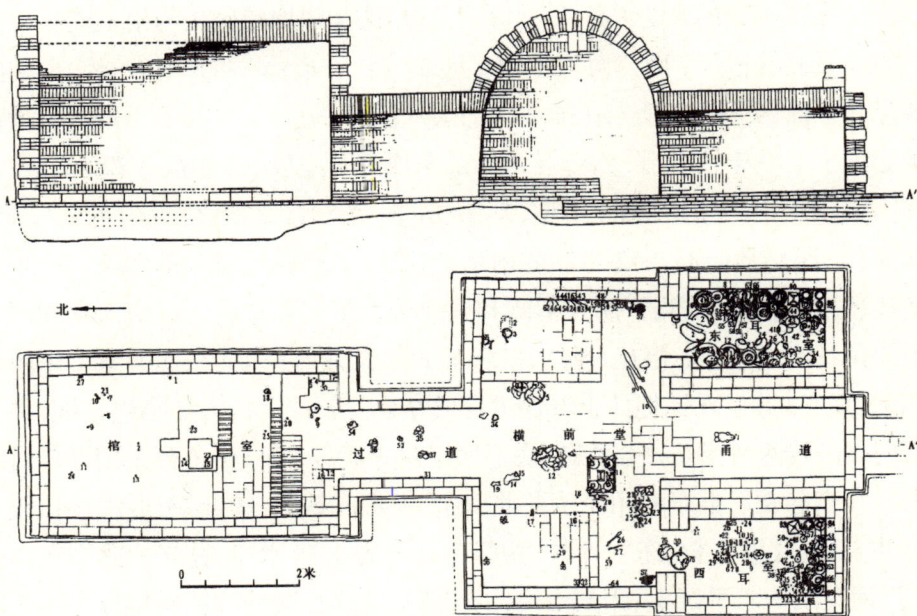

图 4-3 鄂钢饮料厂一号墓平、剖图

略作竖井状,残长 4 米、口宽 1.12 米、底宽 1 米、残深 1 米。墓道内有大块石头堵塞,似作防盗之用,墓道之下有砖砌排水沟。

砌砖墓室营造在墓圹中,方向 177°。全长 14.5 米、宽 5.68 米、高 3.22 米。自北向南由棺室、过道、横前堂、甬道、东西耳室等六部分组成。

棺室(后室)位于墓室北部,长方形,南北长 5.8 米、东西宽 3.3 米;内空南北长 5 米、东西宽 2.58 米;券顶高 2.76 米。东西两壁砌法相同,自下而上采用六组"三平一丁",上端逐步起券。券顶采用楔形、斧形、条形砖相间砌筑,顶部采用两层斧形砖与条砖横砌,中间夹一层竖砌的楔形砖,使券顶结构牢固。封墙有南北两堵。北墙单独砌成,用条砖自下至上先铺一组"一平一丁",再砌八组"三平一丁",其上再砌四层平砖。墙顶高出券顶 0.06 米。南墙中部留有过道口,下半部与棺室东西两侧壁分别相连。过道口两侧用四组"三平一丁",其上用条砖平砌至券顶,再加砌四组"三平一丁"作为封墙。铺地砖采用条砖纵横平铺,墓壁、封墙及棺床境内营筑在铺地砖上。棺床呈长方形,南北长 3.8 米、东西宽 2.54 米、高 0.06 米。用两层砖组成,下层用 12 组斧形砖交错侧砌;上层用长方条砖错缝平铺。棺床下有一"凸"字形坑,南北 0.4 米、东西 0.54 米、深 3 米。已被破坏。

过道位于棺室与横前堂之间,保存较完整,南北长 2.5 米、东西宽 1.2 米、高

1.46 米。东西两壁的砌法采用"三平一丁",券顶及铺地砖砌法与棺室同。

横前堂北接过道,南与甬道相通。形制为长方形,东西长 5.02 米、南北宽 3.08 米。东西两壁砌法是先在铺地砖上砌八组"三平一丁",其上再砌六层平砖直至券顶。北壁连接过道;南壁与甬道及东西两耳室咬合,残高 3.22 米。在东西壁上端各有一个灯龛,相互对称,形制相同。东壁灯龛保存较好,宽 0.32 米、高 0.36 米,距铺地砖高 2.52 米。龛内未见遗物。顶为券顶,大部倒塌。从东北两壁残顶来看,其砌法均采用斧形砖和楔形砖横竖交错垒砌。在横前堂的西北和东北角各有一祭台,相互对称。祭台平面呈长方形,南北长 2.04 米、东西宽 1.42 米、高 0.3 米。在铺地砖上共用五层砖垒砌。表层用长方砖错缝平铺,中间两层用斧形砖两两相对扣合叠砌,底下两层用斧形砖平铺,但外侧全用条砖错缝平砌。在横前堂靠近东北角东壁及北壁上,发现有铁钉、鎏金铜饰件、环扣等。铁钉共 8 枚,北壁 3 枚、东壁 5 枚,距祭台高度为 1.28 米~1.69 米。其中东壁有 3 枚排列在同一水平线上,距祭台高约 1.57 米。鎏金饰件均在铁钉分布的范围内。横前堂西北壁已倒塌,西祭台上方帷帐设施的情况已不可知。

耳室分东西两个,位于横前堂之南,甬道的东西两侧。东耳室位于甬道东侧,北侧有门与横前堂相通。平面呈长方形,南北长 2.4 米、东西宽 1.36 米,券顶内空高 1.46 米。东西两壁皆在铺地砖上砌墙,由下至上先砌两组"三平一丁",上加一层条砖。券顶用 40 块斧形砖并砌,正中用一楔形砖加固。门呈"圭"形,宽 1.30 米、高 1.46 米,以数层平砖叠砌,层层收拢,直至起券。南面封墙自下至上,先用条砖平铺一层,再砌三组"三平一丁",之上又用五层平砖平砌。封墙外壁与甬道及西耳室平齐。西耳室位于甬道西侧,有门与横前堂相通,平面呈长方形,南北长 2.44 米、东西宽 1.32 米,建造方法与东耳室同。

甬道位于横前堂正南。与棺室、横前堂在统一轴线上。北与横前堂有门连通,平面呈长方形,南北长 3.22 米、东西宽 1.26 米,券顶内空高 1.46 米。甬道东西壁由下至上,先砌两组"三平一丁",后加三层条砖平砌。起券用八组"三平一丁"斧形砖和正中一排楔形砖构建,使之坚实牢固。甬道外有一堵封门墙,封门砖砌在铺地砖上,宽 1.7 米、高 1.78 米。砌法不太规则,自下而上用斧形砖、条砖砌成四组"四平一丁"另加六层斧形砖与条砖,再用斧形砖厚薄交错营砌。

排水沟是主要排水设施,残长 23.7 米,自横前堂东、西祭台之间的铺地砖之下,向南通过甬道及墓门,直伸墓室之外,墓外排水沟凿于岗坡乱石缝隙之中。

此墓墓砖为青灰色,火候较高,形制有长方形砖:长 0.36 米、宽 0.16 米、厚 0.06 米,一面饰绳纹,一面素面;长侧面一面饰几何纹,一面素面;短侧面一面饰钱纹,一面素面。楔形砖:长 0.36 米、宽 0.16 米,一端厚 0.03 米,另一端 0.06 米。一面素面,一面饰几何纹。斧形砖:长 0.36 米、宽 0.12 米~0.16 米、厚 0.06 米,素面。

棺室在清理中发现一块东西向的木板,残长约 2.42 米、宽 0.35 米~0.42 米,已腐成板灰,一面涂黑,另一面髹朱漆、出土时颜色鲜艳,上饰云纹。人骨架已朽,仅散见小块骨痕,性别、葬式不明。中部有一长方坑,用砖铺砌,被盗时该坑局部被撬。

该墓随葬器物丰富,共有青瓷器 198 件,铜器 85 件,铁器 44 件,陶器 14 件,金银器 21 件,玉、石器 10 件,骨器、漆器 40 余件。

此墓为目前已发现规模最大的一座吴晋时期墓葬,墓室长度达 14.5 米,大于宜兴周墓墩 1 号墓(墓室总长 13.12 米)和安徽马鞍山朱然墓(墓室长 8.7 米),在已发掘的六朝墓中,此墓规模最大、墓主身份最高。在墓内所出铜弩机上刻有"将军孙邻弩一张",孙邻有可能即墓主。据《三国志》记载,孙邻为孙吴宗室,其祖父孙羌,系孙坚之兄,父孙贲,曾先后任郡里督邮守长、豫州刺史,丹杨都尉兼征房将军、九江太守、豫章太守,封为都亭侯。孙邻九岁接替父亲管理豫章,晋封为都乡侯,任郡守近二十年,后被召回武昌,任绕帐督,之后又改任夏口沔中督、威远将军,"赤乌十二年卒"(249 年)。子孙苗接替爵位,另一子孙述及其叔孙安、孙熙、孙绩等均在朝中身居要职[①]。

(三)江夏流芳吴墓

这是一座孙吴晚期的"中"字形大墓,规模庞大,形制完备,结构复杂,比黄武六年墓还要大。古墓坐东朝西,方向 260°(图 4-4)。

通长 13.8 米、宽 12.7 米。由券门,甬道,左右耳室,前室,南北侧室,后室和后龛构成。排水沟接于左耳室通向两面的港汊内,方向 230°。长约 130 米。早年曾多次被盗。砖室外有土圹,长 14.1 米、宽 13.8 米,土坑墓道宽 2.2 米、斜长 14 米,坡度 30°。封土厚达 5 米~6 米。此墓的墓砖较大,规格一般为 50

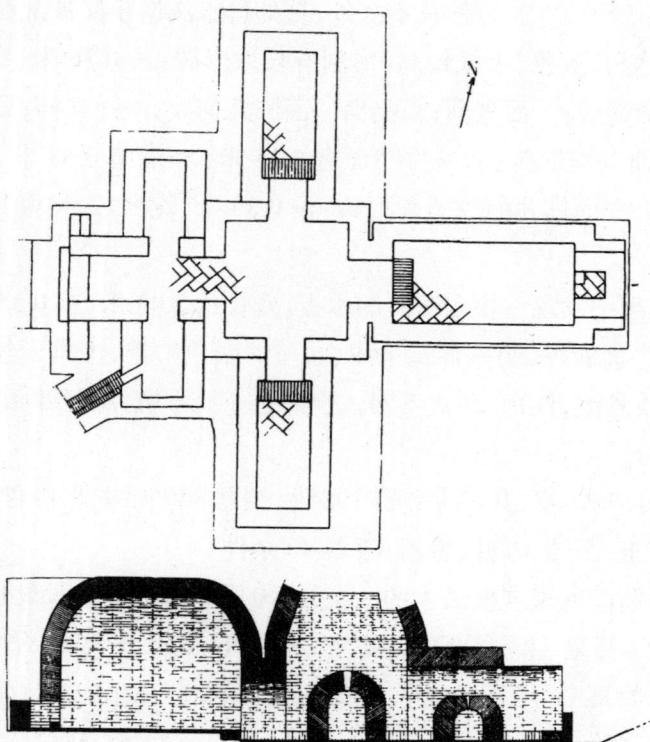

图 4-4 江夏流芳吴墓平、剖图

厘米×25 厘米×(8~9)厘米。楔形砖长宽相同。墓为四隅券进式筑法,双层券顶,厚 50 厘米,墓砖为双砖错缝平砌法,设计巧妙、结构坚固、形制完备。铺地砖均为斜"人"字纹。只是南北侧室和后室铺三层砖,高出前室 25 厘米。墓砖一侧均有花纹。后室券顶上的砖上有文字"钱"、"利"等,花纹全部面向墓室,使整个墓室显得非常繁缛华丽。墓门及甬道宽 1.14 米、长 3.8 米、高(内空)1.2 米。封门墙厚 74 厘米、残高 44 厘米。甬道两侧带两个耳室,左右基本对称,券为两层,中间用楔形砖嵌牢,厚 50 厘米,保存完好。左右耳室内空长 1.98 米、宽 1 米、高 1.2 米,过道宽 72 厘米、进深 50 厘米、高 82 厘米。右耳室随葬品有:青瓷扫帚、牛、俑共 11 件;左耳室随葬品有:青瓷俑、青瓷鸭舍、角楼、仓顶、羊舍、勺、烛台、狗等计 16 件。甬道内有:表瓷俑、盖、车轴、马、多子盒残片、车轮、烛台、三足盘、倒立俑、鸡舍等 14 件。前室为正方形,长宽各 3 米、内空高 14.04 米,穿窿顶大部毁坏。前室右角出土有青瓷院落(图 4-5)、青各瓷俑、青瓷牛、盒、车箱等计 14

件。前室南北两侧各有一对称的侧室,形制基本相同。过道进深 110 厘米、宽 90 厘米、高 130 厘米。两个侧室内空长 326 厘米、宽 128 厘米、高 240 厘米。清理时发现有漆皮及锈蚀的棺钉,但棺木痕迹不明显。后室平面为长方形,内空长 4.5 米、宽 2.1 米、高 3.4 米。有过道与前室相连。过道长 112 厘米、宽 110 厘米、高 162 厘米。后壁上有一龛,龛长 76 厘米、宽 70 厘米、残高 70 厘米。清理时未发现其他随葬品,只是在接近铺地砖时,从淤土中发现零星的彩绘漆皮和 1 块小于毫米的金饰片,判断棺内金饰被盗,棺木及人骨已全部腐烂。出土器物为一套模型明器,皆为青瓷,施青釉,胎釉结合不牢,脱落现象严重。有青瓷院落一组及禽舍等计 19 件,另有青瓷俑 28 件①。

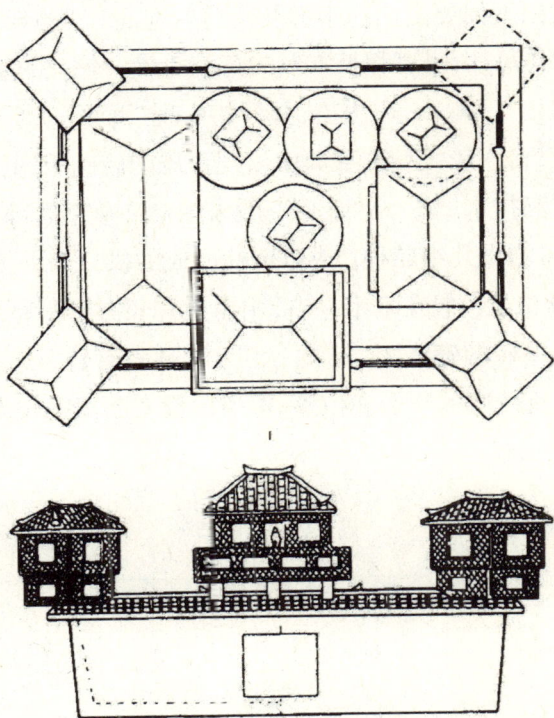

图 4-5　江夏流芳吴墓青瓷院落

五、"凸"字形墓

六朝初期,这类墓葬的长度在 3 米~5 米左右。一般为长方形墓室。墓室的

---

① 武汉市博物馆、江夏区文物管理所:《江夏流芳东吴墓清理发掘报告》,《江汉考古》,1998 年第 3 期。

前端正中设有甬道。墓壁的砌法有平砖顺砌或"三顺一丁"，铺地砖有平砖对缝铺和"人"字形平铺两种。墓顶多为两面坡式叠涩顶，少量券顶。孙吴晚期到西晋统一，"凸"字形墓中开始出现砖砌的棺座和祭台，均为券顶。西晋时期，"凸"字形墓可分为大中小三类。大型墓长度在 9 米以上，有二至三道封门砖；中型的长度在 5 米~6 米，分为甬道及前、后室三部分，前后室共一长方形的外框，只是在室内的中部设一砖柱，将墓室分为前后两室。一般在后室置棺，地面略高于前室。这类墓葬较常见在室内砌出加固墓顶的砖柱，个别墓葬还有砖砌的灯台；小型的长度一般在 3 米~5 米，分为甬道和墓室两部分，除了在墓室内不设砖柱、不分室外，其余结构同于中型的"凸"字形墓。另外，这类墓普遍在墓室的前半部设有祭台，后半部置棺处的地面要高出前半部及甬道的地面。东晋时期，"凸"字形墓的长度在 5 米~9 米之间，由甬道和长方形的墓室组成。较大的墓有二道以上的封门墙，墓壁的砌法以"三顺一丁"为主，并开始出现"五丁一顺"式的砌法，墓室的前端均有砖砌的祭台。较大型的墓葬中出现正规的砖砌棺床，棺床周边与墓壁之间留有空隙，以利排水。较小的墓葬一般采用抬高墓室后部铺地砖来，起棺床的作用。墓室内常增设几组砖柱，或以砖柱形成的拱顶来保护墓顶。到了南朝时期，"凸"字形墓总长一般在 6 米左右，由甬道和长方形墓室两部分组成，封门砖两侧有挡土墙，墓砖的砌法为"三顺一丁"式，并附有长方形的灯龛，铺地砖为"人"字形，墓室内有砖砌的祭台和棺座，甬道内设有断面呈长方形的长排水沟。

（一）宜昌市机 M3

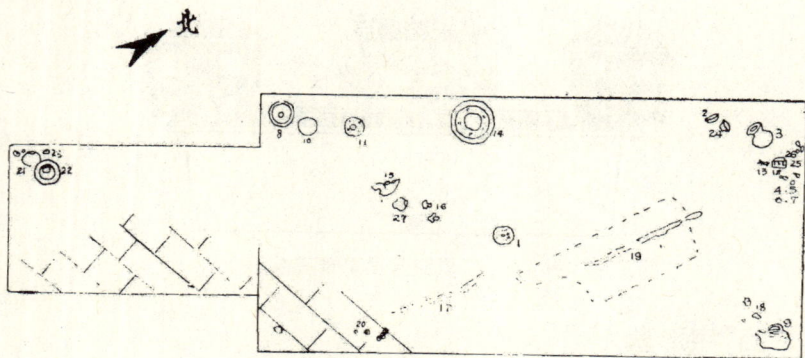

图 4-6　宜昌市机 M3 平面图

　　1983 年元月宜昌市机床工业公司挖掘仓库基础时发现，为孙吴后期较典型的"凸"字形墓。由墓道、墓室两部分构成（图 4-6）。墓道长 150 厘米、宽 90 厘米、高 120 厘米,墓室长 262 厘米、宽 156 厘米、高 185 厘米,均为 5 厘米×15 厘米×32 厘米灰砖平砌。券顶用黄泥浆勾缝。铺地砖呈"人"字形平接。封门砖为侧斜垒放,未施浆。墓内未见骨骸和棺木,葬式不明。出土器物有陶器 16 件、瓷器 9 件、铁器 2 件、铜器 2 件。陶器器形有陶罐、陶仓、陶钵、陶猪圈、陶猪、陶狗、陶鸭、陶鸡、陶灶等,瓷器有博山炉、碗、洗、虎子、四耳罐、盘口壶等,另有铁剑 2(其中一件锈蚀无存)、铜镜 1[①]。

(二)宜都陆城 M3

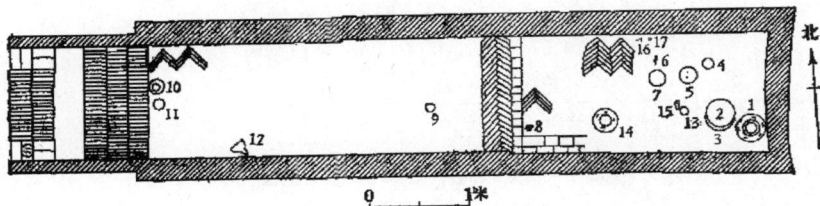

1.盘口瓷壶　2.铜炭炉　3.铜盆　4.铜洗　5.铜釜　6、8.铁棺钉　7.陶钵　9.铁器底　10、13.瓷碗　11.瓷罐　12.铁器　14.四系疱罐　15、18.陶器(?)　16.珠　17.填

图 4-7　宜都陆城 M3 平面图

长方形券顶单室墓,东西向,方向 260°(图 4-7)。墓长 11.95 米、宽 2.05 米、残高 1.7 米。墓室四壁均用长方形花纹砖平铺垒砌,砖的规格为 31 厘米×18 厘米×6 厘米。南北两壁距墓底高 1.1 米处开始起券,并留一级台阶,长 2 米、宽 12 厘米。封门砖尺寸略长略薄,且两层封门。墓室铺地砖侧立呈"人"字形排列,上有几何形花纹。唯墓室中部长 3.45 米的地方未用砖铺地,内放置一件铁器。该器已锈蚀,未能辨识器形。从铁棺钉位置来看,墓主人骨骸放在墓室最后部,骨架无存,葬式不明。此墓早年被盗,随葬品所剩无几,残存铜器 3 件、陶器 3 件、瓷器 4 件、料器 2 件。墓砖上有纪年铭文"永平十年十月十一日",即公元 291 年[②]。

(三)鄂城火车站 83M2

"凸"字形券顶单室墓(图 4-8),甬道及墓室的一部分被近代墓所打破,墓壁结构为"三顺一丁"三组,墓底砖为"人"字形铺砌而成。墓室长 3.76 米、宽 1.75 米、残高 1.4 米。甬道左壁为"三顺一丁"二组,然后错缝平砌,右壁已被破坏无存。甬道残长 0.94 米、残宽 0.6 米、残高 0.7 米。在墓室前部距前壁 87 厘米处,有一

①　宜昌市文物处:《宜昌市六朝墓清理简报》,《江汉考古》,1984 年第 1 期。
②　宜昌地区博物馆、宜都县文化馆:《湖北宜都发掘三座汉晋墓》,《考古》,1988 年第 8 期。按东汉明帝、西晋惠帝均有永平年号,东汉明帝永平年号用了十八年,西晋永平年号只用了三个月,是西晋无永平十年,此墓为西晋墓当无疑问,公元 291 年为西晋永平元年,疑"永平十年"为"永平元年"之误。

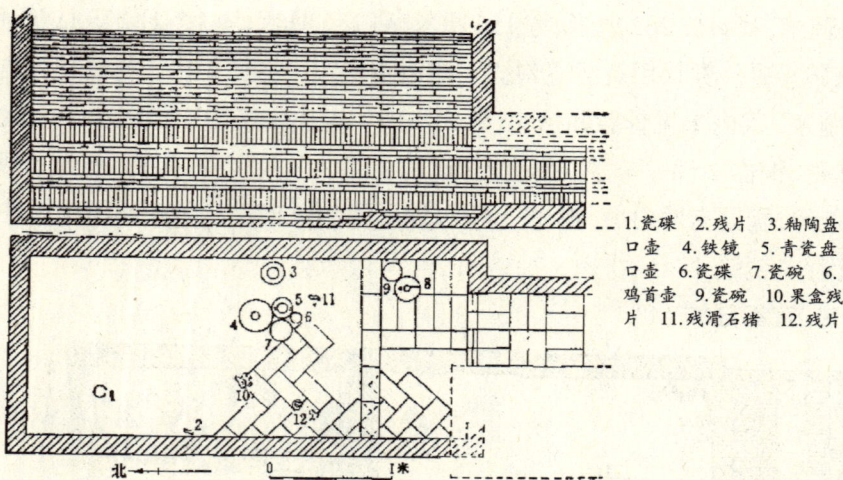

图 4-8　鄂城火车站 83M2 平、剖图

组墓砖横贯墓室,将其分割为棺室与祭台两部分。棺室长 2.76 米;祭台在墓室东南角,长 73 厘米、宽 75 厘米,高出铺地砖一层 4 厘米。在甬道内,有 4 层墓砖整齐平砌,高出铺地砖 16 厘米,其用途不明。墓砖为长方形绳纹砖,规格为 29 厘米×15 厘米×4 厘米。出土器物有青瓷器、铁镜、滑石猪等①。

(四)枝江巫回台东晋墓

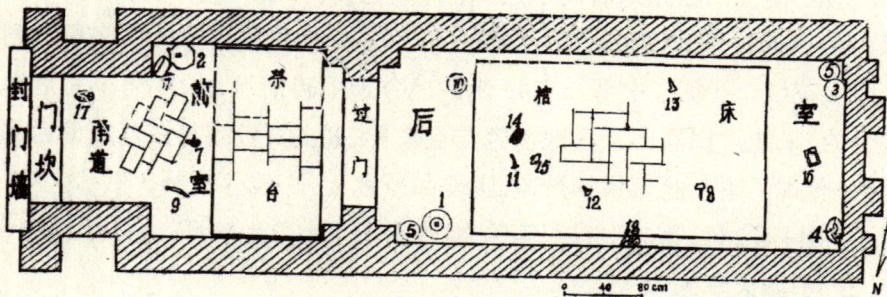

图 4-9　枝江巫回台东晋墓平面图

东晋时期的"凸"字形砖室墓,平底券顶。方向南偏西 80°。平面呈长方形,由通道、前后室组成(图 4-9)。全长 9.2 米、底宽 2.74 米、通高 3.3 米。约在 1.2 米处开始起券,呈船棚形,并在起券处向外伸出 5 厘米,故内壁向上形成 5 厘米宽的窄台子。甬道、前后室的壁和顶部都是横砖砌法。墓底为三层砖垒铺,上下

---

①　鄂州市博物馆:《湖北鄂城吴晋墓发掘简报》,《考古》,1991 年第 7 期。

两层呈"人"字形，中间一层为横铺。甬道内空长 0.95 米、宽 1.3 米、高 2.4 米，由甬道直接通向前室。前室内空长 2 米、宽 2 米、高 2.8 米。前室的后部有一祭台，长 2.5 米、宽 1 米、高 0.2 米，由两层砖垒起，上面一层平铺，下面一层侧立直放，间隔 10 厘米，形成十条长孔(即排水孔)。后室内空长 4 米、宽 2 米、高 2.8 米。后室中部有一棺床，长 3 米、宽 1.8 米、高 0.06 米(即一块砖的厚度)，用曲尺形铺法。前后室之间有一隔墙和一过门，隔墙用砖平垒。过门由门槛、门框组成，宽 1.3 米、高 1.7 米，门槛的宽度为 0.36 米。墓门宽 1.9 米、高 1.2 米，由门槛、门框纽组成，呈拱形，有两排封门砖。第一排砖横着垒起，第二排砖横竖交错垒起。墓砖上有"五铢"钱币形花纹，有的是"回"字形或"五"字形几何纹。后室正中券顶的一块斧形砖的侧面刻有"此灵狗位中牛头场"八字，此砖的旁边也有一块砖刻着"李子见"三字，均是先在砖坯上刻好，再烧制而成，应是工匠有意而为的。"李子见"可能就是墓主的名字。此墓早年被盗，葬具无存，骨架仅残存牙齿和部分骨渣。棺床上铺有一层两厘米厚的朱砂，可能是垫尸体用的。残存 17 件随葬品，有青瓷器、铁器、铜器和金银器等①。

（五）武昌周家大湾 M206、M207

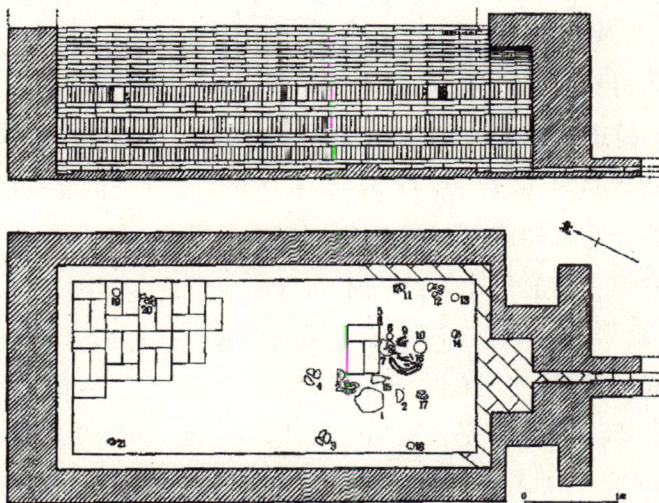

1.青瓷壶　2~4、10、20.青瓷盘　5、15.陶俑　6.小陶碗　7.带柄陶钵　8.陶勺　9.陶仓　11、13、14、18、19、21.青瓷小碗　12.陶灯　10.陶凳几　16.(原文缺)　17.陶片(碗?)

图 4-10　武昌周家大湾 M206 平、剖图

① 卢德佩:《湖北枝江巫回台东晋墓的发掘》,《江汉考古》,1983 年第 1 期。

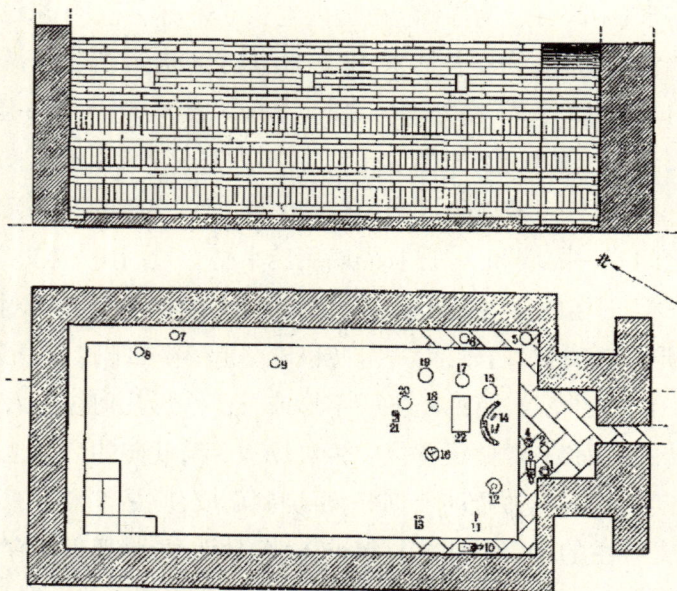

1.陶唾壶　2.小陶碗　3、10.陶俑　4.青瓷小壶　5.青瓷碗　6~9、18.青瓷小碗　11.滑石条　12.陶灯
13.滑石猪　14.陶凭几　15、17、19~20.青瓷盘　16.(原文缺)　21.瓷片　22.灰砖

图 4-11　武昌周家大湾 M207 平、剖图

　　两墓相距仅 8 米,形制结构、出土遗物和墓砖的大小、纪年砖上的文字等,都
基本相同。结构均为单室券顶,有短甬道,平面呈"凸"字形,方向分别为 152°、
150°(图 4-10、图 4-11)。两墓规模大小基本相同。M206 全长 6.38 米、主室长
4.73 米、宽 2.22 米,甬道长 0.47 米、宽 0.8 米。甬道与主室的底部,皆用灰砖平
铺成"人"字形,砖的规格为 36 厘米×18 厘米×6 厘米。底砖上面又纵横相间平
铺一层长 4.4 米、宽 1.88 米的棺床。棺床的前部偏左处,有一个小祭台,用两横
砖和一直砖砌成,台的左右前角处各置一俑,台前散布着许多器物。墓门两侧作
翼墙,宽 0.8 米。在封门墙底下的正中间,有一道通向墓外的排水沟,宽 12 厘米,
沟底与墓内铺底砖取平。墓的左右两壁各有小龛三个,后壁有一个。墓壁的砌
法为:左右两壁的小龛以下为"三平一竖",小龛以上为错缝叠砌,后壁全部为"三
平一竖"。封门砖较厚,用两道灰砖砌成,外面一道为平砌,里面一道为竖砌。所
用墓砖除棺床和铺地砖外,其余砖的侧面均有"孝建二年六月"、"朱长宁"等阳文
隶字。按"孝建"为南朝宋孝武帝年号,孝建二年为公元 455 年。葬具和人骨架
已朽无存,形制及葬式均不明,仅发现有锈蚀的棺钉。两墓出土遗物皆为 21 件,
以瓷器为多,陶器次之,此外还有石器。这两座墓相距很近,墓葬形制及出土遗

物均基本相同,可能为家族墓①。

六、双"凸"字形墓

双"凸"字形墓中由"中"字形墓演进而来的,属大型墓。孙吴晚期,这类墓除了使用穹窿顶外,新出现了"四隅券进"式穹窿顶。前室内有祭台,后室内有棺座,个别墓出现了断面呈三角形的排水沟及砖砌的灯台。西晋时期的双"凸"字形墓均为7米以上的大墓,前室为穹窿顶或"四隅券进"式穹窿顶,后室为券顶或穹窿顶。前室有砖砌的祭台,后室一般高于前室一到两层砖,既利于排水,又起到棺床的作用。六朝晚期,双"凸"字形墓演化成"吕"字形墓。

(一)鄂城铁 M105

孙吴早期的双"凸"字形墓,东西向,由甬道、前室、后室三部分组成(图4-12)。全长 7.42 米、宽 2.66 米、高 3.10 米。墓门用小砖券成,其内接单券短甬道。甬道长 1.25 米、宽 1.32 米、高 1.64 米。甬道的封门砖底部有三角形排水孔道,底宽 18 厘米、腰高 22 厘米。孔端又安置有铁算,铁算大于排水孔 4 厘米。这一设置,既保证墓室内排水的通畅,也防止室外动物进入墓室。甬道后紧接前室。前室长 2.8 米、宽 2.74 米、高 3.1 米。穹窿顶,顶端的中心有两块半椭圆的灰砖,砖的一端有圆孔,两孔之间横闩一长约 40 厘米的尖状铁棒,可能是作为悬挂弩机或其他器物之用。南北墓壁用绳纹、几何纹、钱纹三种砖砌成,底部为"三顺一丁",由底部三顺的中部开始呈"V"形的砌法直到墓顶。前室靠近北壁用 24 块墓砖砌成两条垫木式的棺床。在前室的两端(靠近过道)用 18 块砖砌成祭台,高出墓底 14 厘米。前室与后室之间为一过道,单券顶,长 38 厘米、宽 1.10 米、高 1.62 米。后室为长方形,双层券顶,长 3.04 米、宽 1.68 米、高 1.62 米。后室中部用 24 块墓砖砌成两条垫木式的棺床,高出墓底 14 厘米。墓室均用小砖砌成,墓壁为"三顺一丁",墓底砖为斜形错缝平铺。葬具和骨架均已朽,葬式不明。随葬品大部分置于甬道、过道和前室南壁两角。出土器物 123 件。其中一件分段式重列神兽铜镜上有一周铭文:"黄龙二年七月丁未朔七日癸丑大师鲍豫而用明镜玄涑三(商)灭绝乎襁服者高迁位至竹帛寿复[金石]也"。按黄龙二年为孙权年号,即公元 230 年。此墓可能是夫妻合葬墓②。

---

① 湖北省博物馆:《武汉地区四座南朝纪年墓》,《考古》,1965 年第 4 期。
② 鄂城县博物馆:《湖北鄂城四座吴墓发掘报告》,《考古》,1982 年第 3 期。

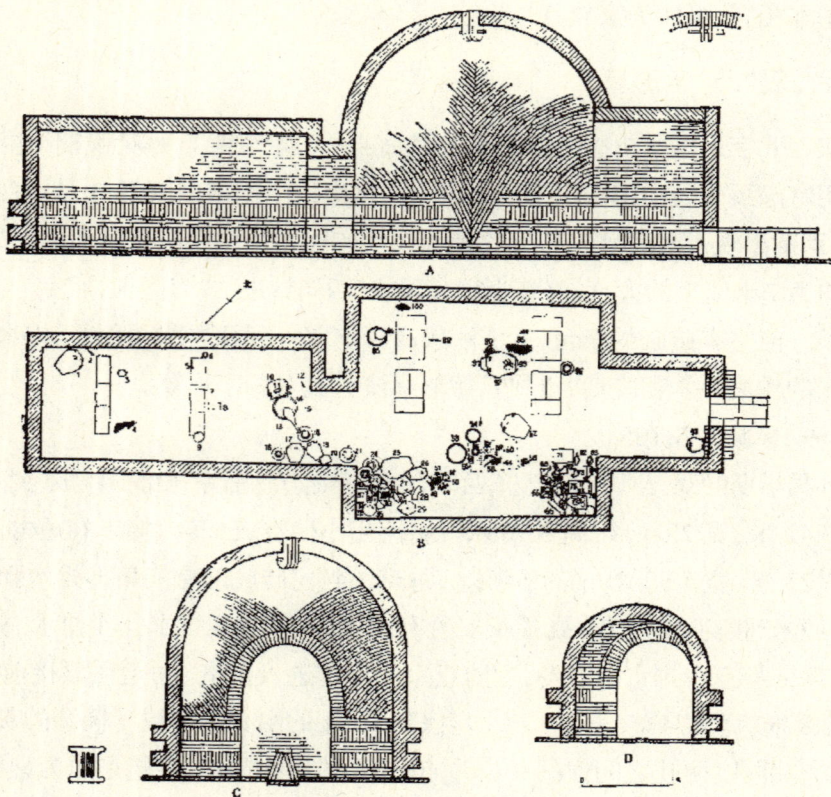

A.北壁纵剖面 B.平面 C.东室(甬道门和排水孔) D.西室(棺室过道门)

1、3、17、19、20、26~27、62、97.瓷四耳罐 2、12.棺钉 4、58、95、100.铜钱 5、7、87、98.银钗 6.瓷杯 8.石板 9、22、86.铜镜 10.铜碗 11.铜勺 13.铜匕 14、85.铜盆 15.铜洗 16、18、21、23、35、73.陶双耳罐 24.瓷盘口四耳罐 25.瓷罐 28、31~32.陶猪 29、77.陶鱼 30、66、80、84.陶狗 33、78~79.陶灶 33、81.陶甑 34.陶磨 36、63.陶鸟 37、71、75.陶井 38.陶碓 39、47、72.陶鸡 46、64、69、82.陶鸭 48.金钗 49.金饰 50.金指圈 51.银指圈 52.银唾盂 54、67、91、94.瓷碗 55.银镯 56.金镯 57.金球 59.金戒指 60.金鸳鸯 61.银花 65.陶屋盖 68.镇墓兽 70.陶桶 71.小罐 76、83.陶俑 90.铜弩机 92.瓷六耳罐 93.陶盆 98.瓷釜 99.铁棒

图 4-12 鄂城铁 M105 平、剖图

(二)鄂城孙将军墓

孙吴后期的双"凸"字形大墓(图 4-13)。方向 180°。总长 9.03 米。该墓有前后两室,前室左右各有一耳室。墓门内接单券顶短甬道,长 1.62 米、宽 1.46 米、高 1.44 米。甬道后接前室,横堂式,双层券顶,横长为 4.52 米、进深 2.73 米~2.8 米、高 2.96 米。在前室左右两侧各有砖台,用三层砖平铺而成,长 1.1 米、宽 0.94 米、高 0.15 米。前室左右各有一耳室,左耳室长 1.71 米、宽 1.19 米;右耳室长 1.61 米、宽 1.22 米,均高 1.28 米,单层券顶。前室和后室之间为一过道,单券顶,长 1.1 米、宽 1.9 米、高 1.63 米。后室为长方形,双层券顶,长 4.37 米、宽 2.54 米~2.67 米、高 2.4 米。后室左侧砌一棺床,系由三层砖平铺,长 2.34 米、宽 1.42 米、高 0.15

米。全墓用小砖砌筑。墓壁为"三顺一丁",铺地砖为斜行错缝平铺。墓内仅见棺钉,人架腐朽无存,葬式不明。此墓早年被盗,仅残留少量瓷器和金铜饰品,共79件。模型明器有青瓷院落一组,房屋5件,其他器物有盘、罐、坛、灯、多子盒、耳杯、勺、案、仓、灶、碓、磨、臼、鸟舍、牛车、牛、马、狗、俑、席、鎏金铜饰、钱币、金器、漆器等。此墓年代为孙吴晚期,墓内所出青瓷院落楼顶内刻有"孙将军门楼也"六字。查阅文献,此孙将军有可能是孙述[①]。按孙述为东吴宗室、孙邻之子,曾任武昌督、平荆州事,吴亡时降晋。另有学者认为孙述降晋后,晋统治者从安全的角度考虑,不会允许其驻留武昌,也难以想象会允许其归葬武昌,因此推断墓主有可能为孙述另一子孙苗[②]。

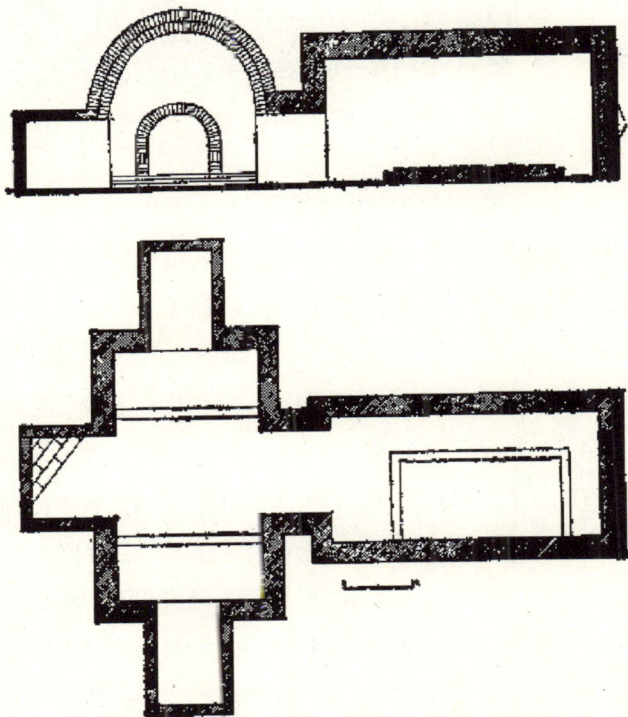

图 4-13　鄂城东吴孙将军墓平、剖图

(三)湖北赤壁古家岭东吴墓

　　孙吴后期的双"凸"字形大墓(图 4-14),为竖穴土坑砖室墓,方向 80°。平面呈"中"字形,口大底小,坑壁斜直。东端有斜坡墓道,墓道压于民房下,未掘。土坑

---

① 鄂城县博物馆:《鄂城东吴孙将军墓》,《考古》,1978 年第 3 期。
② 徐劲松、李桃元:《武汉黄陂滠口古墓与孙吴宗室墓葬》,《长江文化》,2000 年第 1 期。

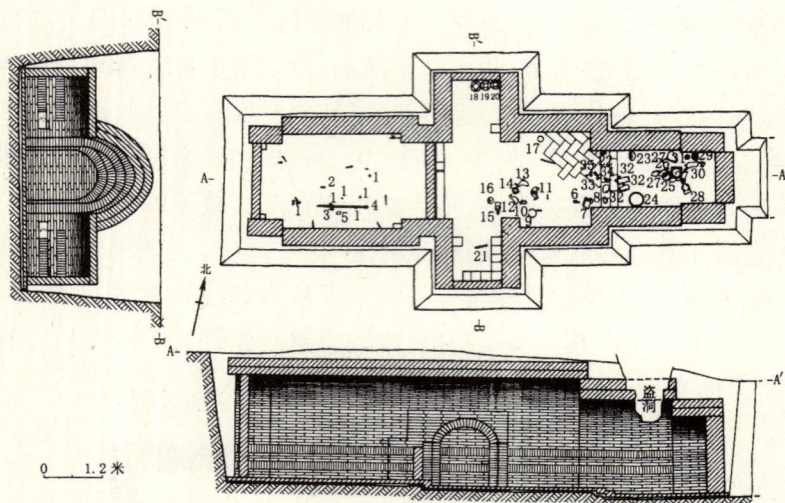

1、33.铜钱　2~3、22.滑石猪　4.铁刀　5、34.铁器　6、15、28~29.陶俑　7.陶猪圈　8.陶唾盂　9.陶盘　10.陶羊
11~13、25~26.陶鸭　14.陶蛙形水盂　16、18~20.陶四系罐　17.瓷碗　21.铁剑　23.陶双耳罐　24.陶钵　27.陶
井　30.陶狗　31.陶穿山甲　31.陶灶　35.银环

图4-14　赤壁古家岭东吴墓平、剖图

开口通长11.06米、宽5.38米,坑底通长10.54米、宽4.68米。墓坑距墓坑口深2.96米。墓道两壁内斜,已残。口宽1.68米,底宽1.20米,长度不详。

砖砌墓室平面形状与土坑一致,砖室从上至下,由券顶、墙壁和铺底砖三个部分组成。室内由东向西依次可分为甬道、前室、中室、耳室、过道和后室。砖室通长10.32米、宽4.52米、高2.66米。

甬道位于墓室的东段,平面呈长方形,东端略窄。前室平面呈横长方形,东西两边分别与甬道和中室相连,其底面高于甬道底面12厘米。中室位于前室、过道和两耳室之间,通向各室。耳室位于中室的南北两侧,平面呈长方形,内设壁龛和祭台。壁龛呈梯形,祭台仅见于南耳室的东南壁上,沿墓室呈曲尺形。过道在中室和后室之间,后室西端略窄,呈"凸"字形。墓室共用三种砌砖筑成,分别为长方形红色、青灰色、长方楔形青灰色。土坑与砖室之间填以黄褐土为主的五花土,土质较硬,仅见少量碎砖。室内充满淤泥和比较松软的黄灰土,夹杂有明清时期的瓷片及其他晚期遗物,应因被盗而形成。

随葬器物,除中室外,其他各室中均有分布。甬道内有滑石猪、陶俑、鸭、狗、井,以及陶罐、盘和铜钱、铁器、银环等,还可见到残存的红色漆皮;前室内有陶俑、猪圈、猪、鸭、盂、罐和釉陶壶、盘、碗等;南耳室内仅见铁剑1件;北耳室内有陶碗、罐;后室即棺室,其内有铜钱、滑石猪、铁刀及棺钉等,葬具及人骨架均腐烂已尽。

古家岭东吴墓中没有确切的纪年材料,器物因被盗而不完整。不过,从墓室的营造、残存的器物形态、质料和组合状况看,仍应为东吴时期的墓葬。此墓规模仅次于鄂州鄂钢饮料厂 1 号墓,大于鄂城孙将军墓和马鞍山朱然墓。朱然曾拜车骑将军、右护军领兖州牧、左司马等职。据此判断,此墓墓主身份地位显赫,曾任过东吴要职,社会地位应在朱然之上[①]。

(四)鄂城石山 M2

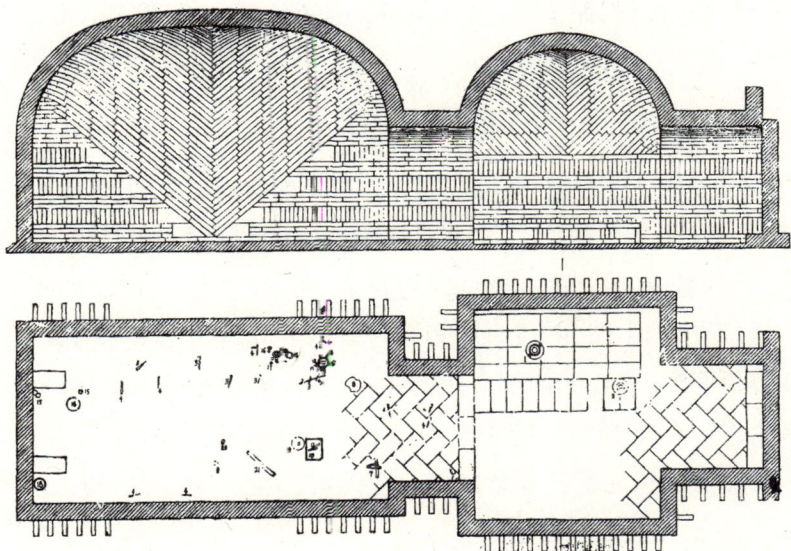

图 4-15 鄂城石山 M2 平、剖图

西晋时期的双"凸"字形大墓(图 4-15)。墓上原有封土,但已失去原貌,方向为南偏东 30°。此墓有一带甬道分前后室的土圹,土圹前部甬道长方形,长 2 米以上,宽 1.72 米;土圹前室正方形,长、宽 3.5 米,土圹后室呈长方形,长 4 米、宽 3.2 米,现存深度 5 米左右。带甬道前后室穹窿顶砖室即砌建于此土圹之中。砖室全长 7.63 米。前甬道方形,长 1.07 米、宽 1.09 米,高 1.25 米。前室近似正方形,长 1.96 米、宽 2.19 米、高 2.29 米;前后室之间有一过道,稍偏于南侧,呈长方形,长 0.89 米、宽 1.11 米、高 1.25 米;后室为长方形,长 3.71 米、宽 1.74 米、高

① 湖北省文物考古研究所:《湖北赤壁古家岭东吴墓发掘报告》,《江汉考古》,2008 年第 3 期。

2.30 米。甬道前有封门墙两堵，外面一堵用乱砖和残断的半头砖堆砌而成，很不规则，里面一堵平砌，较为规则。甬道和过道的砌建方法一致，左右两壁皆为"二平一竖"一组、"三平一竖"两组，然后平砌，约在 0.96 米处高度开始起券。前室左右两壁下部的砌法与甬道相同，然后约在 0.96 米的高度开始"V"字形砌法，起穹窿顶。因后室为长方形，故穹窿顶为椭圆形。铺地砖为"人"字形排列，前室和甬道平铺一层，过道和后室平铺两层。在前室左侧有一祭台，呈长方形，长 1.74 米、宽 0.68 米、高 0.22 米，没有排水沟设施。墓壁外部有外突的咬土砖，由于前后室为穹窿顶，利用了很多断砖，还用了一些缸胎硬陶碎片塞缝。出土器物 36 件，其中青瓷器 4 件、铜器 2 件、金银饰器 19 件、漆器 2 件、铁器 4 件、滑石器及其他 5 件[①]。

七、"吕"字形墓

"吕"字形大墓出现较晚，是由双"凸"字形大墓演进而来的，主要流行于南朝时期。长度一般在 7 米左右，是湖北地区南朝时期较为大型的墓葬，由前室、后室、甬道三部分组成。前室的前壁同时也是墓葬的封门墙，封门墙的两翼长出前室的左右壁，形成挡土墙，前后室之间有一段短甬道。有的墓葬前部设有长方形的小龛和直棂假窗，墓室的前部有砖砌、断面呈方形的长排水沟，后室均设有祭台和棺床。前室、甬道、后室分砌拱券，后室的拱券空间最高、前室次之、甬道最低。

（一）江陵黄山宋元嘉三年刘氏墓

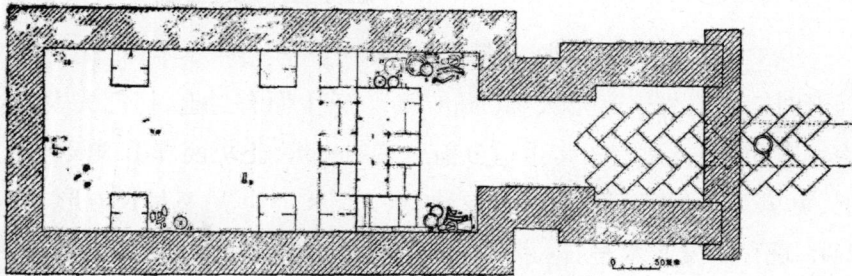

图 4-16　江陵黄山宋元嘉三年刘氏墓平面图

墓上原有封土，大部已被破坏。方向 160°。由墓室、甬道、封门墙构成，平面呈"吕"字形（图 4-16）。整个墓室前低后高，墓底距地表深约 2.29 米。封门墙

① 湖北省博物馆：《鄂城两座晋墓的发掘》，《江汉考古》，1984 年第 3 期。

呈倒梯形上大下小, 墙厚 0.4 米、上宽 3.7 米、中宽 3 米、下宽 2.48 米, 高约 2.3
米。砌法为"三平一竖", 平砌层用相同的楔形砖, 每两块砖互相颠倒并列, 纵横
相间平铺, 上下层皆错缝。前室呈方形, 长 1.19 米、宽 1.28 米、高 1.83 米。室壁
为"三平一竖"式砌法, 至 0.9 米处开始起券, 单砖券顶。前室侧壁外和券顶上另
平砌一层砖, 厚 0.46 米, 起护壁护顶的作用。前室壁墙的平层砖嵌砌入封门墙
内约 20 厘米, 铺地砖一层, "人"字形排列, 中间略高, 向两边倾斜。甬道略呈方
形, 长 1.29 米、宽 0.96 米、高 1.49 米, 券顶, 侧壁及底均与前室的砌法相同。后
室为长方形, 长 4.76 米、前宽 1.98 米、后宽 2.02 米、高 2.66 米。券顶周壁砌法有
"三平一丁"和"四平一丁"两种。后室铺地砖四层, 上层砌"人"字纹, 下三层皆双
砖并列, 纵横平铺。墓室内设有棺床, 长 4.1 米、高 0.3 米, 前端宽 1.2 米、后部与
室同宽。棺床由三层砖砌成, 底层竖砌、中上层双砖并列, 纵横平铺。棺床中间
略高于两边。棺床两边紧贴墓壁, 各砌两个相对应的砖台, 长、宽、高约 0.4 米,
前后台之间相距约 1.22 米, 可能在对应的砖台上放置横木, 支托葬具。墓室前
后端的左右两壁, 在距墓底高 1.36 米处, 各设一小龛, 两两相对, 大小相等, 均宽
12 厘米、高 15 厘米、深 10 厘米。墓室后壁正中, 距棺床高 1.06 米处设置一龛,
高 40 厘米、宽 22 厘米、深 10 厘米。龛两边每隔一砖, 即内缩一砖, 深 10 厘米,
两边各缩 6 块, 呈直棂窗形。墓室前壁正中距墓底高 2.22 米处, 也设一小龛, 高
20 厘米、宽 12 厘米、深 10 厘米, 龛两边也分别内缩三块砖, 深 10 厘米, 呈直棂
窗状。前室封门下设有排水沟, 略呈方形, 宽 7 厘米、深 10 厘米、长约 80 米。水
沟砌法是先横铺一层平砖, 在上留凸沟孔后, 又平铺竖砖两层作沟壁, 其上再盖
一层平砖。墓砖皆青灰色, 素面, 有长方平砖、楔形砖、刀形砖三类, 每一类又分
大小两种规格: 长方平砖第一种规栳为 40 厘米×20 厘米×5.5 厘米, 第二种规格
为 33 厘米×17 厘米×5 厘米。第一种数量最多, 用途最广, 第二种只用于棺床
竖砌砖及排水沟壁砖。楔形砖第一种规格为 40 厘米×20 厘米~16 厘米×5.5 厘
米, 第二种规格为 40 厘米×20 厘米~10 厘米×5.5 厘米。前一种用作起券和封
门墙之平砌砖, 后一种只作起券用。两种刀形砖规格分别为 40 厘米×20 厘
米×5.5 厘米~4 厘米和 40 厘米×20 厘米×5.5 厘米~3 厘米。墓内还有大量的纪
年砖和画像砖, 这两类砖没有一定布局, 且竖横倒正现象相当普遍。画像砖的主
要内容为青龙白虎。葬具及骨架已朽无存, 葬式不清。此墓曾两次被盗, 室内遗
物扰乱严重。经整理统计, 残留器物共 24 件, 主要有瓷器、陶器、钱币等。其中

一件青瓷碗出于墓壁的小龛内,其他器物均出于后室前端。墓内出有的纪年砖刻有"元嘉三年刘氏"铭文。"刘氏"应为该墓墓主,或许为南朝刘宋皇室[①]。按元嘉为南朝宋文帝刘义隆年号,元嘉三年即公元426年。

(二)武昌何家大湾 M193 齐永明三年前军参军刘凯墓

券顶单室砖墓,墓向340°,有甬道,平面略呈"吕"字形(图4-17)。墓全长8.4米、宽2.96米。主室长4.84米、宽2米。甬道长2.56米、分前后两部,前部长1.24米、宽1.16米,后部长1.32米、宽0.94米。封门墙的左右两边,还各向外砌出一段直条单砖的翼墙。墓的左右两壁和后壁共有直棂假窗五面。墓底有较高的砖砌棺床,长3.36米,宽与墓室齐。紧接棺床前面用花纹砖砌一长0.9米的供台,高与棺床同。墓的砌法是:底为"人"字形交接平铺,棺床与供台是两横两直相间平砌,四壁皆为"三平一竖"砌成。墓砖规格37厘米×18厘米×5厘米。除棺床和墓底的铺砖全为素面外,其余四壁和供台灰砖侧面大多有卷草形的花纹。该墓已被盗,供台两边被破坏,残留器物约40余件,有陶器、瓷器、铁器、铜钱以及陶动物等。墓中所出一合陶质买地券上有铭文,楷书二十一行,满行十九到二十一字不等。据券文记载,墓主刘凯,曾任前军参军,卒于南齐永明二年,葬于永明三年。券文后还有一行符箓。此券现藏中国历史博物馆[②]。按永明为南朝齐武帝

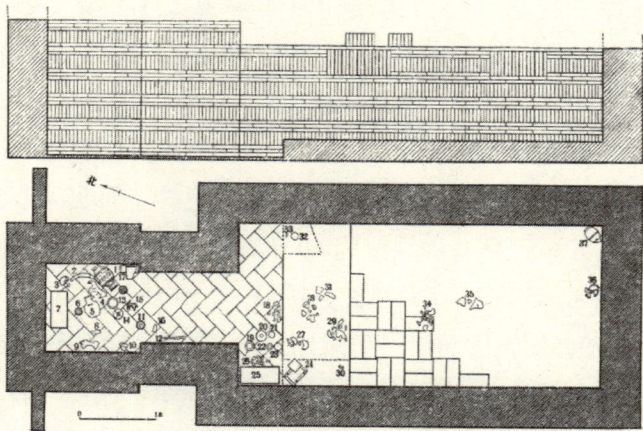

1.青瓷迷花盒 2、31.陶凳几 3、20.陶灯 4.陶马 5.青瓷盘口壶 6、11.陶唾壶 7.陶买地券 8.陶鸭 9.陶牛 10.小陶钵(三件) 12.棺钉 13.陶三只砚 14.陶果盒 15.陶车输 16.铁镜残片 17、24、26.陶方板 18.青瓷壶 19、22.陶托盖 21、30、32、34.青瓷小碗 23、35.陶钵 25.陶买地券盖 27.陶盘 28~29.陶器残片 33.铜钱 36.青瓷三足砚 37.青瓷四系壶

图4-17 武昌何家大湾齐永明三年前军参军刘凯墓平、剖图

① 江陵县文物局:《江陵黄山南朝墓》,《江汉考古》,1986年第2期。

② 湖北省博物馆:《武汉地区四座南朝纪年墓》,《考古》,1965年第4期。

萧赜的年号,永明三年为公元 485 年。

八、刀形墓

刀形墓的结构与"凸"字形墓大体相同,只是甬道偏向一边。刀形墓多为中小型墓,孙吴时期刀形墓就较为流行,结构同于同期的"凸"字形墓。西晋时期,刀形墓在墓室的前部设有祭台,个别墓在甬道前部出现了断面呈方形的象征性排水沟。东晋时期,刀形墓的长度一般在 3 米左右,结构较西晋时差别不大。南朝时,刀形墓除甬道位置偏向一边和无排水沟外,其余均同于"凸"字形墓。

(一)湖北鄂城石山 M1

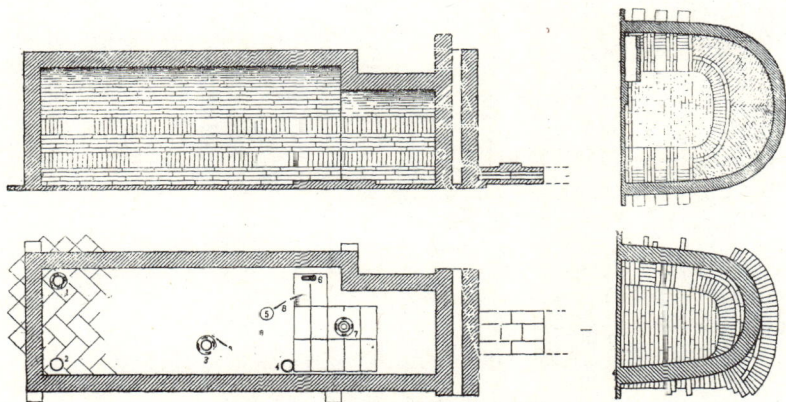

图 4-18 鄂城石山 M1 平、剖图

此墓墓顶原有封土,已失去原貌,有长方形土圹,较规则,长 5.7 米、宽 2.3 米,现存深度 2.8 米左右。刀形券顶砖室就砌建在此土圹中(图 4-18),通长 4.07 米。长方形小甬道偏于主室南侧,长 0.96 米、宽 0.86 米、高 1.01 米。主室呈长方形,长 3.1 米、宽 1.12 米、高 1.27 米。甬道前有封门墙两堵,皆平砌,两墙之间有 0.1 米的缝隙,缝隙间有黄色沙土填塞。墓室四壁皆"四平一竖"砌两组,然后平砌。约在 0.82 米的高度开始起券。主室后部右角约 0.79 米的高度有一突出羊角砖(左角已被破坏)。铺地砖呈"人"字纹铺砌,铺在底砖之上。主室和甬道交接处有一呈曲尺形的小祭台,长 0.34 米~0.86 米,宽 0.68 米~1.02 米、高 0.05 米。在封门墙的底部正中有一条排水沟,用六块砖砌成方形。砌法为:底部和顶部各用一块砖平放,中间两侧各用二砖平行叠置,中留 0.1 米×0.1 米的排水孔道,在顶部两砖交接处另用半块砖搭缝。经解剖,墓室与水沟之间被封门墙阻死,排水沟只是象征性的。墓砖规格为 35 厘米×17 厘米×5 厘米,一纵侧面为对角斜线花纹,砖正面为叶麦纹间五铢钱纹。墓顶用斧形砖起券,规格为 34 厘米×14 厘米×(4~4.5)厘米,纹饰与壁砖相同。出土器物共 8 件,其中青瓷器 6 件。主要器形有盘口壶、四系罐、狮形插座、碗、盏等;铁器 2 件,铁镜和铁剪刀各 1 件。墓葬年代为西晋[①]。

(二)湖北汉阳蔡甸一号墓

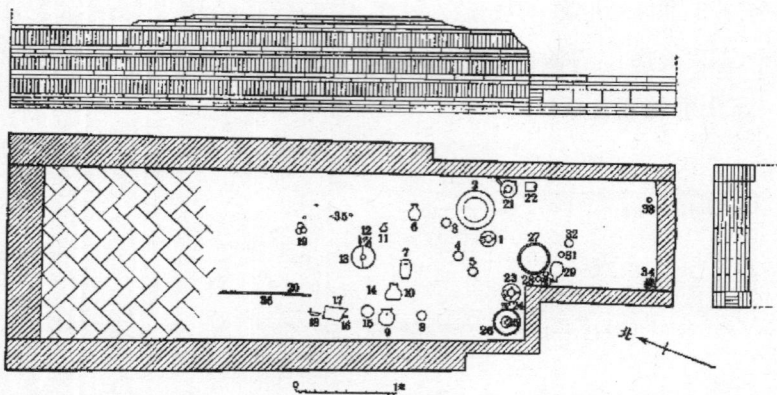

1、23.鸡首壶　2.铜洗　3.大碗　4~5、8、15、30~31、33.小碗　6、9、29.盘口壶　7.双唇罐　10~11.唾壶　12.银钗(4件)　13.铜镜　14.料珠(残)　16.玉带钩　17.石板　18.铜弩机　19.银圈　20.铁刀　21.铜镰壶　22、24.罐　25.残银件　26.钵　27.铜三足炉　28.铜镰斗　32.圆铁饼　34.铁片　35.圆铜件　36.残五铢钱

图 4-19　汉阳蔡甸 M1 平、剖图

东晋时期的刀形墓。分墓室及甬道两部分,甬道在南部偏东处,其东壁与墓室东壁成一直线,故使总平面略呈刀形(图 4-19)。墓底铺砖成"人"字形,边墙为丁顺交砌。墓砖每块规格为 30 厘米×16 厘米×4.6 厘米,皆素面。出土遗物共约 30 余件,主要为青瓷器。器类有鸡首壶、唾壶、四系筒式罐、双唇四系罐、四系矮罐、钵、大碗、小碗、四系盘口壶等,铜器有铜洗、铜三足炉、铜弩机、铜镰壶、铜镰斗、铜镜、半球体小铜件、铜镊子、铜钱等,铁器有发、圆饼、铁片等,其他有玉带钩、石板、银圈、银发钗、料珠等[②]。

(三)武昌水果湖 M101 宋元嘉二十七年墓

南朝时期的刀形墓。方向 150°。单室券顶结构,有短甬道,平面略呈刀形(图 4-20)。墓全长 6.16 米、宽 2.74 米。墓室长 4.7 米、宽 1.98 米。甬道偏左,

---

①　湖北省博物馆:《鄂城两座晋墓的发掘》,《江汉考古》,1984 年第 3 期。
②　湖北省博物馆:《湖北汉阳蔡甸一号墓清理》,《考古》,1966 年第 4 期。

长 0.6 米、宽 1 米。墓底铺纵横相间的灰砖两层，上层不连接四壁，留有沟隙，应是棺床。棺床的前部砌有一层砖台，长 0.9 米、宽 1.44 米。墓的四壁，采用"三平一竖"砌成。墓砖皆为长方形，规格 35 厘米×16.5 厘米×（5~6）厘米，火候较高，质较硬，有的一面饰斜绳纹。其中一些砖印有阳文铭文，最清楚的一块上有十五字："宋元嘉卅七年六月太岁庚寅朱长宁"。该墓墓顶早已塌陷，葬具及人骨架均腐朽无存。出土遗物有陶器、瓷器和陶俑三种，多已残破。陶器有钵、盘、灯，瓷器只发现两块钵的残片和一件带盖罐，陶俑出土 3 件[①]。

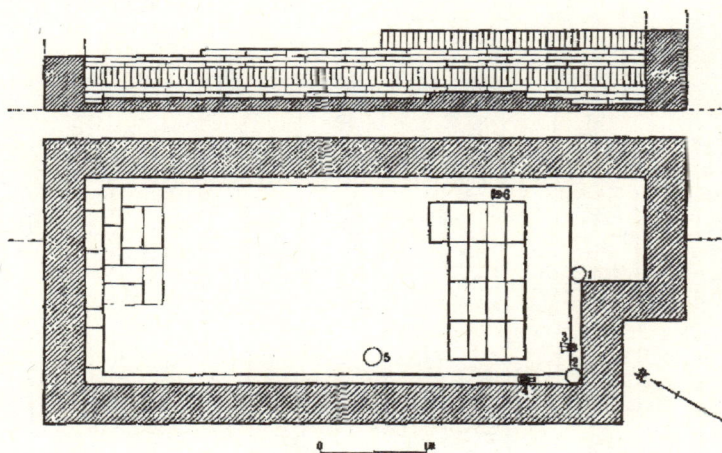

1、2.陶钵　3、4、6.残陶俑　5.陶盘（另有五器原清理时未输入图中，是陶灯二、瓷罐一、陶盘一、瓷钵片一）

图 4-20　武昌水果湖 M101 平、剖图

九、长方形墓

长方形墓是较流行的一种墓制，整个六朝时期均见此类墓，都为中小型墓。多为长方形单室墓，也有双室墓，晚期出现长方形多室并列墓。

（一）鄂城水泥厂 M1

鄂城水泥厂 M1 是一座中型的孙吴初年长方形砖室墓。由墓道、墓坑、墓室三部分组成。方向为 95°。墓坑为竖穴式，东西长 4.45 米~4.9 米、南北宽为 3.85米、深为 6.6 米。坑内上部填五花土，下部填白膏泥。墓道在墓坑的东壁正中，下口宽 1.70 米，上口未清理而不明。转室建于墓坑的正中，长 3.30~3.55 米、宽2.30 米、高约 2.20 米。墓室两壁下半部的砌法是平砖和竖砖相间。封门砖为顺

---

① 湖北省博物馆：《武汉地区四座南朝纪年墓》，《考古》，1965 年第 4 期。

砌,墓底呈"人"字形平铺。封门处南北各砌一层顺砖以抵坑壁,亦为加固砖室而砌。室内有二木棺,南棺棺底板与墙板由一块整木锯成,两档插入墙板凹槽内,上为子母口。棺长2.10米、宽0.46米~0.5米、高0.46米~0.56米。北棺内扰乱,棺因腐烂太甚,尺寸不详。棺内仅有少许残骨,葬式不明。从木棺的数量来看,也可能是夫妻合葬墓。出土器物35件,其中有木牍6件,出土时分散在墓室四周,长24厘米~25厘米、宽3.3厘米、厚0.4厘米。隶体墨书:"童子史绰再拜问起居,广陵高邮字浇瑜"十六字和"广陵史绰再拜……"等字句(图4-21)。可知墓主人为史绰,字浇瑜,广陵高邮人氏,年未满十九岁,应为当时统治阶级中的中上层人物[①]。

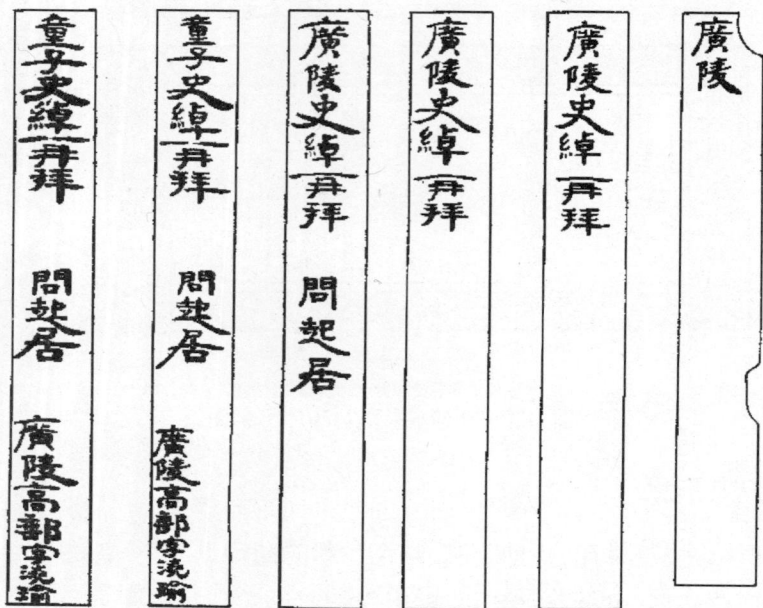

图4-21 鄂城水泥厂M1 木牍摹本

(二)鄂城84西山南麓M2

孙吴初年的小型长方形单室墓,长方形叠涩顶。墓顶距地表约30厘米、其前部已塌陷,墓向270°。墓葬全长2.60米、宽0.56米、高0.68米。其墓壁与封门砖均用墓砖错缝平砌而成,墓顶为叠涩顶,墓底系用墓砖以平铺顺砌的方法砌成,无棺床和祭台。墓砖为素面砖,规格30厘米×15厘米×4厘米。出土器物

---

① 鄂城县博物馆:《湖北鄂城四座吴墓发掘报告》,《考古》,1982年第3期。

有青瓷器、陶器、铜器、银钗等 14 件:青瓷器有洗、碗、盏等,釉陶器有四系罐和六系罐,陶器有罐、盂等 3 件,另有铜镜、银钗、残铁器各 1 件。此墓结构较完整,颇具特色,"叠涩"砌成的墓顶、"错缝平砌"的墓壁、"平铺顺砌"的墓底砖,均为鄂城孙吴时期的小型墓特征[①]。

(三)鄂城 82 百子畈 M18

墓葬原有封土,已被破坏,现存地表至墓葬约有 2 米。长方形单室墓,墓向正西(图 4-22)。墓壁均为"三顺一丁"二组,然后错缝平砌。铺地砖为"人"字形排列。长 3.4 米、宽 1.17 米、高 1.07 米。其墓顶是由两块墓砖斜靠在一起形成的三角顶,墓砖规格 32 厘米×16 厘米×4 厘米。出土器物有青瓷盘口壶、四系罐、双耳罐、银指环和铜钱等[②]。

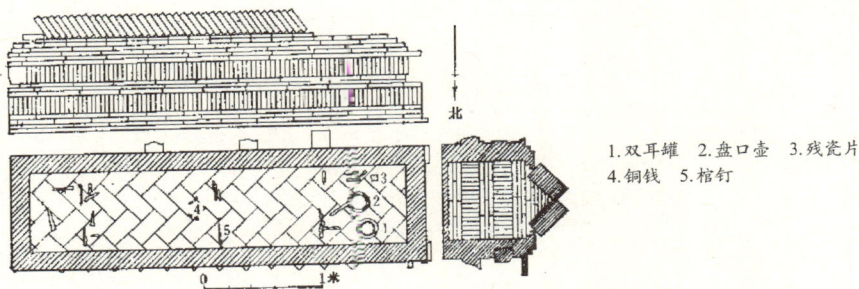

1.双耳罐 2.盘口壶 3.残瓷片
4.铜钱 5.棺钉

图 4-22 鄂城 82 百子畈 M18 平、剖图

(四)鄂州市泽林 M5

南朝时期的并列双室长方形砖墓(图 4-23)。其建筑方法为先凿其圹,然后在墓圹内修筑砖室。砖室保存基本完好。墓圹平面略呈方形,现存墓圹开口残长 4.84 米、宽 3.26 米,圹底长 4.8 米、宽 3.2 米,残深 1.94 米。墓圹东、南、北三壁整齐光滑,西壁崩塌不太规整。东壁紧贴砖室壁。有长方形墓道,略呈斜坡形。墓道口上宽 2.74 米、下宽 2.35 米。因工程关系长度不明。圹内砖顶上的填土只残留一部分,无夯筑现象。墓室为并列长方形双室,分南北两室,方向东偏北 11°。依其结构分析,两个墓室为一次性修筑而成,一般外壁修砌不及内壁规整。两室全长 4.8 米、东宽 3.03 米、西宽 3 米、高 1.98 米。具体结构由砖柱、壁龛、祭台、排水沟、棺床、直棂窗等组成。南室长 4.8 米、东宽 1.51 米、高 1.98 米,内长 3.96 米、

---

①② 鄂州市博物馆:《湖北鄂城吴晋墓发掘简报》,《考古》1991 年第 7 期。

宽0.82米、高1.72米。南北两壁结构一致,其砌法为:铺地砖一层,上面为两排"三平一竖",再往上为平砖顺砌,自第十三层砖开始起券,起券一般用刀形砖。南北内壁各建有砖柱五个,一般对称,尺寸差别不大,南壁砖柱宽34厘米,多用刀形砖。砖柱之间有间距,由西向东间距为30厘米、42厘米、42厘米、36厘米、8厘米。砖柱的砌法为铺地砖以上为两排"三平一竖",再上为平砌,直至形成拱形与券顶洽接。壁龛建在砖柱之间,呈倒"凸"形,共有五个,南北对称,宽22~26厘米、进深均为26厘米。南室后壁亦为"三平一竖",较特别的是内侧建有"叠座式塔形砖柱"一个,高1.54米,用砖由下至上逐渐减少,直到形成一个"塔形",最顶部用一块楔形砖倒置,恰与券顶相连。南室上端被破坏,也为"三平一竖"的修砌方法。在墓室前端建有祭台,长56厘米、宽32厘米、高5.5厘米。总共由五块砖组成,其中四块为南北向平砌,一块东西向平砌。铺地砖为"人"字形错缝

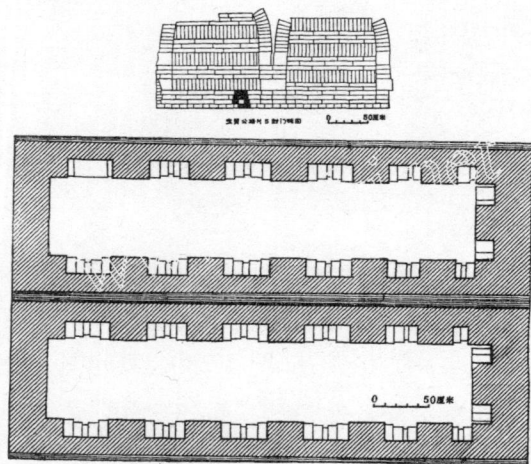

东长岭M5剖面图及器物分布图   宜黄公路M5平面图 (露顶后俯视)

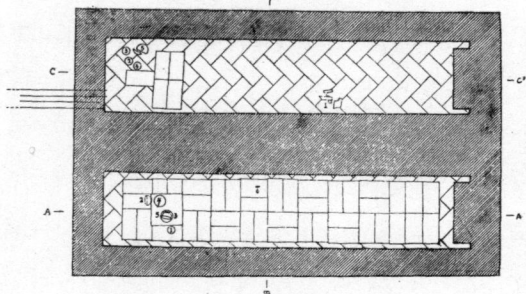

图4-23 鄂州泽林 M5 平、剖图

平砌,结构严谨。北室长 4.8 米、宽 1.51 米、高 1.98 米,内空长 3.95 米、宽 0.82 米、高 1.72 米,亦有砖柱、壁龛。两室不同点在于南室无棺床,祭台用砖多北室三块。北室祭台亦在封门处,建在棺床之上,用砖两块,东西向并列,长 34 厘米、宽 32 厘米、高 6 厘米。棺床设在室内中部的底砖之上,长 3.58 米、宽 0.7 米,采用"席纹"铺砌。棺床高于四周 6 厘米,四周形成回形凹槽,积水可通过此槽流向排水沟。排水沟设在南室封门下端,宽 22 厘米、高 23 厘米。在中墙底部靠东端还修砌有排水沟,使两室相通。排水沟具体结构为底部平垫一块砖,两侧为特制的长条形砖竖置,接洽处子母榫套合,上面平盖两层砖。排水沟孔宽 8 厘米、高 6 厘米。此墓是一次修筑,结构上比较讲究,两室并联,中墙共用。在中墙三平砖以上设有"直棂窗"式结构,共有两个窗口,高 16 厘米、宽 12 厘米,两室相通。墓砖的花纹面一般朝内,使整个墓室显得华丽。随葬品 11 件,南室出盅 1、盏 2、盘 1、黛板 1;北室出碗 1、盅 1、盏 1、盘 2、滑石猪 1。所出青瓷器分布于祭台面上或附近,估计原位于祭台上,青瓷盘、盅叠放,应为合用。滑石猪、黛板等置于棺内。此墓应为夫妻合葬墓,一次性安葬,推测可能是先去世之人暂时"安厝",再合葬[①]。

(五)鄂州市泽林 M6

泽林 M6 在 M5 的北边,墓圹口大于圹底(图 4-24)。圹口残长 5.08 米、宽 5.04 米。从圹口至底,南部残深 20.4 米、北部残深 3.13 米。圹底长 4.96 米、宽 4.64 米,圹壁光滑。从券顶以上至表土层,填土厚 1.05 米~1.15 米。墓圹内填土较为严实,但不见明显的夯层。早年被盗,有盗洞。

墓道在墓圹东部,共有三条,产、中、北三室分别设置,宽度分别为 78 厘米、70 厘米、78 厘米。一般墓道上口较下口略宽,墓道内填土较为疏松。墓道底部接近墓室封门处发现有碎砖,其中北室封门有二层。此墓为三室并列结构,方向 45°。三室全长 4.88 米、宽 4.52 米、高 1.98 米。整个墓室为一次性修筑而成,分南、中、北三室。各室结构基本相似。以中室为例,长 4.88 米、宽 1.50 米、高 1.98 米,内空长 4.18 米、宽 0.82 米、高 1.78 米。墓室内南北壁结构相似,以南壁为例,墓室铺地砖均为"人"字形,错缝平铺,铺地砖以上为一排"三平一竖"砖,其上为两排"二平一竖"砖,再上为平砌砖,并开始用刀形砖起券。南北壁的内侧各修筑对称砖柱九个,两对称的砖柱上部起券相连形成顶项,并与券顶相承,砖柱之间

---

① 武汉大学历史系考古专业、鄂州市博物馆《鄂州市泽林南朝墓》,《江汉考古》,1991 年第 3 期。

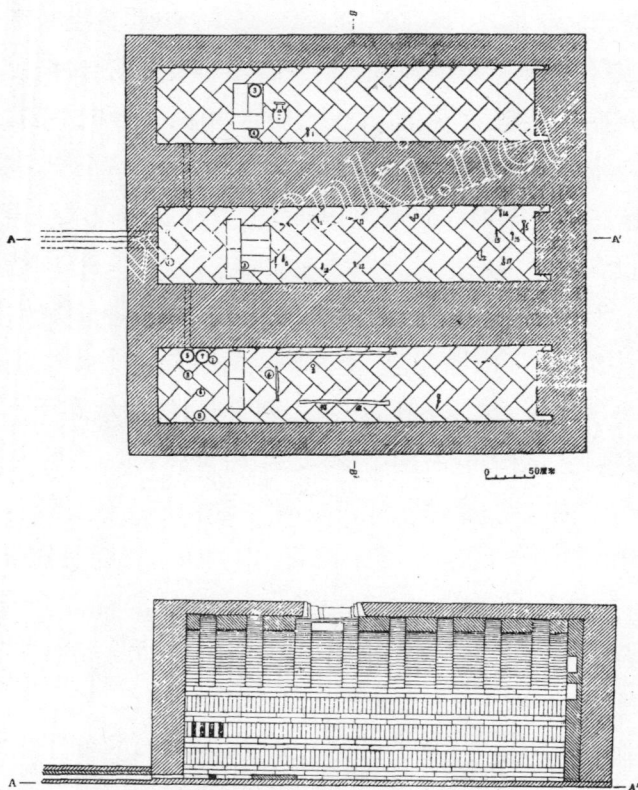

图 4-24 鄂州泽林 M6 平、剖图

的间隔为 18 厘米~18.5 厘米。中室后壁,铺地砖以上为一排"三平一竖"砖,其上为四层"二平一竖"砖,再上为平砖顺砌,直至与券顶相连。后壁内侧,亦构筑有一"叠座式塔形砖柱",由十九层砖竖、横相间砌成,自下往上,用砖由多到少形成塔形,顶部由两块刀形砖竖置与墓顶相连。砖柱上设置有两个小龛,宽 10 厘米、高 18 厘米、进深 11 厘米。三室均有祭台,都建在墓室前端。三个祭台略有差异:中室祭台由五块砖组成,南北 64 厘米、东西 54 厘米、高 6 厘米;南室祭台由三块砖组成,南北 48 厘米、东西 16 厘米、高 6 厘米;北室祭台由两块砖组成,南北 64 厘米、东西宽 16 厘米、高 6 厘米。排水沟设计非常讲究,在中室的南北壁靠近封门处,开有排水孔,宽 8 厘米、高 5 厘米,使三室互通。南北二室的积水可通过排水孔汇集到中室,然后通过排水沟排出。排水沟设在中室封门砖底部,其结构为底铺一层平砖,两侧为特制的长条形平砖,接合处用子母榫套合,其上平盖二层砖。排水沟宽 18 厘米、高 20 厘米,长度不详。"直棂窗"设在中室南北二壁的前端,共有四格,每格宽 5 厘米、高 16 厘米,三室相通。三室均发现有棺木痕迹,尸骨无存,葬式不明。此墓也是一次修筑而成,中室面积略大,结构也较为复杂,祭台用砖数也最多,应为墓主人的墓室。南北两室可能是其妻妾的墓室。随葬品 14 件,南室出盏 1、盘 1、盘口壶 1,中室出盅 2、滑石猪 1,北室出盅 4、盏 1、盘 2、盘口壶 1、五铢钱 1。青瓷器出在祭台面附近[1]。

十、画像砖墓

画像砖就现有资料来看,起源于战国晚期,盛行于汉代,其艺术高峰则在东汉、魏晋南北朝时期,画像砖墓继续得到发展。襄阳贾家冲画像砖墓,是一座少见的南朝时期的画像砖墓[2]。

此墓为带甬道的券顶单室砖墓,墓向 60°。平面呈"凸"字形,甬道顶和墓室顶已坍塌,墓室后部已毁,南北两壁保存了三分之二,北壁及砖柱保存较为完整。甬道壁及墓室壁均用花纹砖和画像砖由石灰掺糯米浆薄砌而成。墙厚 44 厘米。墓葬早年被盗,残留遗物散见于墓底的淤泥中。排水沟以墓室中轴线由墓室底部穿过甬道,直通封门墙外 3 米多处,长度不明。封门墙外的排水沟用五层砖平砌,底部砖横铺,其上两层作直铺,中间有深 12 厘米、宽 10 厘米的排水道,再上一层作横铺,最上一层直铺,压在下面横砖的中间。甬道和墓室的排水沟均深 6 厘米、宽 10 厘米。甬道的排水沟留在铺地砖的第二层,砌法同于封门墙外的排水沟。封门墙呈不规整的梯形,每层砖相错约 6 厘米,多为残砖砌成。甬道长 3.77 米、宽 1.66 米、残高 20 厘米~134 厘米,墙壁及砖柱采用"三顺一丁"砌筑。南北两壁各四个砖柱,宽 52 厘米、深 19 厘米,柱间距 23 厘米~25 厘米。甬道铺地砖三层,上层用两种规格的长方形莲花砖,大莲花砖作平砖贴墙,小莲花砖在甬道的中轴线上向左右两边平砖错缝斜铺,中心交接处呈"人"字形,下面二层为素面砖错缝直铺。墓室长 4.82 米、宽 2.35 米、残高 1.34 米~1.60 米。铺地砖六层,上层接在甬道处用数排小莲花砖,作平砖错缝直铺。其他同甬道铺地砖的上层一致,除第一层用花纹砖和墓室边沿高出甬道 20 厘米的剖面砌有一块画像砖外,其余均用素面砖。

此墓的甬道和墓室全部采用素面和浮雕砖精心砌筑,在墓室和甬道的两壁

① 武汉大学历史系考古专业、鄂州市博物馆:《鄂州市泽林南朝墓》,《江汉考古》,1991 年第 3 期。
② 襄樊市文物管理处:《襄阳贾家冲画像砖墓》,《江汉考古》,1986 年第 1 期。

上,全部砌用画像砖和花纹砖,画面采用浮雕形式,富有立体感。共收集不同类型的砖 957 块,19 种,展现了当时建筑、雕刻、绘画三方面的风貌。

画像砖的内容和种类主要有:

1. 人首鸟身(图 4-25-1)。一块。人首竖宽耳,胸前交叉束带,鸟身作展翅状,空间饰有卷草、莲瓣,四周有忍冬纹边框。此砖像合于《山海经·中山经》:"其神皆人面而鸟身。"

图 4-25-1　人首鸟身

2. 兽首鸟身(图 4-25-2)。一块。兽首竖双耳,其余与人首鸟身形象相同。

上述两种画像砖与河南邓县彩色画像砖墓有榜题"千秋万岁"画像砖中的"千秋"、"万岁"极为相似[①]。这两种砖内容相对地砌筑在墓室南、北壁自下而上的第十二层丁砖层中。

图 4-25-2　兽首鸟身

---

①　河南省文物局文化工作队:《邓县彩色画像砖墓》,文物出版社 1958 年版。

3. 双狮（图 4-25-3）。两块。两狮作相对蹲踞状，一头上昂、一作回首，长尾上翘，中有一弦纹将画面相隔。造型与邓县画像砖墓的"双狮"砖相差无几。这两块砖对称地排列在墓室南、北两壁的第八层丁砖层中。

图 4-25-3 双狮

4. 龙（图 4-25-4）。两块。龙身修长，张口吐舌，腾于云中，四周有忍冬纹边框。龙纹砖对称地排列在墓室北壁的第十二层丁砖层中。

图 4-25-4 龙

5. 虎（图 4-25-5）。两块。虎身修长，昂首翘尾，四足奔驰，空间散布云气，周饰有忍冬纹边框。虎纹砖对称地排列在墓室南壁的第十二层丁砖层上。

图 4-25-5　虎

6. 备出行图（4-25-6）。两块。似为主人准备出行的场面，前面一人手执缰绳，随后一人在侧牵马，马后一人双手执华盖，最后一人手扶团扇作回顾状。四人服饰相同，头戴冠，身穿交领宽袖衫，下着喇叭长樽。

图 4-25-6　备出行图

7. 侍饮（图 4-25-7）。三块。画面为侍饮分左右两侧，侍者居左，作跪状，双手捧樽向前伸，饮者居右，坐于案上，右手置一樽前伸，中间有香炉并有熏烟，背景有山、草、树木，四周有忍冬纹边框。

图 4-25-7　侍饮

8.郭巨埋儿(图4-25-8)。三块,画面为二十四孝中的郭巨埋儿故事。郭巨持锹挖土,地面露一釜金,左为巨妻,怀抱小儿,背景有山石、树木,四周有忍冬纹边框。此种砖一块见于甬道北部紧靠墓室的第四砖柱中部,另两块在封门墙中。

图4-25-8 郭巨埋儿

9.飞仙。分三式。Ⅰ式三块(图4-25-9),两仙相对呈蹲踞状,手中捧物,头梳双髻,裙带后上飞舞,画面中博山炉立于覆莲之上,炉顶立莲瓣,两边饰莲草纹,四周有忍冬纹边框。Ⅱ式一块(图4-25-10),飞仙的造型同Ⅰ式,画面中为两净瓶立于覆莲之上,净瓶上方和两侧饰有莲瓣和卷草纹,四周有忍冬纹边框。以上两种砖内容相对地分别砌于墓室南、北两壁的第八层丁砖层中。Ⅲ式四十二块,一仙手中捧一仙桃和左右手各捧一仙桃两种,裙带后上飘舞,空间饰莲瓣,这种砖泛布在甬道壁及砖柱的中上部。

图4-25-9 飞仙Ⅰ式

图4-25-10 飞仙Ⅱ式

10.怪兽(图4-25-11)。两块。一残。作兽头、鸟翅,人身,蛙腿,形象凶恶,空间饰有云气和莲草纹,与常州出土的神兽砖[1]及道沟高句丽墓壁画中常见的"托梁怪兽"形象相似[2]。此砖一块见于甬道北部第二砖柱的下部;一块作为残砖砌于封门墙中。

图4-25-11 怪兽

11.变形怪兽(图4-25-12上:5)。四十七块。兽面形象,鸟翅宽大,蛙腿与鸟翅基本在一条平线上。据宿白先生考证,此像由饕餮纹演变而来,有驱鬼镇墓之意。这种砖泛布在墓室和甬道的横列砖中层。

12.供养人。分两种。一种三十八块,又分三式:Ⅰ式,正面供养人(图4-25-12下:1),头戴冠,上穿开领广袖衫,肩披巾,双手置胸前按剑,下着裙,脚踏覆莲,空间散刻卷草图;Ⅱ式,侧面供养人(图4-25-12下:2),头戴冠微抬,身穿抬肩开领广袖衫,双手按剑,下着裙,脚穿云头履,空间散刻卷草。这种砖见于墓底乱砖中,墓壁中未见,可能是用于墓室后部或封门墙中;Ⅲ式,侧面女供养人(图4-25-12下:3、4),头梳双髻,身穿宽袖开襟衫,腰系长裙,右手持莲草,左手执一类似"如意"的长柄物,脚穿宽高云头履踏于覆莲之上,空间散刻莲瓣。二种共一百二十二块,分三式:Ⅰ式,侧面羽人供养(图4-25-12下:5),头插羽毛,宽面竖大耳,双手捧香炉,炉中轻烟袅袅。衣肩、衣裤饰有羽状纹,赤足踏于覆莲,空间饰有卷草纹;Ⅱ式,侧面羽人供养(图4-25-12上:1、2),头插羽毛,宽面竖大耳,左手持幡,右手提佛球,衣肩、衣裤饰有羽状纹,赤足踏于覆莲,空间饰有卷草纹。

---

① 常州市博物馆:《常州南郊戚家村画像砖墓》,《文物》,1979年第3期。
② 杨泓:《高句丽墓壁画石墓》,《文物参考资料》,1958年第4期。

以上两种羽人供养砖泛布在甬道和墓室的丁砖层中；Ⅲ式，侧面羽人供养（图4-25-12上:3），头插羽毛，宽面竖大耳，双手捧博山炉，衣肩、衣裤饰有羽状纹，赤足踏于覆莲，空间饰有卷草纹和莲瓣纹，这种砖见于墓室的乱砖中。

13.侍女。三块。已残。画面为一侍女，立姿，背景有山、草，周饰忍冬纹边框，见于墓内的乱砖中。

上　1.Ⅱ式侧面羽人供养　2.Ⅱ式侧面羽人供养　3.Ⅲ式侧面羽人供养
　　4.小佛像　5.变形怪兽
下　1.Ⅰ式正面供养人　2.Ⅱ式侧面供养人　3.Ⅲ式侧面供养人
　　4.Ⅳ式侧面女供养人　5.Ⅰ式侧面羽人供养

图 4-25-12　供养人与变形怪兽

14.小佛像（图4-25-12上:4）。十九块。一尊小佛盘腿坐于佛座上，身穿开领博衫，双手合置于胸前，身后有背光，空间饰有忍冬花纹。

花纹砖的种类和分布有：

1.千秋万岁（图4-25-13:1）。二十七块。两鸟相对，一作人首、一作兽首，皆作飞跃状,可能寓有"长生不死"之意。底纹以八瓣莲花为中心,两边饰卷草纹,两端各雕有半朵莲花,可与同类砖拼合,连接呈二方连续图案。此类砖和邓县画像砖的同类砖相比,只是一作飞跃、一为站立加饰底纹的差异,所以此砖亦称之为"千秋万岁"。这种砖泛布在墓室和甬道的横列砖层上。

1.千秋万岁　2.忍冬花纹　3、6.卷草纹　4.卷叶莲花砖　5.缠枝花纹

图 4-25-13　花纹砖

2.博山炉(图 4-25-14:2)。十八块。一博山炉立于覆莲之上,莲下饰有忍冬纹,炉顶饰有莲草纹。

3.幢(图 4-25-14:1)。十二块。一幢立于覆莲之上,周饰莲草纹。

4."S"形龙纹(图 4-25-14:3)。三块。一龙卷曲呈"S"形,底饰缠枝忍冬纹,其龙纹的造型和邓县画像砖墓中的双龙砖的龙纹有相似之处。此砖见于墓底的乱砖中。

5.净瓶莲草纹(图 4-25-14:5)。五十八块。双净瓶立于覆莲之上,两侧面饰莲草,上端饰有一大二小三朵莲花。此画构图讲究,有花卉画的韵味。这种砖嵌砌在墓室和甬道自下至上第四层丁砖层上,和正面供养人相间排列。

6.净瓶忍冬纹(图 4-25-14:6)。两块。一净瓶立于覆莲之上,瓶中插有忍冬,周围有忍冬纹作边框。

1.幢　2.博山炉　3."S"形龙纹　4.凤凰纹　5.净瓶莲草纹　6.净瓶忍冬纹

图 4-25-14　花纹砖

7. 凤凰纹楔形砖（图 4-25-14：4）。窄端一侧为凤凰，两鸟相对，展双翅，翘尾，嘴衔瑞草，作欲飞状，空间饰云气和梅花。凤凰之名，见于《山海经·南山经》："其状如鸡，五采而文，名曰凤凰，次食自然，自歌自舞，见则天下安宁。"按净瓶忍冬、凤凰纹楔形砖见于墓底南朝的乱砖中，可能用于起券。

8. 八瓣莲花大砖（图 4-25-15）。十二块。砖面由三个八瓣莲花组成，莲花间周饰有忍冬纹，各莲花四角配以花叶纹，周衬忍冬，砖周和莲花间饰有几何卷草纹。这种砖见于墓室及甬道的贴墙处。

图 4-25-15　八瓣莲花大砖

9. 八瓣莲花小砖（图 4-25-16：5）。五十六块。砖面由两个八瓣莲花组成，莲花分别被内圆环和外方框所围，圆环和方框之间的四角处饰忍冬纹。砖周和莲花间饰有几何卷草纹。此砖见于墓室的铺地砖。

11. 楔形莲花砖(图 4-25-16∶3、4)。一块。八瓣莲花为中心,四周衬以忍冬纹,边框饰卷草纹。侧面为一人在其上,盘左腿,伸右腿状,左手置于胸间,右手举起,周饰卷草纹。

12. 卷叶莲花砖(图 4-25-13∶4)。三块。中心莲花包含在圆环之中。圆环四周饰卷叶并再包一圆环,外饰忍冬纹。这种花纹砖模制细腻,图案美观,与邓县画像砖墓和常州戚家村画像砖墓的同类砖很相似。这种楔形砖见于墓底坍塌的乱砖中,可能用于起券。

除上述花草纹砖外,还有大量的卷草(图 4-25-13∶3、6)、忍冬(图 4-25-13∶2)、缠枝(图 4-25-13∶5)等几何纹砖。有模印在砖侧作平砖顺砌,也有模印在砖侧的端面,也有作边框装饰。

1、2.飞仙 3、4.楔形莲花砖 5.八瓣莲花小砖

图 4-25-16 花纹砖

此墓早年被破坏,残留出土器物共七十三件,以陶俑为大宗,次为陶器和陶模型器,再次是瓷器等物,在扰乱层中出有大批钱币。

此墓出土的画像砖和花纹砖,有大量佛教题材并与儒家有关的内容,其中的小佛陀、羽人供养佛教题材的画像砖,是其他同期墓葬中少见或不见的内容,反映了当时佛教流行的状况,也说明当时佛教和传统儒家学说是并存的。这种精美繁缛的画像砖,在全国发现也不多,在湖北省则系首次发现,为研究当时的绘画、雕刻、建筑工艺等,提供了重要的资料。

第二节　隋唐墓

湖北已发现的隋唐墓,主要集中在武昌。据 1995 年统计,武昌周围地区发现的隋唐墓多达 300 余座[①],其他地区也有一些零星的发现。其中有一些很重要的资料,如郧县的李泰家族墓地、安陆的唐吴王妃墓等,都属于南方地区迄今发现为数不多的大型墓葬。但正式发表的很少。

一、墓葬结构及其演变

(一)湖北隋唐墓的形制结构

六朝以后,随着一批地理世家的兴起和统治阶级的追求,人们对墓地的选择越来越重视。湖北地区隋唐墓基本选择在地势较高的丘陵山冈和坡地上,如武昌隋唐墓葬,都比较集中在周家大湾、何家垅、新村湾、石牌岭等处,这几处地点也正处在武昌城东的几条主要高岗地上。这种墓地的选择,是和南方地区潮湿多雨的地理环境及本地区六朝晚期所形成的埋葬习俗密切相关。当时有"天子葬高山、诸侯葬连冈"之说。谢灵运《卢陵王墓下作》谓:"含悽泛广川、洒泪眺莲冈。"武昌隋唐墓葬所在的丘陵山冈正是所谓的"连冈"地貌。墓地选择连冈地貌,是因为人们相信这里的风水好,葬在这里,后世能出富贵、做公卿。

湖北隋唐墓葬的建筑方式有别于中原,基本上沿袭了本地区的传统风格,以竖穴土坑砖室墓为主,少量为竖穴土坑墓。墓葬修建时,一般是先按设计的平面

---

① 杨宝成主编:《湖北考古发现与研究》,武汉大学出版社 1995 年版,第 302 页。

形状先挖出竖穴及短斜坡墓道,然后在竖穴中用砖砌出墓室、甬道及其他的附属结构。墓室的顶部,除少数大型墓葬构筑了穹窿顶或四角攒尖顶外,其余均用券顶,并有单、双层之分。墓壁的砌法,以平、竖砖相间叠砌较常见,排列上以"三平一竖"较多,另外还有"二平一竖"、"四平一竖"等多种排列形式。铺地砖则多用竖砖"人"字形拼砌,个别墓为"二横二竖"平铺。

墓室内有棺床、祭台、排水沟、灯龛、壁龛、耳室等附属结构。

中型以上的墓均设有棺床。大型墓的棺室位于墓室西部,中型墓一般位于墓室的后部,系高出铺地砖 10 厘米~20 厘米、与墓室左、右、后三壁稍留有空隙的长方形平台,其上置棺。棺床分砖砌和土垒砖包两种,所用砖上多有花纹。较大型的墓中,在棺床四侧面还镶有造像砖。

祭台多位于墓室的前部、棺床的正前方,一般是用数块砖拼砌成方形或长方形的砖台,其上放置随葬品。

排水沟分明沟和暗沟两种。明沟是在墓底和墓壁之间留有沟槽用以排水,这些沟槽一直连通到墓门处汇合,由墓门下的排水孔道将积水排出。暗沟是在墓前的前部或甬道前部地下置一阴井,上置带孔的盖,墓内积水通过盖孔流入阴井,然后再通过连接阴井的排水通道排出墓外。排水通道一般和墓室相同的砖砌成,也有少数很讲究的墓葬是用特制的砖砌成。排水沟一般较长,通过墓门、墓道以及墓葬前方地下相当的一段距离,将墓内积水运到远离墓葬的低凹处。

灯龛有砖砌灯龛和砖雕灯龛两种。前者是在墓壁上抽去两块竖砖形成长方形的龛,后者是在墓壁的砖上挖出桃形的龛。灯龛多位于墓室的后壁,内部常放置有灯盏。

壁龛主要是放置各种俑类,主要是以 12 时俑为主。这种壁龛一般为长方形,同砖砌灯龛一样,也是在墓壁上抽出两块竖砖形成,多位于墓壁的上方。壁龛在墓中的数量多为 12 个,排列方式有四种:1.左右壁各五个,前后壁各一个;2.左右后壁各四个;3.左右壁各六个;4.左右壁各五个,后壁两个。

耳室。较大型的墓葬一般都设有耳室,多位于甬道的两侧,中小型墓葬则设在墓室的左右壁或后壁。耳室的高度较墓室为低,其内主要放置随葬的陶瓷器和陶瓷俑。

(二)湖北隋唐墓的等级差异

湖北已发现的隋唐墓,大致可分为三个等级。

第一等级为大型墓。已发现的有郧县李泰家族墓和安陆吴王妃墓,墓主身份都属于一品以上高官。这一级别的墓,特点是带有长斜坡墓道,有的墓道内还设有天井和过洞,有砖甬道,墓顶为穹窿顶或四角攒尖顶,墓内有壁画,随葬品的数量多、种类全,一般有陶瓷器、铜器和金银玉制的装饰品,墓葬总长在7米~10米之间,均有墓志,身份清楚,并可与文献记载相佐证。

第二等级为中型墓。其结构特点是砖室、砖甬道、券顶,总长在5米左右,随葬品的种类和数量均少于第一等级,以随葬陶、瓷器为主,仍有较多的俑,但金银玉制的装饰品很少见到。墓内有花纹砖和造像砖,但不见有壁画。此类墓主的身份多为隋唐时期州郡长官,属四品以上的官吏。

第三等级是小型墓。单室或并列双室的长方形墓,一般无甬道,极少见到耳室。全长在3米~5米左右。随葬品以陶瓷器为主,个别墓有陶俑。除极个别墓葬外,一般不见使用花纹砖和造像砖。此类墓未发现有能证明墓主身份的文字材料,推测为下级官吏到一般平民。

(三)湖北隋唐墓的变迁过程

隋朝前期,全国的政治、经济、文化中心转向中原地区,加之隋王朝将江东士族强制迁往关中,因此湖北地区未发现第一等级的大墓,第二等级的墓亦不多见,已发现的多属第三等级的墓。墓的结构上基本沿用了六朝墓葬的形制,以长方形砖室券顶墓为主,和同期的中原墓葬迥然有别。随葬器物中,以陶瓷日用生活用具数量最多,但器类尚不发达,主要有盘口壶、碗、杯、香炉、盏、唾壶、高足盘、砚、盂等,其中的许多器物和本地区南朝晚期的同类器有承袭关系。新出现的典型器物有高足盘、双耳罐。青瓷器的釉色以青泛黄为主,纹饰尚不发达。俑和模型明器较少,新出现了兽首人身的12时俑。

隋朝后期,随着隋王朝的巩固和发展,湖北地区的墓葬内容也大为丰富,虽未发现第一等级的大型墓,但中小型墓的数量多,结构上要较隋朝前期复杂,随葬品的种类也要比前期丰富,陶瓷器中新出现了高足杯、双唇罐、三足壶、灯、钵等的种类,造型和质量都有提高,器形也要高大一些。青瓷的釉色以青釉为主,盛行花纹装饰。俑类也继续得到发展,个体增大,技术和艺术水平都有提高。镇墓兽由每墓一个发展到二个(均为兽面),12时俑变为人首人身怀抱12时属象,新出现戴介帻和平巾帻的侍卫俑,家禽家畜类开始增多。

初唐时期湖北地区开始出现了第一等级的大墓,与中原相比,长斜坡墓道、方形墓室都和中原地区同时期的同型墓相似,但墓葬的建筑方法、排水设施都有南方地区的特点,随葬品也具有南方地区的特点。中小型墓较隋朝时明显简化,面积缩小,附属设施简单,但随葬品的种类较隋朝时有了明显增加,新出现了粉盒、带流壶和陶壶,高足盘、高足杯消失。青瓷器的釉色以青色和青泛黄色为主,花纹装饰突然消失,一般为素面瓷器。俑类有新的发展,新出现了人面禽身俑、兜鍪俑以及女乐俑。

盛唐时期,湖北地区墓葬形制和随葬品都呈现出最繁荣的景观,充分反映高度发达的盛唐文化面貌。第一等级的大型墓有较多发现。与初唐时期不同,大型墓都为带天井的长斜坡墓道、方形或弧方形的墓室,与两京地区同时期的大墓完全相同。随葬品出有极为精致的白瓷和三彩器,随葬品组合也和南方系统的传统组合相去甚远,部分随葬品是从两京地区直接运来的。可以说,盛唐时期湖北地区的大型墓完全是属于中原系统,是唐中央集权制下严格的等级制度在本地区内的体现。中小型墓在形制上差别不大,但数量增多。随葬品方面,器类的变化不大,只是各类墓葬中随葬品的数量较初唐时期明显增多,新出现了筒形杯、圈足杯、玉璧底碗等器形。瓷器以青釉为主,少量为青泛黄釉,基本都是素面无纹。新出现了的三彩器,个体一般较小,与洛阳出土的极为接近,且出现在较高级的墓葬中,应该是从洛阳运来的。俑在此时更为发达,介帻、平巾帻俑减少以至消失,兜鍪及新出现的小冠、鹖冠俑成为主要的侍卫俑类。新出现四神俑、骑马俑和女扮男装的家内奴仆俑。从质地上说,新出现瓷俑。

中唐时期,由唐朝盛转衰,湖北地区的墓葬资料也同样如此。大型墓消失,中型墓也不多见,墓葬结构普遍简化,排水设施极少见到,随葬品的种类明显减少,只剩下盘口壶、罐、碗、盂、唾盂等数种,新出现的器形也只有瓜棱罐、注子、箕形砚。青瓷的釉色以青为主,次为青泛黄,也有少量的三彩器。铜官窑产品在湖北地区有了较多的发现,以各类釉下彩罐最为常见。俑多为男女侍俑之类,木俑开始出现。

晚唐时期,随着唐王朝的全面衰退,发现的墓葬也很少。大中型墓均未发现,只有小型墓葬,面积也较前缩小,结构简单,棺床和排水设施很少见到。随葬器物的种类进一步减少,且质地粗糙,造型臃肿。瓷器釉色以青色为主,出现了个别的白瓷,质地极细,釉呈乊白色。铜官窑产品在墓中的发现较前增多,除釉下彩外,罐和注子还经常有贴花、印花装饰,内容以人物和动物形象为主。俑类只有木俑,多为彩绘,有的身上穿有丝织品,主要为男女侍卫俑,很少见到陶瓷俑[①]。

二、郧县李泰家族墓和安陆吴王妃墓

湖北地区的隋唐墓葬中,第一等级的大型墓,目前仅见郧县李泰家族墓地和安陆王子山吴王妃墓。在此一并介绍。

(一)李泰家族及其墓地简介

李泰家族墓地位于郧县城关镇菜园村一组,地处郧县城东1公里处的捶河西岸,南临汉江,北依土冈,坐落在一列西北—东南走向的冈地上。整个冈地南北长约750米,东西宽约600米。1958年时由长江流域规划办公室考古队调查时发现,1973年在此发掘了嗣濮王李欣墓[②],1975年发掘了唐太宗第三子、长孙皇后嫡次子、雍州牧濮王李泰墓[③],1985年又在此地发掘了李泰妻阎婉墓和李泰次子李徽墓[④]。以上四墓由墓志铭文可以确考的是,墓主均出自唐濮王李泰家族,分别为第一代濮王李泰、李泰妻阎婉、长子嗣濮王李欣、次子李徽,是一处以唐太宗第三子李泰为主的李唐王室家族墓地,也是目前所知唯一一处位于长安以外的唐朝皇室家族墓地。该墓地1999年被列为湖北省文物保护单位。2006年11月至2007年2月,湖北省文物考古研究所又对该墓地进行了抢救性考古勘探和发掘。此次勘探共探出二处较为集中的墓葬区,共有墓葬39座,其中砖室墓12座。最大的一座砖室墓长13米,时代从汉至明清均有。还发现了李泰墓的东南围墙[⑤]。

唐濮王李泰家族墓地发掘时为郧县城关砖瓦厂,位置在郧县城关东南隅,古称马檀山,共有李泰、长子李欣、次子李徽、李泰妻阎婉四座墓葬。出土有珍贵稀

---

① 杨宝成主编:《湖北考古发现与研究》第六章第四节。
② 高仲达:《唐嗣濮王李欣墓发掘简报》,《江汉考古》1980年第2期。
③ 李泰墓的资料尚未发表,资料现存湖北省文物考古研究所。
④ 湖北省博物馆、郧县博物馆:《湖北郧县唐李徽、阎婉墓发掘简报》,《文物》,1987年第8期。
⑤ 田桂萍:《郧县李泰家族墓群》,载湖北省文物局主编《湖北省南水北调重要考古发现Ⅰ》,文物出版社2007年版,第188页。

有文物：金狮子 1 个、金镯 9 只、金块 11 枚、金钗 18 支、金条 19 条和许多金片、玉璧 2 只、玉戒面 3 只、银盒 1 个、银簪 18 支以及银凤冠、银托子、铜镜、挖耳勺、陶罐、钵、盆、瓶、甑、杯、盂、瓷砚、铁釜、铁锁、石盒、铜钱，还有侍立唐三彩俑 14 个、牵骆驼俑 1 个、仪仗骑马俑 20 个、马上乐队俑 9 个、壁画 16 幅等共百余件。其中的金狮子、银凤冠、唐三彩、龙首杯、三彩龙形角杯、三彩盂、瓶等不仅色彩绚丽，造型瑰美，做工精细，而且都经精雕细琢，曲尽其妙。四墓皆绘有壁画，人物花卉栩栩如生，顶部绘有星象图①。

　　李泰为唐太宗第三子（史传称第四子）、长孙皇后嫡次子，即唐史上著名的魏王李泰。长孙皇后共生三子，长子李承乾、次子李泰、三子李治，初分别被封为太子、魏王和晋王。李泰天资聪慧，长成后"文辞美丽"、"好士爱文学"②，深得太宗欢心。在三嫡子中，李泰最有宠于太宗。史载"魏王泰有宠于上，或言三品以上多轻魏王。上怒，引三品以上，作色让之曰：'隋文帝时，一品以下皆为诸王所颠踬，彼岂非天子儿邪！朕但不听诸子纵横耳，闻三品以上皆轻之，我若纵之，岂不能折辱公辈乎！'房玄龄等皆惶惧流汗拜谢。"③由此可见太宗对魏王泰的偏爱以及李泰在当时的专宠地位。尤有甚者，在贞观十七年以前，太宗乃至"每月给泰料物，有逾于皇太子"④。李泰的聪颖有为与皇太子李承乾的胡作非为成鲜明对照，故太宗屡有废太子改立李泰之心，特别是贞观十七年承乾因企图谋反被废黜后，太宗甚至一度当面允诺立李泰为太子。但终因魏征、褚遂良、长孙无忌等重臣的激烈反对而作罢。最后，在承乾已废、争立储君的斗争日益激化时，太宗终于决定"自今太子无道、藩王窥望者，两弃之"⑤。即横行无道的原太子承乾、最有希望依次递补并长期觊觎太子之位的李泰，皆弃之不用，改由晋王李治入主东宫。这一贞观年间的长期政治斗争，最终以李泰的失败而告终。作为李治接任太子的结果，李泰不可能在长安立足，于是太宗为"社稷之计，断割恩宠，责其居外"，"降封东莱郡王"，"寻改封泰为顺阳王，徙居均州之郧乡县"，"（贞观）二十一年，进封濮王"⑥。这就是李泰及其家族墓发现于郧县的历史起因。

　　李泰家族墓位于郧县，在唐代是一例外。按唐太宗时开始制定的唐代帝陵

----

①　杨华山、李峻：《唐濮王李泰家族墓地研究》，《十堰职业技术学院学报》，2006 年第 6 期。
②④⑤⑥　《旧唐书》卷七六《太宗诸子传·濮王泰传》。
③　《资治通鉴》卷一九四《唐纪十》。

陪葬制度,皇室成员及达官显贵,均陪葬于帝陵。因此,陪葬于帝陵的不限于皇室,而是包括大量的异姓功臣。实际上,外姓功臣墓在唐代帝王陵中往往占有更重要的地位。据粗略统计,在《唐会要·昭陵名位》中所载的一百五十五人的陪葬人员中,藩王、公主及妃嫔不过三十余人,仅占总数的百分之二十左右,而此外的百分之八十,皆为太宗的功臣密戚。无论根据文献记载还是实际的考古发现,高宗与武则天的乾陵也是完全相同的状况。乾陵陪葬墓的总数虽不及昭陵,但功臣墓与太子、诸王、公主墓的总数大体相当①。可见,这时期的唐帝陵并不是严格意义上的皇室家族墓地,而是当时最高统治集团政治结构的一种历史再现。特别要指出的是,帝子封王者也往往葬于帝陵,与唐以前的封王一般葬于别封之地的普遍规律迥然不同,表现了强烈的时代性。唐代宗室,特别是帝之诸子,仍是唐代政治结构中的一个重要组成部分。因此,唐代也就存在"皇兄弟、皇子为王,皆封国之亲王"②的定制。但他们所授之职官,往往是虚衔,而与此相辅相成的是,他们死后之所以要附葬帝陵,甚至卒于异域也要迁葬帝陵,则仍是借以表现出他们只是依附于皇权而存在的意义。总之,这种既包括嫔妃又包括外封的诸王与外嫁的公主,更包括异姓功臣密戚的唐帝陵,不仅与两周时期由上而下的宗族墓地性质截然不同,亦与两汉时期帝陵虽以功臣陪葬、但同姓诸侯王却往往葬于封地的情况有别,更与魏晋南北朝上下盛行的聚族而葬的现象相左。这种自唐太宗开始完备起来的新唐式帝陵制度,是中国古代国家和社会进一步发展后的必然产物,特别是唐前期中央集权制高度发展的突出体现。在此基础上,我们可以进一步理解到,之所以当时诸王、诸子一般皆附葬于帝陵、之所以象征离析唐室别为宗支的异域王室家族墓地如此罕见,就是历史的必然了③。

但李泰家族墓地位于郧县,则是李唐王室单成家族墓地的一个违反普遍常规的特例。郧县马檀山李泰家族墓地的形成,有其特殊而深刻的历史背景,是当时最高统治集团内部权力斗争的一个悲剧性结果。李泰在争立储君的斗争中失败以后,李泰本人及其家族便遭遇了悲惨的命运。李泰被贬黜以后,由于李治过于懦弱,故李泰仍有其潜在的影响。太宗临终时曾说:"泰诚为俊才,朕心念之,

① 《懿德太子墓所表现的唐代皇室埋葬制度》,载《中国考古学会第一次年会论文集》,文物出版社1980年版。
② 《通典》职官十三。
③ 全锦云:《试论郧县唐李泰家族墓地》,《江汉考古》,1986年第3期。

卿曹所知"①。因此,李泰虽然被贬,但仍受到李治及权臣长孙无忌、褚遂良等的严密防范。太宗辞世时,"诸王为都督、刺史者,并听奔丧",独"濮王泰不在来限"②。这个不准李泰奔丧的极端措施,当是出自长孙无忌、褚遂良等人之手。他们历来与李泰对立,又是造成李泰被贬的主要因素。因此,为了防范李泰,才出此决绝之策。由此可知,李泰在政治斗争中失败以后,其处境极端艰难。太宗去世之后,李泰的处境不但没有好转,反而有更加恶化的趋势。太宗去世后仅三年,即高宗永徽三年(653年),李泰死于郧乡,年仅三十三岁,就地葬入郧乡马檀山。

唐代皇室因各种原因而客死异乡的大有人在,但在往事已成过眼云烟之后,绝大多数都获准迁回帝陵。最能说明问题的是因谋反被废的太子李承乾。在玄宗时,因其后人的请求亦得"陪瘗昭陵阙中"③。然而李泰不仅生前被禁止奔丧,死后又被摈弃于异乡。李泰既然死后不赦,其家人和后人的遭遇,也就可想而知了。

李泰妻阎婉,史传无载。据阎婉墓志记载:"妃讳婉字婉,河南人也。……父立德工部尚书大安公,妃即公之长女。"阎婉十一岁被选入宫跟随李泰,后几经辗转迁徙,随子"死于邵州客舍,春秋六十九,由妇周氏奉枢权窆于洛州龙门之北原泪……",最终迁葬郧乡。阎婉墓虽未经盗掘,但随葬品寥寥,且无珍稀物品,可见李泰死后家族之衰微。

李泰生子二人,长子李欣,封嗣濮王,"则天初陷酷吏狱,贬昭州别驾,卒"④。阎婉墓志铭谓:"……垂拱之际,有命除子嗣濮王欣为颍州刺史。无何令环州安置,未至,构祸薨于途中"。垂拱为武则天年号,当公元685~689年。据此可知,李欣猝死于此四年间之某日,是武后登基初年便遭毒手的唐宗室之一。李欣墓志铭则云:"……有制令袭封濮王,(欣)仍拜使持节颍州诸军事、颍州刺史,往寻陷酷吏,谪居环州,中途遇祸,薨于桂州旅舍"。可知李欣是在携母阎氏赴荒僻的环州中途遇祸突然身亡的。其母阎氏沉忧成疾,不久也死于邵州客舍。后由李欣妻周氏奉二人灵枢还葬于洛州龙门。三十年后,阎氏、李欣两墓由阎氏之孙李峤迁葬郧乡。

李泰次子李徽,《旧唐书》仅以"徽,封新安郡王"⑤一笔带过,其他不得而知。

① 《资治通鉴》卷一九七《唐纪十三》。
② 《资治通鉴》卷一九九《唐纪十五》。
③ 《新唐书》卷一三一《宗室宰相传·李适之传》。
④⑤ 《旧唐书》卷七六《太宗诸子传·濮王泰传》。

李徽墓志铭的出土,使人们对李泰家族的这一成员有了更多的了解。据墓志铭载,李徽曾于"贞观廿一年封顺阳县开国侯,食邑七百户"。"永徽四年,改封新安郡王,食邑三千户。"永徽四年即李泰客死郧乡的第二年,此时已进入高宗年间。高宗李治实际是贞观时期夺嫡斗争的真正胜利者。李泰之死,客观上最终消除了他的一个潜在威胁。此时加封李徽,无非是胜利者的故作姿态而已。但家族的灾难和所受的政治打击,终使李徽在"恬淡自居,清贞寡欲"中度过余生,成了与世无争的脱俗之人。李泰父子两代中,独他得无事而终,于"大唐永淳二年九月廿三日寝疾薨于均州郧乡县,……以嗣圣元年三月十四日迁窆于马檀山",终老于李泰的客死之地。

当地群众曾在李泰墓东侧约十余米处,采集到一个较为破损的墓志铭,同属李欣。据志文可知,这后一块李欣墓志铭,实为李欣后人将李欣之妻周氏迁葬于此时所为,非特为安葬李欣所作。此墓志铭载:"大中九年……壬□之元逊,假武当太守之殊力,启王之□妃神椟俭□□大茔礼也"。大中为唐宣宗年号,知嗣濮王妃周氏于大中九年(855 年)由李泰远孙"假武当太守之殊力"而迁葬郧乡。周氏身为王妃,墓志铭中亦称其为"王之□妃"。但一个皇室成员的王妃迁葬,尚需赖武当太守之力,并不得不标夸于此,这和某些皇室成员迁葬时由朝廷"赐东园秘器,兼选灵辇,逮运还京,凶荒葬事,并令官给……恩加送往,礼备饰终"[1]的气派,真不啻天壤之别。这不仅道出了周氏本人的凄凉,也反映了当更晚些的唐宣宗时候,李泰家族的凋敝与低微之况。

李欣之子李峤,据史书记载,初时似曾无爵无禄,几同庶人。迟至唐中宗初年,"中兴初封嗣濮王。景云元年,加银青光禄大夫。开元十二年,为国子祭酒同正员。以王守一妹婿贬邵州别驾,移邓州别驾,后复其爵"[2]。

由上所述,可知唐太宗嫡次子李泰家族墓地出土于郧县,虽然在唐王室中是极特殊的个案,但同时又合乎历史的必然。它是贞观年间储君之争的历史产物,以生动的直观材料,对贞观年间择立储君的政治斗争,提供了新的例证。特别是它突出了这场斗争的残酷性,正这少为官修的史书所涉及。而且,鉴于唐帝陵融帝、王、公主、嫔妃、其他皇室成员、功臣密戚于一体的特殊性,李泰家族墓地的存在可谓一个例外。当然,就整个唐代社会而言,李泰家族墓地倒应是常例,唐帝

① 《资治通鉴》卷一九七《唐纪十三》。
② 《旧唐书》卷七六《太宗诸子传·濮王泰传》。

陵反而是特例。通过钩沉稽佚,人们不仅明白了上述事实,而且由出土墓志铭等材料的补充,也可大体获知此家族墓地成员的来历,使人们对李泰家族墓地的总体状况获得了基本的认识。李泰家族墓地,不仅是迄今了解到的全国极少的一处唐代家族墓地,而且属当时等级最高的家族墓地,为研究唐代家族形态和家族关系,提供了原始素材①。

(二)李泰家族墓与吴王妃墓

1.李欣墓

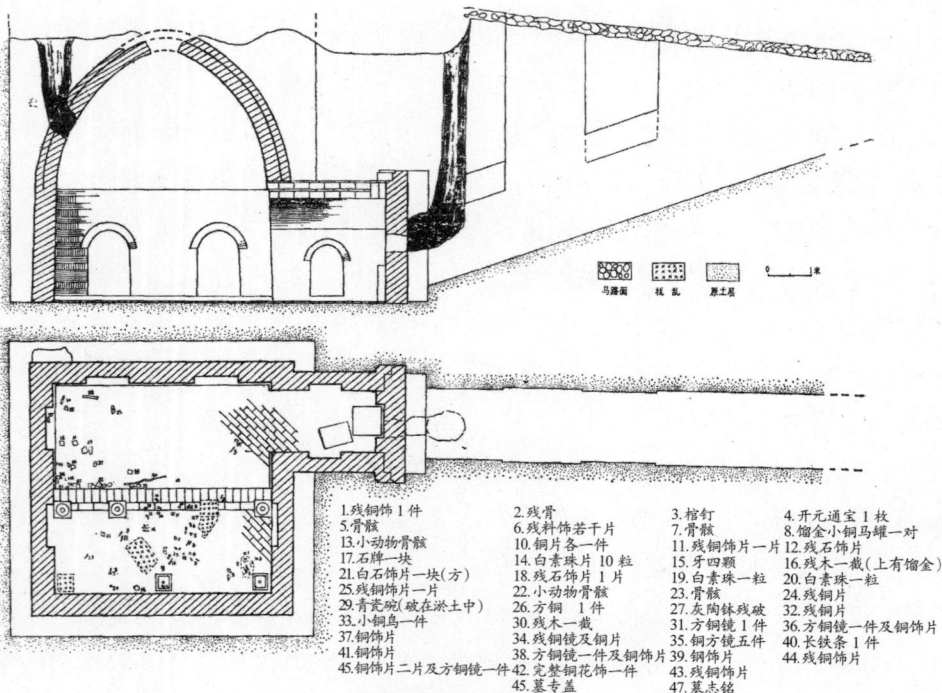

1.残铜饰 1件　　　　2.残骨　　　　　3.棺钉　　　　　4.开元通宝 1枚
5.骨骸　　　　　　　6.残料饰若干片　7.骨骸　　　　　8.馏金小铜马罐一对
13.小动物骨骸　　　10.铜片各一件　　11.残铜饰片一片　12.残石饰片
17.石牌一块　　　　14.白素珠片 10 粒　15.牙四颗　　　16.残木一截(上有馏金)
21.白石饰片一块(方)　18.白素饰片 1 片　19.白素珠片一粒　20.白素珠片一粒
25.残铜饰片一片　　26.方铜饰 1件　　23.骨骸　　　　　24.铜饰片
33.青瓷碗(破于淤土中)　27.灰陶钵残破　28.方铜片　　　32.残铜片
37.小铜鸟一件　　　30.残木一截　　31.方铜镜一件及铜片　36.方铜镜一件及铜饰片
41.铜饰片　　　　　34.残铜镜及铜片　38.方铜镜五件　　39.铜片方钵一件　40.长铁条 1件
45.墓专盖　　　　　42.完整铜花饰一件　43.残铜饰片　　44.残铜饰片
　　　　　　　　　　　　　　　　　　46.残铜饰片　　47.墓志铭

图 4-26　唐嗣濮王李欣墓平、剖图

李欣墓在李泰墓北约 200 米,由墓道、过洞、天井及砖砌甬道、墓室组成(图4-26),墓道与过洞、天井均用土填实,部分被压在公路下,仅清理北段 3.9 米长、宽 1.8 米、底斜面为 20°斜坡。过洞二个,高 2.4 米、宽 1.7 米,每个水平长 2.25米,顶为拱形。天井一个,方形,每边长 1.85 米,底距现地面深 5.3 米~5.9 米。甬道长 2.85 米、宽 1.47 米、高 2.5 米,顶为券拱。甬道东西墙各砌一壁龛,高 1.25米、宽 0.8 米、深 0.16 米,拱券顶。在甬道与过洞之间砌一道厚 0.68 米的封门墙。

---

① 全锦云:《试论郧县唐李泰家族墓地》,《江汉考古》,1986 年第 3 期和杨华山、李峻:《唐濮王李泰家族墓地研究》,《十堰职业技术学院学报》,2006 年第 6 期。

　　墓室方形,各边长5米、高6米,穹窿顶。墓室墙壁共砌有五个壁龛,东北墙壁各两个,南墙一个。壁龛高1.6米、宽1米、深0.16米,券顶。墓室西部为生土台棺床,高0.76米、宽2.84米,上用条砖面铺和东西二排石础。东排石础四个,位于棺床沿;西排石础三个,紧靠西墙。有的石础中心圆孔内残留有直径约4厘米的一截铁杆。由此分析,石础是用来插挂幔帐铁杆的。

　　李欣墓曾两次被盗,使墓内大量积水,墓内壁画绝大部分被浸泡脱落,仅在甬道西壁残存一个戴进贤冠饰金蝉珥貂的侍臣头像,残存的随葬器物也不多,在棺床处出有小铜马镫、铜饰花片、石饰牌、白素珠、镏金开元铜钱等,在棺床附近出有铜花片、铁条、鎏金小马镫。墓志一合置放在甬道前端,盖被撬开。出土文物最有价值的就是壁画和墓志。墓志的内容可对两唐书作补充。

　　2.李徽墓

　　墓向南偏西10°,由墓室、甬道、墓道三部分组成(图4-27)。墓室略呈方形,四壁内弧,每壁长度为:北壁3.7米、南壁3.84米、西壁4.2米、东壁4.06米,墓室残高4.2米,盝顶。棺床位于墓室西部,与西壁相接,由三层平砖垒砌而成,长3.8米、宽1.66米、高0.16米。上有朽木痕迹,并散落大量棺钉。甬道接墓室南壁,略偏东,长2.96米、宽1.34米、高1.64米。甬道底部大多铺砖,仅在与墓室相接处一段宽0.6米的地段上无砖。恰于此段甬道两壁高1.35米处,发现东西对称的两个直径为15厘米的土洞,疑为门轴。此处还出有一把鎏金铁锁,有朽木痕迹,应为墓门所在。甬道南端东西两侧各置一龛,平面略呈长方形,龛门为砖砌,龛内为土洞,上涂白灰。两龛门均以红彩勾勒边线。甬道南端封门墙由三层砖平

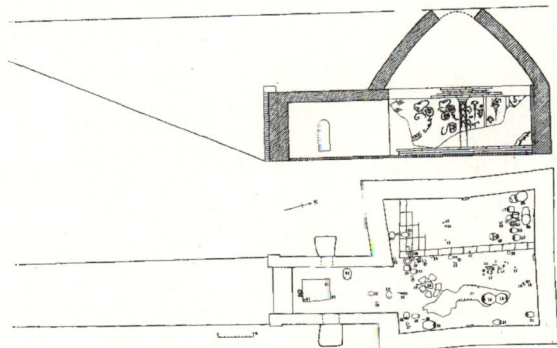

1、5、14.骨片　2.鎏金铜饰片　3.三彩盂　4.骨器底　6.银片　7.银勺　8.小卯钉　9.铜钉　10.铜勺　11.铜盒角　12.三彩龙首杯　13.小帽钉　15.三彩杯　16.蚌壳、小碗　17.鎏金铜条　18～19、21、33、36、38、52、54、57.双唇罐　20.黄釉盏　22.三彩瓶　23、51.四系罐　24.陶盆　25.伞状器　26、55.钵　27.铁碟　28.玻璃珠　29.五铢钱　30.银器　31.瓷罐　32、42.铜饰片　34.铜锁　35.石盒　37.铁釜　39.铜把手　40、45.陶罐　41.金饰片　43～44、61、64、71.铜钱　46.带流罐　47～48.罐(残)　49.头骨　50.下颌骨　53、59、62.罐　56.瓿与碗　58.盆与双唇罐　60.白瓷砚　63.墓志　65～69.罐　70.铁锤(出于甬道顶上)

图4-27　唐李徽墓平、剖图

砌而成。墓道在甬道以南，残长 7 米，地表宽度为 1.75 米，底部北端宽 1.96 米、南端宽 1.8 米，坡度 22°。墓道两壁均涂白灰层，原来绘有图案，因脱落无法辨识。

墓室四壁错缝平砌，至 1.62 米处四壁内凸约 6 厘米，向上再砌五层，然后起券。四壁的正中都有一个砖制的仿木斗拱，上有彩绘，四拱各不相同，四壁均有壁画，可惜多已脱落。

随葬品共出土 82 件，主要为生活用具及少量装饰品，以陶瓷器为主，其次为铜、铁器，个别为银、骨、金、蚌制品，主要分布于棺床北部及墓室东侧。有墓志一合，志文楷书，共 1004 字，记载李徽生平。

李徽墓墓道、墓门、甬道、墓室四壁及墓室顶部均有壁画，系在白灰底上直接绘制而成。保存较好的为东壁，以斗拱为中心分对称的两部分，原绘四个人物，每部分二人，靠近墓门的两人为一男侍和一女侍，另两人中有一人画面已脱落，另一人为女侍，三人皆面向墓门。东壁斗拱上绘缠枝花草，色彩绚丽。北壁的壁画亦以斗拱为中心分为两部分，东部绘一男手执缰绳，立于一马旁，人马比例悬殊，主要突出马的高大慓悍。斗拱西部画面分为三部分，形似屏风。三部分画面相同，均为大笔写意的花卉图案。西壁北部的壁画与北壁的西部相同，也是分成三部分的花卉图案。斗拱的南部亦绘花卉，只是没有绘出屏风格式。南壁因大部倒塌，壁画几乎无存，仅甬道门还有一些残存的痕迹，依稀可辨为一人物穿的下半截红袍，估计原为两男侍相向而立。墓室的顶部原绘有星象图，但已脱落，仅可见到散布于墓顶各部位的数十颗红点星宿。墓顶东部还有一大红斑，形似蟾蜍。棺床东南两边各有一道红彩廓边，甬道券门上同样有红彩，只能看出花蔓枝条缠绕于券门周围。

3. 阎婉墓

阎婉墓位于李徽墓西部偏南，相距 30 米。墓向南偏西 10°。也是一座带长斜坡墓道的砖室墓，由墓道、过洞、天井、甬道、墓室组成（图 4-28）。

墓室约方形，东壁长 4.36 米、西壁长 4.32 米、北壁长 4.24 米、南壁长 4.42 米。棺床紧靠西壁，与墓室南北长度相同，宽 2.1 米、高 0.6 米，由青砖砌成。棺床中部有棺木残痕，长约 2 米、宽 0.8 米。甬道接墓室南壁，略偏东，长 2.4 米，顶以双层竖转砌成。甬道的南部是一方形天井，东西长 1.55 米、南北宽 1.58 米，底部北边距地表 7.05 米、南北距地表 6.72 米，水平距离 1.6 米，略显口小底大。过洞

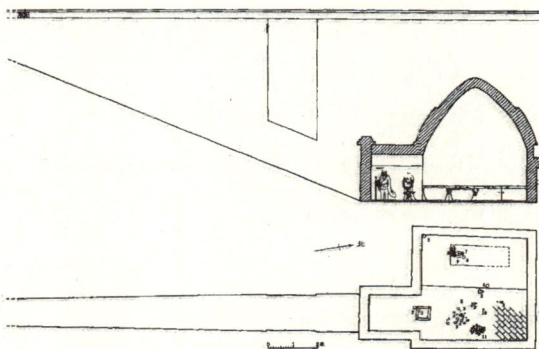

1.墓志　2.铁器盖　3.铜饰　4.陶钵　5.陶罐　6.铜罐　7.银下颌托
8.冠饰　9.铜耳勺　10.铜钱　11.冠饰　12.镏金小马罐

图 4-28　唐阎婉墓平、剖图

介于天井与墓道之间,长 2 米、宽 1.48 米、高 1.84 米,于高 0.78 米处起券。墓道因部分压在现砖瓦厂厂房下,无法知其全貌。暴露部分约长 11 米、北宽 1.48 米、南宽 1.16 米。在距地表深约二米处,测得墓道宽 1.98 米,因而得知阎婉墓的墓道亦为口窄底宽。

墓室四壁用南方隋唐墓葬习见的砌法,即"三平一竖",共七组;在第八层竖砖上先平砌一层砖,第二层砖向室内凸出 3 厘米~4 厘米,然后在此层砖上起顶。墓顶为错缝平砌的穹隆顶。从外形看,圆形墓顶似砌在一个方形底座上,底座略大,四周均外突 18 厘米,略有束腰,形似须弥座。室内铺地砖自墓室东北角向西南斜向平铺,封门砖先为"三平一竖",共四组,第四层竖砖改为平面向外,再上则是七层平砖。随葬品共 34 件,陶瓷器 2 件,其余为银、铜及铁器。墓志一合,志文楷书,共 296 字,记载墓主阎婉生平。

阎婉墓同样有大量壁画,且保存状况较李徽更差,清理时已所剩无几。但从人物的轮廓可以看出,画的技法娴熟,线条流畅,人物表情栩栩如生。甬道顶上原绘有星宿图,大部分已脱落,但仍可看到部分星宿。东壁的下半部尚隐约可见两个半身侍女。棺床侧面绘有一门形图案。此墓壁画脱落严重,一方面因墓室潮湿,另一方面则因壁画的制作问题。它是先在砖墙上抹一层黄泥,黄泥外涂白灰,再在白灰上作画,年长日久,当黄泥从砖墙上剥离时,壁画也一同大块大块地残损脱落了。

4.安陆吴王妃杨氏墓

此墓属大型砖室墓,由墓道、甬道、前室、耳室及主室组成。墓内设有排水道

（图4-29）。全长34.4米、宽6米~8米、深4.5米，略呈"中"字形，方向180°。墓壁内素面青砖平砌，黄泥灌缝，铺地砖铺成"人"字形。墓砖有三种：墙砖长30厘米×15厘米×4厘米；铺地砖长34厘米×17厘米×5厘米；东耳室门砖及券顶砖为楔形，长34厘米×（10~12）厘米×5厘米。由于早期遭到严重破坏，主室四周剩下7~13层砖，西面两个耳室顶部均有盗洞。

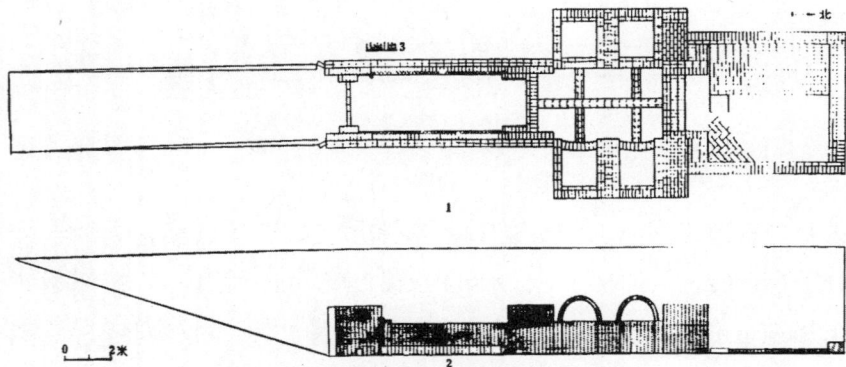

图4-29 安陆吴王妃杨氏墓平、剖图

斜坡墓道位于墓圹南端，前端达地表，后部抵墓门。长13.3米、口宽3米、底宽3.4米、深0.1米~4.5米，填满五花土。

甬道紧接墓道向北伸进，长9.15米、宽3.1米、残高1.35米~2.1米。东西两壁用长方形青砖错缝平砌，道口两侧各有一条外撇0.2的青砖墙，呈"八"字形。"八"字墙以北是0.9米处是第一道木质墓门，木门及门框已朽无存，仅剩铜铺首一对。门下横置木门槛，两端插入门框下的壁洞中。门槛下直铺青砖五块，以防下陷。甬道两壁墙下为排水道。甬道北端是第二道青砖封砌的墓门，上部砌法为"一横二直"错缝平砌，南侧下部为"二横二斜直"。从第二道门南1米起铺"人"字形砖，延至全墓圹底部甬道内填满五花土，未见券顶。两壁均有少量红色壁画痕迹。

前室从甬道北端到主室门口为前室，全长5.5米、宽3米。东西两侧各有两个耳室，前室中部铺地砖上安设通往各耳室、主室门口及甬道两侧的排水道。

耳室共四个，位于前室两侧，东西各两个。第一、二耳室（西南、西北部）顶部均有盗洞，第三耳室（东北部）券顶北角下塌，第四耳室（东南部）较完整。皆为长方形，室内长、宽均为1.44米、高2.2米，规模大致相同，只是封门砖砌法有所不同。四个耳室门侧壁上下均有高、宽各 15 厘米的方洞，可能为安装木门所用。各耳室早年被盗。

主室位于墓室北端，紧接前室。主室的门即第三道门，青砖封闭，"二横二直"平砌。门长 2.4 米、宽 0.9 米、残高 2.1 米。主室基本呈正方形，长 6.5 米、宽 6 米。东西壁均为一横二直青砖砌筑，残高 0.45~0.65 米。北壁残高 0.6 米，"二横二直"砌筑。主室西北角有棺床，长 4.9 米、宽 2.15 米、高 0.15 米，三层青砖直、横平铺砌成。棺床上有铁钉，未见棺木和人骨架。金银瓷器和墓志全部出于主室。西壁上有壁画痕迹，不见墓顶，室内多乱砖渣。

排水道起于主室门口，贯通四个耳室，至第二道门向东西方向分开进入甬道，沿两壁下侧至第一道墓门内两边洞口流出。耳室内排水道是在铺地砖上对称平放两条青砖，然后在间隔处横盖一层青砖，内空高 5 厘米、宽 8 厘米~12 厘米。甬道内的排水道较高大，紧靠墓壁直立一块砖，另一边平砌七层砖，形成水道，上盖两层横铺砖，内空高 45 厘米、宽 20 厘米。内置各类陶俑。

随葬器物有瓷器、陶俑、陶禽畜、陶模型器、金头饰、波斯银币、铜器、珠玉器、墓志等 300 余件，出土时很零乱。

据墓志记载，墓主为"大唐吴国妃杨氏"。查《旧唐书·太宗诸子传》载："吴王恪，太宗第三子也。武德三年，封蜀王，授益州大都督，以年幼不之官。十年，又徙封吴王。十二年，累授安州(今安陆)都督。"吴国妃当即吴王李恪的妃子，可能是他在安州任职时，杨氏死后埋葬于此[①]。

三、湖北地区隋唐时期的中小型墓

目前湖北地区的中型隋唐墓主要有武昌东湖岳家嘴隋墓和武昌石牌岭唐墓。小型隋唐墓已发表的主要有黄石新下陆一号唐墓、武汉测绘学院隋墓、武汉江夏流芳唐墓。下面分别介绍。

(一)湖北地区的中型隋唐墓

1. 武昌东湖岳家嘴隋墓

岳家嘴隋墓是一座中型偏大的隋墓，年代为隋炀帝大业年间。方向 22°。墓室通长 7.94 米，由券顶、甬道、前室、过道、主室和后耳室组成(图 4-30)。甬道宽

---

① 孝感地区博物馆、安陆县博物馆：《安陆王子山唐吴王妃杨氏墓》，《文物》，1985 年第 2 期。

1.12 米,进深 1.3 米;前室宽 3.64 米、进深 1.32 米;过道宽 1.12 米、进深 1.32 米;主室宽 2.44 米、进深 4 米,棺床长 3.28 米;后耳室均进深 0.74 米,宽 0.64 米。墓顶部已遭破坏,残高仅 1 米多。

墓壁嵌有画像砖:前室东西壁中间各嵌一对男女侍画像砖;过道东西两壁各嵌两对男女侍画像砖;主室东部嵌青龙、西壁嵌白虎画像砖。人物画像砖与墓砖相同,动物画像砖规格为 34 厘米×17 厘米×6 厘米。

墓室用模印花纹砖砌筑,砖的规格为 30 厘米×17 厘米×5.2 厘米。根据墓壁“三顺一丁”的砌法,花纹模印在砖的不同部位:顺砖一侧模印卷草纹,丁砖一端模印卷草或女侍及持幡羽人。甬道、前室、过道的丁砖是两块并列的卷草纹砖相间砌筑的,主室和后耳室的丁砖则为两块并列持幡羽人砖与两块并列的卷草纹砖相间砌筑。墓室券顶的楔形砖也模印花纹。

铺地砖皆为二方连续的莲花砖,从券门到棺床前基本上两块砖纵横交错铺砌,仅前室两侧和后耳室为单向铺砌,棺床已被破坏,应铺有莲花砖。

此墓早年被盗,但保存下来的遗物仍很可观,主要有陶俑和陶器、瓷器,其他有石板一块,似为墓志,但因地下水侵蚀,已无字痕。残存的大部分器物和陶俑零乱地集中于前室、过道和甬道,已非原来的位置。

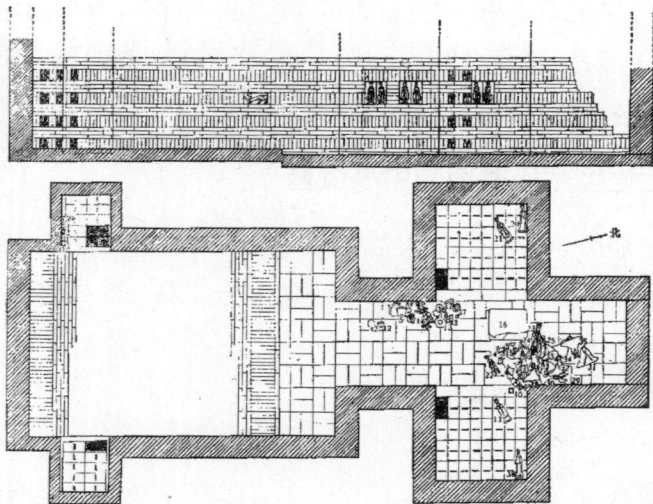

1、39.天鸡壶　2、40.四系罐　3、41.高足盘　4.鸡首罐　5.马　6.胡俑　7.件　8~9、22.男俑　10.砚　11、20~21、38.女俑　12、36、42.Ⅲ式杯　13.唾壶　14、15.残盘口壶　16.石板　17.碗　18.Ⅱ式杯　19、43.Ⅰ式杯　23.侍吏俑　24~35.十二辰俑　37.水盂

图 4-30　武昌东湖岳家嘴隋墓平、剖图

　　此墓墓室规模较大,装饰华丽,随葬有大批的陶俑,可见墓主人的官阶和地位较高。出土的青瓷鸡首罐、四系罐是同期墓葬中较少见的。墓室后端两侧设耳室的做法更为独特①。

　　2.武昌石牌岭唐墓

　　石牌岭唐墓的年代约为初唐时期,是一座中型偏大的唐墓。方向南偏西60°。平面近"凸"字形(图4-31)。前端及墓顶均已残破,残长7.2米、宽2.66米,残高1.2米左右,墓底距地表约3米。墓内遗有较多的楔形砖,推测原为券顶。墓内分甬道和主室两部分。主室长3.7米、甬道残长2.5米、甬道底比主室低0.24米。

　　主室的前端两侧有耳室,后壁下有一个小龛。左右耳室规格一致,进深58厘米、面阔62厘米。券顶高80厘米,后壁小龛进深62厘米、面阔80厘米,顶部已被破坏,残高68厘米。

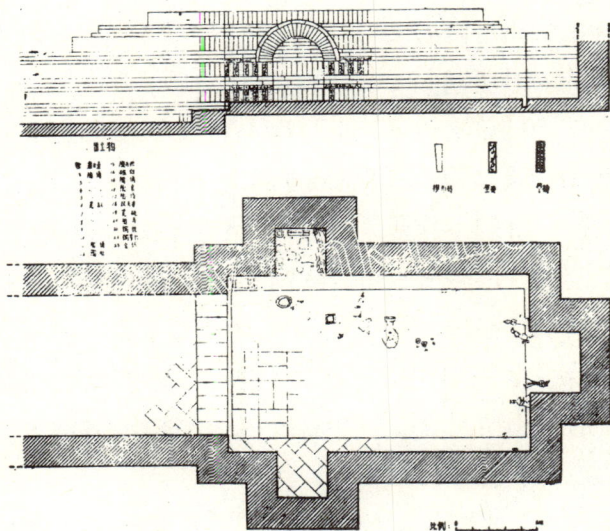

图4-31　武昌石牌岭唐墓平、剖图

　　墓砖皆长方形青灰色,规格有两种,一种为砌墙砖,37.5厘米×18.5厘米×4.8厘米;一种为铺地砖,35厘米×17厘米×5.4厘米。墓壁采用"三顺一丁"的砌法。朝室内的砖面上模印有四星纹和草叶纹。甬道、墓室的铺地砖皆是素面,铺成"席纹"。室内砌有棺床,用长方形素面砖和两横两纵交错铺成。

---

　　① 武汉市文物管理处:《武汉市东湖岳家嘴隋墓发掘简报》,《考古》,1983年第9期。

墓室已被扰乱,随葬品主要出于墓室的东北角和右耳室内,数量较多,按其质地大致可分为青瓷器、陶器和金属器三类。青瓷器共9件,釉层较薄,胎釉结合不好,有脱釉现象。陶器数量较多,有陶俑和模型明器两类。金属器有铜钱"开元通宝"、铜带扣、铜带铐、铜铊尾、金圈等。

装饰有铐具的革带最早见于战国,形成制度、有上下等级之分则在隋代,唐代革制曾有多次波动。武德四年曾规定:三品以上玉铐、五品以上金铐,六品、七品饰银铐,八品、九品饰输石铐,流外官吏及庶人饰铜铁铐。高宗时更规定了不同等级用铐的质地与数量:"文武三品以上服紫,金玉带、十三铐;四品服绯,金带、十一铐;五品服浅绯,金带,十铐;六品服深绿,七品服浅绿,银带,九铐;八品服深青,九品服浅青,皆输石带,八铐;庶人服黄,铜、铁带,七铐"[1]。此墓革带已无存,除带扣、铊尾外,还有七个带铐。墓圹的规模也较大,随葬品较为丰富,推测墓主应为下级官吏或一般富人[2]。

（二）湖北地区的小型隋唐墓

1.黄石新下陆一号唐墓

是一座小型的土坑单室砖墓,年代为唐代后期(图4-32)。墓顶距地表1.8米,无墓道。该墓为券顶结构,平面呈长方形,方向340°。墓全长3.69米,宽1.71米。整个墓室全部采用31.5厘米×15厘米×4厘米的青砖建造。墓砖一面为素面,一面局部印有绳纹,两侧有数道不规则划纹,无铭文砖。

墓顶是用单砖侧砌券顶,墓室四壁用青砖错缝平砌。距墓底40厘米高处,用砖横排侧砌一层。墓室内两壁各有六个对称的小壁龛。在墓头向一侧的壁上,有一攒尖小门,未用砖封。门高60厘米、宽40厘米,齐门内壁向外横铺三排铺地砖。墓室内淤满污泥,无铺地砖。

葬具为一棺一椁。木椁长2.37米,宽0.77米、0.75米。椁板之间用铁钉钉住。椁南端外有一块长0.77米、宽0.25米、厚0.03米的铺地板,推测为供台。木棺长2.15米,宽0.47米、0.45米。棺椁共一层底板。四壁椁板齐底板四边,用铁钉向上钉住。二壁棺板利用底板的两条凹槽楔入其内,两端棺板则利用两壁板上宽下窄的斜边楔入。木棺未用铁钉。椁、棺两壁间距12厘米,椁两头间距8

---

① 《唐会要》卷十三。

② 武汉市文物管理处:《武昌石牌岭唐墓清理简报》,《江汉考古》,1985年第2期。

厘米,其间用青膏泥封填。棺板底部,随葬器物周围,均有少量红色漆皮。

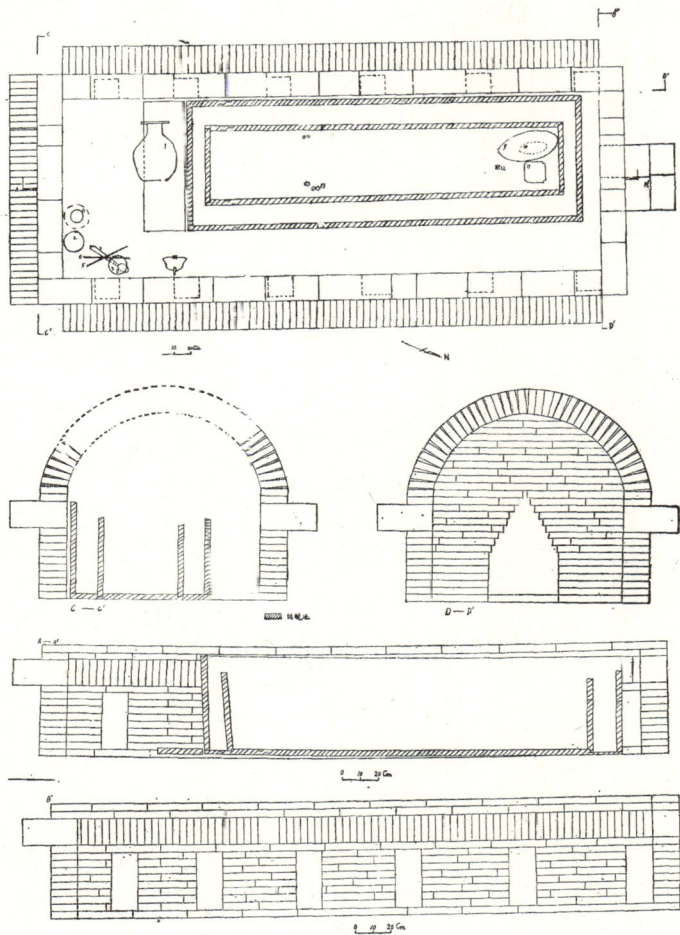

图 4-32　黄石新下陆一号唐墓平、剖图

随葬器物有铜器、陶器、瓷器等,其中日常用品如铜镜、盆、盂等物置于棺内,而一些生活用炊器则置于椁外的南端[①]。

2. 武汉测绘学院隋墓

武汉测绘学院隋墓有两座,均在武测校园之内。因此地属历代乱葬区,所以两墓的顶部或前端,被后代墓葬打破,建校时曾平整过土地,墓葬的顶部已接近现代的地表。

两座墓皆为长方形砖结构。砖的规格有两种:砌墙砖为 35 厘米×17 厘米×6

---

① 黄石市博物馆:《黄石市新下陆一号唐墓》,《江汉考古》,1984 年第 1 期。

厘米,铺地砖为 36 厘米×17.5 厘米×3.5 厘米。墓壁系用"三顺一丁"的砌法,壁厚 17 厘米,恰是一块砖的厚度。

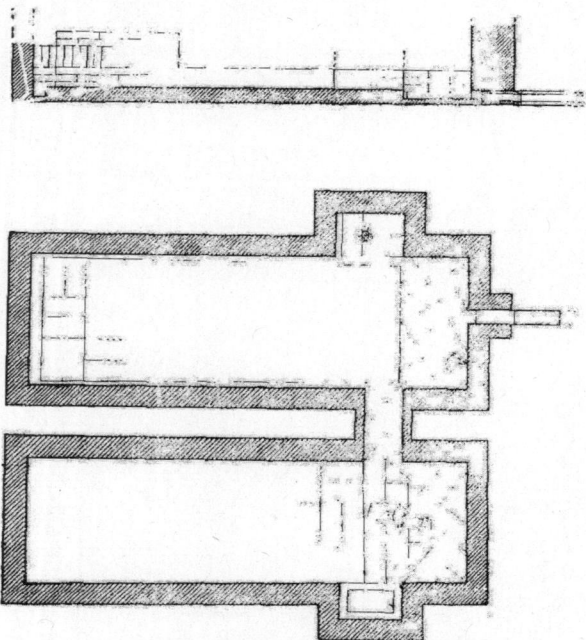

图 4-33　武汉测绘学院隋墓 M33 平、剖图

　　两座墓的形制如下:一是双室并列。有东西并列的两个长方形墓室,墓底长度均为 3.55 米、东室底宽 1.06 米、西室底宽 1.10 米。二室之间有一个长方形小孔相通,形成一个双室墓,各建有一个砖砌棺床,占据了墓室的绝大部分,东室的东壁和西室的西壁各筑有一个小龛,西室的前端有排水管道。二是单室墓。墓顶已残,底部长 3.60 米、宽 1.10 米,也有棺床、排水管道等设施。在墓室的左右壁和后壁上,凹砌有长方形灯龛,现存五个。此墓曾遭到破坏,从其位置来看,原来似应更多。

　　四壁的墓砖,朝室内的一面,模印有二方连续的卷草花纹,棺床用莲花纹的砖铺地,并用两横两竖的方法交错铺垫,形成四方连续的图案。铺地砖皆为素面,铺成席纹。此外,在已扰乱的墓砖中还发现两块造像砖,人物为一男一女,是武汉地区隋墓中常见的形象。

　　M33 双室墓为北偏西 24°(图 4-33),M34 单室墓为北偏西 10°(图 4-34)。方向大致相同。由于酸性土壤的腐蚀,葬具和人骨已无任何痕迹,只余有锈蚀严重的铁质棺钉。

墓早年已遭破坏，随葬品已被扰乱，大部分不在原来的位置。两座墓共出土器物十四件、五铢钱若干枚。从出土器物来推断，二墓的年代约为隋代晚期[1]。

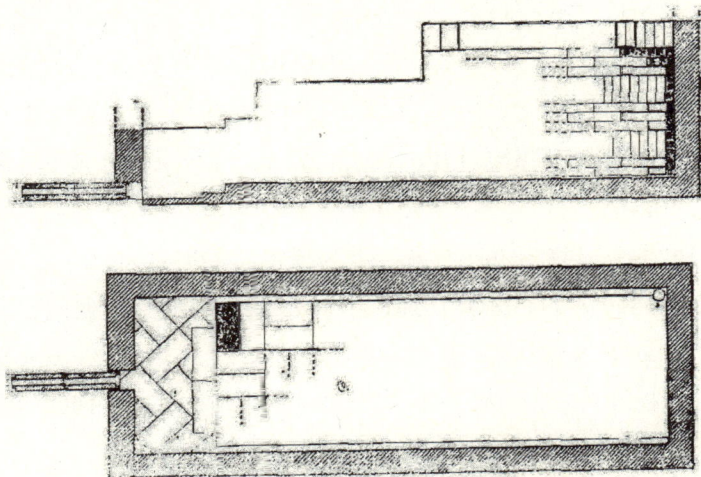

图 4-34　武汉测绘学院隋墓 M34 平、剖图

3. 武汉江夏流芳唐墓

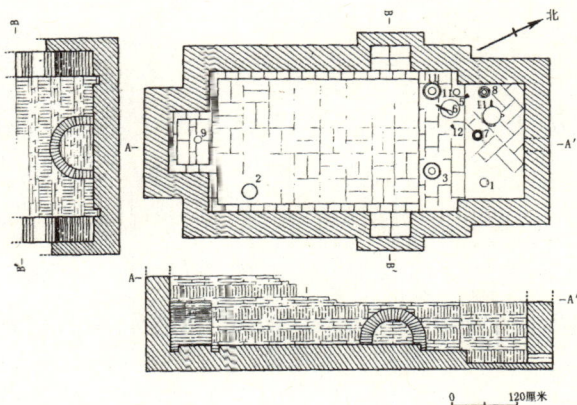

1.青瓷器　2.青铜洗　3.盘口壶　4.盘口壶　5、6.青铜盘、勺　7.双唇罐
8.双唇罐　9.青瓷碗　10.青瓷碗　11.青铜斗　12.铜钱
图 4-35　江夏流芳唐墓平、剖图

武汉江夏流芳唐墓是一座初唐时期的小型唐墓，平面略呈"亞"字形，砖砌单室结构，方向20°（图4-35）。全长4.04米、宽1.44米、残高1.14米。墓内遗有较多的楔形砖，推测墓为券顶结构。券顶部分早年被毁，仅存墓室下半部分。该墓由甬道、墓室、耳室三部分组成。墓门前有斜坡墓道。主室长3米、甬道长0.84

① 武汉市文物管理处：《武汉测绘学院隋墓发掘简报》，《江汉考古》，1984年第1期。

米、甬道底比主室低 0.22 米。

主室前端东西两侧各有一耳室，后部有一龛。东西两耳室规格一致，室长 0.32 米、室宽 0.5 米、券顶高 0.3 米。后龛室长 0.5 米、室宽 0.76 米、券顶高 0.42 米。墓壁"三平一竖"，双砖，厚 0.32 米。甬道铺地砖为"人"字形，主室采用长方形素面砖横竖交错成"席"纹平铺。棺床与墓壁底部有一周排水沟，并由甬道前端通向墓室外。甬道与墓室之间设一祭台，略低于棺床，高于甬道。随葬器物主要置于祭台和甬道中。

墓砖有两类，一类为长方形，另一类为楔形，均长 32 厘米、宽 16 厘米、厚 4 厘米，其中楔形砖较薄的一侧厚 2 厘米。皆素面，青灰色，火候较高。

随葬器物共 11 件，有青瓷器和青铜器两类。青瓷器共 7 件，主要器形有盘口壶 2 件、青瓷碗 3 件、双唇罐 2 件，青铜器 4 件，主要器形有镳斗 1 件、盘 1 件、勺 1 件、小船坞 1 件。另有 3 枚"开元通宝"铜钱①。

第三节　宋元墓

宋墓在武汉、黄陂、均县、枣阳、荆门、襄樊、麻城、英山等处都有发现，其中以武汉发掘的居多。宋墓在墓室结构上有两个主要特点，南部地区在北宋时期，主要流行长方形单室和长方形双室并列墓，墓顶以券顶为主，平顶次之。其建筑材料有的全用小砖，有的全用石板、石条，有的砖石并用。南宋、元代沿袭北宋旧制。长方形两室并列合葬墓，两室之间隔以砖墙（或石墙），开有通道。这就是所谓"同坟而异葬"。

汉水中游地区的襄樊、荆门、郧县、均县、枣阳等地，受中原墓制的影响，多出具有一定规模的仿木结构砖室墓，多为攒尖顶。仿木结构砖室墓，北宋早期，墓室平面流行圆形单室，墓室四壁用砖砌出仿木结构柱、门、窗，柱上砌出斗拱。墓室四壁除仿木结构外，还绘有壁画，主要内容为墓主人生前宴饮场面。晚期，即神宗以后，墓室平面复杂化，出现了方形墓、前后室墓，更流行多边形墓室。前后

---

① 武汉市文物考古研究所、武汉市江夏区博物馆：《武汉江夏流芳唐墓清理发掘简报》，《江汉考古》，2003 年第 4 期。

室墓;前室一般为方形,后室呈六角或八角形。仿木构建筑,早期柱子上砌一层斗拱,晚期砌出两层斗拱,同时在墓顶上也出现仿木结构装饰,而且更加复杂化。靠近长江两岸地区的个别长方形墓室,也有类似建筑。

宋墓中的随葬品,以瓷器、铜镜、铜钱为主,有的墓为石砚、银器、铜器、漆器、金银首饰、铁牛、铁豬、少量陶器、买地券和墓志。随葬的瓷器少则二三件,多则20余件,器形多为碗、盘、罐、壶、瓶、碟等,也有出瓷枕的。釉色有青釉,青白釉和黑釉几种。在北宋墓中未出陶俑,有个别小型南宋墓出成组陶俑。在武昌地区出龙虎瓶、谷仓罐。宋元墓的随葬品数量一般不太丰富,又以仿木结构墓出随葬品更少,其原因可能与当时盛行以剪纸冥器代物和墓内以雕砖壁画表现各种器具而象征性的代替实物有关。

在中原地区,墓内放置墓志,这是官僚们的权利,一般老百姓,甚至像白沙宋墓中赵大翁那样富有的地主商人也没有墓志,只有一方买地券而已。而在湖北境内则不同,不仅官僚的墓中放墓志,在无官的地主商人墓中也放墓志,甚至较小的砖室墓中也放墓志。

宋墓多有随葬买地券的习俗。买地券系由买地契约演变而来的。此种习俗,从东汉开始出现。最初多刻于长条形铅板上,从魏晋时期起多刻于砖上,也有用石板和梓木的,其内容多有迷信成分,是墓中的压胜辟邪之物。它的使用,反映了宋代土地私有制的发展和土地买卖的流行。

在五代以前,墓形的大小和随葬品的多寡大体和墓主生前封建等级的高低是一致的,等级越高,墓室越大,随葬品越多且精。但在宋元墓中并不完全如此。在湖北境内的宋墓中,墓室的大小和随葬品的多少及精致的程度,似乎主要要看墓主生前的财力。这是今后有待探讨的问题。

一、北宋墓

湖北境内已发现的北宋墓尚无大型墓,均属中型墓、中小型墓和小型墓,

(一)中型墓

北宋中型墓按其形制和尺寸而言,大小约在 6 米~4 米左右。此类墓葬主要有:襄樊磨基山崇宁二年墓[1],荆门车桥传说中的"赵王墓"[2],浠水城关元祐四年

---

[1] 襄阳市博物馆:《襄阳磨基山宋墓发掘简报》,《江汉考古》,1985 年第 3 期。
[2] 湖北省文管会:《湖北省文管会调查荆门县"赵王墓"》,《文物参考资料》,1954 年第 9 期。

侯严墓①,麻城阎河政和三年阎良佐墓②,英山县茅竹湾政和四年胡氏墓③。按形制划分,有仿木结构砖室墓和长方形两前后室并列石砌墓两类。仿木结构砖室墓又可分为单室和前后室两种。此型墓的随葬品,仿木结构墓出随葬器物不多,多为几件陶瓷器、漆器、一二面铜镜、数十枚铜钱、一二块砖刻买地券。这类墓中均未发现墓志,有的甚至没有随葬品,仅有买地券或书定题记。长方形两后室前并列石砌墓中,随葬品以瓷器、铜镜、铜钱为主,有的随葬石砚、银器、铁器、金银首饰、石墓志(或石买地券等物)。随葬品的数量比仿木结构墓要多一些,多出影青瓷器。

1.仿木结构单室墓

仿木结构雕砖壁画墓是宋墓中最有特色的一种,仿木结构单室墓一般由竖穴墓道、仿木结构门楼、甬道、墓室四部分组成。墓室平面早期作圆形,晚期多为方形、六角或八角形。墓顶多作攒尖式,也有藻井式和穹窿式。在墓室壁画装饰手法上,可以分为以雕砖为主的仿木结构雕砖墓和以壁画为主的仿木结构壁画墓两种。前者往往在墓壁上用砖砌出倚柱、铺作、门窗、桌椅和灯檠等,模仿世间居室装饰,有的砖雕以杂剧图庖厨图或花卉图案等。后者除常见砖砌倚柱、斗拱、门窗外,还在主要壁面上彩绘出"夫妇开芳宴"或孝子故事图。

1979年在襄阳磨基山清理的徽宗二年墓是一座较典型的仿木结构单室墓,由墓道、甬道、墓室三部分组成。墓南向,甬道长1.28米、宽1.24米、高1.08米。墓室平面呈八角形,靠甬道一侧宽1.58米,其余七面各宽0.9米、高3.4米、全长约4.5米。墓室八角均砌倚柱,柱头承普板枋,枋上柱头铺作均为单抄单拱四铺作,每角一朵,计斗拱比立柱向墓内凸出约6厘米。墓室八壁以平砖错砌,下置壁龛四个,至高2.9米处内收成穹窿式形顶。在墓顶中央悬挂铜镜一面,墓壁四周原似有壁画。

随葬品放置的位置,除一面铜镜悬挂墓顶,一面铜镜和一只铜簪为漆奁所装置于头部之外,其余均放在墓室的东南部,随葬器物有铜镜、铜簪、影青瓷碗、瓷盂、漆奁、漆圆盒、铜钱等十多件;还有买地券铭文砖二方,二砖大小相同,各长、宽33厘米、厚6厘米,一方阴刻楷书六行十二句,内容为:"三公贵胜,将相封侯,

---

① 浠水宋墓考古发掘队:《浠水县城关镇北宋石室墓发掘简报》,《江汉考古》,1989年第3期。
② 王善才等:《湖北省麻城北宋石室墓清理简报》,《考古》,1965年第1期。
③ 黄冈地区博物馆等:《英山县茅竹湾宋墓发掘》,《江汉考古》,1988年第1期。

麒麟守穴,章光入头,龙玉重禄,厚□千秋,应元七代,子孙富有,日月明鉴,大旺奇幽,岁月日德,急急保佑。"另一面上刻楷书十六行、三百三十六字,文字排列形式是:一行正写,一行倒写。读法按之字形尾首顺序相接。墓主卒于宋徽宗崇宁二年。

2. 仿木结构前后室墓

仿木结构前后室墓一般由墓道、门楼、甬道、前室、过道、后室六部分组成,多数前室平面呈方形,后室平面呈六角或八角形,仿木斗拱多用单抄单昂五铺作重拱计心造。墓顶前室一般作宝盖式盝顶藻井,后室一般作宝盖式截头六瓣攒尖式,并满绘彩画。墓室四壁的彩色壁画多从各方面表现墓主人的生前生活。

1954 年在荆门车桥调查的传说中的"赵王墓",是仿木结构砖雕壁画前后双室墓的代表。此墓虽被破坏,但封土犹存。封土面积直径约 26 米、高约 9 米,在我省所发现的宋墓中是最大的一座。由墓门、甬道、前室、过道、后室五部分组成。甬道、过道为券顶,前后室两道墓门由高 1.8 米、厚 0.08 米的大石块雕成。前室平面呈方形,转角处砖砌 2 米的半圆形柱 8 根。后室平面呈八角形,转角处也砌同样砖柱 8 根。墓室彩绘黄、绿、紫、黑色等壁画,可惜被人为破坏,大部模糊不清。甬道左右壁上的门神、武士画面还清晰可见。室内壁面上砌砖仿竹节式的假桌、假椅、假长条台、假窗等多被破坏。室内斗拱样式较为奇特,一斗二升互交斗拱,分柱头转角铺作和补间铺作两种。前室用补间铺作五朵,后室用补间铺作三朵,斗拱下施薄而平的平枋板。平枋板下狭而高的假额枋周围,雕有仰莲花瓣,墓顶砌成藻井,并用青灰色筒瓦砌成檐椽,边有半规瓦当,脊墙两角处建有鸱吻、垂带、抓角带和兽类等装饰。

3. 长方形两前后室并列石砌墓

墓室平面均呈长方形,中以纵隔墙将墓室分成左右两室,又以横隔墙将并列的双室又分成前后两室,后室较长。墓室四壁和隔墙多以长方形条石错缝叠砌,有少数墓在墓室壁画上置有倚柱、斗拱装饰。多数为平顶,也有券顶和仿木构八方藻井式石顶。两后室均有棺床,有的在前室设有祭台,有的在棺床四周设排水沟。后室都有石门一重,并列的两室有甬道相通。

在长方形两前后室并列石砌墓中,前后室为平顶的,有浠水关城关元祐四年侯严墓。前后室为券顶的,有麻城阎河阎良佐墓。前室墓顶作藻井式,后室为平顶,并在墓室内饰有仿木结构的,有英山毛竹湾政和四年胡氏墓。

1983 年 8 月在浠水县城关镇发掘的北宋元祐四年侯严墓,长 6.07 米、前室宽 3.2 米、后室宽 3.78 米,平顶。前室底部高于后室,前室高 1 米、后室高 1.7 米。墓壁和隔墙以长条石叠砌,墓室四壁置牛厄形石柱,以子母口衔接加固纵横两墙;左右墓壁中部又各置石柱一根,亦以子母口衔接加固墓壁。前后室之间各安石门一重,两前室之间的中隔墙有一窄狭门洞相通。两前室的前壁砌长方形石条。

随葬品有石质墓志两块,瓷碗两件,瓷罐、瓷钵、小陶器、石砚台各一件,铜镜四面,镜匣一个,银盒盖一件,铜钱 97 枚。墓志记载:墓主死于北宋元祐四年(1089 年),属北宋后期。侯严虽未做官,但他和他父亲一样,善于营治,发家很快。志称:家有"资产极钜万",是当时有名的富豪"著姓"。从墓葬的建造规模及庞大的石质建筑材料来看,远非一般平民和中小地主所能办到的,这应与死者生前的财力物力相符。像这样大的石室宋墓在鄂东乃至全省是首次发现,反映北宋后期工商业的兴起。

1964 年在麻城县阎河发现的北宋阎良佐墓,墓室平面近方形,长 4.84 米、南室宽 4 米、高 2.06 米,圆券顶。墓壁和隔墙以石条平铺迭砌,墓壁壁脚呈覆盆形,壁上的上檐呈栌斗形。前壁系用 11 块条石侧立嵌砌,衔接处凿有子母榫,榫沿有粘合料,异常牢固;后壁置有方龛。两前后室之间的墓门,有门扇各两扇,每扇系一整石,上无纹饰,各扇门扉大小相同。门的横额石上砌有双重门楣,上重呈半圆形,与墓顶相接。后室底部横铺石条,其上再用三列直条石铺成棺床。前室中部各横置一块长方形石质祭台,台上摆放部分随葬品。两室之间,紧嵌一合墓志铭,墓志将两前室隔开,互补相通。

此墓出土器物有墓志 1 合以及陶坛、白瓷坛、影青瓷缸、铜灯、铁锁、石砚各 1 件,影青碗 2 件,铜镜 3 面,金质饰片 6 件,铜币 1000 余枚。墓志记载:墓主死于大观四年,葬于政和三年(1113 年),有明确纪年。未做官,是一个拥有土地较多的地主。他的六个儿子有五个中了"进士",女婿也是"进士","士大夫亦多与游焉"。这对了解北宋的葬俗和科举制度有一定的意义。

1986 年 8 月在英山县茅竹湾清理的北宋政和四年胡氏墓,墓坑为岩坑竖穴,平面呈长方形,长 5 米、两室宽 3.4 米、前室高 2.26 米、后室高 2 米。墓壁和隔墙用方形石条叠砌,前室为仿木构八方藻井式石顶。两前室之间由一八方形石柱擎托纵向石梁,使两室左右相通。藻井石顶盖下分别各置铜镜一面,铜镜镶嵌严密,互相对称。两后室为平顶,在隔墙两头和中部置方形石柱,以加固隔墙。石柱上部有仿木构斗拱。整个后室上部饰有其他仿木构装饰。两前室墓门分别以石板封堵,后室墓门各有石门两扇,后室上部中间横置虹形石梁,以承受盖顶压力。后室底部平铺石板棺床,棺床两侧置排水沟槽。后室后壁置有头龛。

随葬品有瓷器 23 件,釉陶器 2 件,铁镳斗 2 件,铁罐 1 件,铁刀、铁锁各 2 件,银器 1 件,铜镜 4 面,铜钱 40 枚。石质买地券 1 块,刻"宋故胡氏墓记"等字样。该墓结构在我省也属少见。墓室虽早年被盗,仍留下了一批精美的青白器和残存买地券,这也为研究鄂东北宋墓的形制、青白瓷提供了资料。

以上三座石室墓,其中两座出有墓志。墓主人一为"巨商大贾",一为出于书香门第拥有很多土地的富豪。有关仿木结构墓墓主的身份,按中原地区同类墓进行推测,都应属无官的地主。

(二)中小型墓

目前已发现的主要有:郧县校场坡一号墓①,云梦罩子墩二号、三号墓②,孝感大湾吉靖康元年杜氏墓③,武汉东西湖柏泉元祐年间墓④。按其平面形制结构可分为仿木结构短甬道方形单室砖墓,长方形前后室石砌墓,长方形双室并列墓,船形双室并列墓几种。中小型墓的随葬品,以出瓷器、铜钱为主,少则几件,多则几十件;有的墓还出铁猪、铁牛、铜镜、金银首饰、买地券。都不见墓志。

1. 仿木结构短甬道方形单室砖墓

仿木结构短甬道方形单室砖墓多数有竖斜墓道、墓门、短甬道、墓室几部分。墓室平面近方形,四壁略往外弧,多在墓室后部围绕后壁砌棺台。在墓室四壁或四角砌出倚柱,柱头承普柏枋,枋上柱头处砌柱头铺作,转角处砌转角铺作,中间砌补间铺作。在室内倚柱、阑额间砌壁面上绘壁画或砌人物故事雕砖,攒尖式墓顶。

短甬道仿木结构方形单室墓,可以 1982 年在郧西校场坡熙宁年间一号墓为例。该墓墓室平面由墓道、墓门、短甬道、墓室四部分组成,南向。墓道被破坏,尚有长 1.1 米、宽 1.16 米的铺砖底面残存。墓门宽 2.6 米、高 2.8 米,为仿木构建

---

① 王假真:《湖北郧西校场坡一号宋墓》,《考古》,1989 年第 9 期。

② 张泽栋:《云梦罩子墩宋墓发掘简报》,《江汉考古》,1987 年第 1 期。

③ 孝感市文化馆:《湖北孝感大湾吉北宋墓》,《文物》,1989 年第 5 期。

④ 武汉市文物管理处:《武汉市东西湖区柏泉北宋墓发掘简报》,《江汉考古》,1983 年第 1 期。

筑,墓门两边置有加固的立柱,柱上各砌柱头铺作一朵,两柱中间砌补间铺作一朵,均为一斗三升出耍头的"把头绞项造"。甬道券顶,墓门高、宽与甬道相同。甬道宽 0.84 米、高 1.2 米、长 0.8 米。墓室呈方形,顶砖已塌,似攒尖顶。墓底长、宽各 2.6 米,墓室底部高于甬道地平。墓室东西二壁中部各砌一柱,北壁砌二柱。柱上雕砖装饰与墓门相同,均为"把头绞项造"。北壁还砌有板门直棂窗。棺床分东西两台,两棺床之间另砌高出棺床的平台。

随葬品计有陶罐 1 件,瓷器 3 件,银环 1 件,铜钱 108 枚,画像砖 1 块,铭文砖 6 块。

2. 长方形前后室石砌墓

长方形前后室石砌墓,墓壁用条石嵌砌,或作平顶,或作金字塔式顶,后室有石门一重。有的墓壁与墓顶结合处的条石上浮雕影作木结构。

属长方形前后室以石料砌成的墓,墓室作平顶的有云梦罩子墩二号墓,墓室作金字塔式顶的有云梦罩子墩三号墓。1983 年,在云梦罩子墩发掘的罩子墩二号墓,墓室全长 3.52 米、宽 1.66 米、高 1.7 米,前后室有石门相通,石门上置门楣,门前安封门石两块,平顶。

随葬品出瓷碗、瓷碗各 2 件,器座 1 件,铜钱 56 枚,均置于前室。

同时发掘的罩子墩三号墓,墓室全长 3.9 米、宽 1.62 米、高 1.94 米,拱砌金字塔式墓顶,前后室由石门间隔,石门上有门楣,门楣下置拱形门框。在墓壁与墓顶结合处的条石上浮雕影作木结构。

随葬品出银碗 2 件,银豆 1 件,银盘 3 件,银盏 1 件,银水盂 1 件,银匕 1 件,银筷 1 双,铜币 68 枚。

两墓埋葬的时间都在北宋后期,墓室规模虽然相去不远,但墓室结构和随葬品的类别上存在着明显差异,反映了墓主人社会地位和经济实力的不同。罩子墩三号墓出土的银器,对研究当时当地社会经济应具有一定的价值。

3. 长方形双室并列墓

长方形双室并列墓,有砖结构,也有砖石结构;有平顶,也有券顶。两室之间开通道,砖棺床为垫枕木所代替。

1976 年 3 月在孝感大湾吉清理的靖康元年杜氏墓,属长方形双室并列墓。两室大小相同,各长 3.3 米、宽 0.88 米、高 0.94 米。四壁用砖错缝迭砌,至高 0.8

米处迭砌红条石一周,以红条石横向并列盖成平顶。双室之间开有通道,通道直壁券顶。墓底平铺一层青砖,两棺底部均垫枕木。

随葬品有瓷碗 2 件,瓷碟 2 件,铁豬、铁牛各 2 件,石质买地券 1 方,铜钱 15 枚。买地券记载:北室所葬者杜氏卒于宋徽宗宣和二年(1120 年),葬于宋钦宗靖康元年(1126 年),有明碓纪年。此墓出铁豬、铁牛,反映了道教的影响。买地券正文冠以"合同"二字,颇为少见。

4. 船形双室并列墓

船形双室并列墓,两室均作船形,两室中部相连,各有墓门,互不相通,墓壁砌法横竖相间,狭长覆斗形墓顶。

船形双室墓的代表以武汉东西湖柏泉发现的元祐年间墓较为典型,该墓 1982 年发掘。两墓室平面均呈船形,结构相同,大小相近,各有墓门,以砖封堵,中部连接处隔墙宽 0.2 米、通宽 3 米,东室长 3.1 米、中宽 1.46 米、前端宽 1.1 米、后墙宽 0.7 米、高 1.4 米。墓壁砌法横竖相间,高至 0.7 米处壁砖平行内收迭涩砌成狭长覆斗形墓顶。

随葬品有陶壶 1 件,陶罐、瓷壶各 4 件,瓷碗 13 件,铜镜 1 面,铁剪 1 把,钱币 136 枚。最晚的铜钱是北宋"元祐通宝"。所出影青瓷的胎釉,造型和烧造方法与武昌湖泗窑的同类器物相似,这为武昌湖泗瓷窑址的断代提供了新的资料。

(三)小型墓

此型有代表性的墓葬主要有:安陆毛家山崇宁四年时知默墓[1],武汉十里铺北宋墓[2],江陵将台北宋墓[3]。此型墓室平面均呈长方形,墓建筑材料有的用砖石,有的以"三合土"夯筑,多数属土坑竖穴。砖室墓一般为单室,墓顶作拱形,也有平顶的,还有个别砖墓双室并列。

随葬品仍以瓷器、铜镜、铜钱为主,有的墓出铁牛、漆器,个别墓出铜器和墓志。

1. 岩坑砖室平顶墓

1982 年,在安陆毛家山清理的岩坑砖室平顶墓,墓室长 2.6 米、宽 0.84 米、深 0.88 米,方向 280°。四壁用青砖错缝平砌,平顶以石条铺盖,东西墓壁下各有壁龛,分别放一铁牛。

---

① 安陆县文化馆:《安陆毛家山一号宋墓清理简报》,《江汉考古》,1983 年第 1 期。
② 湖北省文化局文物工作队:《武汉市十里铺北宋墓出漆器等文物》,《文物》,1966 年第 5 期。
③ 王善才:《湖北江陵宋墓清理》,《考古》,1965 年第 1 期。

随葬品有铁牛 2 件,铜镜 1 面,铜钱 7 枚,石墓志 1 块。墓主人时知默,属一般地主,葬于崇宁四年。

2."三合土"结构墓

1965 年,在武汉十里铺发现的"三合土"结构墓,整个墓室系用石灰、草末、瓷片、桐油拌和夯筑而成,圆券形顶,长 2.5 米、宽 0.91 米~0.99 米、高 1.15 米。

随葬品全置入棺内,有漆器 19 件,瓷器 19 件,铜镜 2 面,金簪、金钗、金帽饰各 1 件、铜币 71 枚。漆器全为木胎,胎较薄,有的极薄,制作精致。漆皮脱落处可见木胎上的细密旋纹,胎外包涂漆灰后髹漆,多为食器,有碗、盘、盏托、钵、果盒等。此外,还有唾盂、粉盒、盆、木梳、木尺之类。瓷器多为影青瓷、也有龙泉瓷和其他瓷窑的产品,器物类型有碗、壶、炉、坛、罐、粉盒等。

该墓漆器文中有"襄州"字样,说明这批漆器都是湖北襄阳的产品。襄州盛产漆器,制作之精,文献早有著述:《国史补》有"襄州人善为漆器,天下取法,谓之襄样"语。又《宋史·地理志》亦有"襄阳府岁贡漆器"语,这都反映襄阳出产漆器不仅有悠久的历史,而且唐宋以来列作"贡品"。有关襄州漆器的文献论述以前虽然很多,但一直未见过实物。这次出土的襄州漆器就其工艺水平看,确实是很高的。墓中出土的木尺,嵌有金属刻度,作十等分,全长 31 厘米,和现市尺约为 1 与 0.93 之比,相差约 2.3 厘米,这对有关宋代度量衡的研究提供了新的资料。此墓既非砖室,又非土坑,只是棺外有一仅作保护棺木用的石灰质等混合料墓室。这种墓室结构是不多见的,大量随葬器物都放在棺内,亦极为少见。

3.迁葬砖室墓

1965 年,在江陵将台发现的一座北宋早期迁葬砖室墓,整体平面呈长方形,中间以隔墙分成左右并列两室,券顶,两室大小略同,互不相通。西室长 1.4 米、宽 0.86 米、高 1.2 米。东西北三壁置有小龛,四壁皆用平砖纵砌。棺床则以侧砖砌成,高 0.1 米。南壁以砖封门。西室出瓷盅 2 件、陶罐 1 件,东室出铜瓶 2 件、铜镜 1 面、瓷盅 1 件。

二、南宋墓

南宋墓亦均为中小型墓,墓葬形制有长方形单室墓、长方形双室并列墓、刀形墓、单室船形墓几种。

这一时期所发掘的南宋墓,也大体可分为:中型、中小型、小型三类。

(一)中型墓

此型墓只在武昌傅家坡发现一座[1]，为长方形单室砖石结构，长 4.6 米、宽 1.84 米、残高 1.3 米。东西南三面墓壁内砌有小龛，北壁的墓门用墓志封堵，西壁龛内放谷仓罐，东壁内置一瓶，南壁龛内置一碗。墓底无砖。

残存的随葬品有谷仓罐、长颈瓶、澄滤器各 1 件，瓷碗 2 件，钵 2 件，陶罐 3 件，墓志 1 块，铜币 2 枚。从墓志上看，墓主人曾担任过都统制的职官，是南宋末年重大抗金、抗元战斗的参加者。在此墓发现前，湖北襄阳市郊存有南宋庆元五年(1199 年)清明时节祭祀南宋抗金阵亡将士的石刻[2]。湖北黄州曾发现宋武略大夫李椿墓碑[3]，碑文中叙述了李椿在嘉定年间(1209 年~1224 年)至嘉熙元年在荆襄地区抗击金兵的经历。此次发现的南宋墓志记述了端平元年(1234 年)至淳祐二年(1242 年)在这一地区人民抗金抗元的史实。三处石刻碑文所述在时间上大体基本衔接，是南宋荆襄地区(今湖北)人民进行英勇的抗金抗元斗争的历史见证，对于湖北地区南宋地方史的研究是难得的珍贵资料。

(二)中小型墓

已发现的主要有武昌青山区凤凰山西麓宝祐四年任忠训墓[4]，武昌卓刀泉一号嘉定六年墓[5]，还有在孝感西郊发现理宗时期的墓[6]。按其形制特征可分为长方形双室并列墓、刀形墓、单室船形墓三种。

1. 长方形双室并列墓

长方形双室并列墓，形制结构与北宋同形墓基本相似，以武昌青山区凤凰山西麓宝祐四年任忠训墓较为典型。

1983 年，在武昌青山区凤凰山发现的宝祐四年任忠训墓，为砖石结构，平顶。墓室平面呈长方形，长 3.44 米、宽 3.74 米。两室以中隔墙分开，隔墙砌有门窗，使两室相通。窗仿直棂窗，位于隔墙西部。门洞为长方形，开在隔墙东部。门洞上有石门楣。两个墓室两端各开一个小龛，四龛内各置釉陶碗 1 个，应为灯龛。墓壁以青砖顺铺叠砌，墙壁上部叠涩起檐，以承平顶石板。墓底无铺地砖。每室墓

---

① 湖北省博物馆：《武昌傅家坡宋墓发掘简报》，《江汉考古》，1988 年第 3 期。

② 襄樊市文物管理处：《湖北襄樊市郊发现南宋摩崖石刻》，《文物》，1987 年第 3 期。

③ 王善才：《宋武略大夫李椿墓碑》，《文物》，1987 年第 3 期。

④ 武汉市文物处：《武汉市青山宋墓清理简报》，《江汉考古》，1986 年第 4 期。

⑤ 湖北省文物管理委员会：《武昌卓刀泉两座南宋墓的清理》，《考古》，1964 年第 5 期。

⑥ 孝感文化馆：《孝感市郊宋墓清理》，《江汉考古》，1985 年第 4 期。

底仅以大砖铺垫两道,以充棺枕。棺下垫有厚3厘米的石碴层;再下为木炭层,厚2厘米;更下层是石灰层,厚2厘米。

随葬品有陶质龙虎瓶2件,陶碗4个,瓷碗4个,瓷罐1个,铜镜1面,铁铺首4件,买地券1方,铜钱36枚。

墓中出土的龙虎瓶,又称日月瓶、魂瓶或皈依瓶。有人认为这类器物的出土地域大致是东至浙江的江山,西至湖南的醴陵,北至湖北黄石,南达江西吉安、南城和福建的邵武,而以南昌附近各县出土较多。根据此次发现,应将此范围延伸到武汉地区。在龙虎瓶的质地上,江西地区的龙虎瓶多为影青瓷,而武汉青山宋墓所出的龙虎瓶为绿釉陶瓶,造型也各具特征,大约反映了产地的不同。墓中出土的黄绿釉印花陶碗,内部遗有五个卵形疤痕,其胎质、釉色、造型与烧造工艺等,均同于武汉附近的梁子湖、斧头湖等古窑产品,从而对了解这些古窑的烧造及销售情况提供了佐证。

此墓买地券记载,墓主任忠训为"总管",称其夫人蒋氏为"孺人"。任忠训卒于南宋宝祐四年,蒋氏也卒于同年。在宋代,"总管"多为"兵马总管"的省称,执掌府、州兵马,官阶不低于六品,但到南宋后多为闲官。"孺人"按宋制乃授予通直郎(从六品)以上官员之母或妻子的封号。此墓出土文物虽不多,但买地券提供了明确纪年和社会身份。这对探讨武汉地区南宋墓的断代及武汉地区地方史有一定的意义。

2. 刀形墓

该墓为1963年6月在武昌卓刀泉清理的卓刀泉徐家山1号砖墓。墓室由主室和耳室两部分组成。主室呈长方形,在主室西侧上部附一与主室平行的长方形耳室。主室内长3米、宽1.36米~1.42米,耳室长1.4米、宽0.59米,有门相通。墓壁以砖错缝相砌,北壁中部嵌立墓志一块,葬具有棺有椁。

随葬品有铜盘、铜镜、乌釉陶罐、青瓷瓶、玉镯、石砚、漆钵、铁剪刀各1件,银碗2件,影青瓷碗2件,漆盘2件,墓志1块,铜钱36枚。墓志记载:墓主人,江夏人,八岁以荫补官,"今所受将领,乃堂除之恩"。卒于南宋嘉定五年,葬于嘉定六年(1213年)。此墓的出土,对于了解宋代"以荫补官"制度是很好的材料。

3. 单室船形墓

1984年3月在孝感西北郊发现一座理宗时期的单室船形墓,全长3米,中部最宽处宽 1.68 米、高 1.5 米,券顶。

随葬品有铜镜 1 面,纱织品残片 4 块,铜钱 50 枚。所出铜钱,最晚的年代为"皇宋通宝"。纱织品残片呈黑色,花纹为米格形,这在我省宋墓中是少有的发现。

(三)小型墓

此墓正式发表的只有两座:长方形土坑竖穴墓和长方形砖室墓。

1.长方形土坑竖穴墓

1983 年 4 月在罗田县汪家桥发现的长方形土坑竖穴墓[①],墓口长 3 米、宽 2.5 米、底长 2.8 米、底宽 2.3 米、深 1.7 米。

随葬品置于墓坑,在东、西、南三面,东侧置文吏俑、十二生肖俑、跪俑;西侧置四耳罐、塔式罐、青白瓷莲瓣口碗、青白瓷浅口碟、黑釉瓷茶盏、黄釉瓷碗等生活用具和家禽俑及人头鳖身俑、双头蚕身人面俑、人头鱼身俑;南部放朱雀、玄武、青龙、白虎四神和湖州镜等 40 余件。墓中出土的十二生肖、四神和人头鳖身、人面鱼身、双头人面蚕身俑及塔式罐等,是一套道教盛行而出现的器物组合。此墓出土的十二生肖俑的造型为直立的文俑手捧生肖像,这和隋唐时期人身兽首十二生肖像相比,大有变化,与同时在江西、福建所出的在立鸟瓶上堆塑的十二生肖也不一样,很具有地方特色。南宋是道家各派纷起和继续发展时期,这套器物的出土反映了当时宗教的习俗。

2.长方形砖室墓

1963 年在武昌卓刀泉徐家山清理的徐家山 2 号砖墓[②],属绍熙年间墓。墓室平面呈长方形,长 2.6 米、宽 1.13 米~1.16 米。南北壁有砖砌的假门,墓底中间有 26 厘米见方的"腰坑"。

随葬品有铜镜、石砚、陶坛各 1 件,陶罐 4 件,漆盘、漆盒各 1 件,铜钱 252 枚。

三、元墓

元代墓葬在全省境内目前见到报道的只有 2 座,一座为 1984 年在黄陂周家田发现的"韩门肖氏淑贞二小娘墓"[③]。2006 年 9 月为配合武英高速公路建

---

① 罗田县文管所:《罗田县汪家桥宋墓发掘记》,《江汉考古》,1985 年第 2 期。
② 湖北省文物管理委员会:《武昌卓刀泉两座南宋墓葬的清理》,《考古》,1964 年第 5 期。
③ 武汉市博物馆:《黄陂县周家田元墓》,《文物》,1989 年第 5 期。

设,在罗田县风山镇蔡家湾村东部山冈又发现一座元代砖室墓①。

韩门肖氏淑贞二小娘墓属中型墓葬,是一座三室并列的长方形砖石墓。墓室长3.5米,三室通宽4.2米、高1.5米。室内以两道隔墙将墓分为三个单室,整体平面呈横"目"字形。东西两室各内宽1.17米,中室宽1.2米。用长方形石板并列横置封顶,墓壁和墓墙以平砖错缝顺砌。三室后壁均置壁龛,壁龛上部迭涩成小平顶,中室壁龛以砖封堵。东西两龛前各立青石板一块,东室石板长1.16米、宽0.64米,中部刻有竖刻楷书阴文"韩门肖氏淑贞二小娘之墓"一行,神位下刻仰莲须弥座,上为覆莲,边饰宝相花。西室石板素面无纹饰。

随葬品计有瓷碗4件,双龙莲花金罐2件,鸳鸯荷叶金簪、莲花金簪、金栉背、银条脱、漆盒各1件,金鬓饰2件,铜镜2面,铜钱23枚。

此墓三室并建,东室神位上有"韩门肖氏淑贞二小娘之墓"铭文,可知东室墓主为韩姓之妾。西室未见文字,但有金钗等女性用品,推测为韩姓之妻。中室未见随葬品及木棺痕迹,大概并未葬人。可以设想此墓原为韩姓所修,以备夫、妻、妾三人合葬,但后来韩姓本人因故并未入葬。墓内所出土的双龙金钗、鸳鸯金簪和金鬓饰等,是元代民俗工艺的佳作。通过对此墓的清理,为我们了解武汉地区元墓的形制提供了墓例。

蔡家湾元代砖室墓位于罗田县风山镇蔡家湾村东部山冈底的中部,坐东朝西。墓后山体巍峨,连绵起伏,墓前地势平坦,视野开阔。

该墓平面形状近方形,制作精致。墓门朝西,头向95°。为尖顶竖穴砖室墓。顶部破坏严重,仅中室保存有"人"字形的券顶结构,北室和南室仅保留横铺在墙体上的承顶砖。墙体保存完好。发掘前,顶部及部分墙体暴露在地表以上。墓圹长3.10米~3.20米、宽3.00米~3.20米,墓室底至墓顶高130厘米。墓室东壁、墓门及三个墓室之间的两面隔墙顶部,均用青灰色的方砖错缝平铺砌筑。砖均为素面,火候较高,整砖长33厘米、宽16厘米、厚5厘米。北壁和南壁用石灰、糯米汁拌沙灌注筑成坚硬的整体墓墙。所有墙体内外壁均用石灰抹平,灰厚3厘米左右。墙体上用砖向内叠涩架成"人"字形尖顶,整砖长30厘米、宽18厘米、厚10厘米。墓室地面用石灰砌成平面,厚3厘米~5厘米。整个墓室可分为北、中、南三室,各墓室结构基本一致,均为长方形竖穴,均在东壁头端设有壁龛,

---

① 湖北省文物考古所等:《罗田蔡家湾元代砖室墓发掘简报》,《江汉考古》,2007年第3期。

唯随葬品差别较大。

北室长 247 厘米、宽 76 厘米~83 厘米、深 74 厘米~78 厘米。北壁墙壁厚 18 厘米~20 厘米、高 82 厘米,西段断裂向外略倾斜,墙面平整光滑;东壁建有壁龛,上面一个为长方形,位于东壁正中间,较小;下为长方形三个,长 40 厘米、宽 18 厘米~20 厘米、深 16 厘米,系由地面双砖错缝平铺二层作底基,再用长 33 厘米、宽 5 厘米方砖竖砌,上承托经加工后呈斗拱形砖块;南壁为隔断墙,系用长 33 厘米、宽 16 厘米、厚 5 厘米单砖错缝平铺砌建,石灰抹面,墙体厚 18 厘米、高 72 厘米~82 厘米,较平整,中部受外力挤压有断痕,与东壁承接;西壁用单砖错缝平铺砌成封门砖,残高 24 厘米,整体受地面沉降影响略向外倾斜。室内填土为灰褐色粘土,较疏松,含较多沙砾。墓底平铺 2 厘米~3 厘米厚石灰,有棺灰痕迹及木炭渣,东南角有人头盖骨碎块及牙齿。墓室地面发现魂瓶 1 件、罐 1 件、碗 2 件、陶碟 1 件、残铁剪刀 1 件,下层中部壁龛内有一陶罐,另外在墓室上部填土内发现一件残陶罐。

中室长 260 厘米、宽 78 厘米~82 厘米、深 74 厘米~78 厘米。北壁为与北室之间隔断墙,墙上横铺一层整砖,整砖上垫半截碎砖块,其上置两砖向中部叠涩架成"人"字形尖顶;东壁的壁龛形制与北室壁龛结构、尺寸基本相同,只是上层方形壁龛略经加工成"凸"形;南壁为与南室之间的隔断墙,厚 16 厘米、高 70 厘米,系单砖错缝平铺砌成,石灰抹面;西壁用方砖单砖错缝平铺砌成封门砖,残高 42 厘米,整体略向外倾斜。墓底铺 3 厘米~5 厘米石灰面,未见棺灰及人骨架痕迹。随葬品极少,仅在墓室地面东南角发现陶罐、青瓷碗各 1 件。中室东墙发现一块刻有兔子的画像砖,线条圆润,兔子一耳略残,刻画非常形象生动,卧姿神态安详。

南室长 242 厘米、宽 78 厘米~81 厘米、深 74 厘米~78 厘米。北壁为与中室之间的隔断墙;东壁的壁龛与北室完全相同,其中下层两壁龛之间的竖砌方砖上刻有"至正九年乙丑六月其年风㴜雨"字样的铭文;南壁系用石灰、糯米汁搅拌而成的墓墙,墙体厚 16 厘米~18 厘米、残高 80 厘米,西段受外力破坏断裂并向外倾斜;西壁用方砖单砖错缝平铺砌成墓门,残高 30 厘米。墓室地面东北有少许头盖骨碎片,未见棺灰痕迹。随葬品共发现 7 件,墓室地面有残铁剪刀 1 件,紧靠东壁处发现陶罐 1 件、青瓷豆 1 件,壁龛内发现有陶罐 2 件、青瓷碗 2 件。

　　该墓随葬品有铁剪刀、陶瓶、陶罐、青瓷碗、青瓷豆等遗物,共 17 件。

　　这是湖北首次发现有明确纪年的带壁龛元代砖室墓,分北、中、南三室,"人"字形尖顶结构较为罕见。从墓葬的结构、随葬物品看,该墓应为一处典型的夫妻合葬墓。

第五章 明 墓

湖北已发现的明墓数量并不多,但王陵较多,影响较大。本章主要介绍湖北的明代王陵与藩王墓;此外,还有一些历史名人的墓。

第一节 湖北的明代帝陵与藩王墓

一、钟祥明显陵

明代的帝陵有安徽凤阳县朱元璋祖父的祖陵、父母的皇陵,南京朱元璋的孝陵和北京的十三陵、景泰陵。此外,湖北钟祥县还有一座明代王陵,即明世宗嘉靖皇帝为其亲生父母兴献王朱祐杬和王妃蒋氏所建的合葬墓——显陵[①]。

显陵位于钟祥市郢中镇北十五华里的松林山,右眺三尖山,章山表其南、花山峙其北,是陵墓的理想之地。

陵园有两重城:外罗城呈狭长椭圆形,方向 30°,宽 300 米~463.9 米、通深 656.2 米、高 6.45 米、厚 1.95 米、周长 3438 米。墙顶以金黄色琉璃瓦作盖,墙身作朱色,顺着山势蜿蜒。城内建筑除城南大门略偏中轴线以东外,

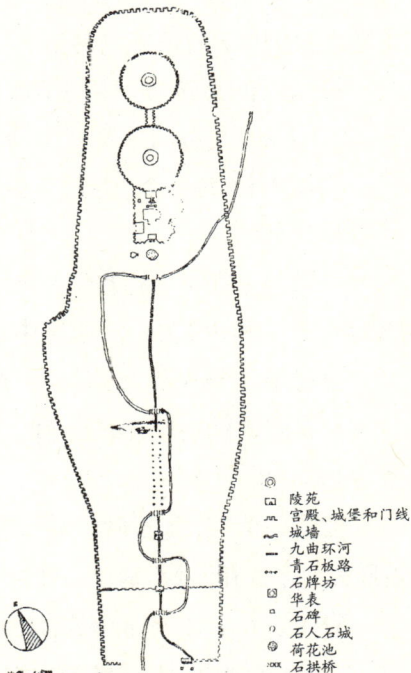

⊚ 陵苑
▣ 宫殿、城堡和门线
‖ 城墙
〜 九曲环河
〓 青石板路
ǁ 石牌坊
▯ 华表
▯ 石碑
▯ 石人石城
▨ 荷花池
▨▨ 石拱桥

图 5-1 明显陵平、剖图

---

① 钟祥县博物馆:《钟祥明显陵调查记》,《江汉考古》,1984 年第 4 期。

其他建筑都建在中轴线上。

城外有一块由汉白玉立的下马碑,由严嵩楷书"官员人等在此下马"八个大字。碑高 2.9 米、宽 0.76 米、厚 0.3 米。自下马碑起,由南而北,依次排列着外墙南大门,第一道三拱石桥,旧红门,第二道三拱石桥,四门碑亭,第三道三拱石桥。在第三道三拱石桥之后,从华表到棂星门的神道上依次排列着华表一对,狮子一对,捷豹一对,骆驼一对,卧象一对,麒麟二对,卧马一对,立马一对,梁冠文臣一对,簪缨武臣一对。过棂星门经第四、五道三拱石桥、明塘至棂恩门,过棂恩门进入内城。内城从棂恩门、棂恩殿、陵寝门、石牌坊、五供台、明楼、前宝城、瑶台,最后到后宝城。

旧红门和新红门大小相同,各由三门组成,中门高 3.8 米,两边各门高 3.2 米、宽 2.6 米、通深 7.9 米、通宽 18.8 米。顶为单檐歇山式,上铺琉璃瓦,整个门全为砖石结构。檐下四周有仿木结构的金黄色和翠绿色琉璃砖柱,上饰花卉图案。门的下部为汉白玉须弥座。其间饰有椀花及莲花瓣的半浮雕图案。

四门碑亭内立御制睿功圣德碑,四门上方雕有汉白玉四龙戏珠和水、石为半浮雕图案,碑亭的顶部已毁。

棂星门的建筑有六柱三门,方形石柱上坐着六只对立独角兽。中间门宽 3.1 米、高 3.2 米,左右门各宽 2.55 米、高 3.1 米。

明塘周长 46.3 米,塘边有碑亭二座,左为瑞文碑,右为纯德山祭告文碑,两碑大小相同。

棂恩门为三间,面阔 15.9 米、进深三间 11.2 米,门外东西两侧有琉璃嵌镶而成的双龙壁和琼花壁,门前正中有云龙丹阶,左右阶梯九级。

棂恩殿是祭祀陵寝的场所,原建筑已毁,房基尚存。面阔五间 31.1 米、进深 17 米,殿四周围有 2 米的走廊,殿四阶四级。殿前云龙丹阶长 3.45 米、宽 1.45 米,两旁阶梯 11 级。

陵寝门为三间。石碑坊现仅存石柱二根,柱上对立獬豸一对,虎视眈眈守卫着陵墓。在"五供台"两侧有碑亭二座,左为御制文碑,右为御赐谥册志文碑。

明楼高 6.8 米、进深面阔各 9.2 米。据文献记载,楼中置圣号碑,额篆书"大明"二个大字,中楷书"恭睿献皇帝之陵"七个大字,两边有四方形兴献王圹志文碑。

宝城由前后两座组成。前宝城高 5 米、厚 2.9 米,呈扁圆形,南北深 125 米、东西宽 112.1 米,城内有封土堆。这应是兴献王陵的前室。后宝城呈圆形,城高

5.5米、厚3米、直径约103米。城内有大封土堆,应是兴献王陵的后室。两城以瑶台连接。在瑶台之下应有前后室相通的甬道。

从祾恩门到明楼以一小型方围墙将祾恩殿与明楼围在一起,而这一围墙又与最后两个圆形宝城连在一起,这就构成了整个小城,即内城(或紫禁城)。内城前有九曲河,河从城东北引山泉流入,经内城前至新红门作五道弯,然后于西南部流入莫愁湖,故大城内共有五道桥。外城前面有两道墙,改有新、旧两道红门。从外城大门外下马碑到内城前祾恩门,是用青石板铺的长达1300米的通道。

显陵的建筑和各种石刻,显示了明代的风格,代表了当时的工艺水平。

钟祥明代显陵的陵园制度和北京明代十三陵相比大体上一致,只是在石像生、陵园建筑精致的程度上比十三陵稍有逊色。显陵陵园内众多的石拱桥和明塘之制,在十三陵所未见,应是显陵所独有的,显示了明代中晚期南方陵园的特色。

显陵是由王墓改建的。明武宗死后无子,由其堂兄弟朱厚熜继位,即明世宗嘉靖皇帝。嘉靖继位后自立体系,与大臣发生激烈冲突,追赠生父兴献王朱祐杬为皇帝,此即明史上著名的"大议礼"事件。朱祐杬被嘉靖尊为皇帝后,原有的王墓被改建为帝陵。显陵于明末清初遭破坏。1993年国家进行修复,2000年被列入世界文化遗产名录。

二、钟祥梁庄王墓

梁庄王墓位于钟祥市长滩镇大洪村二组,钟祥市东南部的瑜灵山。墓主为明仁宗朱高炽的第九子朱瞻垍,是梁庄王与其继妃魏氏的合葬墓[①]。该墓坐北朝南,封土堆高近10米,底径50米。墓室分甬道、前室、后室三个部分,长约17米、宽约10米。经专家考证,墓室系平行掘进式修建,即"打洞为穴",而不像其他王墓是"挖坑筑穴"。由于该墓特殊的建造方式和牢固的砖砌券顶,使得它有效地抵挡了窃贼的多次盗炸,得以让墓内文物毫发无损。墓中出有大量珍贵的金银珠宝,数量之多,仅次于明代皇陵——定陵,是继定陵之后的又一重要考古发现。由于梁庄王的继妃魏氏要"生前相伴,死后相随",使这座墓成为目前仅见

---

① 梁柱:《钟祥明代梁庄王墓的发掘》,《江汉考古》,2002年第1期;湖北省文物考古研究所:《梁庄王墓》,文物出版社2007年版;白芳:《郑和时代的瑰宝—梁庄王墓文物展》,《收藏家》,2005年第10期;王纪潮:《郑和下西洋的正面意义有多大?—从梁庄王墓出土文物说起》,《博览群书》,2005年第7期。

的由单葬改为合葬的一例。该墓屡遭不法分子盗掘未遂。为了保护文物,防止再次被盗,文物部门于 2001 年 4 至 5 月对该墓进行发掘。

　　梁庄王墓原筑有长方形的内、外茔园,南北向,现存北半部基址。园内地面建筑已荡然无存。现存外园东西宽 250 米,内园东西宽 55 米。内、外茔垣基址的解剖证明,外垣宽 1.3 米,是石皮土心墙(即以大小不等的自然石块垒成内外两堵墙,再用土充填其间),并培土作护坡;内垣宽 1 米,是砖皮石心墙(以砖砌内外两堵墙,其间充填小石块),也培土作护坡。地宫(墓葬)设在内茔园里。园内地面建筑已荡然无存,南北向,是崖洞砖室墓,有封土堆。墓葬平面呈"中"字形,其南端设一条斜坡墓道。墓道竖穴式,其底南高北低斜坡状,长 10.6 米、口最宽 4.3 米、底最深 7 米。修筑墓室是从墓道北端的垂直壁面向北凿岩掘进,形成隧洞,再在洞内用砖砌成墓室,粘合料是石灰。墓室分为前室和后室,横前室,双穹窿顶,前、后室各设一道双扇门和一条甬道。墓室内空全长 15.4 米、最宽 7.88 米、高 5.3 米。墓道填土分五层:第一层是从墓外精选运来的土,未夯;第二和四层为石灰层,第三和五层则系原坑红褚岩,均经夯实。凿洞为室所掘出的土石,最后回填成封土堆,高约 9 米、底径约 50 米。门洞为六层砖券,封门墙厚达 1 米。券洞顶之上,砌一堵挡土墙,直达第二层石灰层底。此墙头外加砌一堵高 1.17 米的碑墙,碑墙脚压在第四层石灰层面上。此碑墙嵌石质墓志两合,东西并列:东边的墓志较大,是《梁庄王墓》墓志;西边的墓志较小,是《大明梁庄王妃圹志文》。墓室墙体厚近 1 米,以六层砖砌成,地砖则只平铺一层。前室门为石质,但只有东扇门,西扇门已佚。门后的前室地砖面有一个长方形凹坑,是用来支垫"自来石"的。后室门为漆木质,已朽。后室设有壁龛、棺床和灯台:室中砌两座长方形棺床,中央用石条砌成的一座是王的棺床;其西侧以砖接砌的略小的一座,则系妃的棺床。甬道两侧各有一个砖砌灯台,东、西、北壁各辟一个壁龛。后室的穹窿顶有一处被盗墓分子炸陷而未垮塌的盗洞,说明盗墓分子未曾进入墓内。

　　墓室内满铺一层厚 2 厘米~7 厘米的石灰层,葬具和随葬品都是置于石灰层面上的。因积水,其上还沉积有 3 厘米~10 厘米厚的淤泥层。由于墓葬底低于地下水位,墓室内积水深达 3 米,发掘时需要不停地排水。随葬品中的硬质器物,如金、银、玉、珠宝等均保存完好,而软质器物,如丝麻织物和人骨架全都腐朽;漆木棺椁、门屏、箱盒等也都或垮或朽,原置其内的器物因而散落,位置凌乱。

由于墓内积水,致使一件原置后室灯台上的大陶缸(灯)竟漂至前室石门外的甬道中。随葬器物的位置虽然凌乱,但不少器物不易漂移,如铅锡冥器和铜、铁器主要出自前室,金、银、玉、珠宝器(原置棺椁和箱盒内)则主要出自后室。清理时,用托板将散乱的小件器物铲托取出。

据墓内出土的《梁庄王墓》墓志记载,梁庄王名朱瞻垍,明仁宗第九子,生于永乐九年(1411年)六月十七日,十四岁(1424年)被册封为梁王,十九岁(1429年)就藩湖广安陆州,正统六年(1441年)正月十二日"以疾薨",享年三十岁,于同年八月二十六日"葬封内瑜坪山之原"。《大明梁庄王妃圹志文》载,王妃魏氏于宣德八年(1433年)被册封为梁王妃,时年21岁。正统六年梁庄王薨,她"欲随王逝,承奉司奏,蒙圣恩怜悯,遂降敕旨存留,抚养王二幼女,仍主王宫之事,"景泰二年(1451年)三月十七日"以疾薨,得年三十有八,无子。以薨之年九月初七日葬封内瑜灵山之原,同王之圹"。由此可见,王与妃的薨期差距十年;王志的"瑜坪山"与妃志的"瑜灵山"是指同一位置。

明代亲王墓是高等级墓葬,通常建有排水系统,而该墓没有排水系统,相反却将墓室建在可以见到地下水之处,应当与当时的某种迷信有关,有"不达黄泉不罢休"之意。

随葬品极为丰富,有金、银、玉、瓷、铜、铁、铅锡、漆木、陶、石骨角器及宝石等共计5300余件,其中金、银、玉器有1400余件,珠饰宝石多达3400余件,均保存完好,尤以金、银、玉和金银首饰、冠带和佩饰最为亮丽。其中金镶宝帽顶与金玉腰带的出土数量高居全国之首,金制容器、金佛教法器、银鎏金封册、金花丝镶宝石带、金钑花钏与金镶宝石镯等珍品,在明代亲王墓中均系首次发现。

明梁庄王墓出土的金银器光亮如新、造型精美、种类繁多。有容器、用具、首饰冠带、佛教法器、冥钱冥币等,涵盖生活的方方面面,仅用金量就高达16公斤、用银量13余公斤,真可谓是一座堆金砌银的地下宝库。银鎏金封册由两块等大的长方形鎏金银板扣合而成,每板长23厘米、宽9.1厘米、厚0.4厘米,重1839.8克,板内铸有册文88字:"维宣德八年岁次癸丑七月壬子朔,越三日甲寅,皇帝制曰:'朕惟太祖高皇帝之制,封建诸王必选贤女为之配。朕弟梁王,年已长成,尔魏氏乃南城兵马指挥魏亨之女,今特授以金册立为梁王妃,尔尚谨遵妇道,内助家邦,敬哉。'"是王妃魏氏于1433年被册封为王妃的任命文书,为我国首次发现

的亲王妃封册实物。一件金锭长 13 厘米、宽 9.8 厘米、厚 1 厘米,重 1937 克,有
铭文"永乐十七年四月　日西洋等处习到八成色金壹锭伍拾两重"。这是目前唯
一的一件考古发现有铭文记载的与郑和下西洋有关的文物。金钑花钏 2 件,用
宽 0.7 厘米,厚 0.1 厘米的金带条缠绕十二圈而成,各长 12.5 厘米,分别重 295.5
克和 292.5 克,为女性使用饰物,葬在明代亲王墓中,尚属首例。金镶宝石镯有
两个半圆形金片合成,一端作"活页式"连接,可自由启合。两镯分别存嵌宝石 6
颗(红 3 蓝 2 绿色东陵石 1)和 7 颗(红 4 蓝 2 祖母绿 1)。金钑花钏属臂饰,金
镶宝石镯属腕饰,二者配套使用。

　　梁庄王墓的玉石器数量繁多、制造精美、玲珑剔透、熠熠生辉,用玉量 14 公
斤。各种镶嵌的宝石有 700 多颗。其中红宝石、蓝宝石、祖母绿、金绿宝石等四
大名贵宝石,产地都不在国内,可能来自东南亚,是当时郑和下西洋带回来的珠
宝。这个地下宝库里可谓珠光宝气、金玉满堂。出土的 6 件金镶宝帽顶,顶端嵌
一颗浅黄色透明宝石,冠面作八瓣花形,嵌七颗红、蓝、绿各色的宝石,亮丽多彩,
至为宝贵。玉钩描金龙纹佩一副两挂,一挂复原通长 80 厘米,由玉钩 1、玉饰
10、玉珠 412 颗,共 423 件玉饰件组成;一挂复原通长 79.5 厘米,由玉钩 1、玉饰
8、玉珠 412 颗,共 421 件玉饰件组成,缺失玉琚 1、璜 1 件。按明代玉佩又称为
"玉叮珰"、"玉禁步",挂于革带两侧。一般由 10 件玉饰、5 串共 392~412 颗玉珠
组成。梁庄王墓所出合于《明史・舆服志二》"皇帝冕服",而超出"皇太子亲王"
玉佩制度,应是朝廷赏赐之物。金花丝镶宝石带由 24 件带铐和两件金带扣及一
件金插销组成,共重 646.4 克,每件带铐铐面都是透空的掐丝板,是采用花丝工
艺制作而成。带铐正面上金焊 3~5 个抱爪托,托内以爪镶法镶嵌宝石,全带共
镶嵌红、蓝各类宝石 84 颗之多。按明代革带是身份性饰物,帝、后礼服、一品官
员朝服的带为玉制,梁庄王墓共出土 13 条腰带,其中玉带 7 条、金镶带 4 条。白
玉吐鹘带,长 12 厘米,由 15 件带饰组成。正面浮雕的天鹅引颈展翅作飞翔状,
鹘飞趴鹅头欲啄之。玉饰造型逼真,极具动感。以鹘捕鹅为题材的玉器被称为
"春水玉"。这条吐鹘带是迄今为止唯一一条完整的吐鹘玉带。

　　明代官窑青花瓷由朝廷专派太监在景德镇御器厂监督烧造,它以永乐、宣德
为代表,瓷质白而细,色浓而艳,是中国青花瓷器中的极品。永宣青花瓷因郑和
带回含有高铁低锰的"苏泥勃青"料,烧造后呈蓝宝石的色泽和褐色结晶青花斑

点,美丽异常。梁庄王墓瓷器虽无款识,从墓葬年代和风格来看,当是永、宣时期作品。

据中国地质大学专家鉴定,该墓出土文物用金量高达16公斤,用银量13公斤,其数量之多,工艺之精,令人称奇。随葬如此大量的金银珠宝,在已发现的亲王墓中未见,是全国已发掘的明代亲王墓中出土文物最多的、也最精美的一次空前大发现。其中的一件来自"西洋"的金锭,是郑和下西洋的见证,故梁庄王墓出土文物被誉为郑和时代的瑰宝。

三、钟祥郢靖王墓

郢靖王墓位于钟祥市九里回族乡三岔河村四组皇城湾,是明太祖朱元璋的二十三子郢靖王朱栋和王妃郭氏的合葬墓。朱栋生于洪武二十一年(1388年),二十四年(1391年)册封为郢王,永乐六年(1408年)就藩安陆(今湖北钟祥市),卒于永乐十二年(1414年),享年二十七岁,谥号"靖",永乐十三年(1415年)葬于城东二十里清平村宝鹤山。有女四人,无子除封。王妃郭氏在郢靖王病逝后一个多月悲痛自尽,郭氏为明开国功臣郭英之女。

郢靖王陵墓依制而建,规模宏大,明代时还曾二度修缮。据《兴都志·卷之七》载:"郢靖王墓,在兴都城南二十里清平村宝鹤山,妃郭氏合葬。享殿七间、东西厢十间、神厨五间、宰牲房三间、鼓楼一座、碑亭一座、棂星门三间、券门三间、红墙周回一百二十七丈、内宫住宅一所。正德十一年(1516年)殿宇圮坏,睿宗献皇帝(兴献王,嘉靖之父)命官修理。嘉靖三年(1524年)上命赐修葺,寝阁帷帐焕然一新"。"清平村宝鹤山",即今湖北省钟祥市九里回族乡三岔河村四组的皇城湾。陵墓茔园东、西、北三面环山,南面地势开阔,极富茔园"风水"形势。明末经改朝换代,清代又无人絷扫,陵园日渐衰落。1937年再遭侵华日军破坏,地面建筑损毁殆尽。上世纪50~70年代时,因大规模的农田水利基本建设,对陵园的历史面貌和地层也造成了极大的紊乱,现茔园地面建筑已荡然无存,但高大的墓葬基本保持完好。近年来,郢靖王墓连遭多次炸盗未遂,地宫受损严重,文物部门遂于2005年进行抢救性发掘。

经勘探发现,郢靖王墓东、西、北三面环山,茂林森森,呈"青龙、白虎、玄武"环抱之势;南面地势开阔,溪水环绕,整个陵园风水极佳。陵园方位呈南北向,地势北高南低,渐次延伸,总面积约36000平方米。陵园建筑布局为中轴对称式,

荆楚古墓揭秘

主要建筑有墓冢、享殿、东西厢房、内官住宅、券门、碑亭、陵西水塘、陵户住地,以及东北和西北部分茔城及围墙,与文献记载基本吻合。墓葬封土堆呈椭圆形,其上杂树丛生,高8米、东西长40米、南北宽20米、周长120米。

该墓葬保存基本完好,规模之大,在明代初期藩王墓中不多见。岩坑"亞"形砖石结构墓,墓室上有高大的封土,墓室前有宽长的墓道,墓道为斜坡阶梯状,南高北低,开口呈倒"八"字形,墓室面南背北。此墓因是郢靖王与王妃的合葬墓,故有独特的葬制、葬俗,在墓门前发现了墓志铭及硕大的堵门石。墓志铭一合,铭外用上下两道扁铁箍住,铭盖为"郢靖王墓"四个篆字,四周有平雕纹饰,上为"龙凤"并列纹,左右下为"龙"纹。铭盖上首出现龙凤并列纹饰,应与墓中郢靖王同王妃合葬的特殊状况有关,墓志所载内容与史料记载相同。

墓门外用三块巨大的青石板密封墓门,巨石重达数吨,上部有铸铁件固定,四周缝隙用石灰掺和糯米浆灌注。这种封堵形制也是迄今为止的首次发现。堵门石后为拱形门,门用砖封堵,封门砖用石灰掺和糯米浆砌筑,墓门为两扇厚实的朱红色石门。墓室分为前室、中室、东耳室、西耳室、后室。

前室为长方形,长6.32米、宽2.84米、高3.85米,券顶。前室东侧随葬有成组的木俑,多已腐朽,仅能辨识痕迹;西侧随葬成组的小铜饰件。

中室亦为长方形,长5.6米、宽2.94米、高3.85米,券顶。从残留物及痕迹看,主要放置木箱,物品已腐烂。中室东、西两边各有一耳室,皆为长方形,长4.32米、宽3.28米、高3.65米,券顶。两耳室各放三具红漆木棺,已腐朽,可辨痕迹和残留牙齿判断,应为六个未成年人。这种人殉现象在湖北明代藩王墓中较为罕见,却是明代早期帝王陵墓的惯例。在每一具棺木的头前发现有放置瓷瓶的痕迹,与发现的六件瓷瓶相吻合,随葬品有金、银、陶、瓷、铜、玉等质地器物。

后室较为宽大,长6米、宽5.6米、高4.44米,券顶。后室中部有棺床,长3.52米、宽3.2米、高0.35米。棺床上东、西各放置木棺一具,两棺中间部置有木箱。棺木已腐朽,但从随葬品的放置可以分别出郢王棺木位于东边,王妃棺木位于西边,王妃棺木位置处随葬有较多的金器,两棺脚端棺床下方,分别放有青花龙纹梅瓶和青花四爱图纹梅瓶。或许是"恤典加厚"的缘故,王妃的随葬品明显多于郢靖王。后室东、西墙上有壁龛,龛内有玉、锡、鎏金锡、铜、铁、漆木等随葬品。

郢靖王墓保存较完好,未被盗掘。随葬品也较为丰富,有金、银、玉、铜、铁、铅锡、瓷、陶、漆木等器物 200 余件。特别是床前的两个梅瓶尤为珍贵,历史价值、艺术价值、文物价值极高[①]。

四、武昌楚昭王墓

楚昭王墓位于武昌东南 15 公里的龙泉山风景区,东临梁子湖,过去可通长江,水陆交通方便,风景十分优美,曾有"龙泉胜地"之称。其陵园即现在位于天马峰下的"楚昭园"。这里不仅建有明楚昭王陵寝,其后的子孙庄、宪、康、靖、端、愍、恭诸王及王妃皆葬于此。这里也是湖北地区一组较完整的明代王陵区。

依山建筑的"楚昭园"占地 160 余亩,围墙高 5 米,四方总长 1500 米。全以光面大青砖砌成。园内建筑,由南而北在中轴线上依次排列着三开式辕门、神道、金水桥、祾恩门、祾恩殿、拜台、墓冢,左右还有便道、侧门、配殿。中轴线的左侧建有昭王碑亭一座,四方总长 36 米、碑亭与龟碑通高 7 米。亭中龟碑,龟身长 4.6 米、高 2.25 米,是楚昭王之孙楚宪王朱倪于正统十二年(1447 年)撰文建立的。龟碑雕刻精致完好,碑文仰头可读。神道两侧的石刻仪仗现已无存。

1990 年夏至 1991 年初,文物部门对楚昭王墓进行了考古勘探和发掘。墓室为土圹砖室结构,墓门南端有一条斜坡墓道,东南角有一条排水沟,墓顶部封土厚约 2 米,封土层坚硬,墓顶上部及四周均填充木炭,木炭下为"三合土"层,然后用砖纵砌成筒拱券墓顶。墓门为三孔式,正门居中较大,两侧门略小,三孔门均系双扇枢式汉白玉石门,每扇均有 80 个乳钉。墓室为长方形单室,有后龛和东、西壁龛。墓室内空长 11.8 米、宽 3.78 米、高 3.45 米。左右壁龛及后龛均较小。墓室底部铺地砖两层。墓内由南而北依次放置汉白玉圹志、供桌、棺床。有五方石质"灵牌",分置三龛门槛、棺床与供桌、圹志与墓门之间。供桌上放置"五供"、"一室"、"一册",棺床上安置一棺一椁,已朽。人骨架亦已朽。三龛外放置明器化随葬品。全墓共随葬金腰带、铜镜和铝锡炉、盘、壶、杯、瓷坛、瓷碗等 100 余件。[②]

楚昭王朱桢的墓室和同时期蜀王世子朱悦爈、宁王朱权墓相比,它的规格是比较低的,大致相当于前朝郡王一级的墓。墓室之所以规格不高,这除了政治上的原因之外,财力不够应是主要原因。

① 院文清等:《湖北省钟祥市明代郢靖王墓发掘收获重大》,《江汉考古》,2007 年第 3 期。
② 付守平:《明代楚昭王朱桢墓发掘简讯》,《江汉考古》,1992 年第 1 期。

五、江陵八岭山辽简王墓

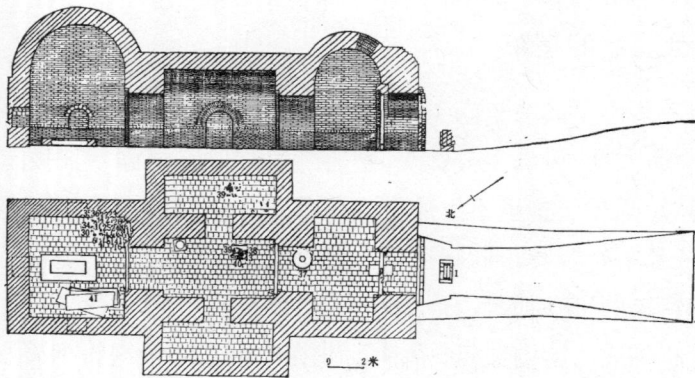

1.墓志 2.铁锁 3.铜锁 4.银币 5.锡翁 6.锡勺 7~9.锡盘 10.锡高足杯 11.锡筷 12.锡鼎 13.锡碾 14~15.C型锡壶 16.B型锡壶 17.锡钵 18.A型锡壶 19.I式锡钵 20.锡盖托 21.锡盘 22~23.锡盖 24.铁楔 25.铜提梁炉 26.铜瓢 27.铜盘 28.铜器盖 29.铜锅 30.漆盖盘 31.漆龟 32.漆碗 33.漆盘 34.锡鼎盖 35.金钉 36.铜锁 37.陶缸 38.漆壶形器 39.木桶 40.车马 41.棺板 42.锡杯 43.木桶

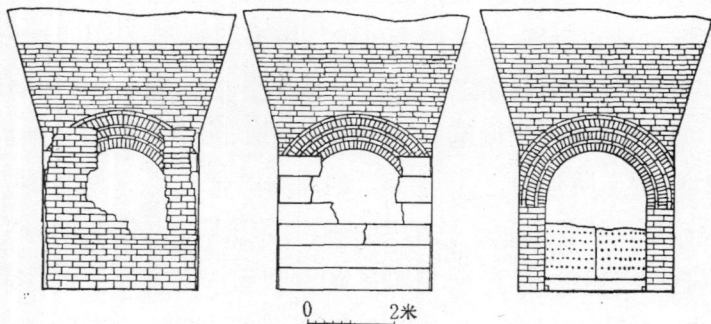

1.封门砖墙 2.封门石墙 3.甬道及前室石门
图 5-2 辽简王墓平、剖图与正视图

　　辽简王墓位于荆州市西的八岭山南麓,距荆州古城约 20 公里。墓地地势北高南低,东西两侧为冈地,自北向南呈斜坡状,南面为一片地势较低的开阔地,墓的东、北、西三面仍保存着约 50 厘米~60 厘米高的土围墙,占地面积约 80 亩。该墓曾多次被盗。1987 年,荆州博物馆和江陵县文物局对该墓进行了发掘。

　　辽简王墓封土呈圆形,高约 4.5 米、底径 60 米,墓道在墓冢的南面,上口两端宽,中间窄,北端宽 5.47 米、南端宽 5.6 米、中间宽 4.8 米,两壁呈倒"八"字形。墓道为斜坡状,坡度 18°,两端宽,中部窄,平面呈喇叭形。近墓门处一段长约 2.12 米,底部宽敞平直,墓志埋在此段的南端,北距墓门 1.28 米。该墓方向 211°。

　　墓室为砖结构,由甬道、前室、中室、后室及耳室组成,纵长 21.8 米,横宽 10.6

米,整个墓室地面自北向南倾斜(图 5-2)。

封门墙为两层结构,局部已被盗毁,外层砖砌,内层石墙。砖与砖之间用石灰糯米浆砌缝,为错缝横向平砌。砖墙厚 0.2 米、宽 3.68 米、高 3.6 米;砖长 40 厘米、宽 20 厘米、厚 12 厘米。石墙由六块条石垒砌而成,石墙宽 3.64 米、高 3.16 米、厚 0.14 米。每块条石长 3.64 米、宽 0.44 米~0.76 米、厚 0.14 米,石缝之间用石灰糯米浆灌砌。

前室甬道平面呈长方形,长 2.48 米、宽 1.88 米、高 3.28 米。两侧壁平砌,距墓底 2 米处开始向上起券,券顶三平三竖,厚 0.90 米;券顶以上平砌二十一层砖,厚 1.80 米~2.80 米。

前室平面呈长方形,东西长 5.88 米、南北进深 3.48 米、券顶高 5.76 米。前室与甬道相连处有一道石门槛,石门槛两端立方形石柱,石柱及石门上端横置石管扇。门槛内侧安双扇石门,上半部被毁坏,只存五行门钉,每行九颗。石门轴为铜轴,门槛两端外侧各有一凹洞,室周壁高 3.76 米、南北向起券,拱券高 2 米。四壁砖均平砌。

中室甬道略呈方形,长 2.48 米、宽 2.08 米、高 3.12 米,壁高 1.69 米,横向起券,拱高 1.43 米。墙壁砖为平砌。

中室呈长方形,南北长 6.28 米、东西宽 3.28 米、高 4.48 米。中室与中室甬道之间有一木质门槛,宽 0.18 米、高 0.24 米、长 3 米。木门已腐。四面墙壁均为平砌,券拱高 1.26 米。中室的东北角有一个外方内圆的缸台,缸台内圆直径为 0.56 米。

左右耳室在中室的东西两侧,有两个对称的耳室,形状大小一样,平面呈长方形,长 6.28 米、宽 2.28 米、高 4.43 米。从 3 米处向上起券,券拱高 1.34 米。两耳室与中室之间有甬道连接,甬道平面近方形,券顶高 2.07 米,南北向纵券,砌法为"二平二竖"。

后室甬道略呈方形,宽 2.48 米、进深 2 米、高 3.02 米。从 1.68 米处开始起券,拱高 1.34 米。

后室呈长方形,深 5.28 米、宽 5.84 米、高 6.88 米。后室与甬道设有门槛,内侧安有木门,已残腐。拱券南北向纵砌,高 2.82 米。后室东西两壁正中设有对称的两个壁龛,北壁亦有一个较大的壁龛,墓室内壁距地表高 1 米~1.08 米以下的墙面用金砖垒砌,以上为青砖,墓底亦用 0.34 厘米的金砖铺成。墓室四壁下置土衬石。墓室地面后高前低。

在后室中部设有石棺床,床下为须弥座,中空,内置黄土,为金井,棺床上置有双重棺,棺木已散,外棺置内棺,内棺直接置于棺床上。

该墓曾多次被盗,残存随葬品约120余件,其中50多件保存良好。多为明器。

墓主辽简王朱植,为明太祖朱元璋第十五子(墓志称十四子)。洪武时代,辽王植颇受重用,始封于卫,后改封辽,镇守边陲,"屡树军功"。朱棣掌权后,"以植初贰于己,嫌之。"永乐初,改封于荆州①。

六、荆州明湘献王墓

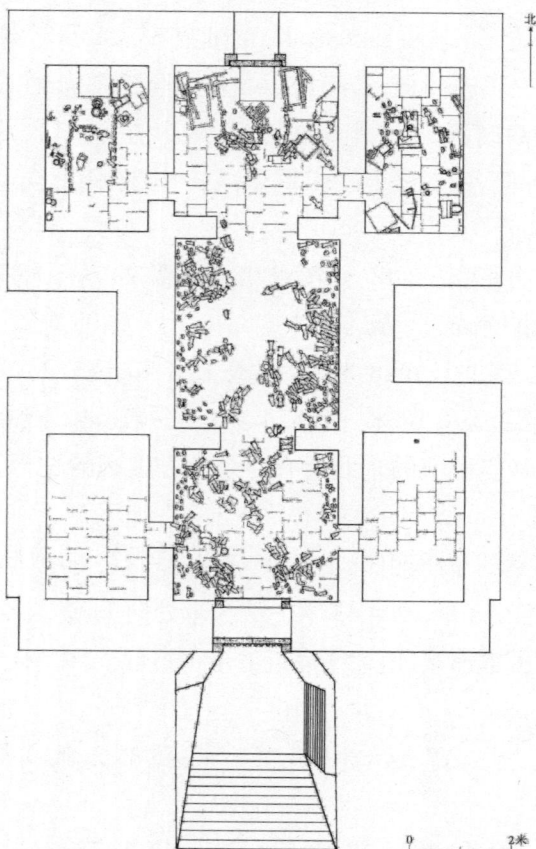

图 5-3　湘献王墓平面图

---

① 荆州地区博物馆、江陵县文物局:《江陵八岭山明代辽简王墓发掘简报》,《考古》,1995 年第 8 期。

　　湘献王墓是 1956 年湖北省人民政府公布的省级文物保护单位。1997 年 12 月，该墓遭到盗墓分子的破坏。由于墓室内积水和淤泥较深，随葬器物未被盗走，但墓葬的保存环境受到严重破坏，墓室券顶随时有垮塌的危险。为了及时抢救文物，经国家文物局批准，1998 年 2~5 月，荆州博物馆对该墓进行了发掘。

　　湘献王墓位于湖北省荆州市荆州古城西门外 1.5 公里的太晖观西侧。东约 200 米是蹊峨山古遗址，西南是一片低洼地，并有观桥河环绕。北边的地势也较低，有小观塘、大观塘及龙堤环绕。据史料记载：太晖观是湘献王在藩时，于洪武二十六年（1393 年）在宋元草殿的基础上修建的国庙。该观坐北朝南，四周建有环壕和围墙，东西长 300 米、南北宽 180 米，占地面积 5.4 万平方米。围墙内有南北向 4 条轴线的建筑，东边 3 条轴线上是太晖观的庙宇建筑。"国西郊有观，曰太晖，为国立也……设有殿阁、天门、帏城，左右庑，遍数琳宫，独此雄甲荆楚"（《江陵县志》卷五二《艺文·碑记》）。现大部分建筑已毁，主轴线仅存大观桥、小观桥、太晖观山门、四圣殿、朝圣门、祖师殿、帏城等，东轴线上有文昌宫、药王殿、娘娘殿等，西轴线上的建筑均被毁。再向西即第 4 条轴线，为湘献王王陵的地面建筑湘献王祠、石像生等，地面建筑大部分已被毁。

　　湘献王墓是一座长方形竖穴土坑带墓道的砖、石多室墓，南北向，方向 180°。由土坑、墓道、挡土墙、"八"字形影壁、墓室大厅、门厅、二门、前室、中室、后室、前左右耳室、后左右耳室、后门和地面砖以下的排水系统组成，是一座仿地上宫殿建筑结构的墓葬（图 5-3）。

　　墓道向南，不规则，长约 4 米、前宽 1.85 米、后宽 3 米，有一级台阶，东侧有一道长 1.95 米且与"八"字形影壁相连的挡土墙，高与影壁平齐。

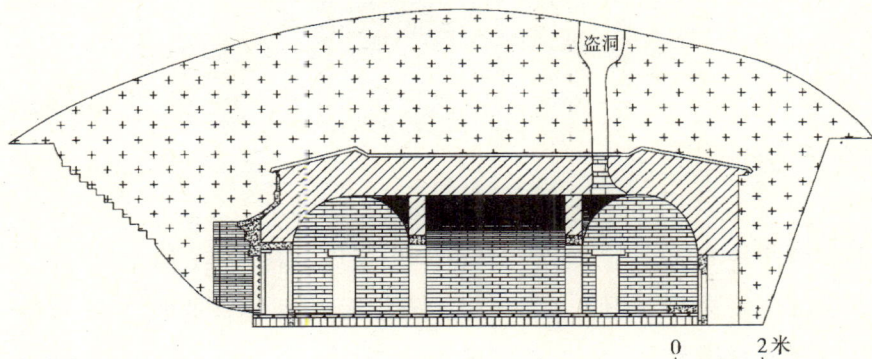

图 5-4　湘献王墓正视图

门厅为石结构,室外面阔7.1米,庑殿式屋顶,大门两侧有砖砌的"八"字形影壁,室内平顶,内宽1.5米、进深0.68米、高1.6米(图5-4)。

前室为砖石结构,与前左右耳室一道构成一座面阔三间的硬山式建筑。正脊用6种绿色玻璃装饰,室外两侧用砖砌筑0.28米宽的披室披檐,室内宽3.14米、深2.86米、高2.98米。券顶三券三伏,厚1米。

中室与前室和后室相连,室内宽3.1米、深3.15米、高3米,券顶三券三伏,厚1米,东西两墙做墙肩,高1.4米。中室前后设有通向前室和后室的门框,门框的两上端内角出4层翼形砖,呈牙子状,门框上部用条石作横梁。

后室与前室的结构相同,宽3.1米、深2.86米、高3米,券顶三券三伏,厚1米。后室的北墙设有后门,后门与北墙内壁平齐,安装双扇素面石板门,宽0.9米、高1.3米。门的下边有0.15米被埋在地面砖下,后门实际不起开关作用。

耳室共4个,即前左耳室、前右耳室、后左耳室、后右耳室。4个耳室的形制、大小相同,长3米、宽1.9米、高3米。

地面与排水系统,墓室内的地面均用36厘米×36厘米×8厘米的方砖磨砖错缝铺墁,以前、中、后三室的中心为轴线分别向两侧铺墁。中轴线上平铺一列,后向两边的外侧微作斜铺,形成中间高、两边低的反水做法。在整个墓室地面砖下用砖砌成网格状排水道,横竖呈"十"字形相通,水道高0.23米(图5-5)。

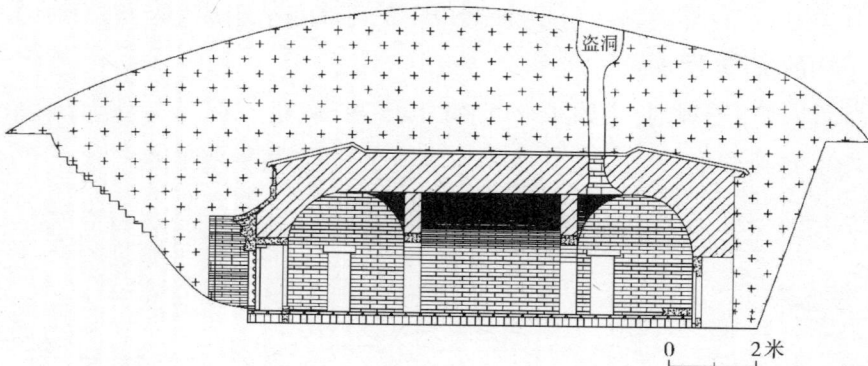

图5-5 湘献王墓纵剖图

随葬器物绝大部分置于前室、中室、后室及后左右耳室。前左耳室仅在靠后墙的正中部位放置1件木俑,前右耳室内则空无一物。随葬的器物,漆木器有俑、车、马、家具。铜器有盒、奁、托盘、炭炉、炭盆、灯、剪、勺、床、提梁炉,形体较小,制作精致,多数为素面鎏金,鎏金多已脱落。锡器有罐、盂、香炉、钵、瓢形器、簋形器、酒注、扁壶、杯、碟、勺、瓶、烛台,多出于后室和后西耳室,皆为打制,器物的口、颈、足、耳等部位分别打制,然后焊接起来,制作较粗糙,多数是先髹红漆后贴金箔,或不髹漆而直接鎏金。金箔大多已脱落。兵器与仪仗用具,质料有木质、铁质、锡质、铜质。器类有刀、枪、戟等仪仗用兵器;有铭旌、钱串等仪仗用具;有甲、胄等木俑所着服饰;有锣、钹、鼓等仪仗用乐器;有辂顶珠、龙凤辕饰等木车部件。从出土位置看,乐器、木车部件多置于前室,而仪仗用兵器、甲、胄等则多置于中室。这些仪仗用具原应为木俑身上所佩或手中所执,但由于木俑大多朽坏而散落各处。冠带佩饰有凤冠、玉革带、玉佩。还有谥册 2 副,每副 2 块,皆为明成祖朱棣所赐,记载成祖哀悼湘献王及王妃沉冤而死,为其平反昭雪,并赐以褒谥,置于后室木箱中;谥宝 1 件,用梨木做成,印作方形,印面雕刻阳文篆书"湘献王宝",印背为龟纽,龟昂首,卷尾,四足匍匐。龟的腹部下、前后足之间有一圆形透孔,应为穿系绶带所用。谥宝通体贴金箔,出土时金箔大部分保存较好,边长10.4 厘米、通高 7 厘米;宝池 2 件,皆用梨木做成,形制、大小相同。宝池的平面为正方形,侧视呈束腰状,底座略大于池面。底座雕刻云头形四足,束腰部位的四角各雕一方柱,亦为束腰形,上部雕刻仰莲纹,下部雕刻覆莲纹。池面平,四周略出边缘。通体贴金箔,出土时金箔大部分保存较好。并在池面留有红色印泥。池面边长 17 厘米、座边长 17.8 厘米、通高 8.5 厘米。其他器物等,共计 883 件(套)。

墓主湘献王朱柏,为朱元璋第十二子,洪武十一年封,十八年就藩荆州。朱柏有文武之才,喜读书,善弓矢刀槊,曾同楚王桢讨古州蛮。建文初削藩,朱柏被诬告谋反,阖宫自焚而死。朱棣登基后,始为朱柏平反并为之修建衣冠冢[①]。

第二节　湖北的明代大型墓

湖北的明代大型墓主要有沙市张居正墓、钟祥范氏一品夫人墓和石首杨溥墓。其中张居正和杨溥都是明代著名政治家,一品大员,范氏则为嘉靖的奶媪,其子陆炳《明史》有传,为嘉靖时的权臣。这几座大型墓葬仅石首杨溥墓曾经发

---

① 荆州博物馆:《湖北荆州明湘献王墓发掘简报》,《文物》,2009 年第 4 期。

掘,张居正墓和范氏墓则只能通过地面建筑来略作了解。

　　范氏一品夫人墓和明代首辅张居正墓,其茔地占用面积和地上石像生的种类、数量与洪武五年诏定的丧葬礼制所规定的内容相比,略有变化,茔地占用面积有所扩大,石像生用石狮代替了石虎,增加了骆驼和石人像,反映了明代中晚期茔地占用面积及石像生制度和前期的差别。

一、湖北石首市杨溥墓

　　1993 年 3 月 10 日,石首市茅草街乡高陵岗村农民在取土时掘出一合石质墓志并揭露出墓葬一角。村民及时上报市博物馆。博物馆当即赶往现场调查,确认墓主为明代正统年间礼部尚书兼武英殿大学士杨溥,即明代“三杨”中的南杨。地、市考古工作者联合组队进行抢救性发掘,获得了一批珍贵的丝织品,为明史研究提供了宝贵的实物资料。

　　杨溥墓位于高陵岗,东距绿林镇 10 公里,坐落在省干线公—石公路 48 公里处,一端被压在公路护坡之下。冈地东西均为长江支流,东临藕池河,西傍安乡河,二河自北向南流过。这里是一片古墓群,分布有晋代至明清时期的墓葬数百座。现为省级文物保护单位。据清代乾隆丙辰《石首县志》记载:“杨文定公墓在县西高陵岗。”发掘中,杨溥后裔杨大文持清光绪版《南杨族谱》来墓地勘对,该墓的方向、位置与族谱所载完全吻合。族谱茔图还绘有杨溥夫人彭氏墓的位置。现已被公路路基压住。杨溥家族还有数十人葬在高陵岗。杨溥墓地原有砖墙一周。墓前神道现存石望柱一对(已残)。石人一对:文束,宽衣薄袖,拱手执笏,面目扁平、刀法洗练,高 165 厘米、宽 70 厘米、厚 33 厘米。石马一对:无鞍无鞯,散鬃散尾,长 175 厘米、残高 88 厘米。石羊一对:头已断,作跪状,长 95 厘米、高 55 厘米。石虎一对:腿前立后踞,圆眼巨口,张牙利爪,鞭状长尾藏于身右,长 122 厘米、高 80 厘米、宽 50 厘米。均有 25 厘米厚的底垫。神道牌早年被毁,神道石雕均为汉白玉,因洪水泛滥,石雕早年被淤泥埋没,1985 年建管家铺大桥时重新出土。

　　墓冢早年被当地农民挖古砖破坏,墓坑上部现存封土高 90 厘米,经夯筑。墓冢四周残存铺成扇形的青砖,冢底直径约 10 米,墓坑长 3.8 米、宽 2.54 米、深 2.72 米,方向 273°。土坑内填石灰、粗砂、糯米浆混合浇灌物,分层夯筑,夯层厚

7 厘米,夯窝 4.8 厘米,形成 3.8 米×2.54 米×2.72 米,坚似水泥的大墓墩。墓墩东北角有一圆锥形盗洞,深 35 厘米,盗墓贼因"三合土"墓墩异常坚固,无法深入而作罢。墩内置一椁一棺。椁室内、棺木外也用"三合土"夯实。木椁长 2.98 米、宽 1.54 米、高 1.33 米,位于墓坑中间,上压 1.30 米的"三合土"。椁板为杉木,厚 10 厘米,底板、墙板、盖板均为三块墙板拼接,四角为榫卯结构。椁室中间置方形楠木棺一具,长 202 厘米、宽 72 厘米、高 69 厘米。内外髹漆。棺内置一笭床。棺下有一高 23 厘米的棺床,棺椁保存完好,棺内有积水,经检测,呈中性。椁板下铺 2 厘米厚的"三合土"。墓坑西 2.5 米处直立一合墓志铭,与墓坑开口平齐。

杨溥墓椁室内无随葬品,打开棺木,揭去夹衾,杨溥头戴乌纱帽,身着织金麒麟补服。尸体已腐烂,仅腹部有少许软组织,骨架完整。除穿戴及随葬衣物外,无其他随葬品。有裹尸夹衾 1 件、盖尸夹衾 1 件、织金麒麟补服 1 件、带板一副 19 块、圆领长衫 1 件、袍服 1 件、锦袍 2 件、短袖袍服 1 件、百褶裙 3 件、禅衣 1 件、背心 1 件、袴 3 件 1 单 1 夹 1 绵、皮衣 1 件、绣袋 1 个、护膝 2 只、乌纱帽 1 顶、其他丝织物 6 件、骨架 1 具、墓志铭 1 合。墓志铭为汉白玉石质,方形,边长 62 厘米、厚 10 厘米。盖上阴刻篆书 5 行 25 字"少保礼部尚书兼武英殿大学士赠太师谥文定杨公墓志铭",字径 1.2 厘米。墓志阴刻楷书 47 行,满行 47 字,正文 1489 字,字径 1.2 厘米。

墓主杨溥,字弦济,号澹庵,明初著名大臣。仁、宣时期,杨溥与杨士奇、杨荣共同辅政,号称三杨。杨溥先世系出"弘农杨氏",即"西京夫子"、东汉太尉杨震的后裔。唐长庆末,其始祖为潭州刺史。宋代,先祖杨英为茶陵学正,杨英之子杨添佑即杨溥的曾祖父,始居荆州公安蒙城,后迁入石首定居。杨溥生于洪武五年(1372 年),正统十一年(1446 年)七月卒于位,终年 75 岁,卒赠特进光禄大夫、左柱国、太师,谥文定。《明史》本传赞曰:"成祖时,士奇、荣与解缙等同直内阁,溥亦同为仁宗官僚,而三人遭事四朝,为时耆硕。溥入阁虽后,德望相亚,是以明称贤相,必首三杨。"[①]

二、沙市市郊明代首辅张居正墓

张居正为明朝著名政治家,字叔大,号太岳,谥"文忠",湖广江陵人,生于明

---

① 荆州地区博物馆等:《湖北石首杨溥墓》,《江汉考古》,1997 年第 3 期。

嘉靖四年,张居正在万历初年为首辅,总揽朝政,进行了一系列的改革,使明朝的国力为之一振,是为历史上著名的张居正改革。万历十年六月卒于京都,神宗皇帝"命四品京卿、锦衣堂上官、司礼太监护丧归葬"(《明史·张居正传》)。

张居正墓位于沙市市西北郊的张家台。在"文革"十年动乱中,墓上地面建筑设施和地下墓室均遭严重破坏,地上碑刻、石像生等被毁,地下墓室棺内的一副玉带、一件蟒衣及其墓室内的其他随葬品均遭破坏。

该墓在十年动乱前的墓地范围和地上建筑设施,根据现在尚存的部分残留遗迹进行实地调查,其大体布局是:原墓地范围地势平坦,北靠荆襄河,南临荆沙路,为南北走向,呈带状形,全长约250米、宽约180米,墓南向。在神道两侧,自南向北依次排列着石狮一对,石羊一对,石马一对,石象一对,石人一对,石望柱一对,皆东西相向。其后有半月形池塘,池塘后有石蜡台、香炉。过石蜡台、香炉,有石碑三座呈,"一"字形排列。中间一座碑上刻"明相太师太傅张文忠公之墓"几个大字。其后即墓茔所在。石碑之后有墓冢三座,呈"品"字形排列,前面中央为张居正墓冢,左右两侧的两座墓冢,当地人称之为陪冢。再后有约3米高呈弧线的土墙。另外,在墓冢的左侧,还有龟碑一座,为明万历四十七年江陵县令石应嵩撰"改葬张文忠公碑记"。整个墓葬布局从前至后逐级升高,墓茔居最高处。

根据对该墓地实测和文献相对照,张居正墓地地上设施虽少了二石虎,但增加了二狮子,二石像,茔地面积也有所扩大,这都超过了明代礼制中所规定的对一品官殁后的待遇[①]。

三、钟祥范氏一品夫人墓

一品夫人范氏墓位于钟祥县城关北约5公里的六合村,东、西、北三面丘陵环抱,南为开阔田野,南向,地面现存遗物分布在全长约250米的南北中轴线上。

在中轴线神道两旁自南向北依次排列着石狮一对,石羊一对,石骆驼一对,石马一对,武士一对,立碑一对,龟趺一对,华表一对,牌楼一对,牌楼之后约60米处为墓的封土所在。

石狮蹲坐,长鬃螺卷,二狮东西相对。石羊平卧,两羊相对。骆驼昂首耸峰,作跪卧状。石马亦作跪卧状,造型不够生动,显得比较呆板。武士东西相向,造

---

①　袁纯富等:《明代首辅张居正之砚及其墓葬》,《江汉考古》,1986年第1期。

型臃肿,面部表情也显得呆板。以上石刻排列整齐,左右对称,前后间距大致 10 米左右。在石羊至石骆驼之间相距近 20 米。

从武士以后向北约 20 米处,有石碑三座,呈"一"字形排列,间距 10 米。中间一座为明嘉靖三十九年谕祭陆母范氏夫人碑,保存完好。螭首龟趺。螭首首高 0.95 米、宽 1.15 米、厚 0.38 米,碑身高 2.4 米、宽 1.05 米、厚 0.37 米。旁边两座仅存龟趺、不见碑身。

石碑之后 10 米许,有水塘一口。此水塘准显陵布局,疑为明塘之制。水塘往北约 25 米,有华表一对,东西相距 10 米。华表有八角形基座,柱身断面亦为八角棱形,柱上置有二层圆盘状盖,柱身满饰云气纹,二层圆盘状盖之间饰以联珠纹。

华表之后约 5 米,有牌楼一座,现存石柱 2 根,石刻庑殿式屋顶 3 块,均已倒塌在地。牌楼往北约 60 米,即墓茔所在。整个布局从前至后逐级升高,墓茔居最高处。封土残存高 2.4 米,周长 192 米,经钻探封土之下为一砖室结构墓。1958 年在封土堆前尚存范氏一品夫人墓碑一座。根据对范氏的谕祭注明的时间推测,该墓应下葬于嘉靖三十九年前后。

据今尚存的嘉靖三十九年所立的谕祭陆母范夫人碑得知,墓主范氏为明世宗嘉靖年间太保兼少傅锦衣卫掌卫事后军都督府左都督陆炳的母亲,一品范氏夫人。按陆炳是嘉靖年间权倾一朝的重臣,其父陆松就职于兴献之国,即嘉靖即位前的封国,而陆炳之母、陆松之妻则是嘉靖的奶媪。

中国古代对于丧葬历来都有着极其严格的礼制,无论是墓葬的形制、尺寸,还是地面建筑布局、石刻像生的种类数量,乃至每块碑的大小,都有明确的规定。

关于明代的丧葬礼制,在《明史》卷六十《礼·碑碣》篇中记载:"坟茔之制,亦洪武三年定。一品,茔地周围九十步……五年重定……一品至六品茔地如旧,……一品二品石人二,文武各一,虎、羊、马、望柱各二。"就该墓地面残存遗物同《明史》中记载的关于人臣使用的碑碣礼制进行比较,地上建筑虽少了二石虎,但增加了二石狮,二骆驼,超过了一品待遇,茔地占用面积也超出了一品的规定。

范氏之夫陆松,官职不过正三品,而范氏却能享受超出一品以上的待遇,是因为她早年当过世宗的奶媪,再就是由于其子陆炳在朝廷的特殊权势所致。陆炳是嘉靖朝的著名权臣,为嘉靖潜邸旧人,又曾有救驾之功,官至太保兼少傅并掌锦衣卫,在嘉靖朝权倾一时,三公又兼三孤者,明朝仅陆炳一人。范氏殁之日,正是陆炳权势顶峰时期,故其母得以用超过一品的规格厚葬①。

第三节　湖北的明代中小型墓

明代中小型墓葬的形制结构,在湖北境内,多为长方形单室,但墓室平面也有呈椭圆形单室和椭圆形双室并列的。在使用建材的区别上,有砖室、碗墓、"三合土"墓、砖石墓、竖穴土坑墓几种。墓顶多为券顶,也有穹窿式。碗墓流行的时间不长,"三合土"墓具有独特的密封防腐作用。

明代中型和中小型墓所出的随葬品,大致可分为四类:第一类为日用陶瓷器。第二类为模型器。第三类为银器和金银首饰。第四类为买地券、墓志、钱币和铜镜,也有个别出铜俑、衣裙等物。小型墓一般出随葬品二三件,多为陶瓷碗罐之类,也有少数墓出买地券、钱币和墓志。

一、中型墓

湖北明代中型墓已发掘的有江陵八岭山王妃曹氏墓②,蕲春刘娘井明次妃刘氏墓③。武昌龙泉山天马峰下楚昭王王妃墓,已对游人开放,但资料尚未见到发表。

三墓均为长方形单室券顶墓,一般长5.1米~5.2米、宽2.8米~3.3米、高2.4米~2.35米。墓室建筑材料可分为两类:一类全以砖筑成,另一类则以"三合土"筑成。随葬品大致有四类:一为日用陶瓷器,主要有瓷碗、瓷罐等;二为模型器,主要有陶屋等;三类为银器和金首饰,主要有银锭、银壶、金戒指、金簪等;四类为买地券、墓志、钱币和铜镜等。

1986年在江陵八宝山周家湾清理的明代王妃曹氏墓,为长方形单室券顶砖结构,东向,墓室长5.2米、宽3.3米、高2.4米。墓壁砌法以"一平一竖"、"两平一竖"交错相砌,墓门宽1.3米、高2.4米。在墓底部中央封门砖内,陈放墓志一盒,墓门前有一条斜坡墓道,残长5.5米、宽2.2米,坡度为30°。室内设有棺床,长2.2米、宽1米、高度不详。棺床四周用砖砌成一道围子,围子的外侧与墓室

---

① 江边:《明范氏一品夫人墓考析》,《江汉考古》,1984年第2期。
② 荆州地区博物馆等:《江陵八岭山王妃墓清理简报》,《江汉考古》,1988年第4期。
③ 小屯:《刘娘井明墓的清理》,《文物参考资料》,1958年第5期。

四壁组成一条宽 10 厘米的排水道,排水孔设在北壁东端,宽 24 厘米、高 16 厘米。排水道将室内的积水通过排水孔一直带到东面的低地,是充分利用地势,起室内防潮作用的设施。在墓室的南、北、西三壁各设有一个壁龛。壁龛均设在各墓壁的中央,南壁龛和北壁龛分别陈放陶制模型屋一件,西壁龛内陈放白瓷罐一件。

该墓早年被盗,残存遗物有墓志 1 盒,金簪、瓷罐各 1 件,房屋模型 2 件。墓志有两块石灰质白石相扣而成。为边长 38 厘米的正方形,每块厚 7.5 厘米,其中一块上用楷书阴刻"王妃曹氏墓志"六字,其他铭文大部分无法辨认。

八岭山在荆州城西北,距城约 7.52 公里~10 公里。在楚郢都正西面,距郢都约 4 公里。八岭山有大小土冢近 300 座,其中以楚墓居多,汉墓次之。明王妃墓在八岭山出土,使我们对于这个墓区又有了新的认识。根据该墓墓志尚存的部分残刻铭文推断,王妃曹氏生于明成祖永乐元年(1403 年),于成化六年(1470年)前后下葬,是一座有纪年的明代中期王妃墓。它的发现不仅对明代王室墓制的研究提供了墓例,也为了解八岭山墓区的性质和明代中期白瓷的研究也提供了难得的资料。

1956 年在蕲春刘娘井清理的明代次妃刘氏墓(荆端王朱厚烇次妃),为"三合土"结构,墓室呈长方形,东西长 5.1 米、南北宽 2.8 米、通高 2.35 米,墓顶、墓壁和墓底全用"三合土"(石灰、碎石等拌和)筑成,墓壁厚约 0.45 米,墓顶厚 0.4米~1.2 米,土质相当坚硬。墓顶略作两坡,两檐处铺有一层斜砖,中间有用瓦堆成的墓脊,但无墓门也无墓道。其内再以纵横两层石板在中部围成棺室。棺室内的棺材保存完好。在棺的东头置石质买地券 1 方。随葬品完全置于棺内,出银锭 4 块,银壶 2 件,银钵 1 件,银压胜品 2 件,银圈 48 个,金饰凤冠 1 件,金戒指 4 件,金簪 11 件。铜镜 1 方,正面四边刻有双凤朝阳的纹饰,长 54 厘米、宽49 厘米、厚 8 厘米。

该墓墓碑铭文内容与文献所载基本上是吻合的。不过《明史·诸王世表四》记载荆端王"嘉靖三十二年薨",而碑文记载刘氏"嘉靖叁拾捌年肆月拾壹日奉封为荆端王次妃",晚荆端王六年。有关荆端王的年代是否确凿,或者刘氏系在荆端王后才追封为次妃的,有待以后考证。

江陵八岭山王妃曹氏墓,于成化六年前后下葬,是一座有纪年的明代中期墓。蕲春刘娘井明代次妃刘氏墓,是一座明代中后期墓。另外,结合对武昌龙泉山楚昭王王妃墓的实地考察,表明 5 米~6 米之间的长方形单室墓,代表了南方明代前至后期王妃一级的墓葬制度。

二、中小型墓

中小型墓先后在武昌珞珈山水生物研究所、武汉东西湖柏泉店湾、武昌土地堂、武昌黄家湾等地清理 4 座,在阳新凤凰头清理 1 座,新洲刘二村清理 3 座,荆门永圣村清理 1 座。这些墓多为单室,也有双室。墓室平面多以长方形为主,椭圆形次之,长度一般在 3 米~4 米,宽 1.8 米~2 米之间。也有个别墓葬是按出土的随葬品数量和种类应属此类型,但墓室尺寸大小不清。此型随葬品多出陶瓷器、铜镜、金银首饰、压胜钱等,一般数量不多,部分有墓志,有个别墓出铜俑。按其建筑材料大体可分为碗墓和"三合土"结构墓。

(一)碗墓

比较典型的碗墓是武汉东西湖柏泉店湾出土的一座,和武昌黄家湾朱显槭墓[①]。

1980 年在武汉东西湖清理的柏泉店湾单室碗墓,平面呈长方形,穹窿顶,墓壁以糯米汁调和石灰和砂分层夯筑,上部用较精致的青花瓷碗封顶。墓室长 3.17 米、宽 2 米,为套棺单人葬,在墓壁与棺间隙填有糯米、石灰和砂的拌和料。

1986 年在武昌黄家湾清理的朱显槭夫妻并列合葬墓,两墓室平面呈椭圆形,顶为穹窿式,墓壁均以碗横向相叠砌六层后逐渐内收,最后以一直行碗封顶,两墓室共用黄釉粗瓷碗 5000 余个。瓷碗口径约 14.5 厘米、腹深 3.5 厘米、足径 1.5 厘米。在墓室土坑西壁有一壁龛,内放 1 件白瓷罐,在北壁与两墓室相对处分别置入买地券(砖)一块。在男室近头处置白瓷罐 1 件、铜镜半边,在女室近头处置铜镜半边,并在棺内出了部分金银首饰。根据墓志记载,墓主人朱显槭为镇国中尉,太祖朱元璋第七世孙,从四品。其妻赵氏为恭人。赵氏死于嘉靖七年(1528 年),朱显槭死于嘉靖三十四年(1555 年),死后 13 年才与赵氏合葬。朱显槭合葬墓是具有一定规模的双室碗墓,应是明代中晚期以厚葬为德,薄终为鄙,厚葬之风的反映。而棺迟迟数年下葬,其墓志的草率和随葬品的贫乏,应与当时流行停尸选期的风俗有关,也极有可能是明朝廷中晚期面临经济困境所致。

①　蔡才初:《试谈明代碗墓》,《江汉考古》,1987 年第 4 期。

有关碗墓的分布范围,在长江下游和东南沿海也有发现,以武汉地区出土较多,但存在的时间不长。这一墓俗有待今后探讨。

(二)"三合土"墓

在"三合土"墓中,资料比较完备的为1988年阳新凤凰头发掘的刘梅雪墓[①]。此墓为单室,长3.16米、宽1.86米、高1.58米。墓室结构由石灰、沙子和糯米混合浇灌而成。墓顶呈龟背形,墓顶的厚度一般为35厘米,中间处可达44厘米。墓室底部和棺外四周空隙都填有木炭和石灰,用于防潮或防腐。随葬品出金压胜钱1枚、银压胜钱3枚,墓主刘梅雪官至承德郎,在当地颇有名声。

1963年在新洲刘世二村发现的三座"三合土"单室墓中[②],其中一座出女性尸蜡一具,同时出土了绵绸、衣服和被褥。上衣和罩袍都是大袖,还有群裳与脚褥。随葬品有铜镜、银簪、金饰片和白瓷罐等物。墓主人黄氏为礼部右侍郎丘岳之妻,生于嘉靖元年,于嘉靖四十二年卒于京师。该墓尸蜡之所以能长期保存下来,一方面与密封有关,但使用了一些什么样的药物,是有待我们了解的问题。

另外,在荆门永圣村发现的一座明万历年间墓中[③],出土铜俑一组,其中男俑8件、女俑2件、马俑2件。男俑高20.2厘米~25厘米,女俑高23.8厘米~24厘米,马俑高16.8厘米~17.4厘米。在男俑中,一类俑3件似为军士,二类俑1件似为囚犯,三类俑1件似为尊者,代表墓主人身份,四类俑似为厮卒。女俑2件,为女侍。根据《明史·职官》推测,这组俑群似为明代递运所"迎行仪仗";又根据服饰推测,墓主人似为一位未入品的小吏。

迄今为止,出土的明俑,就质地而言,铜俑极少,就是王宫官员一类的墓中,其出土的俑群,也多为陶质和木质,而墓主人这样一名未入品的官员,却以铜质俑作为明器随葬,这不能不是一种越礼现象。这组铜俑生动逼真,形态各异,对我们研究明代的政治、经济、民俗具有一定的价值,同时也是难得的艺术珍品。

三、小型墓

小型墓出土的地点主要集中在安陆蒋家山、宜城曹家楼、阳新枫林等地。另外,在汉川马口镇、京山的孙桥也有零星出土。该型墓室平面均呈长方形,长度

---

① 大沙铁路阳新段考古队:《阳新枫林镇两处宋、明墓发掘简报》,《江汉考古》,1991年第2期。
② 程欣人:《湖北新洲县发现明代尸腊》,《考古》,1964年第7期。
③ 周礼:《荆门明铜俑初探》,《江汉考古》,1990年第4期。

荆楚古墓揭秘

都在 3 米以下,以长方形竖穴土坑墓为主;有一定数量的砖室墓,还有石椁墓和"三合土"结构墓。主要为单室,也有双室的。随葬品一般出 2~5 件陶瓷器,有少数墓出墓志或买地券。

(一)长方形竖穴土坑墓

长方形竖穴土坑墓,墓口一般在 2.2~2.4 米、宽在 1 米~1.2 米之间,墓底长在 2 米~2.2 米、宽在 0.9 米~1.1 米之间。多在足部一头设壁龛,随葬品一般放置在壁龛内和头部前端。这类墓可以安陆蒋家山 M90[①] 为例:该墓墓口长 2.35 米、宽 1 米、深 1.1 米,墓坑壁斜直光滑。墓底长 2.23 米、宽 0.88 米。壁龛长 0.38 米、宽 0.22 米、距墓口 0.44 米。墓内棺已腐朽,骨架保存尚好,随葬品置于棺内,有硬陶罐 2 件,瓷碗 2 件。

(二)砖室墓

砖室墓一般为券顶,也有以石板铺盖成平顶的,并有单室和双室之分。有的在死者的头部或足部设壁龛,有的砖室墓在砖室外表浇灌一层"三合土"。属于这类有代表性的墓葬,主要有阳新凤凰头二号墓[②],阳新坳上湾五号墓[③],京山孙桥陈思礼墓[④];另外,还有汉川马口镇的石椁墓[⑤]和阳新凤凰头三号"三合土"墓[⑥]。

阳新凤凰头二号墓,为长方形单室券顶。墓室长 2.92 米、宽 1.3 米、高 1.3 米。在死者头部南壁设有壁龛,随葬品出青花瓷碗 2 个,银耳坠 1 双。阳新坳上湾五号单室券顶墓,在整个墓室外表都浇灌一层厚约 20 厘米的"三合土"。

京山孙桥弘治十五年陈思礼夫妇合葬券顶墓,双室并列,两室各设壁龛一个。随葬品在南室出瓷罐 1 件,瓷碗 2 件,墓志 1 方,在北室出瓷罐 1 个,瓷碗 3 件,墓志 1 方。

汉川马口镇罗家嘴石椁墓,在墓坑四周夯筑 5 厘米厚的石灰渣,然后在上面以五块条形石板盖成平顶。在墓边出墓志 1 方。

阳新凤凰头三号墓为单室"三合土"结构,墓室以石灰、沙子和糯米混合浇灌而成,长 2.7 米、宽 1.4 米、高 1.1 米。

---

① 孝感地区博物馆:《安陆蒋家山古墓发掘简报》,《江汉考古》,1990 年第 2 期。
②③⑥ 大沙铁路阳新段考古队:《阳新枫林镇两处宋、明墓发掘简报》,《江汉考古》,1991 年第 2 期。
④ 京山县博物馆:《京山孙桥明墓清理简报》,《江汉考古》,1989 年第 3 期。
⑤ 汉川县文化馆:《汉川马口明代石椁墓》,《江汉考古》,1985 年第 4 期。

参考文献

1.《云梦睡虎地秦墓》编写组:《云梦睡虎地秦墓》,文物出版社 1981 年版。

2.湖北省荆州地区博物馆:《江陵雨台山楚墓》,文物出版社 1984 年版。

3.湖北省荆州地区博物馆:《江陵马山一号楚墓》,文物出版社 1985 年版。

4.湖北省荆沙铁路考古队:《包山楚墓》,文物出版社 1991 年版。

5.中国社会科学院考古研究所:《青龙泉与大寺》,文物出版社 1991 年版。

6.张绪球:《长江中游新石器时代文化概论》,湖北科学技术出版社 1992年版。

7.湖北省宜昌地区博物馆等:《当阳赵家湖楚墓》,文物出版社 1992 年版。

8.向绪成:《中国新石器时代考古》,武汉大学出版社 1993 年版。

9.杨宝成主编、黄锡全副主编:《湖北考古发现与研究》,武汉大学出版社 1995年版。

10.郭德维:《楚系墓葬研究》,湖北教育出版社 1995 年版。

11.湖北省文物考古研究所:《江陵九店东周墓》,科学出版社 1995 年版。

12.湖北省文物考古研究所:《江陵望山沙冢楚墓》,文物出版社 1996 年版。

13.孟华平:《长江中游史前文化结构》,长江文艺出版社 1997 年版。

14.石河考古队:《肖家屋脊》,文物出版社 1999 年版。

15.荆州博物馆:《荆州高台秦汉墓》,科学出版社 2000 年版。

16.杨权喜:《楚文化》,文物出版社 2000 年版。

17.田野:《重放异彩》,湖北教育出版社 2001 年版。

18.湖北省文物考古研究所:《盘龙城》,文物出版社 2001 年版。

19.石河考古队:《邓家湾》,文物出版社 2003 年版。

20.湖北省文物考古研究所:《武昌放鹰台》,文物出版社 2003 年版。

21.湖北省荆州博物馆:《荆州天星观二号楚墓》,文物出版社 2003 年版。

22.陈振裕:《楚文化与漆器研究》,科学出版社 2003 年版。

23.张绪球:《屈家岭文化》,文物出版社 2004 年版。

24.何介钧:《长江中游新石器时代文化》,湖北教育出版社 2004 年版。

25.湖北省文物考古研究所等:《襄阳王坡东周墓》,科学出版社 2005 年版。

26.中国社会科学院考古研究所:《枣阳雕龙碑》,科学出版社 2006 年版。

27.荆州博物馆:《荆州重要考古发现》,文物出版社 2009 年版。

后 记

本书体例及大纲由尹弘兵拟定,编写工作由尹弘兵和黄莹共同完成。具体分工是,黄莹负责第二章的东周楚墓部分,尹弘兵负责其余部分。全书完成后,尹弘兵进行了统稿工作。

按《荆楚文化丛书》的编纂要求,本书应当既是学术著作,也是大众读物,要求深浅适度、意蕴精粹、文辞精美、理趣皆备、雅俗共赏、少长皆宜。老实说,这是一个很高的要求。我一直认为,做深的学问易,做浅的学问反而难,浅的学问要做好就更难,唯深入方能浅出。因此,浅的学问是大家才能做的,我们这些半瓶子醋做这些浅的学问实在是勉为其难。很多时候,不是深入浅出而是肤浅,至于文字功夫之类的恐怕就更差了。

因此,编写这本小书是一件看似容易、其实却很难的事,超出了作者的能力;加上时间有限,成稿极其仓促,书中的错漏恐在所难免。恳请有关专家和读者批评指正。

另外,由于种种原因,本书所用插图有些效果不佳,虽经出版社多方努力,仍难令人满意,在此向读者致歉。如读者对相关内容有兴趣,而本书内容及图片未能满足读者的阅读要求,可经本书注释及参考文献所提供的线索查阅原始文档。

需要说明的是,我们这些人基础不好,学风不扎实,每为师长所切责。此书编辑出版过程中,武汉出版社的编辑以极其认真负责的态度审校了全书,发现的问题令作者深感汗颜。而作者亦在此过程中学到了许多东西,注意到了许多此前忽略之处,在此谨致谢忱。

尹弘兵

2011 年 12 月